本书出版得到
国家重点文物保护专项补助经费资助

浙江省文物考古研究所田野考古报告　第 48 号

礱灣山

CAOWANSHAN SITE

浙江省文物考古研究所
温州市文物考古研究所 编著
温州博物馆

文物出版社

图书在版编目（CIP）数据

曹湾山／浙江省文物考古研究所，温州市文物考古
研究所，温州博物馆编著. -- 北京：文物出版社，
2022.11

ISBN 978 - 7 - 5010 - 7783 - 0

Ⅰ.①曹… Ⅱ.①浙… ②温… ③温… Ⅲ.①陵墓 -
文化遗址 - 考古发掘 - 发掘报告 - 温州②居住遗址 - 考古
发掘 - 发掘报告 - 温州 Ⅳ.①K878.85②K878.35

中国版本图书馆 CIP 数据核字(2022)第 164114 号

浙江省文物考古研究所田野考古报告 第 48 号
曹湾山

编 著：浙江省文物考古研究所 温州市文物考古研究所 温州博物馆

责任编辑：王 媛 谷艳雪
责任印制：苏 林

出版发行：文物出版社
地 址：北京市东城区东直门内北小街 2 号楼
邮 编：100007
网 址：http：//www.wenwu.com
经 销：新华书店
制版印刷：天津图文方嘉印刷有限公司
开 本：889mm×1194mm 1/16
印 张：31.75
版 次：2022 年 11 月第 1 版
印 次：2022 年 11 月第 1 次印刷
书 号：ISBN 978 - 7 - 5010 - 7783 - 0
定 价：560.00 元

Zhejiang Provincial Institute of Cultural Relics and Archaeology

Field Archaeoloical Report No.48

Caowanshan Site

(With Abstracts in English and Japanese)

by

Zhejiang Provincial Institute of Cultural Relics and Archaeology

Wenzhou Municipal Institute of Cultural Relics and Archaeology

Wenzhou Museum

Cultural Relics Press

Beijing · 2022

目　录

插图目录

彩版目录

第一章　地理环境与发现经过

第一节　地理环境

温州简称瓯，也称东瓯，是长三角与珠三角之间的重要港口城市，也是海峡西岸经济区的北部核心城市和浙江省三大中心城市之一。温州地处中国黄金海岸线中段，位于浙江东南部，东濒东海，南接福建省福鼎市，西与丽水市相连，北与台州市毗邻。全市辖 4 区 3 市 5 县，陆地面积 11784 平方千米，海域面积约 11000 平方千米。全市人口 964.5 万，位于浙江省第二位。

温州地处中亚热带季风性湿润气候区，季风显著，四季分明，光照丰富，气候温和，雨量充沛。年平均气温为 18℃，日极端最高气温 41.3℃，日极端最低气温 −4.5℃。年平均降水量 1746 毫米以上，最大年降水量 2920 毫米，最小年降水量 1026 毫米。无霜期 275 天。

温州市第四纪（系）沉积主要分布在滨海一带和江河两岸，分别为滨海和河流冲积相沉积。温州第四纪（系）东部和西部地区地貌特征不同，沉积物差异明显。东部平原主要为海积、冲 − 海积沉积层；西部山区主要为洪 − 冲积、冲积、坡 − 洪积沉积层，最大深度 173.38 米。

温州区域内的河流发育受地质构造影响，干流大抵西向东流，支流多构成羽状水系。许多河流左右岸流域面积不对称，如瓯江支流大部分发育在左岸，右岸流域面积和左岸流域面积的比例大约为 1∶1.4。河流多山溪性强潮河，源头海拔 1000 米以上，下游则在滨海平原，河床比降大，上游谷深坡陡，河床呈"Ｖ"字形，水急滩险。河口为溺谷，深受潮汐影响，水流缓而多泥沙沉积。

温州水系发达。瓯江、飞云江、鳌江三大水系贯穿全境。内河水网交叉，流域面积达 2298 平方千米，河道总长 2000 多千米。

瓯江为浙江省第二大河，全长 388 千米，流域面积 17958 平方千米。大港头以上为上游，大港头至青田圩仁为中游，圩仁以下为下游。上游龙泉溪发源于庆元县锅帽尖，东北流至丽水莲都大港头纳松阴溪后名大溪，又北折东在丽水会好溪，东南流至青田石溪纳小溪后始称瓯江。下游基本都在温州境内，经永嘉、瓯海（鹿城），右纳戍浦江、左纳楠溪江，至乐清境左纳象浦，在乐清东南岐头注入温州湾。从源头至河口，落差 1250 米。瓯江年径流量 144 亿立方米。木船逆流可直达龙泉。

瓯江下游根据动力条件和河岸地貌特征可分为两段。自温溪至三条江为第一段，河床受构造控制，比较稳定，潮流界在温溪附近，自温溪至魁石是感潮河段。自三条江至灵昆岛为第二段。

瓯江属强潮河，潮汐从河口上溯直达圩仁，感潮河段长 90 余千米。

瓯江下游左岸有支流菇溪、西溪、楠溪和象浦，右岸仅有戍浦江。戍浦江（港）又名藤桥江，也名上戍港。发源于瓯海、瑞安、青田交界的奇云山。经石桥、林岙、麻之川、南雅流至藤桥镇，又东北流至外埠注入瓯江，全长 42 千米。南雅至河口一段为下游，曲流发达，并为感潮河段，长 19 千米。中上游是山溪性河流。

曹湾山遗址坐落于浙江省温州市瓯海县上戍乡（今鹿城区藤桥镇），瓯江在遗址的东北方向。瓯江支流戍浦江由西向东蜿蜒曲折地流经曹湾山南麓和东麓，贯穿上戍乡，直至外埠浦口注入瓯江。据清光绪《永嘉县志·叙水》"瓯江条"记载，"入江有十三浦"，上戍浦是其中之一。上戍浦即今戍浦，上戍因瓯江潮上浦江而得名。上戍乡南北环山，上单山、大镬山头横亘北部，大毛山、大脚山、寨盘山绵亘南部，东部则濒临瓯江。地质构造基底的一级构造单元为华南加里东褶皱系的东北部，分属泰顺－温州断拗和黄岩－象山断拗。岩石类型以火山沉积岩为主。土壤为红壤，母质为凝灰岩、花岗岩、流纹岩、沙砾岩的深度风化物和古代红土。[1]

第二节　历史沿革

温州是浙江省首批公布的历史文化名城，拥有 5000 多年文明史、2200 多年行政建制史。深厚的历史文化积淀，滋养了一代又一代温州人，创造了温州昔日的灿烂和今日的辉煌。温州是中国山水诗的发祥地、重商经济学派的发源地、南戏的故乡、数学家的摇篮。

五六千年前已有先民在今温州一带繁衍生息。乐清白石、瑞安大坪、泰顺狮子岗等地共发现近百处新石器时代晚期至商周时期的古文化遗址。曹湾山遗址保存基本完好，其史前文化堆积自新石器时代晚期至商周时期，在温州乃至整个浙西南地区具有标识作用。

商、周时，今温州一带为瓯越荒服之地。周元王三年（前 473），越灭吴，今温州区域纳入越国版图。秦始皇二十六年（前 221），东瓯属闽中郡。

汉惠帝三年（前 192），驺摇因佐汉击楚有功被惠帝刘盈封为东海王，建都东瓯，俗称东瓯王，是为温州建置之始。

东汉顺帝永和三年（138），析章安县之东瓯乡置永宁县，属扬州会稽郡，是为温州建县之始。

东晋明帝太宁元年（323），析临海郡温峤岭以南之永宁、安固、横阳、松阳四县地置永嘉郡，是为温州建郡之始。

隋文帝开皇九年（589），撤永嘉、临海二郡，置处州，将永宁、安固、横阳、乐成四县合并为永嘉县；十二年（592），改处州为括州。隋炀帝大业三年（607），改括州为永嘉郡，属扬州，辖永嘉、括苍、松阳、临海四县。

唐高宗上元二年（675），析括州之永嘉、安固二县置温州，温州由此得名。后梁开平元年（907），吴越王钱镠遣子传瓘攻占温州。后晋高祖天福四年（939），应吴越王钱传瓘之请，改温州为静海军节度州。

---

[1]　地形、地貌、气候情况参考温州市志编纂委员会编《温州市志》（中华书局，1998 年）。

宋太宗太平兴国三年（978），吴越王钱俶纳土归宋，温州由节度州降为军事州，属两浙路，辖永嘉、乐清、平阳、瑞安四县。宋徽宗政和七年（1117），温州军事州升为应道军节度州。宋建炎四年（1130）正月，宋高宗从海门南奔至温州，前后在温六十三日，温州一时成为行都。宋度宗咸淳元年（1265），改温州为瑞安府，府治设温州，瑞安县属之，是为温州设府治之始。

元世祖至元十三年（1276），升瑞安府为温州路。明洪武元年（1368），改温州路为温州府；十五年（1382），温州府归属浙江布政使司。明成祖永乐（1403~1424）间，司下设道，温州府归属温处道。清宣统三年（1911），成立温州军政分府。1912年2月撤道废府，1914年6月依原温处道辖区置瓯海道，道尹公署设于府学。1927年，道尹制废除。1932年5月，省以下实行县政督察区制，温州为浙江省第十县政督察区，后曾易称为第四特区、第三特区、永嘉行政督察区、第八行政督察区、第五行政督察区。

1949年5月，温州和平解放，成立温州市军事管制委员会；8月，成立浙江省第五专区，设立省辖温州市。1981年9月，温州地区和温州市合并，实行市管县体制。

曹湾山遗址所在的上戍乡，明清时期属永嘉县泰清乡二十四都，民国后期称戍浦乡。1949年5月仍称戍浦乡，属永嘉县，同年8月属温州市。1950年7月，以戍浦江为界，江北建竹桥乡，江南建支岙乡，并改属永嘉县，曹湾山遗址在竹桥乡境内。1956年，竹桥、支岙二乡合并称桥岙乡。1958年，分设藤桥人民公社竹桥、支岙两管理区，曹湾山遗址属竹桥管理区，同年8月改属温州市。1961年调整社队规模时，竹桥、支岙两管理区合并，成立上戍人民公社。1981年12月，上戍人民公社划归瓯海县管辖。1983年政社分设后称上戍乡。2001年，上戍乡划归鹿城区。2011年，上戍乡并入藤桥镇。

第三节 曹湾山遗址的发现与更名

曹湾山遗址原名老鼠山遗址。

1985年前后，瓯海文化部门根据老乡捐赠的石器、陶器等文物线索发现确认老鼠山遗址。

1990年11月21日，老鼠山遗址被瓯海县人民政府公布为县级文物保护单位（瓯政〔1990〕164号）。

2001年8月，温州市文物处对文保单位进行核查时，在老鼠山东麓曹美聪住宅东侧发现新石器时代晚期文化层。

2002年11月至2003年4月，由浙江省文物考古研究所主持，与温州市文物局、温州市文物保护考古所联合对老鼠山遗址进行发掘，发掘面积558.25平方米。

2005年3月，老鼠山遗址被公布为浙江省省级文物保护单位（浙政发〔2005〕18号）。

2011年3月2日，温州市文化广电新闻出版局向温州市人民政府提出《关于老鼠山遗址更名为曹湾山遗址的请示》（温文〔2011〕15号）；3月18日，温州市人民政府向浙江省人民政府提出《温州市人民政府关于要求将老鼠山遗址更名为曹湾山遗址的请示》（温政〔2011〕27号）。

温州市人民政府如此郑重请示更改一个考古遗址的名称，缘于当时某位市领导觉得温州历史从老鼠山肇始发端，而"老鼠"之名不甚雅。当时老鼠山遗址正在申报全国重点文物保护单位，省文物局还特意报告国家文物局,征询改名意见。根据国家文物局电话答复,对此不再做专项批复,在公布全国重点文物保护单位时使用"曹湾山遗址"即可。

2013年3月5日,国务院《关于核定并公布第七批全国重点文物保护单位的通知》(国发〔2013〕13号)中公布曹湾山遗址为全国重点文物保护单位;6月9日,曹湾山遗址被公布为浙江省第一批省级考古遗址公园。

第二章 遗 址

第一节 概况

　　曹湾山遗址位于温州市鹿城区藤桥镇渡头村，是一处新石器时代晚期的聚落遗址，蜿蜒弯曲的戍浦江和周围连绵的高山构成了曹湾山独特的地理环境（图 2-1；彩版一、二）。先民以曹湾山作为聚落选址，依山傍水，兼得山水之利。山顶岗地为聚落中心，山腰、山坡均有遗存分布，面积近 2 万平方米。遗址东南西三面被戍浦江环绕，东南邻渡头村，隔江毗邻浙江温州鹿城轻工产业园区（图 2-2）。

　　2002 年温州行政区划调整后，当地文物部门对所辖区域内的文物古迹进行了一次核查，发现曹湾山遗址因周边村民取土遭到破坏。为了解遗址的分布范围、文化面貌及内涵特征，经报国家文物局，由浙江省文物考古研究所主持，与温州市文物局、温州市文物保护考古所联合对曹湾山遗址进行发掘，发掘过程中同步举办温州辖县（市、区）文物干部考古培训班。

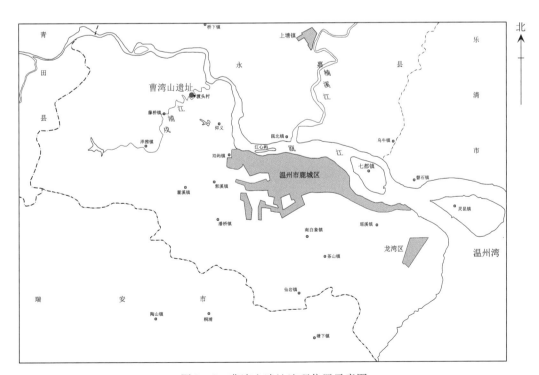

图 2-1 曹湾山遗址地理位置示意图

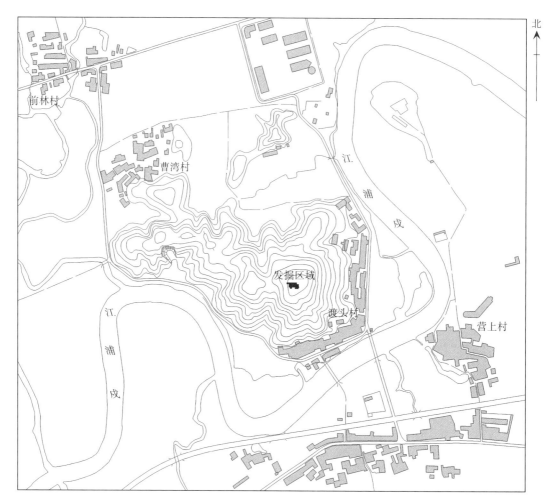

图 2 - 2　曹湾山遗址发掘区域示意图

发掘工作从 2002 年 11 月 28 日开始，至 2003 年 4 月 15 日结束。发掘面积 558.25 平方米，发现好川文化连片的石构建筑遗迹，清理好川文化墓葬 35 座、唐代竖穴土坑墓 6 座，获得石器、陶器、玉器、骨器等各类文物 1000 多件以及大量陶片标本。

第二节　发掘情况

2002 年在山顶岗地正南北向布探方 4 列 11 个，面积 441 平方米。其中 5 米 × 10 米探方 6 个，编号 T102、T103、T202、T203、T302、T303；5 米 × 5 米探方 3 个，编号 T104、T204、T304；5 米 × 8 米探方 1 个，编号 T101；4 米 × 6.5 米探方 1 个，编号 T402。（图 2 - 3）

2003 年在 T304 东侧和南侧正南北向布探方 2 个，面积 117.25 平方米。其中 5 米 × 10 米探方 1 个，编号 T01；10 米 × 6 米探方 1 个，编号 T02。T01 西壁中部向外扩方 1.5 米 × 1.5 米，东北角向外扩方 2 米 × 1.5 米；T02 东南角向外扩方 1 米 × 2 米。

2011 年 12 月，因轻工产业园区规划的中央大道贯穿曹湾山遗址保护范围，故在规划线路的山坳、山坡布小探沟 4 条，TG1、TG2 均为 5 米 × 2 米，TG3 为 2 米 × 2 米，TG4 为 10 米 × 2 米，面

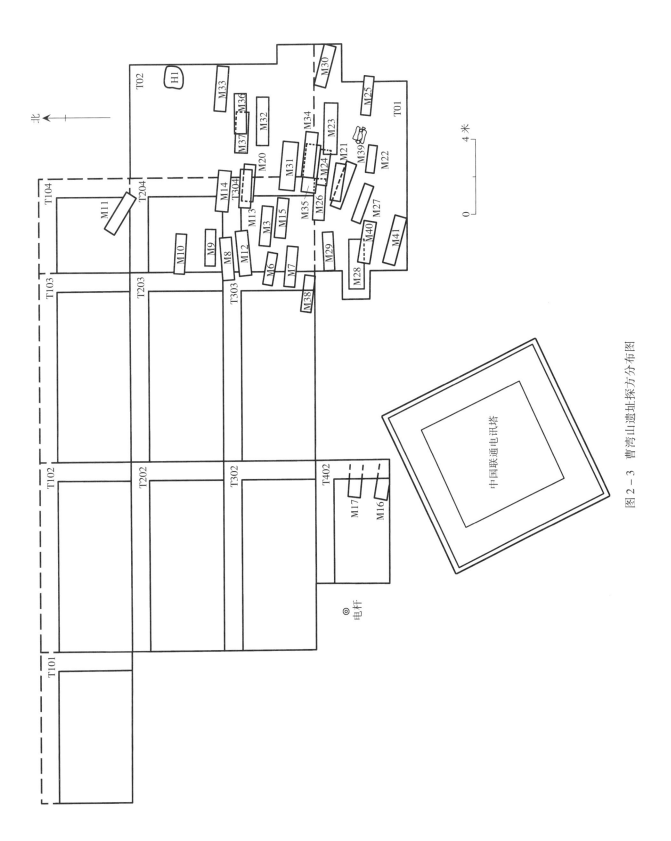

图 2-3 曹湾山遗址探方分布图

积合计 44 平方米。各探沟均没有发现确凿的史前文化堆积，仅在 TG2 出土零星灰白色硬陶片。在线路范围内的水田共钻探孔 54 个，由于地下水位很高，0.5～0.8 米深处即出水，无法深探，各探孔均没有发现明确的文化堆积（彩版三）。从多个探孔泥芯存在黑褐色泥炭层和黑色淤泥层看，曹湾山遗址山体周边当存在沼泽和水田。植物硅酸体分析[1]显示，曹湾山先民食用稻米。[2]

第三节　地层分布

发掘区位于曹湾山平缓的山岗顶部，地层堆积较为平缓，起伏不大，个别探方地势稍有倾斜。根据土质土色及包含物，自上而下可统一划分为 3 层。现以 T302、T303 南壁（图 2 - 4）和 T203、T303 东壁（图 2 - 5）为例加以说明。

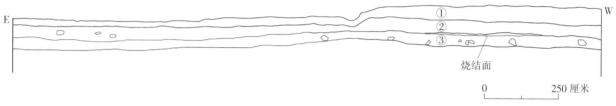

图 2 - 4　T302、T303 南壁剖面图

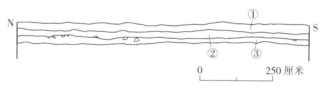

图 2 - 5　T203、T303 东壁剖面图

第 1 层：表土层。黑褐色土，土质疏松，厚约 20～60 厘米，自西向东倾斜。为近现代耕土层，在整个发掘区均有分布。该层包含大量植物根系，采集有大量陶片、石器及一件骨器。

第 2 层：灰褐色土，土质纯净，较致密，距地表 20～60 厘米，厚约 15～47 厘米，自西向东倾斜。在整个发掘区均有分布。该层出土大量陶片、石器和少量玉器。出土陶片可辨器形有鼎、釜、豆、瓮、壶等。

第 3 层：黄褐色土，土质致密，距地表 35～100 厘米，厚约 15～45 厘米，自西向东倾斜。在整个发掘区均有分布。该层见有大量石块、红烧土块、陶片、石器和少量玉器。出土陶片可辨器形有鼎、壶、罐、釜、瓮等。

在 T202 和 T302 内，第 3 层下叠压部分红烧土层，厚约 10 厘米。M3、M6～M17、M20～M41、H1、F1 均开口于第 3 层下。

---

[1]　见附录一《温州曹湾山遗址的植硅石分析》。
[2]　为切实保护曹湾山遗址及周边环境风貌，当地政府未继续实施轻工产业园区中央大道项目。

第三章　第 3 层下文化遗存

第一节　墓葬

一、分布概况与布局结构

2002 年 11 月至 2003 年 4 月发掘面积共 558.25 平方米，发掘区主要在曹湾山遗址的山顶岗地上，西半部为生活居住区，东南部为墓葬区，功能分区明显。墓葬区共清理墓葬 41 座，其中史前时期墓葬 35 座。[1] 从已发掘墓葬的空间分布来看，曹湾山山顶岗地墓葬应该有东西两片，由于发掘面积有限，两片墓区都没有全面揭露，东片发掘 33 座，西片仅发掘 2 座。根据东片墓葬分布规律和密集程度，推测东片墓葬总数量当在 50 座上下。假设东西两片墓区墓葬数量相近，则曹湾山山顶岗地墓葬总数量在 100 座左右。35 座史前墓葬出土器物具有明显的好川文化特征，时代相当于新石器时代晚期，是好川文化在瓯江下游的重要遗存。（彩版四）

35 座好川文化墓葬墓向大致均呈东西向，除 M11 墓向为 305°外，其余均在 265°~293°，以 270°~280°最多，有 26 座，占比 74.2%。墓葬均遭到不同程度破坏，尤其是墓口遭破坏程度更甚。发掘揭示墓葬之间存在 6 组打破关系：

M13→M20，M21→M39，M36→M37，M40→M28，M23→M24→M26，M34→M35→M26。

二、分述

第 3 号墓（M3）

M3 位于 T304 中部。墓坑被破坏。应为长方形竖穴土坑墓，长 211、宽 62 厘米。平底，墓底西高东低，高差 5 厘米。填灰褐色砂土。方向 275°。葬具不明。人骨未见。（图 3 - 1A；彩版五：1）

随葬品共 3 件，均为陶器，分布于墓底西端和中部。（彩版五：2）

M3：1，陶釜。夹砂红褐陶。口沿残片。敞口，圆唇，斜折沿。通体拍印粗绳纹。口径 13.2、残高 4.8 厘米，器壁厚 1.2 厘米。未修复。（图 3 - 1B）

M3：2，陶圈足盘。泥质灰白陶。圈足残片。残片上可辨凸棱。未修复。

M3：3，C 型Ⅱ式陶罐。泥质灰陶。直口，圆唇，矮直领，鼓肩，折腹斜收，肩腹处有一周凸

---

〔1〕　M1、M2、M4、M5、M18、M19 为唐代墓葬，简报《浙江温州鹿城曹湾山唐墓》见《东方博物（第七十七辑）》（中国书店，2020 年）。

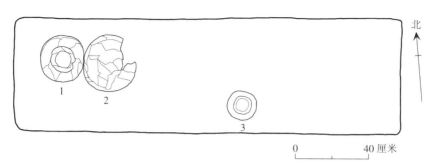

图 3 - 1A   M3 平面图

1. 陶釜   2. 陶圈足盘   3. C 型 Ⅱ 式陶罐

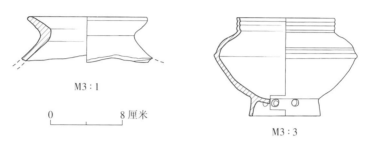

M3 : 1

0   8 厘米

M3 : 3

图 3 - 1B   M3 出土遗物

棱，高直圈足微外撇，圈足处有两组共四个对称分布的圆形镂孔。口径 10.6、腹径 15.6、足径 7.8、高 10.4 厘米。(图 3 - 1B；彩版五：3)

第 6 号墓（M6）

M6 位于 T304 西部，西半部延伸至 T303 东隔梁内。墓口被破坏。长方形竖穴土坑墓，长 172、宽 60 厘米，墓坑存深 17 厘米。方向 278°。平底，墓底西高东低，高差 7 厘米。填灰褐色砂土。葬具不明。人骨未见。(图 3 - 2A；彩版六：1)

随葬品共 2 件，均为陶器，分布于墓底西端。(彩版六：2)

M6：1，Bb 型陶壶。泥质黄陶。敞口，尖圆唇，矮弧领，领部有两周弦纹，鼓腹，高圈足较直，足缘向外折撇，圈足上有四个圆形镂孔。口径 11.1、腹径 12.4、足径 8.8、高 11.4 厘米。

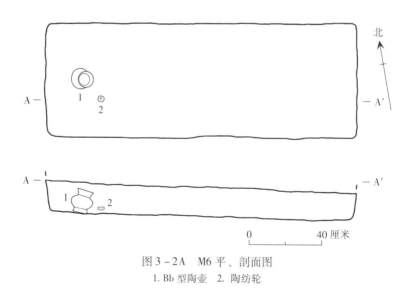

0   40 厘米

图 3 - 2A   M6 平、剖面图

1. Bb 型陶壶   2. 陶纺轮

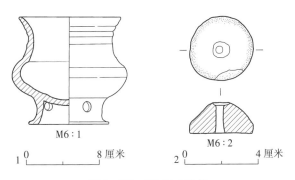

图 3 - 2B　M6 出土遗物

（图 3 - 2B；彩版六：3）

M6：2，陶纺轮。泥质黑皮陶。一面圆鼓，一面平直，中间穿孔。素面。表面稍残。外径 3.45、孔径 0.45、高 1.65 厘米。（图 3 - 2B；彩版六：4）

第 7 号墓（M7）

M7 位于 T304 西部，西半部延伸至 T303 东隔梁内。墓口被破坏。西南角被石块打破。长方形竖穴土坑墓，长 202、宽 63 厘米，墓葬存深 20 厘米。平底，墓底西高东低，高差 5 厘米。填灰褐色砂土。方向 272°。葬具不明。人骨未见。（图 3 - 3A；彩版七：1）

随葬品共 3 件，其中陶器 2 件、石器 1 件，分布于墓底中部和西部。（彩版七：4）

M7：1，Ab 型Ⅲ式陶壶。泥质灰陶。口、领残缺，肩内弧，折腹，高圈足微外撇。通体素面。腹径 7.8、足径 6.5、残高 6.4 厘米。未修复。（图 3 - 3B；彩版七：2）

M7：2，B 型陶罐。夹砂红褐陶。腹部及圈足残片。下腹弧收，矮圈足外撇。腹部拍印篮纹。足径 10.6、残高 8 厘米，器壁最厚 0.6 厘米。未修复。（图 3 - 3B）

M7：3，弧背石锛，截面呈扇形。灰色泥质硅质岩。平面呈梯形。偏锋，斜弧刃，顶端斜平。制作较粗糙。长 9.5、宽 4、最厚 1.9 厘米。（图 3 - 3B；彩版七：3）

图 3 - 3A　M7 平、剖面图
1. Ab 型Ⅲ式陶壶　2. B 型陶罐　3. 弧背石锛

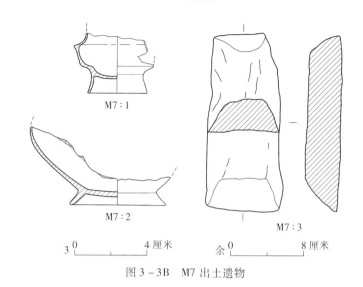

M7：1

M7：2

M7：3

3　0　　　　　　4厘米　　余　0　　　　　　8厘米

图3-3B　M7出土遗物

第8号墓（M8）

M8西半部位于T304北隔梁内，并延伸至T303东隔梁、T204西南角内。墓口被破坏。东部偏北被大石块打破。长方形竖穴土坑墓，长216、宽60厘米，墓葬存深15厘米。平底，墓底西高东低，高差5厘米。填灰褐色砂土。方向267°。葬具不明。人骨未见。（图3-4A）

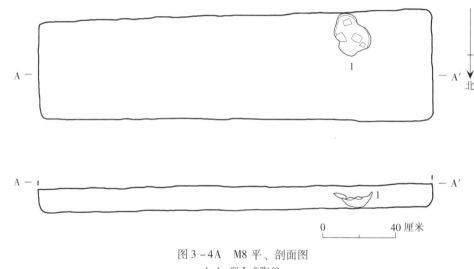

A —　　　　　　　　　　　　　　　　　　　　　　　1　　　　　— A′

　　　　　　　　　　　　　　　　　　　　　　　　　　　　北

A —￤　　　　　　　　　　　　　　　　　　　　1　　　　￤— A′

0　　　　　　40厘米

图3-4A　M8平、剖面图
1. Aa型Ⅰ式陶釜

随葬品仅1件，为陶器，分布于墓底西部。

M8：1，Aa型Ⅰ式陶釜。夹砂黄褐陶。侈口，圆唇，束颈，颈部有半周不明显的凸棱，弧腹内收，平底。表面剥落，下腹及器底可辨绳纹。口径14.2、腹径15.6、高9.4厘米。（图3-4B；彩版八：1）

第9号墓（M9）

M9位于T204西南角。墓口被破坏。长方形竖穴土坑墓，长190、宽50厘米，墓坑存深20厘米。底较平，墓底西高东低，高差4厘米。填灰褐色砂土。方向272°。葬具不明。人骨未见。（图3-5A；彩版八：2）

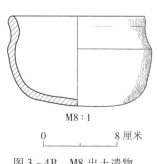

M8：1

0　　　　　　8厘米

图3-4B　M8出土遗物

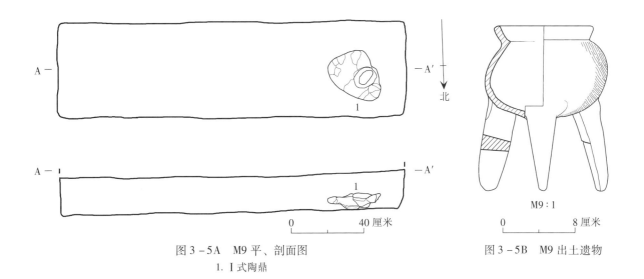

图 3 - 5A　M9 平、剖面图　　　　　　　图 3 - 5B　M9 出土遗物
1. I 式陶鼎

随葬品仅 1 件，为陶器，分布于墓底西端。（彩版八：4）

M9：1，I 式陶鼎。夹砂黄褐陶。侈口，圆唇，斜折沿，鼓腹，圜底，下腹部安横截面呈梯形的侧扁形足。器腹拍印篮纹。口径 10. 2、腹径 13. 4、足高 9、通高 17. 4 厘米。（图 3 - 5B；彩版八：3）

第 10 号墓（M10）

M10 位于 T204 西部，西端延伸至 T203 东隔梁内。墓口被破坏。长方形竖穴土坑墓，长 204、宽 48 厘米，墓坑存深 20 厘米。平底，墓底西高东低，高差 3 厘米。填灰褐色砂土。方向 274°。葬具不明。人骨未见。（图 3 - 6A；彩版九：1）

随葬品仅 1 件，为陶器，分布于墓底西部。（彩版九：2）

M10：1，陶盉。泥质灰陶。直口，圆唇，圆肩，鼓腹，最大腹径位于腹中部，上腹对称分布管状流和宽扁环耳鋬，圈足脱落修复，微外撇。通体素面。口径 8. 2、腹径 22. 4、足径 9、高 19. 8 厘米。（图 3 - 6B；彩版九：3）

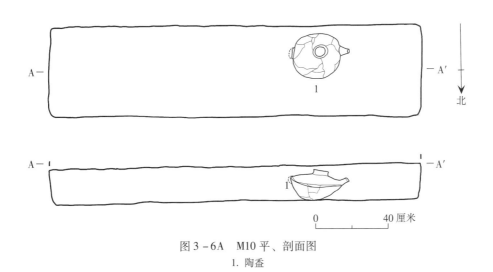

图 3 - 6A　M10 平、剖面图
1. 陶盉

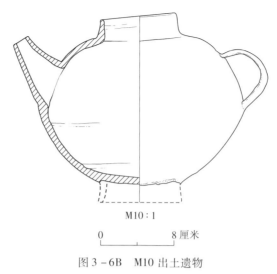

M10：1

0   8 厘米

图 3 - 6B   M10 出土遗物

第 11 号墓（M11）

M11 位于 T104 东南部，东端延伸至 T104 东隔梁、T204 北隔梁内。墓口被破坏。长方形竖穴土坑墓，长 244、宽 66 厘米，墓坑存深 25 厘米。平底。填灰褐色砂土。方向 305°。葬具不明。人骨未见。（图 3 - 7A；彩版一〇：1）

随葬品共 7 件，其中陶器 6 件、玉器 1 件，玉器和陶罐发现于墓底东部，其余均分布于墓底西端。

M11：1，陶釜。夹砂红褐陶。敞口，尖圆唇，斜折沿，口沿下附加一周泥条。残甚未修复。残长 4.8、残高 2.2 厘米，口沿最厚 0.5 厘米。（图 3 - 7B）

M11：2，Aa 型 II 式陶壶。泥质黑皮陶。侈口，尖圆唇，弧领较短，斜肩，折腹斜弧收，肩腹处有一周凸棱，圈足外撇。通体素面黑皮。口径 7.6、腹径 10、足径 7、高 11.6 厘米。（图 3 - 7B；彩版 一〇：4）

M11：3，陶纺轮。泥质红陶。圆饼状，截面呈梯形，中间穿孔。素面。表面稍残。外径 3.2、孔径 0.6、高 1.1 厘米。（图 3 - 7B；彩版一〇：2）

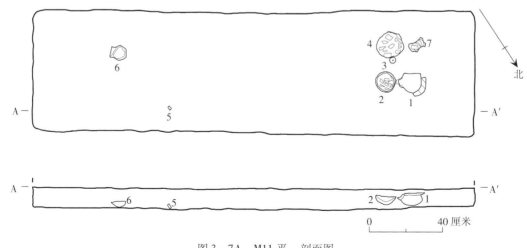

0   40 厘米

图 3 - 7A   M11 平、剖面图

1. 陶釜   2. Aa 型 II 式陶壶   3. 陶纺轮   4. A 型 II 式陶钵   5. 玉管   6. A 型 II 式陶罐   7. 陶豆

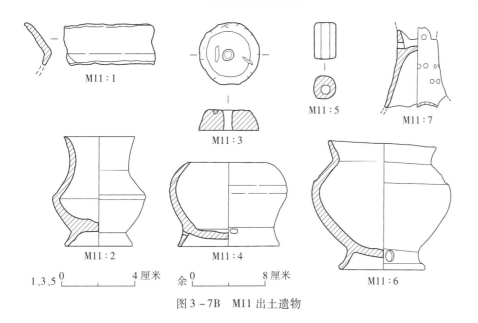

图 3-7B　M11 出土遗物

　　M11：4，A 型 II 式陶钵。泥质灰陶。敛口，鼓腹，最大腹径处有两周弦纹，圈足外撇，圈足上戳四个椭圆形镂孔。口径 8.6、腹径 12.8、足径 11、残高 8.8 厘米。（图 3-7B；彩版一○：5）

　　M11：5，玉管。透闪石，灰白色。圆柱体，中孔双面对钻，孔径外大内小，未发现明确的管钻痕迹。外径 1.2、孔径 0.5、高 1.9 厘米。（图 3-7B；彩版一○：3）

　　M11：6，A 型 II 式陶罐。泥质黑皮陶。敞口，圆唇，斜折沿，肩微鼓，弧腹斜收，肩腹处有一周凸起小斜面，圈足外撇，圈足上戳两个圆形镂孔。口径 11.6、腹径 15.2、足径 9.4、高 13.4 厘米。（图 3-7B；彩版一○：6）

　　M11：7，陶豆。泥质灰陶。仅见喇叭形豆柄。豆柄上可见多组环状分布的小圆孔，部分未钻透。残高 8.5 厘米。未修复。（图 3-7B）

　　第 12 号墓（M12）

　　M12 大半部位于 T304 西北角，延伸至 T304 北隔梁、T303 东隔梁内。墓口被破坏。长方形竖穴土坑墓，长 232、宽 60 厘米，墓坑存深 25 厘米。平底。填黄褐色砂土。方向 265°。葬具不明。人骨未见。（图 3-8A；彩版一一：1）

　　随葬品共 4 件，其中陶器 3 件、玉器 1 件，除陶圈足盘分布于墓底中部外，其余均分布于墓底西部。

　　M12：1，B 型玉锥形器。叶蜡石，黄绿色带朱沁。方锥体，圆形榫部加工不甚规整，榫部砂岩工具加工痕迹明显。长 6.4、锥体边长 0.9 厘米。（图 3-8B；彩版一一：2）

　　M12：2，Aa 型 II 式陶釜。夹砂红褐陶。敞口，圆唇，斜折沿，鼓腹，圜底。腹部拍印篮纹。口径 14、腹径 26.4、高 20.4 厘米。（图 3-8B；彩版一一：3）

　　M12：3，陶杯。泥质黑皮陶。器形较小。口微侈，圆唇，上腹斜直，有三周较凸出的弦纹，下腹弧收，矮圈足稍外撇。口径 6.6、腹径 8.8、足径 6、高 8.2 厘米。未修复。（图 3-8B）

　　M12：4，陶圈足盘。泥质灰胎黑皮陶。圈足残片。圈足外撇。素面。足径 15、残高 3.2 厘米。未修复。（图 3-8B）

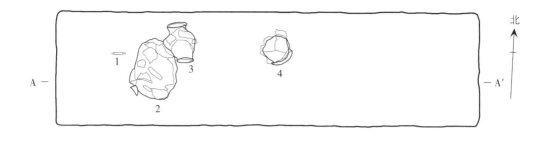

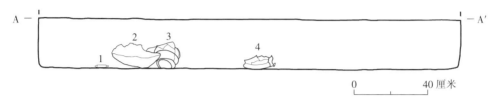

图 3 – 8A　M12 平、剖面图

1. B 型玉锥形器　2. Aa 型 Ⅱ 式陶釜　3. 陶杯　4. 陶圈足盘

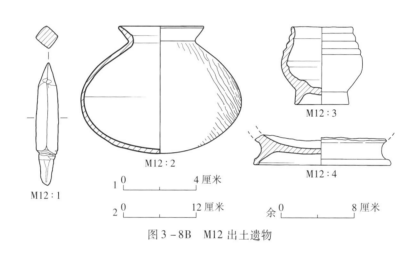

图 3 – 8B　M12 出土遗物

第 13 号墓（M13）

M13 位于 T304 东北角，延伸至 T304 北隔梁、东隔梁及 T02 西部。墓口被破坏。打破 M20。长方形竖穴土坑墓，长 201、宽 60 厘米，墓坑存深 30 厘米。平底，墓底西高东低，高差 4 厘米。填黄褐色砂土。方向 273°。葬具不明。人骨未见。（图 3 –9A；彩版一二：1、2）

随葬品共 2 件，其中陶器 1 件、石器 1 件，均分布于墓底西部。

M13：1，Aa 型 Ⅱ 式陶釜。夹砂红褐陶。直口微侈，尖圆唇，斜折沿，鼓腹，最大腹径在腹中下部，圜底。纹饰剥落不清，口沿和腹底可辨绳纹。口径 9.2、腹径 19.2、高 16.4 厘米。（图 3 –9B；彩版一二：3）

M13：2，弧背石锛，截面呈扇形。灰色泥质硅质岩。器形较小，平面呈长方形。弧背，偏锋，斜直刃，顶端不规整。石料粗加工。长 4.45、宽 2.8、最厚 1.5 厘米。（图 3 –9B；彩版一二：4）

第 14 号墓（M14）

M14 位于 T204 东南角，延伸至 T304 北隔梁及 T02 西部。墓口被破坏。长方形竖穴土坑墓，长 222、宽 65 厘米，墓坑存深 30 厘米。平底。填灰褐色砂土。方向 275°。葬具不明。人骨未见。（图 3 –10A；彩版一三：1）

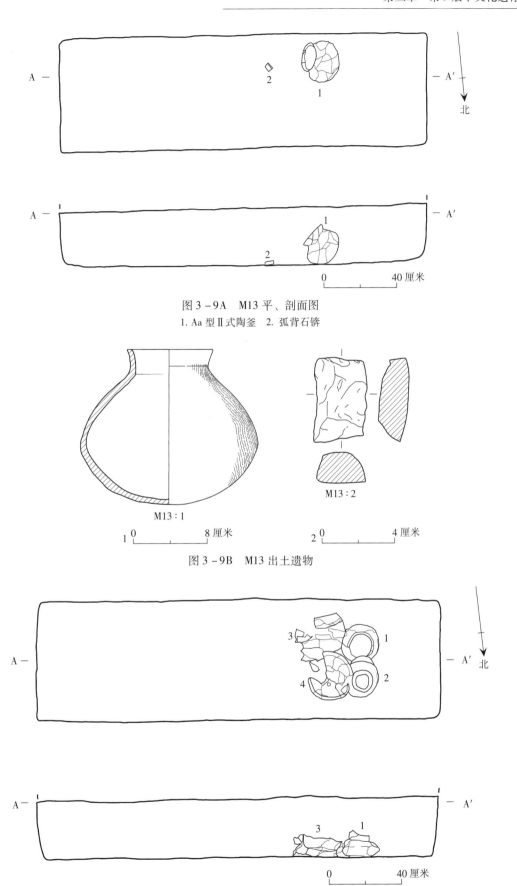

图 3 – 9A　M13 平、剖面图
1. Aa 型 II 式陶釜　2. 弧背石锛

M13 : 1

M13 : 2

1 0　　　　8 厘米　　　2 0　　　　4 厘米

图 3 – 9B　M13 出土遗物

0　　　　40 厘米

图 3 – 10A　M14 平、剖面图
1. Bc 型陶壶　2. C 型 I 式陶罐　3. 陶壶　4. 陶豆

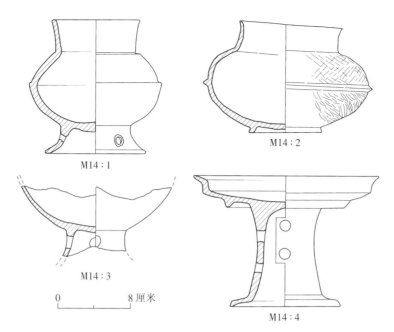

M14：1

M14：2

M14：3

0　　　　　8厘米

M14：4

图 3 - 10B　M14 出土遗物

随葬品共 4 件，均为陶器，分布于墓底西部。（彩版一三：2）

M14：1，Bc 型陶壶。泥质黑皮陶。直口微侈，圆唇，斜直领，鼓腹，最大腹径位于腹中部，领腹部有两周凸起小斜面，圈足外撇，圈足上戳五个圆形镂孔。口径 9.6、腹径 14.4、足径 11、高 14.2 厘米。（图 3 - 10B；彩版一四：2）

M14：2，C 型 I 式陶罐。泥质灰陶。侈口，尖圆唇，矮粗领，鼓腹，最大腹径在腹中部，有一周凸棱，矮圈足外撇。腹部拍印篮纹，部分交错拍印。口径 11.2、腹径 18.2、足径 7.8、通高 11.4 厘米。（图 3 - 10B；彩版一四：3）

M14：3，陶壶。泥质灰陶。弧腹内收，圈足外撇，圈足上有四个对称分布的圆形镂孔。素面。残甚未修复。残高 6.8 厘米，器壁最厚 0.8 厘米。（图 3 - 10B）

M14：4，陶豆。泥质灰陶。敞口，尖圆唇，斜折沿，折腹斜收，下腹出垂棱，高柄，柄上竖向分布 4 组共 8 个圆形镂孔，足缘外折。口径 20、足径 12、豆盘深 2.8、豆柄高 10.4、通高 13.8 厘米。（图 3 - 10B；彩版一四：1）

第 15 号墓（M15）

M15 位于 T304 中部偏东。墓口被破坏。长方形竖穴土坑墓，长 204、宽 60 厘米。填灰褐色砂土。方向 275°。葬具不明。人骨未见。（图 3 - 11A；彩版五：1）

随葬品共 3 件，均为陶器，分布于墓底西部。（彩版一五：1）

M15：1，陶鼎。夹砂灰黑陶。饰绳纹。未修复。

M15：2，I 式陶簋。泥质黑灰陶。敞口，尖圆唇，卷沿，腹部弧收，分布三周弦纹，高圈足较直，足缘外撇，圈足上有两个圆形镂孔，镂孔间对称分布两组未钻透小孔，每组两个。口径 19.4、足径 15.6、高 11.6 厘米。（图 3 - 11B；彩版一五：2）

M15：3，A 型 III 式陶钵。泥质黑灰陶。敛口，圆唇，口沿下部有三周弦纹，腹部弧收，高圈足外撇，圈足上有三个圆形镂孔。口径 12.8、足径 8.2、高 9.4 厘米。（图 3 - 11B；彩版一五：3）

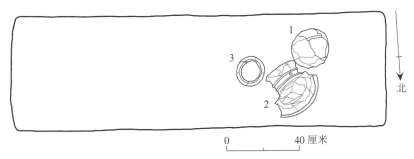

图 3 – 11A　M15 平面图
1. 陶鼎　2. Ⅰ式陶簋　3. A 型Ⅲ式陶钵

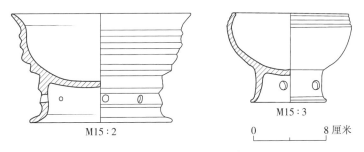

M15:2

M15:3

图 3 – 11B　M15 出土遗物

第 16 号墓（M16）

M16 位于 T402 东南角，延伸至 T402 南部及东隔梁。墓口被破坏。长方形竖穴土坑墓，未扩方清理，发掘揭露长 142、宽 60 厘米，墓坑存深 20 厘米。填灰褐色砂土。方向 275°。葬具不明。人骨未见。（图 3 – 12A）

随葬品仅见 1 件，为陶器，分布于墓底西端。（彩版一六：1）

M16:1，Aa 型Ⅰ式陶釜。夹砂灰胎红褐陶。敞口，圆唇，斜折沿，束颈，球腹，圜底。纹饰剥落，下腹部可辨绳纹。口径 13、腹径 16、高 13.6 厘米。（图 3 – 12B；彩版一七：1）

第 17 号墓（M17）

M17 位于 T402 东部，延伸至 T402 东隔梁内。墓口被破坏。长方形竖穴土坑墓，未扩方清理，发掘揭露长 115、宽 65 厘米，墓坑存深 25 厘米。墓底较平。填灰褐色砂土。方向 274°。葬具不明。人骨未见。（图 3 – 13A；彩版一六：2）

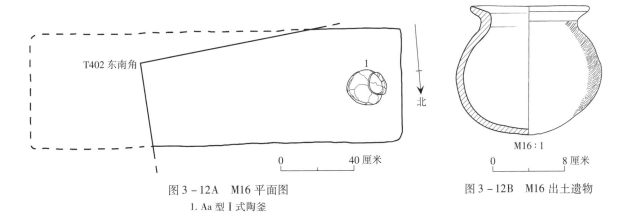

T402 东南角

M16:1

图 3 – 12A　M16 平面图
1. Aa 型Ⅰ式陶釜

图 3 – 12B　M16 出土遗物

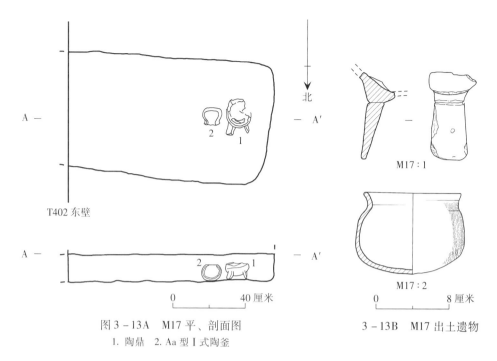

图 3 – 13A　M17 平、剖面图　　　　　　　3 – 13B　M17 出土遗物
1. 陶鼎　2. Aa 型 I 式陶釜

随葬品共 2 件，均为陶器，分布于墓底西部。（彩版一六：3）

M17：1，陶鼎。夹砂红褐陶。存两个鼎足及口腹残片。敞口，圆唇，斜折沿，铲形鼎足横截面呈长方形。腹部可辨篮纹。足高 7 厘米。未修复。（图 3 – 13B）

M17：2，Aa 型 I 式陶釜。夹砂灰褐陶。微侈口，圆唇，束颈，弧腹，微圜底。器表剥落较甚，可辨绳纹。口径 10.6、腹径 11.8、高 8.6 厘米。（图 3 – 13B；彩版一七：2）

第 20 号墓（M20）

M20 位于 T304 东北角，延伸至 T304 东隔梁及 T02 西部。墓口被破坏。西北部被 M13 叠压打破。长方形竖穴土坑墓，长 185、宽 60 厘米，墓坑存深 40 厘米。平底。填黄褐色砂土。方向 273°。墓底有细腻的青灰色淤泥，应是有机质葬具腐烂形成的痕迹，是存在有机质葬具的可靠证据。人骨未见。（图 3 – 14A）

随葬品共 5 件，其中陶器 4 件、石器 1 件，均分布于墓底中部和东部。

M20：1，II 式陶圈足盘。泥质红胎褐皮陶。直口，圆唇，上腹较直，有三周弦纹，下腹斜弧收，腹部较深，矮圈足微外撇，圈足上戳两个圆形镂孔。口径 27.2、腹径 27、足径 14.6、高 9.2 厘米。（图 3 – 14B；彩版一七：3）

M20：2，II 式陶鼎。夹砂红褐陶。侈口，尖圆唇，斜折沿，口沿下隐有一周弦纹，溜肩，腹部变形，整体呈垂腹状，圜底，下腹部安三个粗方形足。器腹拍印绳纹。口径 13、腹径 17.8、足残高 4.8、通高 14.8 厘米。（图 3 – 14B；彩版一八：1）

M20：3，Bb 型陶甗。夹砂黄褐陶。敛口，圆唇，鼓腹，口沿及上腹部安截面呈圆角长方形的上翘把手，圜底近平，底部有较多圆形小孔。器腹拍印篮纹。口径 6.2、腹径 14.1、底径 4、高 12 厘米，甗孔径 0.4~0.6 厘米。（图 3 – 14B；彩版一八：2）

M20：4，弧背石锛，截面呈扇形。土黄色泥质硅质岩。平面呈长方形。微弧背较规整，偏锋，平直刃，顶端斜平。制作粗糙。长 7.6、宽 3.6、最厚 1.5 厘米。（图 3 – 14B）

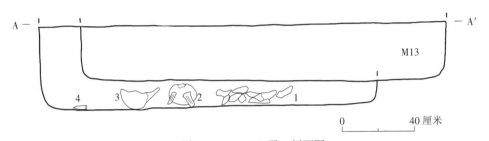

图 3 - 14 A　M20 平、剖面图

1. Ⅱ式陶圈足盘　2. Ⅱ式陶鼎　3. Bb 型陶甗　4. 弧背石锛　5. B 型陶罐

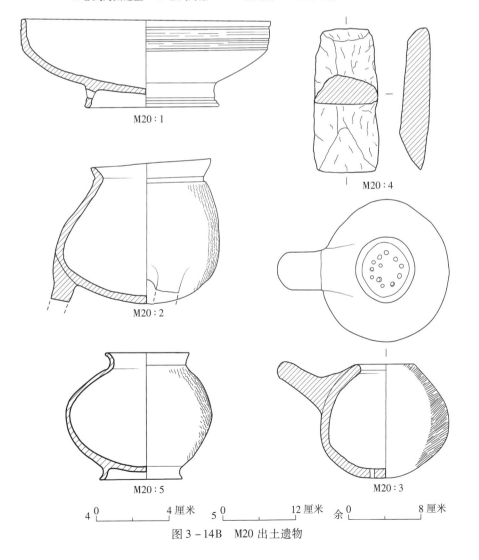

图 3 - 14 B　M20 出土遗物

M20：5，B 型陶罐。泥质灰胎褐皮陶。敞口，圆唇，卷沿，腹部稍变形，整体呈鼓腹状，最大腹径位于腹中部，矮圈足微外撇。腹部拍印绳纹。口径 13.5、腹径 24、足径 13.5、高 20 厘米。（图 3 – 14B）

第 21 号墓（M21）

M21 位于 T01 中北部。墓口被破坏。叠压打破 M39。长方形竖穴土坑墓，长 212、宽 60 厘米，墓坑存深 20 厘米。平底。填黄褐色砂土。方向 275°。葬具不明。见骨骼痕。（图 3 – 15A；彩版一九：1）

随葬品共 3 件，均为陶器，分布于墓底西部。（彩版一九：2）

M21：1，Ba 型 Ⅱ 式陶壶。泥质黄陶。敞口，圆唇，卷沿，高直领，鼓腹，领腹处有一周小斜面，矮圈足外撇，足缘微外折。通体素面。口径 10.2、腹径 13.2、足径 9、高 16.8 厘米。（图 3 – 15B；彩版二〇：1）

M21：2，C 型 Ⅰ 式陶壶。泥质黄陶。敞口，尖圆唇，高直领，垂腹，最大腹径位于下腹部，矮圈足微外撇。器腹拍印细绳纹。口径 6.8、腹径 9、足径 6.1、高 10.8 厘米。（图 3 – 15B；彩版二〇：3）

图 3 – 15A　M21 平、剖面图
1. Ba 型 Ⅱ 式陶壶　2. C 型 Ⅰ 式陶壶　3. B 型陶钵

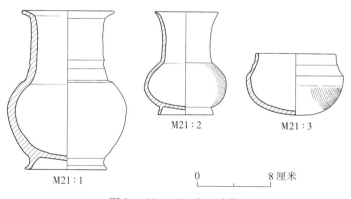

M21：1　　　　　M21：2　　　M21：3

0　　　　　8 厘米

图 3 – 15B　M21 出土遗物

M21：3，B 型陶钵。泥质黄陶。敛口，圆唇，束颈，颈部有一周弦纹，折腹弧收，圜底。器腹拍印绳纹。口径 8.4、腹径 10.4、高 6.6 厘米。（图 3－15B；彩版二〇：2）

第 22 号墓（M22）

M22 位于 T01 中部偏南。墓口被破坏。长方形竖穴土坑墓，长 145、宽 50 厘米，墓坑存深 18 厘米。平底。填黄褐色砂土。方向 275°。葬具不明。人骨未见。（图 3－16A；彩版一九：3）

随葬品共 2 件，其中陶器 1 件、石器 1 件，均分布于墓底东部。

M22：1，C 型陶三足钵。泥质灰陶。仅见钵底。素面。底部安三个宽扁乳丁足，足高 1.3 厘米。器壁较薄，厚仅 0.4 厘米。未修复。（图 3－16B）

M22：2，常型石锛。青灰色泥质硅质岩。平面呈长方形。偏锋，平直刃，顶端平直。侧边见崩疤。长 3.3、宽 2.6、最厚 0.8 厘米。（图 3－16B；彩版一九：4）

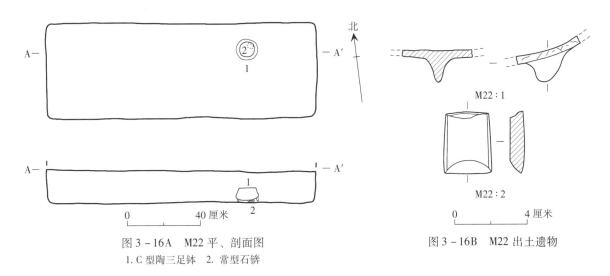

图 3－16A　M22 平、剖面图　　　　　图 3－16B　M22 出土遗物
1. C 型陶三足钵　2. 常型石锛

第 23 号墓（M23）

M23 位于 T01 东北部。墓口被破坏。打破 M24 东端。长方形竖穴土坑墓，长 282、宽 75 厘米，墓坑存深 26 厘米。平底。填灰褐色砂土。方向 275°。葬具不明。人骨未见。（图 3－17A；彩版二一，彩版二二：1）

随葬品共 4 件（组），其中陶器 1 件、石器 2 件、玉器 1 组（10 件），除石锛分布于墓底东部外，其余均分布于墓底西部。（彩版二二：2）

M23：1，弧背石锛，截面呈扇形。青灰色泥质硅质岩。上半段残缺。偏锋，平直刃。制作较粗糙。残长 4.6、宽 5、最厚 1.9 厘米。（图 3－17B；彩版二二：3）

M23：2，陶壶。泥质灰陶。腹部残片。束颈，斜腹弧收。素面。腹径 12.6、残高 8.3 厘米，器壁最厚 1 厘米。未修复。（图 3－17B）

M23：3，玉柄形器。透闪石，鸡骨白杂青斑。一组共 10 件。一件圆环与九件不同几何形状的曲面玉片呈棍状分布，原应是镶嵌或黏附于圆形棍状有机质物体上。正面抛光，背面留切割痕。圆环外径 3.45、孔径 2.9、高 1.8 厘米，镶嵌玉片的柄状物整体长约 13 厘米。（图 3－17B；彩版二三～二五）

M23：4，柳叶形石镞。灰色泥岩。镞体较薄，扁直铤，锋部横截面呈菱形。锋、铤部残。残

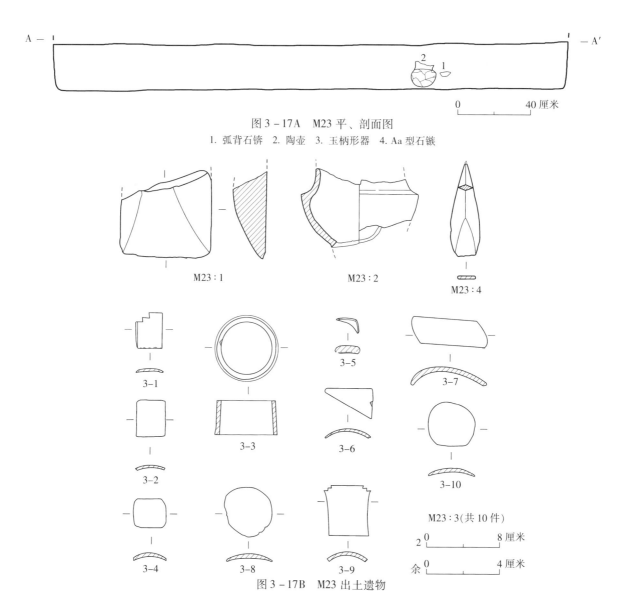

图 3 - 17A　M23 平、剖面图
1. 弧背石锛　2. 陶壶　3. 玉柄形器　4. Aa 型石镞

图 3 - 17B　M23 出土遗物

长 4.9、宽 1.6、最厚 0.3 厘米。（图 3 - 17B；彩版二二：4）

第 24 号墓（M24）

M24 位于 T01 北部。墓口被破坏。东端被 M23 打破，打破 M26 东端。长方形竖穴土坑墓，长 186、宽 60 厘米，墓坑存深 20 厘米。平底。填灰褐色砂土。方向 278°。葬具不明。人骨未见。

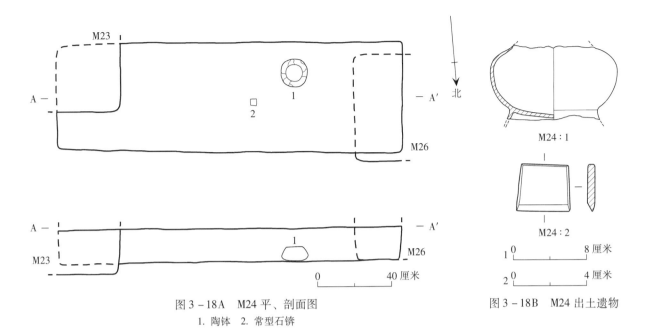

图 3 - 18A　M24 平、剖面图
1. 陶钵　2. 常型石锛

图 3 - 18B　M24 出土遗物

（图 3 - 18A；彩版二一，彩版二六：1）

随葬品共 2 件，其中陶器 1 件、石器 1 件，均分布于墓底西部。（彩版二六：2）

M24：1，陶钵。泥质灰陶。腹部及圈足残片。根据出土陶器内填泥形状复原器形。弧腹，矮圈足。通体素面。最大腹径 13.6、残高 7.6 厘米。未修复。（图 3 - 18B）

M24：2，常型石锛。灰白色硅质岩。器形较小，平面呈梯形。直背，偏锋，平直刃，顶端平直。制作精细规整，保存完好，表面光洁。长 2.5、最宽 2.9、最厚 0.4 厘米。（图 3 - 18B；彩版二六：3）

第 25 号墓（M25）

M25 大半部位于 T01 东部，并向东侧延伸。墓口被破坏。长方形竖穴土坑墓，长 212、宽 52 厘米，墓坑存深 20 厘米。平底。填灰褐色砂土。方向 274°。葬具不明。人骨未见。（图 3 - 19A；

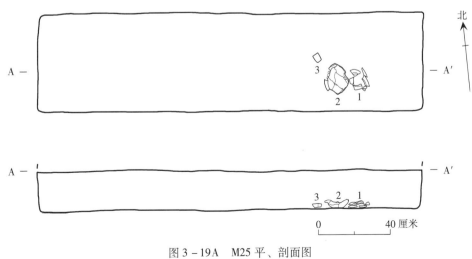

图 3 - 19A　M25 平、剖面图
1. 陶罐　2. 陶鼎　3. 弧背石锛

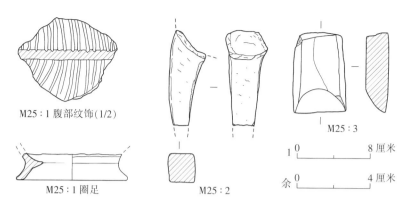

M25：1 腹部纹饰(1/2)

M25：3

M25：1 圈足

M25：2

1 0　　　　　　8厘米

余 0　　　　　4厘米

图 3 - 19B　M25 出土遗物

彩版二七：1)

随葬品共 3 件，其中陶器 2 件、石器 1 件，均分布于墓底东部。(彩版二七：2)

M25：1，陶罐。夹砂红褐陶。腹部及圈足残片。矮圈足外撇。腹部饰篮纹，圈足素面。腹部残片厚 0.5 厘米；圈足残高 2.8 厘米，器壁最厚 0.7 厘米。未修复。(图 3 - 19B)

M25：2，陶鼎。夹砂红褐陶。存三个鼎足及腹部残片。鼎足横截面呈方形，足端残。腹部残片见拍印篮纹。鼎足残高 5、截面边长 1.5 厘米。未修复。(图 3 - 19B)

M25：3，弧背石锛，截面呈扇形。青灰色泥质硅质岩。平面呈长方形。偏锋，平直刃，顶端规整。长 4.2、宽 2.8、最厚 1.2 厘米。(图 3 - 19B；彩版二七：3)

第 26 号墓（M26）

M26 位于 T01 西北部，向西北延伸至 T304 内。墓口被破坏。东部被 M24 和 M35 打破。长方形竖穴土坑墓，长 228、宽 58 厘米，墓坑存深 22 厘米。平底。填灰褐色砂土。方向 275°。葬具不明。人骨未见。(图 3 - 20A；彩版二一，彩版二八：1)

随葬品共 8 件，其中陶器 6 件、石器 2 件，除棒状卵石分布于墓葬东侧外，其余均分布于墓底西部。(彩版二八：2)

M26：1，A 型 I 式陶罐。泥质灰陶。大敞口，方唇，斜折沿，鼓肩，弧腹斜收，圈足折撇，圈足上戳两个对称的圆形镂孔。口径 18.6、腹径 20、足径 10.6、高 13.7 厘米。(图 3 - 20B；彩版二九：1)

M26：2，陶鼎。夹砂红褐陶。腹部及方形鼎足残片。腹部及器底交错拍印篮纹。未修复。

M26：3，A 型 I 式陶甑。夹砂红褐陶。直口，圆唇，上腹较直，安一个截面呈梯形的上弧把手，下腹弧收，圜底，器底有一个近椭圆形大孔。器腹拍印篮纹。口径 8.8、高 5 厘米，甑孔长径 2.4、短径 1.9 厘米。(图 3 - 20B；彩版二九：2)

M26：4，I 式陶鼎。夹砂红褐陶。敞口，圆唇，斜折沿，口沿下有三周弦纹，鼓腹微垂，圜底，下腹部安三个内收的细方锥足。器腹拍印篮纹。口径 10.8、腹径 13.9、足高 6.4、通高 13.6 厘米。(图 3 - 20B；彩版二九：3)

M26：5，Aa 型 I 式陶壶。泥质黄陶。敞口，尖圆唇，弧领较短，折腹弧收，最大腹径在腹中部，有两周凸棱，矮圈足外撇。口径 11.8、腹径 16、足径 10、高 16.2 厘米。(图 3 - 20B；彩版二九：4)

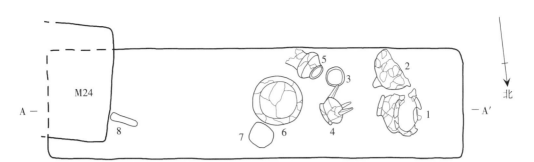

图 3 - 20A　M26 平、剖面图

1. A 型 I 式陶罐　2. 陶鼎　3. A 型 I 式陶甑　4. I 式陶鼎　5. Aa 型 I 式陶壶　6. I 式陶圈足盘　7. 圆饼状卵石　8. 棒状卵石

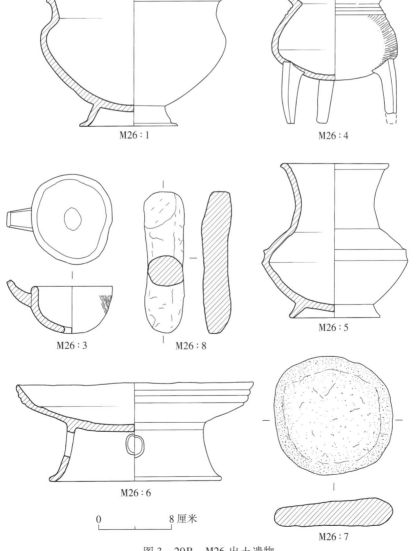

图 3 - 20B　M26 出土遗物

M26：6，Ⅰ式陶圈足盘。泥质灰陶。敞口，尖圆唇，口沿下有两周弦纹，弧腹斜收，腹较浅，平底，高圈足外撇，圈足上有五个圆形镂孔。口径25.6、足径18.6、高10.4厘米。（图3-20B；彩版二九：5）

M26：7，圆饼状卵石。花岗岩，青红色杂黑斑。圆饼状。通体较粗糙，未见使用痕迹。直径13、厚3厘米。（图3-20B；彩版二八：3）

M26：8，棒状卵石。灰色细砂粉砂岩。条状，表面为细腻的石粉。长15、直径3.6、最厚3厘米。（图3-20B；彩版二八：4）

第27号墓（M27）

M27位于T01中部偏西。墓口被破坏。长方形竖穴土坑墓，长218、宽52厘米，墓坑存深27厘米。平底。填灰褐色砂土。方向287°。葬具不明。人骨未见。（图3-21A；彩版三〇：1）

随葬品仅1件，为陶器，分布于墓底西端。（彩版三〇：2）

M27：1，Ba型Ⅰ式陶壶。泥质黑皮陶。口部残缺，高直领，弧腹微鼓，最大腹径在腹中部，有一周不甚明显的凸棱，矮圈足外撇。口径5.6、腹径8.3、足径5.5、高14厘米。（图3-21B；彩版三〇：3）

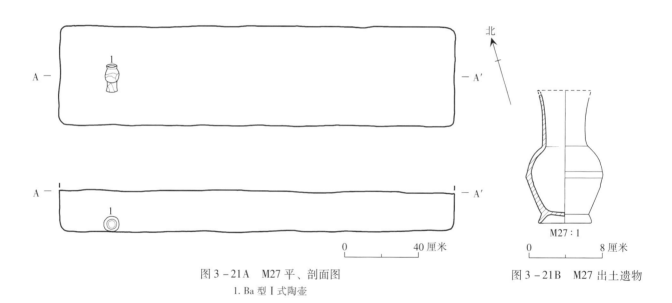

图3-21A M27平、剖面图
1. Ba型Ⅰ式陶壶

图3-21B M27出土遗物

第28号墓（M28）

M28位于T01西部，并向西延伸。墓口被破坏。东南部被M40叠压打破。长方形竖穴土坑墓，长270、宽80厘米，墓坑存深22厘米。平底。墓底西高东低，高差5厘米。填灰褐色砂土。方向270°。葬具不明。人骨未见。（图3-22A；彩版三一：1）

随葬品共3件，其中陶器2件、石器1件，均分布于墓底西部。（彩版三一：2）

M28：1，陶罐。泥质灰白陶。圈足残片。圈足较直。素面。残足径7.6、残高1.6厘米，器壁厚0.7厘米。未修复。（图3-22B）

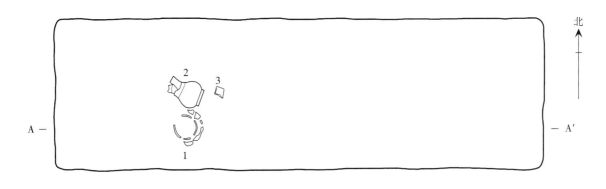

图 3 - 22A　M28 平、剖面图
1. 陶罐　2. C 型 II 式陶壶　3. 常型石锛

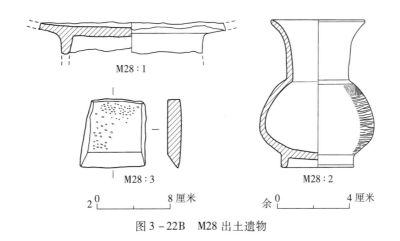

图 3 - 22B　M28 出土遗物

M28：2，C 型 II 式陶壶。泥质黑灰印纹硬陶。敞口，圆唇，高领较直，垂腹，最大腹径位于下腹部，矮圈足较直，圈足外近底处有一周弦纹。领下饰一周竖向篮纹，器腹拍印斜向篮纹。口径 10.2、腹径 12.6、足径 8、高 15.6 厘米。（图 3 -22B；彩版三一：3）

M28：3，常型石锛。青灰色泥质硅质岩。平面略呈梯形。偏锋，平直刃，顶端圆弧规整。刃部有崩疤。长 3.6、宽 3.6、最厚 0.7 厘米。（图 3 -22B；彩版三一：4）

第 29 号墓（M29）

M29 位于 T01 西北角。墓口被破坏。长方形竖穴土坑墓，长 212、宽 66 厘米，墓坑存深 20 厘米。平底，墓底西高东低，高差 4 厘米。填灰褐色砂土杂小块砂岩。方向 268°。葬具不明。人骨未见。（图 3 -23A；彩版三二：1）

随葬品共 2 件，陶器 1 件、石器 1 件，均分布于墓底西部。（彩版三二：2）

M29：1，陶罐。泥质灰白陶。素面。残甚未修复。

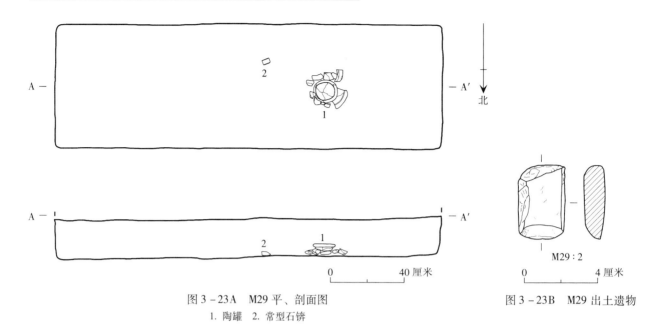

图 3－23A　M29 平、剖面图
1. 陶罐　2. 常型石锛

图 3－23B　M29 出土遗物

M29：2，常型石锛。青灰色泥质硅质岩。整体呈长方形。直背光滑，偏锋，顶端不平整。刃缘及侧边多处崩疤。长 3.9、宽 2.5、最厚 1.1 厘米。（图 3－23B；彩版三二：3）

第 30 号墓（M30）

M30 位于 T01 东北角，并向东延伸。墓口被破坏。长方形竖穴土坑墓，扩方清理。长 234、宽 64 厘米，墓坑存深 50 厘米。平底。填灰褐色砂土杂小块砂岩。方向 284°。葬具不明。人骨未见。（图 3－24A；彩版三三：1）

随葬品共 3 件，其中陶器 2 件、石器 1 件，均分布于墓底西端。（彩版三三：2）

M30：1，Ⅱ式陶盆。泥质灰陶。敞口，圆唇，束颈，折腹弧收，圈足外撇。通体素面。口径 14.4、腹径 11.8、足径 8、盆腹深 5.2、足高 2.6、通高 7.2 厘米。（图 3－24B；彩版三三：3）

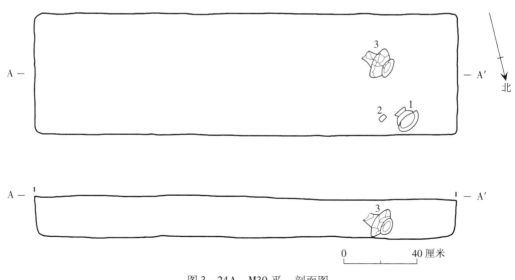

图 3－24A　M30 平、剖面图
1. Ⅱ式陶盆　2. 常型石锛　3. Ab 型Ⅱ式陶壶

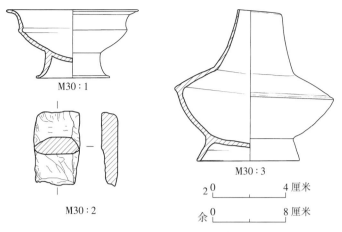

图 3 - 24B　M30 出土遗物

M30：2，常型石锛。灰色泥质硅质岩。平面略呈方形，上端厚下端薄，横剖面呈楔形。直背，平直刃，顶端不平整。刃部残损。残长 3.85、宽 2.45、最厚 0.9 厘米。（图 3 - 24B；彩版三三：5）

M30：3，Ab 型 Ⅱ式陶壶。泥质灰陶。口、领部残缺，上腹斜直，折腹明显，下腹斜弧收，圈足外撇。通体素面。腹径 17.6、足径 11.2、高 15.8 厘米。（图 3 - 24B；彩版三三：4）

第 31 号墓（M31）

M31 位于 T02 西南部，向西延伸至 T304 东隔梁内。墓口被破坏。长方形竖穴土坑墓，长 261、宽 80 厘米，墓坑存深 40 厘米。平底，墓底西高东低，高差 4 厘米。填灰褐色砂土杂小块砂岩。方向 274°。葬具不明。人骨未见。（图 3 - 25A；彩版三四：1）

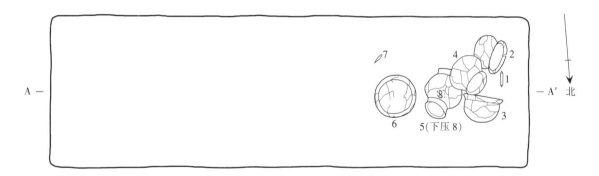

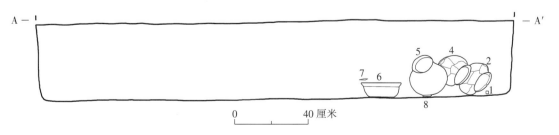

图 3 - 25A　M31 平、剖面图

1. B 型玉锥形器　2. B 型陶釜　3. Ba 型 Ⅱ式陶甑　4. B 型陶釜　5. B 型陶罐　6. 陶圈足盘　7. 柳叶形石镞　8. 常型石锛

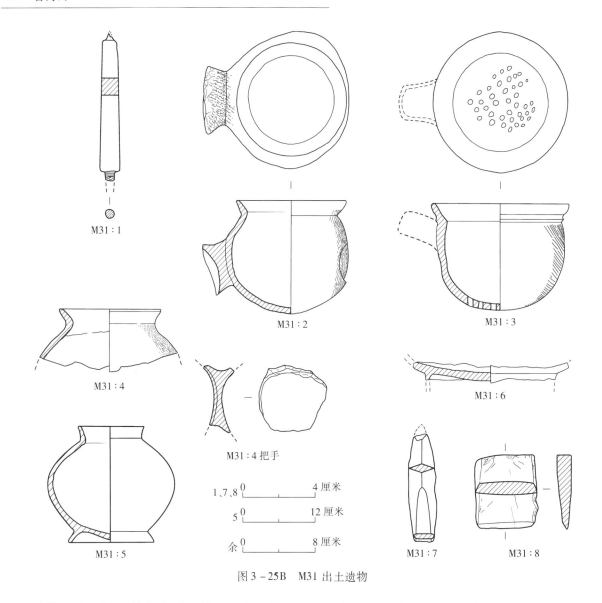

图 3 - 25B　M31 出土遗物

随葬品共 8 件，其中陶器 5 件、石器 2 件、玉器 1 件，均分布于墓底西端。（彩版三四：2）

M31：1，B 型玉锥形器。叶蜡石，黄绿色。方锥体，圆形榫部有多圈环状琢磨制作痕迹。锥尖、榫部残缺。残长 7.8、锥体边长 1、榫径 0.5 厘米。（图 3 - 25B；彩版三五：1）

M31：2，B 型陶釜。夹砂黄褐陶。侈口，圆唇，斜折沿，鼓腹，腹中部安内凹的扁圆形把手，圜底。通体拍印绳纹。口径 12.2、腹径 13.6、高 12 厘米。（图 3 - 25B；彩版三五：2）

M31：3，Ba 型Ⅱ式陶甑。夹砂红褐陶。敞口，圆唇，斜折沿，口沿下有一周弦纹，鼓腹，把手缺失，圜底，器底有较多圆形小孔。器腹拍印篮纹。口径 14.8、腹径 13.8、高 11.2 厘米，甑孔径 0.2～0.6 厘米。（图 3 - 25B；彩版三六）

M31：4，B 型陶釜。夹砂黑灰胎黄褐陶。敞口，圆唇，斜折沿，扁圆形把手，中间内凹。上腹拍印绳纹。口径 11.2、残高 6.6 厘米，器壁厚 0.8 厘米；把手直径 6.1、厚 3.3 厘米。未修复。（图 3 - 25B）

M31：5，B 型陶罐。泥质灰胎黄陶。侈口，圆唇，斜折沿，鼓腹，最大腹径在腹中部，矮圈足外撇。通体素面。口径 10.8、腹径 21.2、足径 14.4、高 18.4 厘米。（图 3 - 25B；彩版三五：3）

M31：6，陶圈足盘。泥质灰白陶。仅见圈足。圈足较宽扁。素面。圈足直径14.2、残高2.2厘米。未修复。（图3-25B）

M31：7，柳叶形石镞。青灰色泥岩。镞体较厚，扁直铤，长锋，锋部横截面呈菱形。锋、刃部残。残长5.6、宽1.5、最厚0.5厘米。（图3-25B；彩版三四：3）

M31：8，常型石锛。灰色泥质硅质岩。平面略呈方形，上端厚下端薄。直背光滑，平直刃，刃面平直，顶端不平整。长3.9、宽3.4、最厚0.8厘米。（图3-25B；彩版三四：4）

第32号墓（M32）

M32位于T02中部偏南。墓口被破坏。长方形竖穴土坑墓，长261、宽64厘米，墓坑存深18厘米。平底。填灰褐色砂土。方向280°。葬具不明。人骨未见。（图3-26A；彩版三七：1）

随葬品共3件，均为陶器，散布于墓底。（彩版三七：2）

M32：1，陶鼎。夹砂红褐陶。破碎严重，存腹部及横截面呈方形的鼎足残片。腹部拍印绳纹。残高4.5、足跟边长2~2.6厘米。未修复。（图3-26B）

M32：2，陶釜。夹砂红褐陶。口沿残片。卷沿。残片可辨绳纹。残长10.2、残高4.7厘米，器壁最厚0.6厘米。未修复。（图3-26B）

M32：3，陶罐。泥质红陶（含少量蚌粉）。腹部及圈足残片。圈足外撇。腹部拍印绳纹。足径7.4、残高2.2厘米，器壁最厚0.7厘米。未修复。（图3-26B）

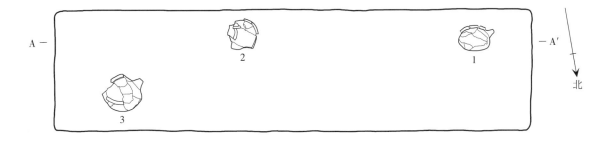

图3-26A　M32平、剖面图
1. 陶鼎　2. 陶釜　3. 陶罐

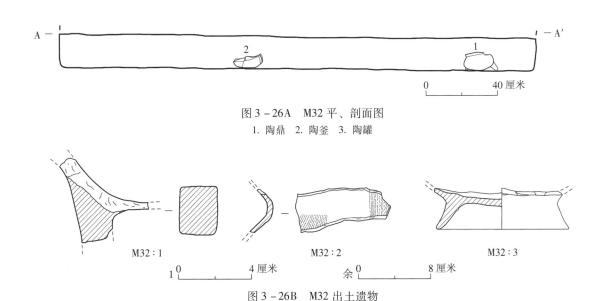

图3-26B　M32出土遗物

第 33 号墓（M33）

M33 位于 T02 中部偏东。墓口被破坏。长方形竖穴土坑墓，长 246、宽 62 厘米，墓坑存深 20 厘米。平底。填灰褐色砂土。方向 270°。葬具不明。人骨未见。（图 3 – 27A；彩版三七：3）

随葬品共 6 件，其中陶器 5 件、石器 1 件，均分布于墓底西部。（彩版三七：4）

M33：1，陶壶。泥质灰陶。圈足残片。圈足外撇。素面。残高 2 厘米，器壁最厚 0.8 厘米。未修复。（图 3 – 27B）

M33：2，Aa 型Ⅲ式陶壶。泥质灰陶。口、颈部残缺，折腹斜收，上腹有两周凸棱，圈足外撇，圈足上有四个圆形镂孔。残口径 6.8、腹径 11.6、足径 8、残高 9.8 厘米。（图 3 – 27B；彩版三八：1）

M33：3，弧背石锛，截面呈扇形。灰色石料。平面呈长方形，背略内弧光滑，偏锋，斜直刃，顶端不规整。制作粗糙，顶端及左侧面有多处打制疤痕。长 5.2、宽 2.9、厚 1.3 厘米。（图 3 – 27B；彩版三八：2）

M33：4，Ⅱ式陶簋。泥质黄陶。敞口，方唇，斜折沿，深腹弧收，均匀分布五周弦纹，矮圈足较直，足缘折撇，圈足上有四个圆形镂孔。口径 15.8、足径 12.6、高 9.2 厘米。（图 3 – 27B；彩版三八：4）

M33：5，A 型Ⅱ式陶甗。夹砂黄褐陶。敞口，尖圆唇，斜折沿，口沿及上腹部安截面略呈长方形的上翘把手，腹部弧收，平底，器底有一个近圆形大孔。器腹拍印绳纹。口径 13.9、腹径 12.6、高 7.4 厘米，甗孔径 3.8 ~ 4.4 厘米。（图 3 – 27B；彩版三八：3）

M33：6，Ⅳ式陶鼎。夹砂灰黑陶。敞口，方唇，斜折沿，折腹弧收，最大腹径处有一周凸棱，圜底，下腹部安三个截面呈梯形的锥状足。器腹及足跟拍印绳纹。口径 15.6、腹径 16、足高 6.8、通高 10.8 厘米。（图 3 – 27B；彩版三八：5）

第 34 号墓（M34）

M34 位于 T02 西南角。墓口被破坏。打破 M35。长方形竖穴土坑墓，长 242、宽 60 厘米，墓坑存深 30 厘米。平底。填灰褐色砂土。方向 278°。葬具不明。人骨未见。（图 3 – 28A；彩版三九：1）

随葬品共 4 件，其中陶器 2 件、石器 1 件、玉器 1 件，均分布于墓底中部。（彩版三九：2）

M34：1，B 型玉锥形器。叶蜡石，黄绿色带朱沁。方锥体，榫部残缺。残长 7.15、锥体边长 1 厘米。（图 3 – 28B；彩版四〇：3）

M34：2，Aa 型Ⅲ式陶壶。泥质灰陶。侈口较甚，圆唇，折沿，矮直领，折腹弧收，最大腹径在上腹部，有三周凸棱，矮圈足折撇，足缘外翻，圈足上戳有两个圆形镂孔。口径 9.2、腹径 18.4、足径 10、高 17.6 厘米。（图 3 – 28B；彩版四〇：1）

M34：3，Ba 型Ⅲ式陶壶。泥质灰陶。敞口，尖圆唇，折沿，高直领，领上有四周弦纹，鼓腹，最大腹径在腹中部，有一周方凸棱，圈足外撇，圈足上分布三个圆形镂孔。口径 8.8、腹径 12.8、足径 8、高 14.6 厘米。（图 3 – 28B；彩版四〇：2）

M34：4，常型石锛。青色泥质硅质岩。平面近方形，弧背光滑，偏锋，平直刃，顶端平整。长 3.3、宽 3、厚 0.6 厘米。（图 3 – 28B；彩版四〇：4）

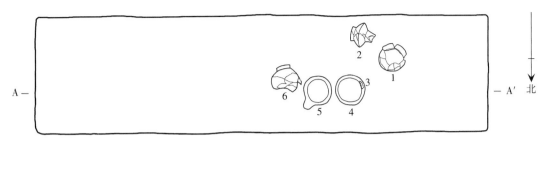

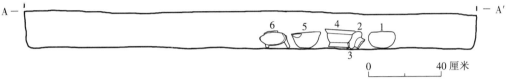

图 3 - 27A　M33 平、剖面图

1. 陶壶　2. Aa 型Ⅲ式陶壶　3. 弧背石锛　4. Ⅱ式陶簋　5. A 型Ⅱ式陶甗　6. Ⅳ式陶鼎

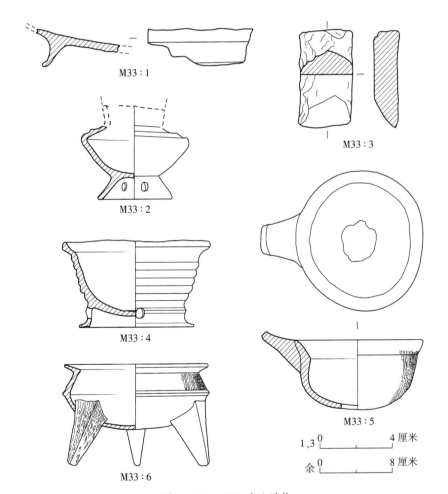

图 3 - 27B　M33 出土遗物

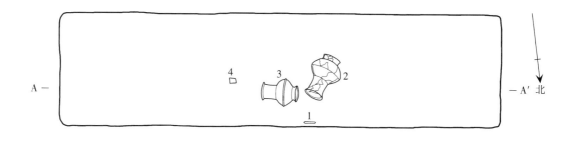

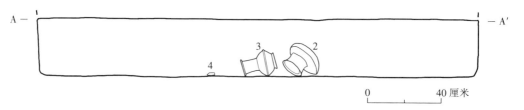

图 3 – 28A　M34 平、剖面图

1. B 型玉锥形器　2. Aa 型Ⅲ式陶壶　3. Ba 型Ⅲ式陶壶　4. 常型石锛

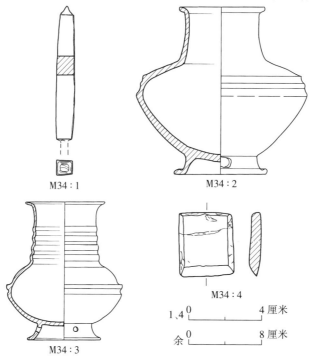

M34∶1　　　　　M34∶2

M34∶4

M34∶3

图 3 – 28B　M34 出土遗物

第 35 号墓（M35）

　　M35 位于 T02 西南角，延伸至 T304 东隔梁及 T01 内。墓口被破坏。东北部被 M34 打破，打破 M26 东部。长方形竖穴土坑墓，长 263、宽 86 厘米，墓坑存深 35 厘米。底较平。填灰褐色砂土。方向 275°。葬具不明。人骨未见。（图 3 – 29A；彩版三九∶3）

　　随葬品共 5 件，其中陶器 4 件、玉器 1 件，均分布于墓底西端。（彩版三九∶4）

　　M35∶1，Ab 型陶釜。夹砂红褐陶。敞口，圆唇，高领，领下堆塑一周小泥饼，鼓腹，最大腹径位于腹中下部，圜底。器腹拍印篮纹，部分交错转折。口径 9.2、腹径 24.4、高 25.2 厘米。（图 3 – 29B；彩版四一）

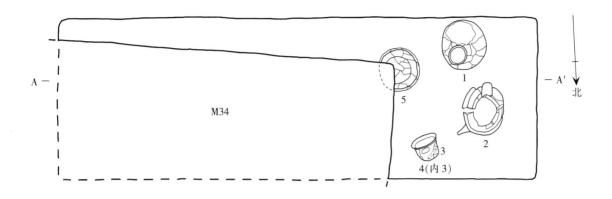

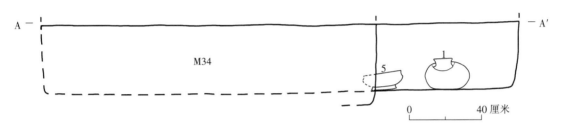

图 3 - 29A　M35 平、剖面图

1. Ab 型陶釜　2. Ⅲ式陶鼎　3. A 型玉锥形器　4. Ba 型Ⅱ式陶甗　5. Ⅲ式陶圈足盘

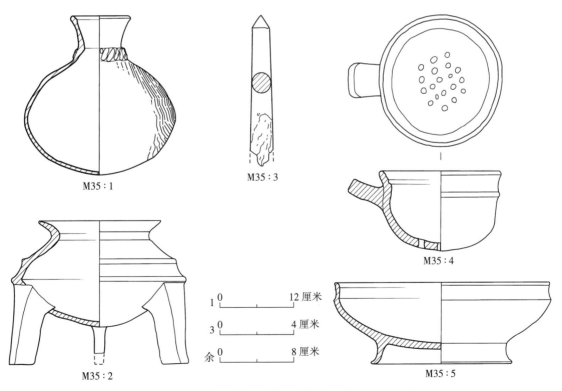

图 3 - 29B　M35 出土遗物

M35:2，Ⅲ式陶鼎。夹砂红褐陶。敞口，圆唇，卷沿，折腹弧收，最大腹径在腹中部，上腹一周凸棱，下腹部安三个截面呈梯形的侧扁形足，圜底。器腹拍印斜向篮纹。口径 13.2、腹径19、足高 8.4、通高 15.2 厘米。（图 3 - 29B；彩版四二：1）

M35:3，A 型玉锥形器。透闪石，鸡骨白，钙化。圆锥体，后半段残缺。残长 7.9、锥体最大径 1.2 厘米。（图 3 - 29B；彩版四二：2）

M35:4，Ba 型Ⅱ式陶甗。夹砂黄褐陶。敞口，圆唇，斜折沿，上腹较直，有一周凸棱，安横截面呈长方形的宽扁把手，下腹弧收，圜底，器底有较多圆形小孔。口径 13.2、高 8.4 厘米，把手长 4.2 厘米，甗孔径 0.3 ~ 0.8 厘米。（图 3 - 29B；彩版四二：3）

M35:5，Ⅲ式陶圈足盘。泥质灰胎黑皮陶。直口微内收，圆唇，束颈，折腹弧收，腹较深，矮圈足外撇，圈足上有两个圆形镂孔。口径 23.8、腹径 24、足径 15.2、高 8.6 厘米。（图 3 - 29B；彩版四二：4）

第 36 号墓（M36）

M36 位于 T02 中部。墓口被破坏。打破 M37。长方形竖穴土坑墓，长 222、宽 64 厘米，墓坑存深 40 厘米。平底。填灰褐色砂土。方向 272°。葬具不明。人骨未见。（图 3 - 30A；彩版四三：1）

随葬品共 5 件，其中陶器 3 件、石器 1 件、玉器 1 件，均散布于墓底西部。填土中发现鼎足 1件。（彩版四三：2）

M36:1，陶纺轮。泥质黑灰陶。圆饼状，剖面呈梯形，中间穿孔。边缘残。外径 3.3、孔径0.6、最厚 1.3 厘米。（图 3 - 30B；彩版四四：1）

M36:2，弧背石锛，截面呈扇形。青灰色泥质硅质岩。平面呈长方形。弧背较规整，偏锋，弧刃，顶端不平整。选料、制作较粗糙。长 9.4、宽 3.9、最厚 1.8 厘米。（图 3 - 30B；彩版四四：2）

M36:3，陶豆。泥质灰胎黄陶。敞口，圆唇，束颈，折腹弧收，高直柄，豆柄上竖向分布 8

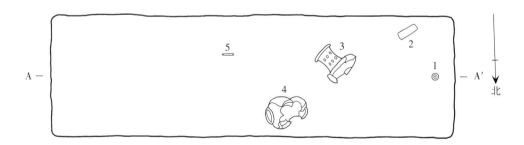

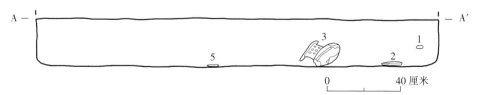

图 3 - 30A　M36 平、剖面图
1. 陶纺轮　2. 弧背石锛　3. 陶豆　4. B 型陶釜　5. B 型玉锥形器

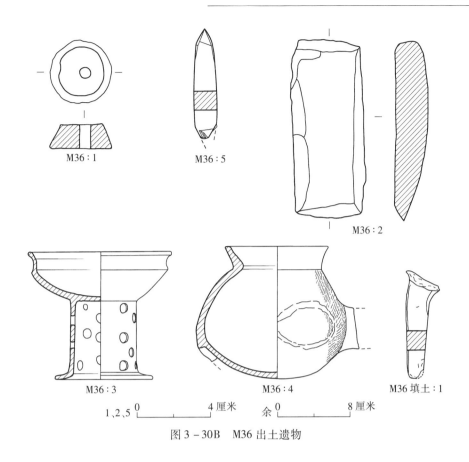

M36:1

M36:5

M36:2

M36:3

M36:4

M36 填土:1

1、2、5   0   4 厘米   余   0   8 厘米

图 3 - 30B   M36 出土遗物

组共 24 个圆形镂孔，足缘折撇较甚。口径 15.6、腹径 15.2、足径 10.6、豆盘深 4.8、豆柄高 8.3、通高 13.5 厘米。（图 3 - 30B；彩版四四：4）

M36:4，B 型陶釜。夹砂黄褐陶。侈口，圆唇，斜折沿，鼓腹，最大腹径位于腹中部偏下，安椭圆形把手，器身另有一个椭圆形把手脱落痕。器腹拍印绳纹。口径 11.2、腹径 16.4、高 14 厘米。（图 3 - 30B；彩版四四：5）

M36:5，B 型玉锥形器。叶蜡石，黄白色带朱沁。方锥体，榫部残缺。残长 5.8、锥体边长 1.3 厘米。（图 3 - 30B；彩版四四：3）

M36 填土:1，鼎足。夹砂红褐陶。横截面呈方形。素面。残高 11.4、截面边长 2 厘米。（图 3 - 30B）

第 37 号墓（M37）

M37 位于 T02 中部稍西。墓口被破坏。西部被 M36 打破。长方形竖穴土坑墓，长 225、宽 65 厘米，墓坑存深 35 厘米。平底，墓底西高东低，高差 4 厘米。填灰褐色砂土。方向 272°。葬具不明。人骨未见。（图 3 - 31A；彩版四三：3）

随葬品共 4 件，其中陶器 3 件、玉器 1 件，均分布于墓底西部。（彩版四三：4）

M37:1，B 型陶罐。泥质灰陶。破碎严重。根据出土陶器内填泥形状复原器形。口微侈，尖圆唇，鼓腹，最大腹径在腹中部，圈足外撇。腹部拍印绳纹。口径 10.5、腹径 20、足径 10.4、高 19 厘米。未修复。（图 3 - 31B）

M37:2，Ba 型 I 式陶甗。夹砂黄褐陶。敞口，圆唇，斜折沿，口沿内凹，口沿及上腹部安一

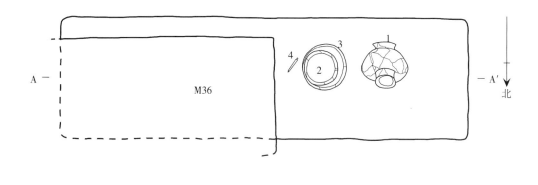

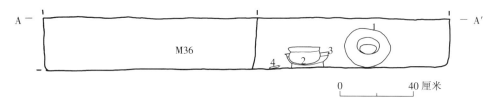

图 3 – 31A   M37 平、剖面图
1. B 型陶罐   2. Ba 型 I 式陶甑   3. I 式陶盆   4. B 型玉锥形器

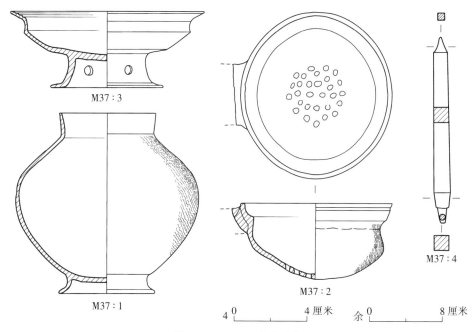

图 3 – 31B   M37 出土遗物

把手，腹部变形，折腹弧收，圜底，器底有较多圆形小孔。器腹拍印绳纹。口径 16.2、高 8 厘米，甑孔径 0.5～0.7 厘米。（图 3 – 31B；彩版四五：1）

M37：3，I 式陶盆。泥质灰陶。敞口，圆唇，束颈，折腹弧收，腹中部有一道折痕，圈足外撇，足缘平折，圆足上有四个圆形镂孔。口径 21.2、腹径 18.4、足径 12.4、盆腹深 4.5、足高 3.6、通高 8 厘米。（图 3 – 31B；彩版四五：2）

M37：4，B 型玉锥形器。叶蜡石，青黄色杂墨斑。方锥体，圆榫。长 9.8、锥体边长 0.8、榫径 0.4 厘米。（图 3 – 31B；彩版四五：3）

第 38 号墓（M38）

M38 位于 T303 东南角，向东延伸至 T303 东隔梁内。墓口被破坏。西部被唐墓 M1 打破。长方形竖穴土坑墓，长 198、宽 58 厘米，墓坑存深 20 厘米。平底，墓底西高东低，高差 3 厘米。填灰褐色砂土。方向 279°。葬具不明。人骨未见。（图 3 – 32A；彩版四六：1）

随葬品共 2 件，其中陶器 1 件、石器 1 件，陶器分布于墓底西端，石器分布于墓底中部。（彩版四六：2）

M38：1，Ab 型 I 式陶壶。泥质灰陶。口微侈，圆唇，高直领，领中部有数周不甚明显的弦纹，折腹弧收，矮圈足外撇，圈足上有一个圆形镂孔。口径 7.8、腹径 14、足径 8.8、高 17.4 厘米。（图 3 – 32B；彩版四六：3）

M38：2，弧背石锛，截面呈扇形。灰色泥质硅质岩。平面呈长方形。微弧背光滑规整，偏锋，斜弧刃，顶端斜平。制作较粗糙，顶端有崩疤。长 8.4、宽 3.75、最厚 1.8 厘米。（图 3 – 32B；彩版四六：4）

第 39 号墓（M39）

M39 位于 T01 中北部。墓口被破坏。北部被 M21 打破。长方形竖穴土坑墓，长 258、宽 60 厘

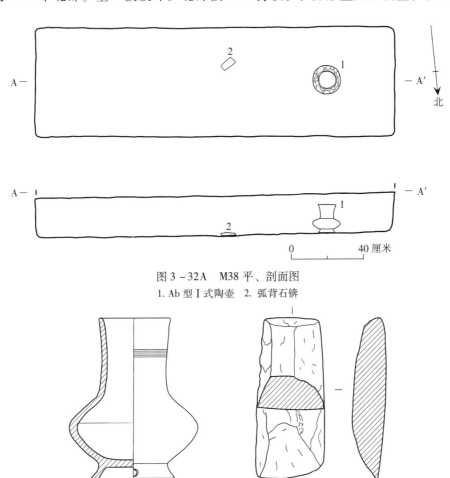

图 3 – 32A　M38 平、剖面图
1. Ab 型 I 式陶壶　2. 弧背石锛

图 3 – 32B　M38 出土遗物

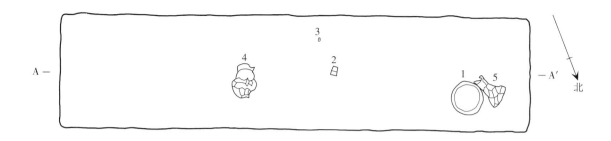

图 3-33A　M39 平、剖面图
1. A 型 I 式陶钵　2. 有段石锛　3. 玉珠　4. Ac 型陶壶　5. 陶壶

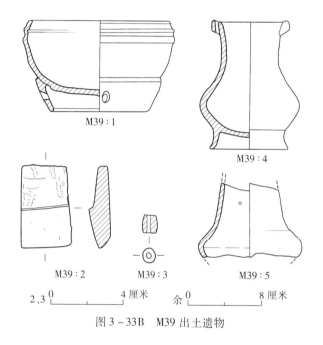

图 3-33B　M39 出土遗物

米，墓坑存深 25 厘米。平底。填灰褐色砂土。方向 293°。葬具不明。人骨未见。（图 3-33A；彩版四七：1）

随葬品共 5 件，其中陶器 3 件、石器 1 件、玉器 1 件，分布于墓底中部和西部。（彩版四七：2）

M39:1，A 型 I 式陶钵。泥质灰陶。敛口，圆唇，口腹处有两周弦纹，腹部斜弧收，腹底安内收圈足，圈足上对称分布四个圆形镂孔。口径 15.4、腹径 16.6、足径 10.6、高 9.6 厘米。（图 3-33B；彩版四七：3）

M39:2，有段石锛。灰白色泥质硅质岩。平面呈梯形。表面光滑，正锋，平直刃，顶端平直。上半部有崩疤。长 4.3、最宽 2.8、最厚 1.2 厘米。（图 3-33B；彩版四七：5）

M39:3，玉珠。叶蜡石，黄绿色玉料，裂缝处有朱沁。体小，鼓形，中孔双面钻。外径 0.7、

孔径 0.25、高 0.95 厘米。（图 3 - 33B；彩版四七：6）

M39：4，Ac 型陶壶。泥质灰陶。侈口，圆唇，口沿外对饰两个小鼻，一个小孔钻透，另一个小孔钻深约 0.2 厘米，高直领微弧，折腹弧收，圈足外撇。通体素面。口径 6.8、腹径 10.8、足径 8.4、高 13.3 厘米。（图 3 - 33B；彩版四七：4）

M39：5，陶壶。泥质灰陶。仅存颈部，上可见一个未钻透的圆形小孔。残高 7.8 厘米。未修复。（图 3 - 33B）

第 40 号墓（M40）

M40 位于 T01 西部。墓口被破坏。打破 M28，局部扰乱。长方形竖穴土坑墓，长 234、宽 55 厘米，墓坑存深 20 厘米。平底。填灰褐色砂土。方向 279°。葬具不明。人骨未见。（图 3 - 34A；彩版四八：1）

随葬品共 2 件，其中陶器 1 件、石器 1 件，均分布于墓底西端。（彩版四八：2）

M40：1，陶壶。泥质灰胎红陶。口腹残片。敛口，尖圆唇，弧腹。素面。残高 4.6 厘米，器壁厚 0.5 厘米。未修复。（图 3 - 34B）

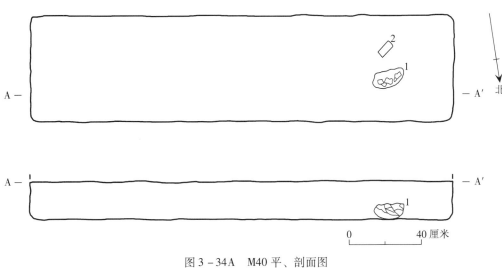

图 3 - 34A　M40 平、剖面图
1. 陶壶　2. 弧背石锛

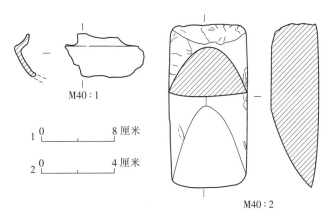

图 3 - 34B　M40 出土遗物

M40：2，弧背石锛，截面呈扇形。青灰色泥质硅质岩。平面呈长方形。背微弧，偏锋，平直刃，顶端不规整。长8.6、最宽4.3、最厚2.6厘米。（图3-34B；彩版四八：3）

第41号墓（M41）

M41位于T01西南角。墓口被破坏。局部扰乱。长方形竖穴土坑墓，长268、宽66厘米，墓坑存深20厘米。平底。填灰褐色砂土。方向288°。葬具不明。人骨未见。（图3-35A；彩版四九：1）

图3-35A　M41平、剖面图
1. 陶圈足盘　2. B型玉锥形器　3. 常型石锛

随葬品共3件，其中陶器1件、石器1件、玉器1件，陶器分布于墓底西端，石器、玉器分布于墓底东部。（彩版四九：2）

M41：1，陶圈足盘。泥质黄胎褐皮陶。仅见少量腹部残片。素面。未修复。

M41：2，B型玉锥形器。透闪石，黄白色杂墨斑。方锥体，圆榫。锥尖及榫部稍损。残长11.7、锥体边长0.7厘米。（图3-35B；彩版四九：3）

M41：3，常型石锛。青灰色泥质硅质岩。平面呈长方形。直背，偏锋，平直刃，顶端不规整。长4.5、宽3.3、最厚1.1厘米。（图3-35B；彩版四九：4）

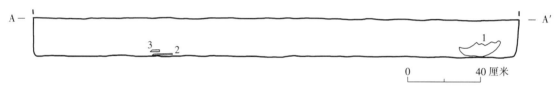

M41：3

M41：2

图3-35B　M41出土遗物

三、墓葬形制与葬俗

1. 墓葬形制

长期耕作（人为）和台风暴雨水土流失（自然）的双重作用下，遗址保存状况不甚理想。已发掘的35座墓葬墓口均受到严重破坏。绝大部分墓葬墓坑存深20～30厘米，最深的也仅50厘米。

墓葬均开口于第3层下。形制均为长方形竖穴土坑墓，平面呈长方形，长宽比（去除不完整墓葬）在2.83～4.25。残存墓坑坑壁均较垂直平整，底部平整。绝大多数墓葬底部顺山势西侧略高于东侧。（附表3-1）

2. 墓室结构、葬具、葬式与葬俗

酸性土壤的埋葬环境，导致绝大部分墓葬保存状况较差，葬具不明，人骨未见。35座墓葬中仅M20墓底发现青灰色淤泥，应为有机质葬具锈蚀残留物（痕），是存在有机质葬具的直接证据；M21见骨骼痕。头向不明确，据绝大多数墓葬墓底西部略高，且随葬品多置于西半侧的情况，推测大部分墓葬应以头西脚东、仰身直肢葬为主，不排除存在其他头向和葬式的可能。

四、随葬品种类、数量及出土位置

1. 随葬品种类、数量

35座墓葬共出土陶器、石器、玉器三类随葬品117件（组）。陶器85件，占随葬品总数的72.6%。石器22件、玉器10件（组），分别占随葬品总数的18.9%和8.5%。随葬品三类齐全的墓葬共6座，占比17.1%；随葬陶器、石器但无玉器的墓葬共13座，占比37.1%；随葬陶器、玉器但无石器的墓葬共4座，占比11.4%；仅随葬陶器的墓葬12座，占比34.4%。（附表3-2）

从墓地出土不同质地随葬品的数量，以及单个墓葬随葬品组合及数量统计看，陶器是最主要的随葬品，35座墓葬均随葬陶器。常见陶器有壶、罐、釜、鼎、甑、圈足盘、钵，个别墓葬还有豆、簋、盆、盉、杯、纺轮等。石器种类有锛、镞、棒状卵石和圆饼状卵石，以锛为多。35座墓葬中有18座出土石锛，均仅随葬1件，与陶器组合出土。石镞与石锛组合出土，M23、M31各出土1件，与玉柄形器或玉锥形器共出。M23与M31长度均在2.6米以上，故推测石镞是重要的随葬品，与墓葬规模等级、墓主身份有关。

玉器是彰显墓主身份地位的随葬品。出土玉器种类有锥形器、珠、管和柄形器，以锥形器为多。35座墓葬中除M16、M17及M22外，其余32座据墓葬长度可分为1.7～2.2米（不包含2.2米）、2.2～2.6米（不包含2.6米）和2.6～2.8米三组，分别计有15座、11座和6座。其中1.7～2.2米组的15座墓葬均无玉器随葬；2.2～2.6米组的11座墓葬中，随葬一件玉管或玉珠的有2座，随葬一件玉锥形器的有6座；2.6～2.8米组的6座墓葬中，随葬玉柄形器的有1座，随葬一件玉锥形器的有4座。随葬玉柄形器的M23是整个墓区面积最大的墓葬。

2. 随葬品出土位置

35座墓葬均未明确揭露完整的人骨和葬具，故此处仅讨论随葬品的空间分布，不具体探讨随葬品与葬具的位置关系。从整体来看，除M22、M25随葬品分布于墓底东部，M32、M36、M39随葬品散布于墓底，M11、M26、M41个别器物分布于墓底东部，其余墓葬随葬品均较集中分布于墓底西端或西部。

石锛多与陶器集中摆放，仅M7、M20、M24、M29、M36、M38、M39、M41这8座墓葬例外。石镞共2件，M31石镞与其余器物集中摆放在墓底西端；M23石镞与其余器物分散分布，石镞分布于墓底东部，其余器物分布于墓底西部。

玉管与玉珠均位于墓底东部，与陶器分散摆放。玉柄形器位于墓底西端，原应镶嵌于棍状类有机物体表面。玉锥形器与陶器分散或集中摆放，M12、M31 玉锥形器位于墓葬西端中部，应是置于墓主头部作装饰用。

五、随葬器物

曹湾山遗址好川文化墓葬随葬器物种类包含陶器、石器、玉器。

（一）陶器

陶器是墓葬的基本随葬品，35 座墓葬均有数量不等的陶器随葬，总计 85 件，其中修复 54 件。每墓平均随葬 2.4 件，随葬陶器数量最多的 M11、M26 有 6 件，最少的墓葬仅随葬 1 件。随葬 1 件陶器的墓葬共 13 座，占比 37.1%；随葬 2 件的 7 座，占比 20.0%；随葬 3 件的 8 座，占比 22.9%；随葬 4 件的 3 座，占比 8.6%；随葬 5 件的 2 座，占比 5.7%；随葬 6 件的 2 座，占比 5.7%。随葬 3 件及以下数量陶器的墓葬单位占绝大多数。

1. 陶系

分为泥质陶、夹砂陶、印纹硬陶[1]三种。（附表 3 - 3）

（1）泥质陶

共 54 件，占出土陶器总数的 63.5%。

按陶色可细分为泥质灰陶、泥质黄陶、泥质红陶、泥质灰白陶、泥质黑灰陶、泥质黑（褐）皮陶。其中泥质灰陶数量最多，占泥质陶器总数的 46.3%。泥质灰陶胎泥细密，部分陶器胎壁很薄。胎壁表面多有剥落，以陶罐剥落最甚。泥质黑（褐）皮陶数量较少。

器类主要为壶、盘、豆、杯等盛食器。其中数量最多的是壶，有 19 件（22.3%[2]），此外泥质罐 10 件（11.8%）、圈足盘 7 件（8.2%）、钵 6 件（7.1%）、豆 3 件（3.5%）、纺轮 3 件（3.5%）、盆 2 件（2.4%）、簋 2 件（2.4%），盂、杯各 1 件（各 1.2%）。两件罐陶胎中加有一定数量的细砂。

（2）夹砂陶

共 30 件，占出土陶器总数的 35.3%。

按陶色可分为夹砂红褐陶、夹砂黄褐陶、夹砂灰褐陶、夹砂灰黑陶四类。其中以夹砂红褐陶最多，占夹砂陶器总数的 60.0%；黄褐陶次之，占比约 30.0%；灰褐陶 1 件，占比 3.3%；灰黑陶 2 件，占比约 6.7%。

器形包括釜、鼎、甗等蒸煮类炊器和罐。其中以釜最多，有 12 件（14.1%）；鼎次之，有 10 件（11.8%）；甗再次之，有 6 件（7.1%）；罐最少，有 2 件（2.4%）。

（3）印纹硬陶

仅 1 件，为印纹硬陶壶（1.2%），器表拍印交错篮纹，胎质坚硬，叩之有清脆声。

---

[1]　印纹硬陶陶质均是泥质或夹砂，因其特色鲜明，故单列介绍。
[2]　占出土陶器总数的百分比，下同。

2. 制法

陶器成型技术轮制、手制并存。泥质陶器类（除陶纺轮外）形制较规整，胎体较薄，皆轮制成型。夹砂类陶器多为泥条盘筑手制。印纹硬陶为轮制。陶豆豆柄、鼎足、陶釜及陶甗把手、陶盉鋬流均为分体制作再粘接成器。镂孔既是陶器的装饰，似乎也是制陶工艺流程上的一道重要工序，可能与陶器烧成技术有关，可以防止陶器在烧制过程中受热开裂、起泡变形。部分陶器胎体酥脆，表面多有剥落，暴露出与器表颜色不同的胎芯，应与烧制温度不够、受热不均有关。

3. 纹饰

曹湾山遗址好川文化墓葬出土陶器多为素面，装饰纹样相对较少，有篮纹、绳纹、圆形镂孔、弦纹、凸棱、附加堆纹及垂棱，常见不同手法组合使用。（附表 3 - 4）

壶、豆、钵、圈足盘、盉等器类基本素面，部分见弦纹、凸棱、镂孔等装饰。

绳纹、篮纹多拍印于鼎、釜、甗等炊器类上。部分陶罐器表也见拍印绳纹、篮纹。

圆形镂孔常见于豆、壶、圈足盘、钵、簋、罐等器类。

弦纹成组饰于壶、簋、圈足盘等泥质胎素面器类上，与镂孔组合使用。

凸棱饰于壶、罐等器类最大腹径处，一周或两周。

附加堆纹仅见于陶釜颈部，是陶器分段制作再捏接成器时为加固接茬而粘贴的。

4. 型式划分

壶

20 件。其中 15 件依据腹部形态可分折腹、鼓腹、垂腹三型。

A 型

8 件。折腹。依据口领部形态可分三亚型。

Aa 型　4 件。大口、矮领。分三式。

Ⅰ式　M26：5，泥质黄陶。敞口、尖圆唇，弧领较短，折腹弧收，最大腹径在腹中部，有两周凸棱，矮圈足外撇。口径 11.8、腹径 16、足径 10、高 16.2 厘米。（图 3 - 36：1；彩版五〇：1）

Ⅱ式　M11：2，泥质黑皮陶。侈口，尖圆唇，弧领较短，斜肩，折腹斜弧收，肩腹处有一周凸棱，圈足外撇。通体素面黑皮。口径 7.6、腹径 10、足径 7、高 11.6 厘米。（图 3 - 36：2；彩版五〇：2）

Ⅲ式　2 件。

M34：2，泥质灰陶。侈口较甚，圆唇，折沿，矮直领，折腹弧收，最大腹径在上腹部，有三周凸棱，矮圈足折撇，足缘外翻，圈足上戳有两个圆形镂孔。口径 9.2、腹径 18.4、足径 10、高 17.6 厘米。（图 3 - 36：3；彩版五〇：3）

M33：2，泥质灰陶。口、颈部残缺，折腹斜收，上腹有两周凸棱，圈足外撇，圈足上有四个圆形镂孔。残口径 6.8、腹径 11.6、足径 8、残高 9.8 厘米。（图 3 - 36：4）

Ab 型　3 件。小口、长直领。分三式。

Ⅰ式　M38：1，泥质灰陶。口微侈，圆唇，高直领，领中部有数周不甚明显的弦纹，折腹弧收，矮圈足外撇，圈足上有一个圆形镂孔。口径 7.8、腹径 14、足径 8.8、高 17.4 厘米。（图 3 -

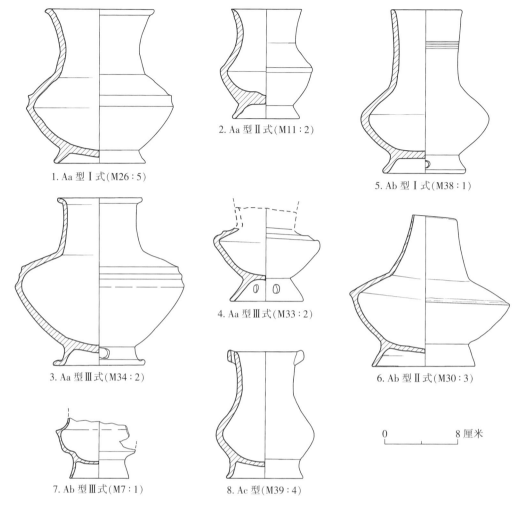

1. Aa 型 Ⅰ式 (M26:5)

2. Aa 型 Ⅱ式 (M11:2)

5. Ab 型 Ⅰ式 (M38:1)

3. Aa 型 Ⅲ式 (M34:2)

4. Aa 型 Ⅲ式 (M33:2)

6. Ab 型 Ⅱ式 (M30:3)

7. Ab 型 Ⅲ式 (M7:1)

8. Ac 型 (M39:4)

0   8 厘米

图 3-36　墓葬出土 A 型陶壶

36：5；彩版五〇：4）

　　Ⅱ式　M30：3，泥质灰陶。口、领部残缺，上腹斜直，折腹明显，下腹斜弧收，圈足外撇。通体素面。腹径 17.6、足径 11.2、高 15.8 厘米。（图 3-36：6；彩版五〇：5）

　　Ⅲ式　M7：1，泥质灰陶。口、领残缺，肩内弧，折腹，高圈足微外撇。通体素面。腹径 7.8、足径 6.5、残高 6.4 厘米。未修复。（图 3-36：7；彩版五〇：6）

　　Ac 型　1 件。双鼻壶。

　　M39：4，泥质灰陶。侈口，圆唇，口沿外对饰两个小鼻，一个小孔钻透，另一个小孔钻深约 0.2 厘米，高直领微弧，折腹弧收，圈足外撇。通体素面。口径 6.8、腹径 10.8、足径 8.4、高 13.3 厘米。（图 3-36：8；彩版五〇：7）

　　B 型

　　5 件　鼓腹。据口领部形态可分三亚型。

　　Ba 型　3 件。长领。分三式。

　　Ⅰ式　M27：1，泥质黑皮陶。口部残缺，高直领，弧腹微鼓，最大腹径在腹中部，有一周不甚明显的凸棱，矮圈足外撇。口径 5.6、腹径 8.3、足径 5.5、高 14 厘米。（图 3-37：1；彩版五一：1）

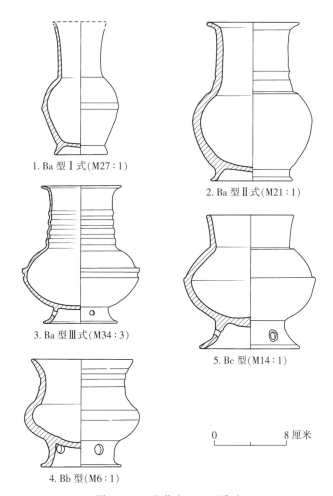

1. Ba 型 I 式 (M27：1)
2. Ba 型 II 式 (M21：1)
3. Ba 型 III 式 (M34：3)
5. Bc 型 (M14：1)
4. Bb 型 (M6：1)

0　　　　　8 厘米

图 3 - 37　墓葬出土 B 型陶壶

II式　M21：1，泥质黄陶。敞口，圆唇，卷沿，高直领，鼓腹，领腹处有一周小斜面，矮圈足外撇，足缘微外折。通体素面。口径 10.2、腹径 13.2、足径 9、高 16.8 厘米。（图 3 - 37：2；彩版五一：2）

III式　M34：3，泥质灰陶。敞口，尖圆唇，折沿，高直领，领上有四周弦纹，鼓腹，最大腹径在腹中部，有一周方凸棱，圈足外撇，圈足上分布三个圆形镂孔。口径 8.8、腹径 12.8、足径 8、高 14.6 厘米。（图 3 - 37：3；彩版五一：3）

Bb 型　1件。矮领外弧。

M6：1，泥质黄陶。敞口，尖圆唇，矮弧领，领部有两周弦纹，鼓腹，高圈足较直，足缘向外折撇，圈足上有四个圆形镂孔。口径 11.1、腹径 12.6、足径 8.8、高 11.4 厘米。（图 3 - 37：4；彩版五一：4）

Bc 型　1件。矮领斜直。

M14：1，泥质黑皮陶。直口微侈，圆唇，斜直领，鼓腹，最大腹径位于腹中部，领腹部有两周凸起小斜面，圈足外撇，圈足上戳五个圆形镂孔。口径 9.6、腹径 14.4、足径 11、高 14.2 厘米。（图 3 - 37：5；彩版五一：5）

C 型

2 件。垂腹。分二式。

Ⅰ式　M21：2，泥质黄陶。敞口，尖圆唇，高直领，垂腹，最大腹径位于下腹部，矮圈足微外撇。器腹拍印细绳纹。口径 6.8、腹径 9、足径 6.1、高 10.8 厘米。（图 3－38：1；彩版五一：6）

Ⅱ式　M28：2，泥质黑灰印纹硬陶。敞口，圆唇，高领较直，垂腹，最大腹径位于下腹部，矮圈足较直，圈足外近底处有一周弦纹。领下饰一周竖向篮纹，器腹拍印斜向篮纹。口径 10.2、腹径 12.6、足径 8、高 15.6 厘米。（图 3－38：2；彩版五一：7）

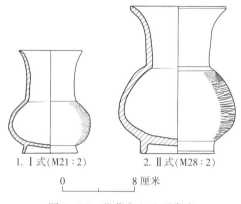

1. Ⅰ式(M21：2)　　2. Ⅱ式(M28：2)

0　　　　8厘米

图 3－38　墓葬出土 C 型陶壶

罐

12 件。其中 8 件依据口腹形态可分三型。

A 型

2 件。敞口，鼓肩。分二式。

Ⅰ式　M26：1，泥质灰陶。大敞口，方唇，斜折沿，鼓肩，弧腹斜收，圈足折撇，圈足上戳两个对称的圆形镂孔。口径 18.6、腹径 20、足径 10.6、高 13.7 厘米。（图 3－39：1；彩版五二：1）

Ⅱ式　M11：6，泥质黑皮陶。敞口，圆唇，斜折沿，肩微鼓，弧腹斜收，肩腹处有一周凸起小斜面，圈足外撇，圈足上戳两个圆形镂孔。口径 11.6、腹径 15.2、足径 9.4、高 13.4 厘米。（图 3－39：2；彩版五二：2）

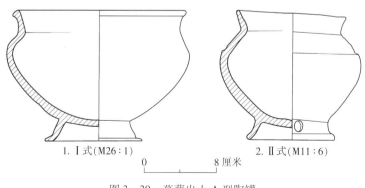

1. Ⅰ式(M26：1)　　2. Ⅱ式(M11：6)

0　　　　8厘米

图 3－39　墓葬出土 A 型陶罐

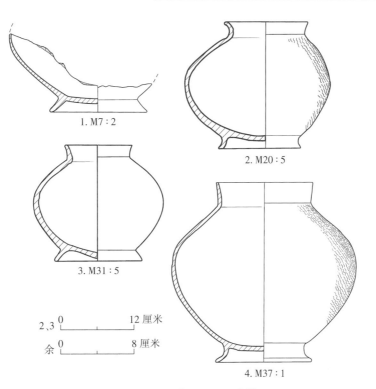

图 3 - 40　墓葬出土 B 型陶罐

B 型

4 件。直口或微侈口，鼓腹。器形早晚变化不明显。

M7：2，夹砂红褐陶。腹部及圈足残片。下腹弧收，矮圈足外撇。腹部拍印篮纹。足径 10.6、残高 8 厘米，器壁最厚 0.6 厘米。未修复。（图 3 - 40：1）

M20：5，泥质灰胎褐皮陶。敞口，圆唇，卷沿，腹部稍变形，整体呈鼓腹状，最大腹径位于腹中部，矮圈足微外撇。器腹拍印绳纹。口径 13.5、腹径 24、足径 13.5、高 20 厘米。（图3 - 40：2；彩版五二：3）

M31：5，泥质灰胎黄陶。侈口，圆唇，斜折沿，鼓腹，最大腹径在腹中部，矮圈足外撇。通体素面。口径 10.8、腹径 21.2、足径 14.4、高 18.4 厘米。（图 3 - 40：3；彩版五二：4）

M37：1，泥质灰陶。破碎严重。根据出土陶器内填泥（模）形状复原器形。口微侈，尖圆唇，鼓腹，最大腹径在中腹部，圈足外撇。腹部拍印绳纹。口径 10.5、腹径 20、足径 10.4、高 19 厘米。未修复。（图 3 - 40：4）

C 型

2 件。扁腹。分二式。

I 式　M14：2，泥质灰陶。侈口，尖圆唇，矮粗领，鼓腹，最大腹径在腹中部，有一周凸棱，矮圈足外撇。腹部拍印篮纹，部分交错拍印。口径 11.2、腹径 18.2、足径 7.8、通高 11.4 厘米。（图 3 - 41：1；彩版五二：5）

II 式　M3：3，泥质灰陶。直口，圆唇，矮直领，鼓肩，折腹斜收，肩腹处有一周凸棱，高直圈足微外撇，圈足处有两组共四个对称分布的圆形镂孔。口径 10.6、腹径 15.6、足径 7.8、高 10.4 厘米。（图 3 - 41：2；彩版五二：6）

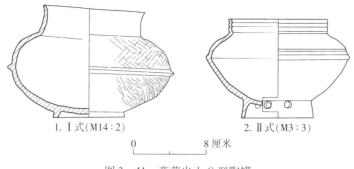

1. I式(M14:2)　　　　2. II式(M3:3)

0　　　　8厘米

图3-41　墓葬出土C型陶罐

圈足盘

7件。其中3件依据盘腹深浅及圈足高矮可分三式。

I式　M26:6，泥质灰陶。敞口，尖圆唇，口沿下有两周弦纹，弧腹斜收，腹较浅，平底，高圈足外撇，圈足上有五个圆形镂孔。口径25.6、足径18.6、高10.4厘米。（图3-42:1；彩版五三:1）

II式　M20:1，泥质红胎褐皮陶。直口，圆唇，上腹较直，有三周弦纹，下腹斜弧收，腹部较深，矮圈足微外撇，圈足上戳两个圆形镂孔。口径27.2、腹径27、足径14.6、高9.2厘米。（图3-42:2；彩版五三:2）

III式　M35:5，泥质灰胎黑皮陶。直口微内收，圆唇，束颈，折腹弧收，腹较深，矮圈足外撇，圈足上有两个圆形镂孔。口径23.8、腹径24、足径15.2、高8.6厘米。（图3-42:3；彩版五三:3）

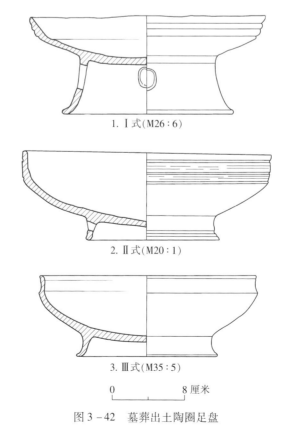

1. I式(M26:6)

2. II式(M20:1)

3. III式(M35:5)

0　　　　8厘米

图3-42　墓葬出土陶圈足盘

鼎

10 件。其中 5 件依据共出器物组合可分四式。

Ⅰ式　2 件。

M9：1，夹砂黄褐陶。侈口，圆唇，斜折沿，鼓腹，圜底，下腹部安横截面呈梯形的侧扁形足。器腹拍印篮纹。口径 10.2、腹径 13.4、足高 9、通高 17.4 厘米。（图 3 – 43：1；彩版五四：1）

M26：4，夹砂红褐陶。敞口，圆唇，斜折沿，口沿下有三周弦纹，鼓腹微垂，圜底，下腹部安三个内收的细方锥足。器腹拍印篮纹。口径 10.8、腹径 13.9、足高 6.4、通高 13.6 厘米。（图 3 – 43：2；彩版五四：2）

Ⅱ式　M20：2，夹砂红褐陶。侈口，尖圆唇，斜折沿，口沿下隐有一周弦纹，溜肩，腹部变形，整体呈垂腹状，圜底，下腹部安三个粗方形足。器腹拍印绳纹。口径 13、腹径 17.8、足残高 4.8、通高 14.8 厘米。（图 3 – 43：3；彩版五四：3）

Ⅲ式　M35：2，夹砂红褐陶。敞口，圆唇，卷沿，折腹弧收，最大腹径在腹中部，上腹一周凸棱，下腹部安三个截面呈梯形的侧扁形足，圜底。器腹拍印斜向篮纹。口径 13.2、腹径 19、足高 8.4、通高 15.2 厘米。（图 3 – 43：4；彩版五四：4）

Ⅳ式　M33：6，夹砂灰黑陶。敞口，方唇，斜折沿，折腹弧收，最大腹径处有一周凸棱，圜底，下腹部安三个截面呈梯形的锥状足。器腹及足跟拍印绳纹。口径 15.6、腹径 16、足高 6.8、通高 10.8 厘米。（图 3 – 43：5；彩版五四：5）

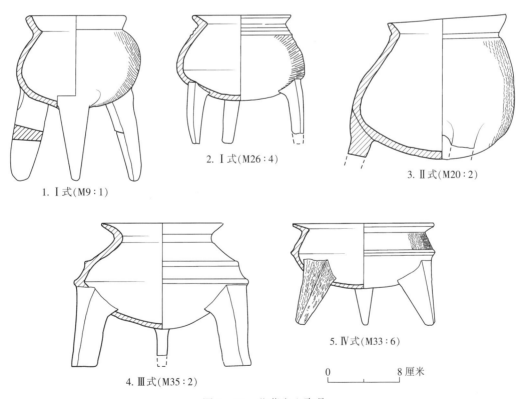

1. Ⅰ式（M9：1）　　2. Ⅰ式（M26：4）　　3. Ⅱ式（M20：2）

4. Ⅲ式（M35：2）　　5. Ⅳ式（M33：6）

0　　　　8 厘米

图 3 – 43　墓葬出土陶鼎

釜

12 件。其中 9 件依据有无把手可分二型。

A 型

6 件。无把手，圜底。依口领部特征可分二亚型。

Aa 型　5 件。矮领，口较大。分二式。

Ⅰ式　3 件。

M8：1，夹砂黄褐陶。侈口，圆唇，束颈，颈部有半周凸棱，弧腹内收，平底。表面剥落，下腹及器底可辨绳纹。口径 14.2、腹径 15.6、高 9.4 厘米。（图 3－44：1）

M16：1，夹砂灰胎红褐陶。敞口，圆唇，斜折沿，束颈，球腹，圜底。纹饰剥落，下腹部可辨绳纹。口径 13、腹径 16、高 13.6 厘米。（图 3－44：2）

M17：2，夹砂灰褐陶。微侈口，圆唇，束颈，弧腹，微圜底。器表剥落较甚，可辨绳纹。口径 10.6、腹径 11.8、高 8.6 厘米。（图 3－44：3；彩版五五：1）

Ⅱ式　2 件。

M12：2，夹砂红褐陶。敞口，圆唇，斜折沿，鼓腹，圜底。腹部拍印篮纹。口径 14、腹径 26.4、高 20.4 厘米。（图 3－44：4）

M13：1，夹砂红褐陶。直口微侈，尖圆唇，斜折沿，鼓腹，最大腹径在腹中下部，圜底。纹饰剥落不清，口沿和腹底可辨绳纹。口径 9.2、腹径 19.2、高 16.4 厘米。（图 3－44：5；彩版五五：2）

Ab 型　1 件。高领，口较小。

M35：1，夹砂红褐陶。敞口，圆唇，高领，领下堆塑一周小泥饼，鼓腹，最大腹径位于腹中

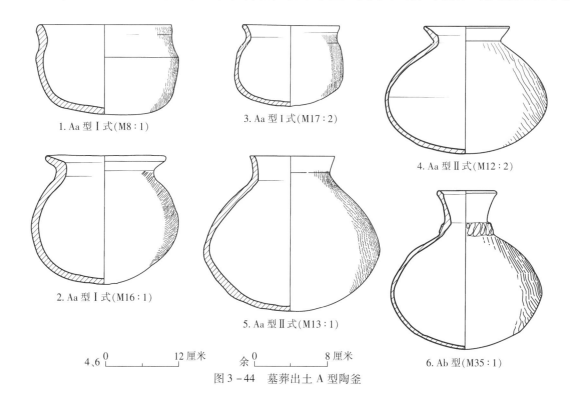

1. Aa 型Ⅰ式(M8：1)

3. Aa 型Ⅰ式(M17：2)

2. Aa 型Ⅰ式(M16：1)

4. Aa 型Ⅱ式(M12：2)

5. Aa 型Ⅱ式(M13：1)

6. Ab 型(M35：1)

4、6 ⌊0　　　　12厘米⌋　余 ⌊0　　　　8厘米⌋

图 3－44　墓葬出土 A 型陶釜

下部，圜底。器腹拍印篮纹，部分交错转折。口径 9.2、腹径 24.4、高 25.2 厘米。（图 3 - 44：6；彩版五五：3）

B 型

3 件。有椭圆形把手 2 个。

M31：2，夹砂黄褐陶。侈口，圆唇，斜折沿，鼓腹，腹中部安内凹的扁椭圆形把手，圜底。通体拍印绳纹。口径 13.6、腹径 12.8、高 12 厘米。（图 3 - 45：1；彩版五五：4）

M31：4，夹砂黑灰胎黄褐陶。敞口，圆唇，斜折沿，扁圆形把手，中间内凹。上腹拍印绳纹。口径 11.2、残高 6.6 厘米，器壁厚 0.8 厘米；把手直径 6.1、厚 3.3 厘米。未修复。（图 3 - 45：2）

M36：4，夹砂黄褐陶。侈口，圆唇，斜折沿，鼓腹，最大腹径位于腹中部偏下，安椭圆形把手，器身另有一个椭圆形把手脱落痕。器腹拍印绳纹。口径 11.2、腹径 16.4、高 14 厘米。（图 3 - 45：3）

甑

6 件。依据甑孔数量可分二型。

A 型

2 件。单孔。分二式。

Ⅰ 式　M26：3，夹砂红褐陶。直口，圆唇，上腹较直，安一个截面呈梯形的上弧把手，下腹弧收，圜底，器底有一个近椭圆形大孔。器腹拍印篮纹。口径 8.8、高 5 厘米，甑孔长径 2.4、短径 1.9 厘米。（图 3 - 46：1；彩版五六：1）

Ⅱ 式　M33：5，夹砂黄褐陶。敞口，尖圆唇，斜折沿，口沿及上腹部安截面略呈长方形的上

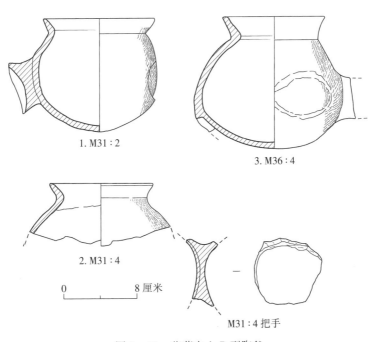

1. M31：2

3. M36：4

2. M31：4

0　　　　　　8 厘米

M31：4 把手

图 3 - 45　墓葬出土 B 型陶釜

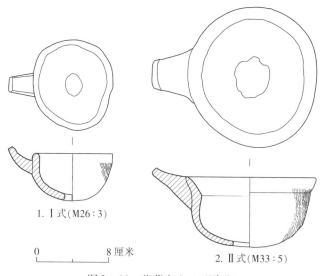

1. Ⅰ式(M26：3)

0　　　　　　8厘米

2. Ⅱ式(M33：5)

图 3 - 46　墓葬出土 A 型陶甗

翘把手，腹部弧收，平底，器底有一个近圆形大孔。器腹拍印绳纹。口径 13.9、腹径 12.6、高 7.4 厘米，甗孔径 3.8 ~ 4.4 厘米。（图 3 - 46：2；彩版五六：2）

B 型

4 件。多孔。依据口腹形态可分二亚型。

Ba 型　3 件。敞口。分二式。

Ⅰ式　M37：2，夹砂黄褐陶。敞口，圆唇，斜折沿，口沿内凹，口沿及上腹部安一把手，腹部变形，折腹弧收，圜底，器底有较多圆形小孔。器腹拍印绳纹。口径 16.2、高 8 厘米，甗孔径 0.5 ~ 0.7 厘米。（图 3 - 47：1；彩版五六：3）

Ⅱ式　2 件。

M31：3，夹砂红褐陶。敞口，圆唇，斜折沿，口沿下有一周弦纹，鼓腹，把手缺失，圜底，器底有较多圆形小孔。器腹拍印篮纹。口径 14.8、腹径 13.8、高 11.2 厘米，甗孔径 0.2 ~ 0.6 厘米。（图 3 - 47：2）

M35：4，夹砂黄褐陶。敞口，圆唇，斜折沿，上腹较直，有一周凸棱，安横截面呈长方形的宽扁把手，下腹弧收，圜底，器底戳有较多圆形小孔。口径 13.2、高 8.4 厘米，把手长 4.2 厘米，甗孔径 0.3 ~ 0.8 厘米。（图 3 - 47：3；彩版五六：4）

Bb 型　1 件。敛口。

M20：3，夹砂黄褐陶。敛口，圆唇，鼓腹，口沿及上腹部安截面呈圆角长方形的上翘把手，圜底近平，底部有较多圆形小孔。器腹拍印篮纹。口径 6.2、腹径 14.1、底径 4、高 12 厘米，甗孔径 0.4 ~ 0.6 厘米。（图 3 - 47：4；彩版五六：5）

钵

6 件。其中 5 件依据足部形态可分三型。

A 型

3 件。圈足钵。分三式。

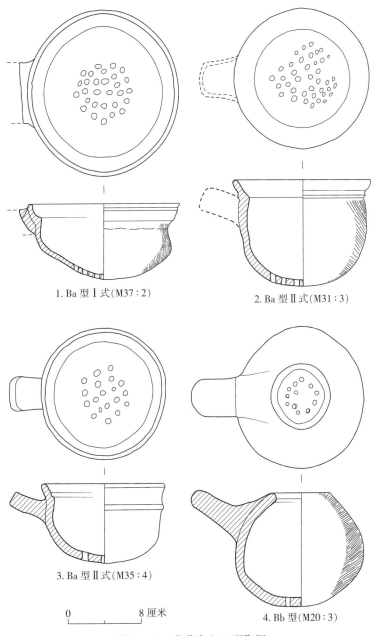

1. Ba 型 I 式（M37：2）　　　　2. Ba 型 II 式（M31：3）

3. Ba 型 II 式（M35：4）

0　　　　　　8 厘米

4. Bb 型（M20：3）

图 3 – 47　墓葬出土 B 型陶甗

I 式　M39：1，泥质灰陶。敛口，圆唇，口腹处有两周弦纹，腹部斜弧收，腹底安内收圈足，圈足上对称分布四个圆形镂孔。口径 15.4、腹径 16.6、足径 10.6、高 9.6 厘米。（图 3 – 48：1；彩版五七：1）

II 式　M11：4，泥质灰陶。敛口，鼓腹，最大腹径处有两周弦纹，圈足外撇，圈足上戳四个椭圆形镂孔。口径 8.6、腹径 12.8、足径 11、残高 8.8 厘米。（图 3 – 48：2；彩版五七：2）

III 式　M15：3，泥质黑灰陶。敛口，圆唇，口沿下部有三周弦纹，腹部弧收，高圈足外撇，圈足上有三个圆形镂孔。口径 12.8、足径 8.2、高 9.4 厘米。（图 3 – 48：3；彩版五七：3）

B 型

1 件。圜底钵。

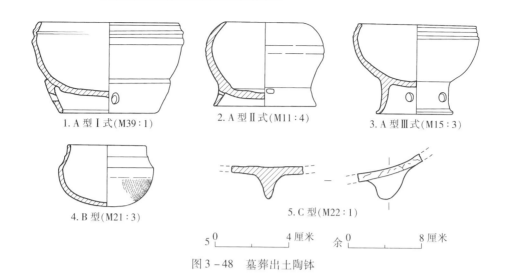

1. A 型 Ⅰ 式(M39：1)　　2. A 型 Ⅱ 式(M11：4)　　3. A 型 Ⅲ 式(M15：3)

4. B 型(M21：3)　　　　　5. C 型(M22：1)

5 ⌞0━━━━━━4厘米⌟　余 ⌞0━━━━━━8厘米⌟

图 3 - 48　墓葬出土陶钵

M21：3　泥质黄陶。敛口，圆唇，束颈，颈部有一周弦纹，折腹弧收，圜底。器腹拍印绳纹。口径 8.4、腹径 10.4、高 6.6 厘米。（图 3 - 48：4；彩版五七：4）

C 型

1 件。三足钵。

M22：1，泥质灰陶。仅见钵底。素面。底部安三个宽扁乳丁足，足高 1.3 厘米。器壁较薄，厚仅 0.4 厘米。未修复。（图 3 - 48：5）

豆

3 件。

M11：7，泥质灰陶。仅见喇叭形豆柄。豆柄上可见多组环状分布的小圆孔，部分未钻透，残高 8.5 厘米。未修复。

M14：4，泥质灰陶。敞口，尖圆唇，斜折沿，折腹斜收，下腹出垂棱，高柄，柄上竖向分布 4 组共 8 个圆形镂孔，足缘外折。口径 20、足径 12、豆盘深 2.8、豆柄高 10.4、通高 13.8 厘米。（图 3 - 49：1；彩版五七：5）

M36：3，泥质灰胎黄陶。敞口，圆唇，束颈，折腹弧收，高直柄，豆柄上竖向分布 8 组共 24 个圆形镂孔，足缘折撇较甚。口径 15.6、腹径 15.2、足径 10.6、豆盘深 4.8、豆柄高 8.3、通高 13.5 厘米。（图 3 - 49：2；彩版五七：6）

盆

2 件。分二式。

Ⅰ式　M37：3，泥质灰陶。敞口，圆唇，束颈，折腹弧收，腹中部有一道折痕，圈足外撇，足缘平折，圈足上有四个圆形镂孔。口径 21.2、腹径 18.4、足径 12.4、盆腹深 4.5、足高 3.6、通高 8 厘米。（图 3 - 49：3；彩版五八：1）

Ⅱ式　M30：1，泥质灰陶。敞口，圆唇，束颈，折腹弧收，圈足外撇。通体素面。口径 14.4、腹径 11.8、足径 8、盆腹深 5.2、足高 2.6、通高 7.2 厘米。（图 3 - 49：4；彩版五八：2）

簋

2 件。分二式。

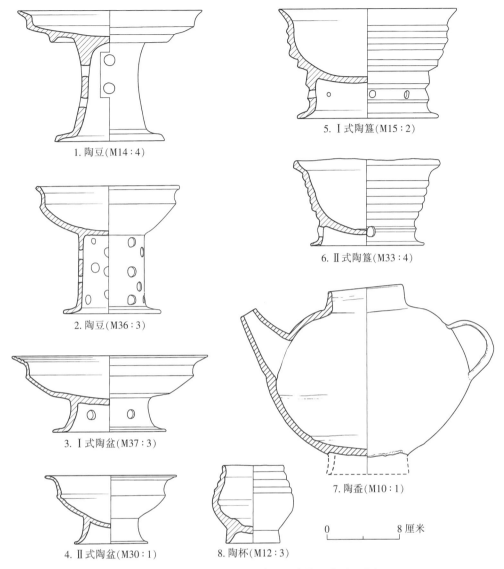

图 3 - 49 墓葬出土陶豆、陶盆、陶簋、陶盉、陶杯

Ⅰ式 M15：2，泥质黑灰陶。敞口，尖圆唇，卷沿，腹部弧收，分布三周弦纹，高圈足较直，足缘外撇，圈足上有两个圆形镂孔，镂孔间对称分布两组未钻透小孔，每组两个。口径19.4、足径15.6、高11.6厘米。（图3－49：5；彩版五八：3）

Ⅱ式 M33：4，泥质黄陶。敞口，方唇，斜折沿，深腹弧收，腹部均匀分布五周弦纹，矮圈足较直，足缘折撇，圈足上有四个圆形镂孔。口径15.8、足径12.6、高9.2厘米。（图3－49：6；彩版五八：4）

盉

1件。

M10：1，泥质灰陶。直口，圆唇，圆肩，鼓腹，最大腹径位于腹中部，上腹对称分布管状流和宽扁环耳鋬，圈足脱落修复，微外撇。通体素面。口径8.2、腹径22.4、足径9、高19.8厘米。（图3－49：7；彩版五八：5）

杯

1 件。

M12：3，泥质黑皮陶。器形较小。口微侈，圆唇，上腹斜直，有三周较凸出的弦纹，下腹弧收，矮圈足稍外撇。口径 6.6、腹径 8.8、足径 6、高 8.2 厘米。未修复。（图 3 - 49：8）

纺轮

3 件。

M6：2，泥质黑皮陶。表面圆鼓，底面平，中间穿孔。素面。表面稍残。外径 3.45、孔径 0.45、高 1.65 厘米。（图 3 - 50：1；彩版五八：6）

M11：3，泥质红陶。圆饼状，截面呈梯形，中间穿孔。素面。表面稍残。外径 3.2、孔径 0.6、高 1.1 厘米。（图 3 - 50：2；彩版五八：7）

M36：1，泥质黑灰陶。圆饼状，截面呈梯形，中间穿孔。边缘残。外径 3.3、孔径 0.6、厚 1.3 厘米。（图 3 - 50：3；彩版五八：8）

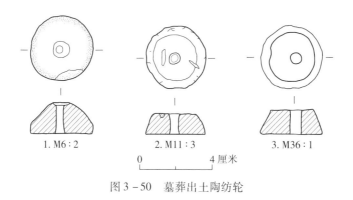

1. M6：2　　2. M11：3　　3. M36：1

0 _____ 4 厘米

图 3 - 50　墓葬出土陶纺轮

（二）石器

35 座墓葬中有 19 座随葬石器，共 22 件。除 M23、M26、M31 随葬两件石器外，其余均仅随葬 1 件。石器种类有石锛、石镞、圆饼状卵石、棒状卵石，其中石锛 18 件、石镞 2 件，圆饼状卵石与棒状卵石各 1 件。

锛

18 件。按形态可分有段石锛、常型石锛、弧背石锛三类，三类石锛的使用方法及功能可能不同。

（1）有段石锛

1 件。器形较小。

M39：2，灰白色泥质硅质岩。平面呈梯形。表背光滑，正锋，平直刃，顶端平直。上半部有崩疤。长 4.3、最宽 2.8、最厚 1.2 厘米。（图 3 - 51：1；彩版五九：1）

（2）常型石锛

8 件。整体器形较小。直背，薄刃。主要作切割、刮削工具使用。

M22：2，青灰色泥质硅质岩。平面呈长方形。偏锋，平直刃，顶端平直。侧边有崩疤。长

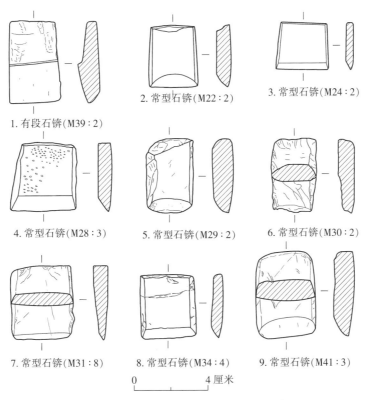

1. 有段石锛(M39:2)
2. 常型石锛(M22:2)
3. 常型石锛(M24:2)
4. 常型石锛(M28:3)
5. 常型石锛(M29:2)
6. 常型石锛(M30:2)
7. 常型石锛(M31:8)
8. 常型石锛(M34:4)
9. 常型石锛(M41:3)

0　　　　4厘米

图3-51　墓葬出土有段石锛、常型石锛

3.3、宽2.6、最厚0.8厘米。（图3-51:2；彩版五九:2）

M24:2，灰白色硅质岩。器形较小，平面呈梯形。直背，偏锋，平直刃，顶端平直。制作精细规整，保存完好，表面有玻光。长2.5、最宽2.9、最厚0.4厘米。（图3-51:3；彩版五九:3）

M28:3，青灰色泥质硅质岩。平面略呈梯形。偏锋，平直刃，顶端圆弧规整。刃部有崩疤。长3.6、宽3.6、最厚0.7厘米。（图3-51:4；彩版五九:4）

M29:2，青灰色泥质硅质岩。平面呈长方形。直背光滑，偏锋，顶端不平整。刃缘及侧边多处崩疤。长3.9、宽2.5、最厚1.1厘米。（图3-51:5；彩版五九:5）

M30:2，灰色泥质硅质岩。平面略呈方形，上端厚下端薄，横剖面呈楔形。直背，平直刃，顶端不平整。刃部残损。残长3.85、宽2.45、最厚0.9厘米。（图3-51:6；彩版五九:6）

M31:8，灰色泥质硅质岩。平面略呈方形，上端厚下端薄。直背光滑，平直刃，顶端不平整。长3.9、宽3.4、最厚0.8厘米。（图3-51:7；彩版五九:7）

M34:4，青色泥质硅质岩。平面近方形。弧背光滑，偏锋，平直刃，顶端平整。长3.3、宽3、厚0.6厘米。（图3-51:8；彩版五九:8）

M41:3，青灰色泥质硅质岩。平面呈长方形。直背，偏锋，平直刃，顶端不规整。长4.5、宽3.3、最厚1.1厘米。（图3-51:9；彩版五九:9）

（3）弧背石锛

9件。整体器形较大。弧背，截面呈扇形。应是用于挖掘植物块茎。

M7:3，灰色泥质硅质岩。平面呈梯形。偏锋，斜弧刃，顶端斜平。制作较粗糙。长9.5、宽

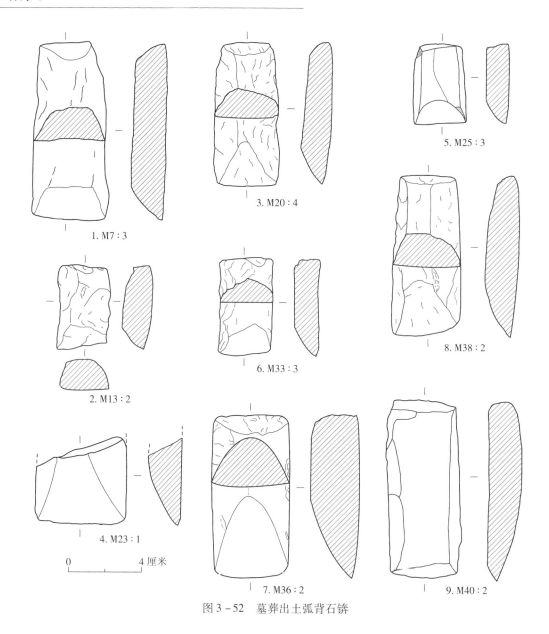

1. M7：3

2. M13：2

3. M20：4

4. M23：1

0   4厘米

5. M25：3

6. M33：3

7. M36：2

8. M38：2

9. M40：2

图3-52 墓葬出土弧背石锛

4、最厚1.9厘米。（图3-52：1；彩版六〇：1）

M13：2，灰色泥质硅质岩。器形较小，平面呈长方形。弧背，偏锋，斜直刃，顶端不规整。石料粗加工。长4.45、宽2.8、最厚1.5厘米。（图3-52：2；彩版六〇：2）

M20：4，土黄色泥质硅质岩。平面呈长方形。微弧背较规整，偏锋，平直刃，顶端斜平。制作粗糙。长7.6、宽3.6、最厚1.5厘米。（图3-52：3；彩版六〇：3）

M23：1，青灰色泥质硅质岩。上半段残缺。偏锋，平直刃。制作较粗糙。残长4.6、宽5、最厚1.9厘米。（图3-52：4；彩版六〇：4）

M25：3，青灰色泥质硅质岩。平面呈长方形。偏锋，平直刃，顶端规整。长4.2、宽2.8、最厚1.2厘米。（图3-52：5；彩版六〇：5）

M33：3，灰色石料。平面呈长方形。背略内弧光滑，偏锋，斜直刃，顶端不规整。制作粗糙，顶端及左侧面有多处打制疤痕。长5.2、宽2.9、厚1.3厘米。（图3-52：6；彩版六〇：6）

M36：2，青灰色泥质硅质岩。平面呈长方形。弧背较规整，偏锋，弧刃，顶端不平整。选料、

制作较粗糙。长 9.4、宽 3.9、最厚 1.8 厘米。（图 3－52：9；彩版六一：1）

M38：2，灰色泥质硅质岩。平面呈长方形。微弧背光滑规整，偏锋，斜弧刃，顶端斜平。制作较粗糙，顶端有崩疤。长 8.4、宽 3.75、最厚 1.7 厘米。（图 3－52：8；彩版六一：2）

M40：2，青灰色泥质硅质岩。平面呈长方形。背微弧，偏锋，平直刃，顶端不规整。长 8.6、最宽 4.3、最厚 2.6 厘米。（图 3－52：7；彩版六一：3）

镞

2 件。均为柳叶形。

M23：4，灰色泥岩。镞体较薄，扁直铤，锋部横截面呈菱形。锋、铤部残。残长 4.9、宽 1.6、最厚 0.3 厘米。（图 3－53：1；彩版六一：4）

M31：7，青灰色泥岩。镞体较厚，扁直铤，长锋，锋部横截面呈菱形。锋、刃部残。残长 5.6、宽 1.5、最厚 0.5 厘米。（图 3－53：2；彩版六一：5）

圆饼状卵石

1 件。仅 M26 出土，位于墓底中部。

M26：7，花岗岩，青红色杂黑斑。圆饼状。通体较粗糙，未见使用痕迹。直径 13、厚 3 厘米。（图 3－53：3；彩版六一：6）

棒状卵石

1 件。仅 M26 出土，位于墓底东端。

M26：8，灰色细砂粉砂岩。条状，表面为细腻的石粉。长 15、直径 3.6、最厚 3 厘米。（图 3－53：4；彩版六一：7）

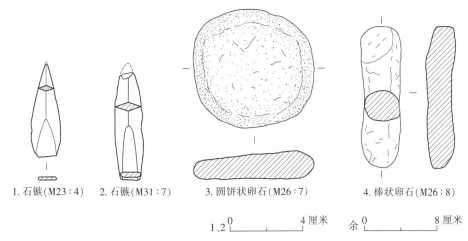

1. 石镞(M23：4)　　2. 石镞(M31：7)　　3. 圆饼状卵石(M26：7)　　4. 棒状卵石(M26：8)

1、2 0 ——— 4 厘米　　　余 0 ——— 8 厘米

图 3－53　墓葬出土石镞、圆饼状卵石、棒状卵石

（三）玉器

35 座墓葬中有 10 座出土玉器，均随葬 1 件（组），共 10 件（组）。玉器种类包括玉锥形器、玉珠、玉管、玉柄形器。材质均为叶蜡石或透闪石。

锥形器

7 件。有方形锥体、圆形锥体两种形态。

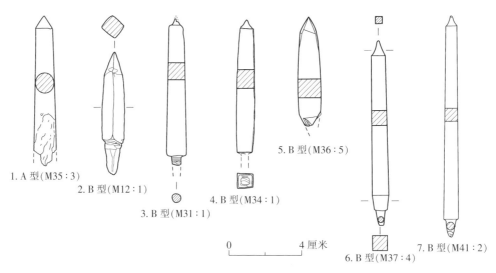

图 3 - 54　墓葬出土玉锥形器

A 型

1 件。圆锥体。

M35：3，透闪石，鸡骨白，钙化。圆锥体，后半段残缺。残长 7.9、锥体最大径 1.2 厘米。（图 3 - 54：1；彩版六二：1）

B 型

6 件。方锥体。

M12：1，叶蜡石，黄绿色带朱沁。方锥体，圆形榫部加工不甚规整，榫部砂岩工具加工痕迹明显。长 6.4、锥体边长 0.9 厘米。（图 3 - 54：2；彩版六二：2）

M31：1，叶蜡石，黄绿色。方锥体，圆形榫部有多圈环状制作痕迹。锥尖、榫部残缺。残长 7.8、锥体边长 1、榫径 0.5 厘米。（图 3 - 54：3；彩版六二：3）

M34：1，叶蜡石，黄绿色带朱沁。方锥体，榫部残缺。残长 7.15、锥体边长 1 厘米。（图 3 - 54：4；彩版六二：4）

M36：5，叶蜡石，黄白色带朱沁。方锥体，榫部残缺。残长 5.8、锥体边长 1.3 厘米。（图 3 - 54：5；彩版六二：5）

M37：4，叶蜡石，青黄色杂墨斑。方锥体，圆榫。长 9.8、锥体边长 0.8、榫径 0.4 厘米。（图 3 - 54：6；彩版六二：6）

M41：2，透闪石，黄白色杂墨斑。方锥体，圆榫。锥尖及榫部微损。残长 11.7、锥体边长 0.7 厘米。（图 3 - 54：7；彩版六二：7）

珠

1 件。

M39：3，叶蜡石，黄绿色玉料，裂缝处有朱沁。体小，鼓形，中孔双面钻。外径 0.7、孔径 0.25、高 0.95 厘米。（图 3 - 55：1；彩版六二：8）

管

1 件。

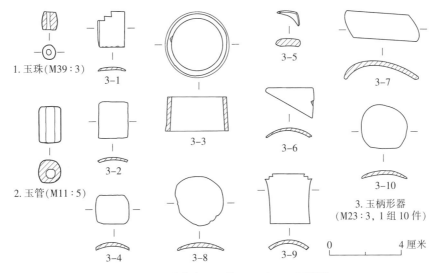

1. 玉珠(M39:3)
3-1
2. 玉管(M11:5)
3-2
3-3
3-5
3-6
3-7
3-4
3-8
3-9
3-10
3. 玉柄形器
(M23:3, 1 组 10 件)
0　　　　4 厘米

图 3 - 55　墓葬出土玉管、玉珠、玉柄形器

M11:5，透闪石，灰白色。圆柱体，竖截面呈长方形，中孔双面钻。外径 1.2、孔径 0.5、高 1.9 厘米。(图 3 - 55：2；彩版六二：9)

柄形器

1 组 10 件。

M23:3，透闪石，鸡骨白杂青斑。一组共 10 件。一件圆环与九件不同几何形状的曲面玉片呈棍状分布，原应是镶嵌或黏附于圆形棍状有机质物体上。正面抛光，背面留切割痕。圆环外径 3.45、孔径 2.9、高 1.8 厘米，镶嵌玉片的柄状物体整体长约 13 厘米。(图 3 - 55：3；见彩版二三～二五)

六、墓葬分期

(一) 考古学依据与方法

野外揭示的墓葬间的叠压打破关系及由此确立的相对年代早晚关系是墓葬分期最基本的考古学依据。依据可靠的叠压打破关系对墓葬随葬品进行类型学排比研究，所建立的随葬品组合变化的时序关系及器物形态发展演变的逻辑序列（即器形变化的逻辑式别）为墓葬分期提供了基础条件。考古地层学、类型学既是进行墓葬分期的理论依据，也是具体实践的方法论。

曹湾山遗址墓葬区 35 座好川文化墓葬均开口于第 3 层下。发掘揭示 M13→M20、M21→M39、M36→M37、M40→M28、M23→M24→M26、M34→M35→M26 共 6 组墓葬叠压打破关系，为分析判断墓葬间相对早晚关系，进而讨论埋葬顺序、平面布局等相关问题提供了基础条件。

(二) 随葬品的组合变化

依据上述 6 组叠压打破关系所确立的墓葬的相对年代早晚关系，M26、M39 是曹湾山遗址墓区相对较早的墓葬。又 M8、M9、M16、M17、M22、M25、M27、M38 随葬器物形制与 M26、M39 近似，可归为一组，即 M8、M9、M16、M17、M22、M25、M26、M27、M38、M39，共 10 座。第一组墓葬随葬品数量、种类少、组合简单，以陶器为主。陶器多为素面，炊器类鼎、釜拍印篮纹、

绳纹。壶、鼎为主要随葬器类，釜、钵、罐次之，甗仅见单孔，豆、盆、杯均不见。玉器仅见小玉珠。石器除棒状卵石、圆饼状卵石各 1 件外，均为石锛。

M21 打破 M39，相对年代晚于 M39。又 M6、M10、M11、M14、M32、M37、M41 随葬器物形制与 M21 较接近，且与第一组墓葬随葬器物形制有演变关系，可归为第二组，即 M6、M10、M11、M14、M20、M21、M32、M37、M41，共 9 座。第二组墓葬随葬品数量略有增加。陶器新出现 Aa 型 I 式壶、Bb 型壶、Bc 型壶、C 型 I 式壶、A 型 II 式罐、B 型罐、C 型 I 式罐、B 型多孔甗、B 型圜底钵、I 式盆、垂棱豆、盉。器形以罐、壶最为常见，罐数量增多，鼎数量减少。陶器仍以素面为主，部分器形拍印绳纹。玉器除玉管外，新出现玉锥形器。石器仅见石锛。

M24、M35 打破 M26，M13 打破 M20，M36 打破 M37，M31、M12、M13 出土的陶釜和 M35 的相近，M30 出土的陶壶、陶盆与第二组同类器形均有演变关系，可归为第三组，即 M3、M12、M13、M15、M24、M28、M29、M30、M31、M35、M36，共 11 座。第三组墓葬出土随葬品数量较第二组略有增加。陶器新出现篓、杯、Ab 型釜、B 型釜。器形以釜、罐、圈足盘为多，圈足盘、釜的数量增加，壶的数量减少。玉锥形器数量有所增加。石器新出现石镞，石锛数量增加。

M23 打破 M24，M34 打破 M35，M40 打破 M28，M7 出土陶壶与 M23、M40 的相近，M34 出土的陶壶与 M33 的相近，M33 出土的陶鼎与第三组有演变关系，可归为第四组，即 M7、M23、M33、M34、M40，共 5 座。第四组墓葬随葬品数量较第三组减少。陶器器形以壶最为常见，罐、鼎、甗、篓较少，釜、钵、圈足盘、豆不见。玉器除玉锥形器外，新出现玉柄形器。石器见石锛和石镞。

（三）典型陶器的型式变化

壶

Aa 型壶　形制演变主要表现在口沿、领部、腹部。I 式：敞口，矮弧领，折腹，最大腹径在腹中部。II 式：敞口，矮弧领、折腹，最大腹径在腹中部。III 式：侈口，矮直领，折腹，最大腹径在上腹部。演变规律：领部由外敞的弧领变为短粗的斜直领，口径随之变小；器物最大腹径由腹中部逐步上移至上腹部，最大腹径处的凸棱也随之上移。

Ab 型壶　形制演变主要表现在领部和腹部。演变规律：领部由长直领变为斜直领；最大腹径由腹中部逐渐上移至上腹部，最晚阶段上腹部出现内凹的转折。

Ba 型壶　形制演变主要反映在领部和腹部。I 式：口部残缺，高直领，弧腹微鼓，最大腹径在腹中部。II 式：敞口，圆唇，卷沿，高直领，鼓腹。III 式：高直领，鼓腹，最大腹径在腹中部，有一周方凸棱。演变规律：领部高度变矮，腹部由瘦高形向扁圆形演变。

C 型壶　领部、腹部的变化最为明显。I 式：高直领，垂腹，最大腹径位于下腹部。II 式：高领较直，垂腹，最大腹径位于下腹部。演变规律：领部高度变矮，垂腹变明显。

壶整体形制演变规律：领部由斜弧领向直领转变，高度变矮；器腹最大径由腹中部逐步上移至上腹部。

罐

A 型罐　I 式：大敞口，方唇，斜折沿，鼓肩，弧腹斜收。II 式：敞口，圆唇，斜折沿，肩微鼓，弧腹斜。演变规律：口部由大敞口演变为敞口，口径变小。

C 型罐　Ⅰ式：侈口，尖圆唇，矮弧领，鼓腹，最大腹径在腹中部，有一周凸棱。Ⅱ式：直口，圆唇，矮直领，鼓肩，折腹斜收，肩腹处有一周凸棱。演变规律：领部由弧领变为直领；腹部由鼓腹变为折腹，最大腹径由腹中部上移至上腹部，凸棱随之上移。

圈足盘

Ⅰ式：敞口，尖圆唇，口沿下有两周弦纹，弧腹斜收，腹较浅，平底，高圈足外撇。Ⅱ式：直口，圆唇，弧腹，腹较深，矮圈足外撇。Ⅲ式：直口微内收，圆唇，口沿下有一周内弧凹槽，弧腹，腹较深，矮圈足外撇。演变规律：口沿由外撇逐渐内收，腹部由浅盘变为深盘，圈足由高圈足变为矮圈足，整体器形变矮小。

鼎

整体形制演变主要表现在口沿、腹部及鼎足上。口沿逐渐加宽；腹部由圆腹变为折腹，深度逐渐变浅；鼎足高度变矮。

釜

Aa 型釜　Ⅰ式：侈口，圆唇，束颈，弧腹较直，底较平。Ⅱ式：折沿或斜直沿，束颈，鼓腹，圜底。演变规律：口径变小，腹部圆鼓，最大腹径上移至腹中部。

甑

A 型甑　Ⅰ式：直口，圆唇，上腹安把手，圜底。Ⅱ式：敞口，尖圆唇，斜折沿，口沿及上腹部安把手，平底。

Ba 型甑　Ⅰ式：敞口，圆唇，斜折沿，上腹安把手，下腹弧收，圜底。Ⅱ式：敞口，圆唇，斜折沿，口沿下有一周弦纹，鼓腹，圜底。

甑整体形制演变规律：口沿由直口变为敞口，器腹加深，把手安装位置上移。

钵

A 型钵　Ⅰ式：敛口，圆唇，腹部斜弧收，腹底附内收圈足。Ⅱ式：敛口，鼓腹，圈足外撇。Ⅲ式：敛口，圆唇，腹部弧收，高圈足外撇。演变规律：圈足由内收变为外撇并逐步抬高。

盆

Ⅰ式：敞口，圆唇，束颈，折腹弧收，圈足外撇，豆柄上有四个圆形镂孔。Ⅱ式：敞口，圆唇，束颈，折腹弧收，圈足外撇，通体素面。演变规律：器形整体变小，器腹加深，圈足镂孔不见。

簋

Ⅰ式：敞口，尖圆唇，卷沿，腹部弧收，分布两周弦纹，高圈足较直，足缘外撇，圈足上有两个圆形镂孔。Ⅱ式：敞口，方唇，斜折沿，深腹弧收，均匀分布五周弦纹，矮圈足较直，足缘折撇，圈足上有四个圆形镂孔。演变规律：腹部加深。

（四）分期

随葬陶器种类从少到多，各个器类的型式演化平行共进，器形演变的部位、趋势基本一致：口部逐渐变小，腹部加深，最大腹径由腹中部上移至上腹部。这表明各个器类型式的划分基本正确，大体客观反映了典型陶器形制演变的逻辑过程。依据各组墓葬随葬品组合，结合典型陶器演进过程差异，可将 35 座墓葬划分为 4 组（附表 3 - 5）：

第一组：陶器以 I 式鼎和 Aa 型 I 式釜、I 式鼎和 Aa 型 I 式壶、I 式鼎和罐为基本组合。墓葬有 M8、M9、M16、M17、M22、M25、M26、M27、M38、M39，共 10 座。随葬品平均每墓 2.6 件，其中陶器平均为 1.9 件。

第二组：陶器以 II 式鼎和 B 型罐，壶、罐和豆为基本组合。墓葬有 M6、M10、M11、M14、M20、M21、M32、M37、M41，共 9 座。随葬品平均每墓 3.5 件，其中陶器平均为 3 件。

第三组：陶器以釜、瓿、圈足盘和石锛为基本组合。墓葬有 M3、M12、M13、M15、M24、M28、M29、M30、M31、M35、M36，共 11 座。随葬品平均每墓 3.6 件，其中陶器平均为 2.5 件。

第四组：以陶壶和石锛为基本组合。墓葬有 M7、M23、M33、M34、M40，共 5 座。随葬品平均每墓 3.8 件，其中陶器平均为 2.2 件。

四组墓葬随葬陶器型式组合之间存在的差异，显示了各组依次发展的逻辑顺序，可据此划分为年代前后相继的 1～4 段。各段的器物组合关系及型式变化差异是有区别的。第 2 段和第 3 段器物组合及型式变化较小，可合为一期。据此，可将曹湾山遗址墓地分为三期四段，是个连续发展的过程（图 3 - 56）。这与根据 6 组 13 个遗迹单位叠压打破的层位关系所确立的早晚顺序相吻合，从层位学上验证了上述三期四段的划分大体正确可靠。

（五）年代

1. 相对年代

曹湾山遗址墓地发现于三面环水的自然丘陵岗顶，墓葬均开口于第 3 层下，没有叠压或打破更早期的文化堆积，墓地的相对年代明确，即早于第 3 层堆积的年代。因发掘区可供测年且符合测年要求的标本绝少，受客观技术条件所限，未能有效的提取可供测年的标本。近年来，浙江江山山崖尾遗址、缙云陇东遗址、温州屿儿山遗址以及福建浦城龙头山遗址的发掘丰富了好川文化的内涵，为我们通过类型学的排比推论曹湾山遗址墓地的相对年代提供了新的考古材料。

曹湾山遗址墓地二期早段陶盉 M10：1 与好川墓地四期前段陶盉 M72：10、山崖尾墓地二期陶盉 M48：3 口部、腹部形制，口与流的比例关系，以及把手安装位置均较相似；曹湾山遗址墓地二期早段陶豆 M14：4 与好川墓地四期前段垂棱陶豆 M63：14 垂棱高度、豆柄形制基本一致；曹湾山遗址墓地二期早段陶罐 M14：2 与好川墓地四期前段陶罐 M56：4 腹部形制，腹部凸棱位置及纹饰均一致；曹湾山遗址墓地二期晚段陶盆 M30：1 与山崖尾墓地二期陶盆 M20：3 器形基本一致；曹湾山遗址墓地二期晚段陶壶 M30：3 与山崖尾墓地二期陶壶 M20：1 腹部形态相似；曹湾山遗址墓地二期晚段陶圈足盘 M35：5 与山崖尾墓地二期陶圈足盘 M20：2 开口广度、器腹深度、圈足高度较一致。根据以上器物形制对比，推测曹湾山遗址墓地二期与好川墓地四期、山崖尾墓地二期年代相当或接近。

曹湾山遗址墓地三期陶壶 M33：2 与山崖尾四期陶壶 M35：1 腹部形态相似；山崖尾遗址墓地四期陶壶 M11：3、陶罐 M15：6 装饰凸棱均位于上腹部，与曹湾山墓葬三期陶壶、陶罐凸棱装饰位置一致。根据以上器物形制对比，推测曹湾山遗址墓葬三期与山崖尾墓葬四期年代较为接近。

B型	钵		盆	簋	豆	盉	杯
Bb型	A型	B型					
				46			
38	41		44	45	48		50
	40	42	43		47	49	
	39						

陶壶M14：1　13.C型Ⅰ式陶壶M21：2　14.C型Ⅱ式陶壶M28：2　15.A型Ⅰ式陶罐M26：1　16.A型Ⅱ式陶罐M11：6
式陶鼎M33：6　30.Aa型Ⅰ式陶釜M17：2　31.Aa型Ⅱ式陶釜M13：1　32.Ab型陶釜M35：1　33.B型陶釜M31：2
式陶簋M15：2　46.Ⅱ式陶簋M33：4　47.陶豆M14：4　48.陶豆M36：3　49.陶盉M10：1　50.陶杯M12：3

C型	圈足盘	鼎	釜				甑	
			A型		B型	A型		
			Aa型	Ab型			Ba型	
		 29				 35		
 21	 24	 28	 31	 32	 33		 37	
 20	 23	 27					 36	
 22	 25　26		 30			 34		

图 3 - 56　曹湾山墓葬出土典型陶器分期示意图

3　6.Ab型Ⅲ式陶壶M7：1　7.Ac型陶壶M39：4　8.Ba型Ⅰ式陶壶M27：1　9.Ba型Ⅱ式陶壶M21：1　10.Ba型Ⅲ式陶壶M34：3　11.Bb型陶壶M6：1　12.Bc型
足盘M26：6　23.Ⅱ式陶圈足盘M20：1　24.Ⅲ式陶圈足盘M35：5　25.Ⅰ式陶鼎M9：1　26.Ⅰ式陶鼎M26：4　27.Ⅱ式陶鼎M20：2　28.Ⅲ式陶鼎M35：2　29.Ⅳ
M20：3　39.A型Ⅰ式陶钵M39：1　40.A型Ⅱ式陶钵M11：4　41.A型Ⅲ式陶钵M15：3　42.B型陶钵M21：3　43.Ⅰ式陶盆M37：3　44.Ⅱ式陶盆M30：1　45.Ⅰ

期别	壶							罐		
	A型			B型			C型	A型	B型	
	Aa型	Ab型	Ac型	Ba型	Bb型	Bc型				
第三期	3	6		10					19	
第二期 晚段		5					14		18	
第二期 早段	2			9	11	12	13	16	17	
第一期	1	4	7	8					15	

1. Aa型Ⅰ式陶壶M26：5　2. Aa型Ⅱ式陶壶M11：2　3. Aa型Ⅲ式陶壶M34：2　4. Ab型Ⅰ式陶壶M38：1　5. Ab型Ⅱ式陶壶M30：
17. B型陶罐M20：5　18. B型陶罐M31：5　19. B型陶罐M7：2　20. C型Ⅰ式陶罐M14：2　21. C型Ⅱ式陶罐M3：3　22. Ⅰ式陶圈
34. A型Ⅰ式陶甑M26：3　35. A型Ⅱ式陶甑M33：5　36. Ba型Ⅰ式陶甑M37：2　37. Ba型Ⅱ式陶甑M35：4　38. Bb型陶甑

2. 绝对年代

结合曹湾山遗址和山崖尾遗址类型对比以及山崖尾墓葬测年，可将曹湾山遗址墓葬的绝对年代初步定为距今约 4500 ~ 4200 年。

第二节　灰坑

灰坑 1 个（H1），位于 T02 东北部，开口于第 3 层下。打破生土。开口距地表约 55 厘米。揭露平面为不规则圆形，弧壁，浅圜底。坑口最大径为 1.35 米，深 0.26 米。坑内填土为深灰褐色砂土，较松软，夹杂少量红烧土颗粒。出土少量夹砂陶、泥质陶、硬陶片（附表 3 – 6），可辨器形有鼎、釜、瓮、器盖、圈足等。出土石锛 2 件。（图 3 – 57A）

陶鼎

口沿标本　1 件。

H1：3，夹砂红褐陶。口沿残片。敞口，圆唇，斜折沿，沿面平整，上腹部外斜。口径 20、残高 3.4 厘米。（图 3 – 57B）

足部标本　2 件。

H1：10，夹砂红褐陶。侧扁形足，足身矮小。宽 1.9、高 3.1 厘米。（图 3 – 57B）

H1：11，夹砂红褐陶。侧扁形足，足身较宽。宽 3.5、残高 4.8 厘米。（图 3 – 57B）

陶釜

4 件。

H1：4，口领部残片。夹砂红褐陶。敞口较甚，尖圆唇，卷沿，高弧领。口径 13.6、残高 2.6

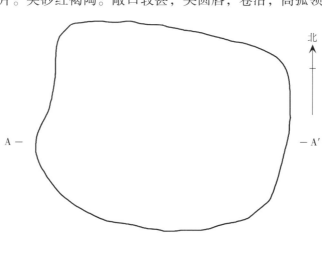

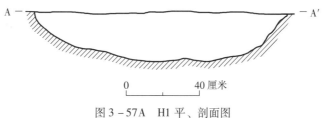

图 3 – 57A　H1 平、剖面图

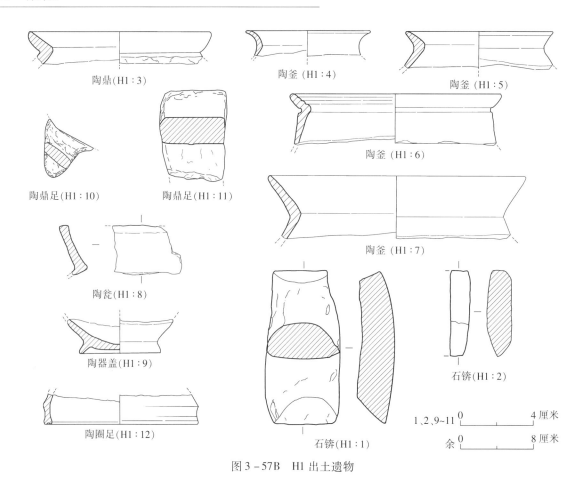

陶鼎(H1:3)　　陶釜(H1:4)　　陶釜(H1:5)

陶釜(H1:6)

陶鼎足(H1:10)　　陶鼎足(H1:11)

陶釜(H1:7)

陶甏(H1:8)

陶器盖(H1:9)

石锛(H1:2)

陶圈足(H1:12)

石锛(H1:1)

1、2、9~11 0　　　　4 厘米
余 0　　　　8 厘米

图 3 -57B　H1 出土遗物

厘米。（图 3 - 57B）

H1：5，口领部残片。夹砂红褐陶。敞口较甚，尖圆唇，卷沿，矮弧领。口径 16、残高 4 厘米。（图 3 - 57B）

H1：6，口沿残片。夹砂黄褐陶。侈口，窄斜折沿，口沿内侧饰有四周凹弦纹，溜肩。口径 23、残高 5.4 厘米。（图 3 - 57B）

H1：7，口沿残片。夹砂黄褐陶。口微侈，圆唇，斜折沿，溜肩。口径 28、残高 6.6 厘米。（图 3 - 57B）

陶甏

1 件。

H1：8，口领部残片。夹砂黄褐陶。敞口，平唇，矮斜直领。残高 5.2 厘米。（图 3 - 57B）

陶器盖

1 件。

H1：9，夹砂黄褐陶。盖体较矮，壁微内弧，盖缘较厚，下部无凸出，平唇上有一周凹槽。直径约 17、残高 3.2 厘米。（图 3 - 57B）

陶圈足

1 件。

H1：12，夹砂黄褐陶。矮圈足，足壁较直，足缘圆弧。足径约 8.8、足高 1.2 厘米，残高 3.2

厘米。（图 3 - 57B）

石锛

2 件。

H1 : 1，青灰色泥质硅质岩。平面略呈梯形。弧背，偏锋，刃部残损，背部磨光，顶端斜平。长 8.2、宽 4.1、最厚 1.9 厘米。（图 3 - 57B）

H1 : 2，灰色泥质硅质岩。纵向残缺一半。直背较规整，正锋，顶端较平直。石料见明显纵向层理。长 4.5、残宽 0.9、最厚 1.3 厘米。（图 3 - 57B）

第三节　建筑

从调查发掘情况看，曹湾山遗址史前文化堆积在曹湾山岗顶和四周相对平缓的坡地均有分布，相较遂昌好川墓地而言是一个完全意义上的聚落遗址。

受发掘位置、面积等限制，我们对曹湾山遗址的整体布局、结构及功能分区等信息了解不多。点状的发掘方式，有限的发掘面积，加之没有进行系统全面的考古调查钻探，导致我们无法厘清遗址确切的分布范围、面积等基础问题，因此只能暂用相连的山体作为遗址的分布范围，仅可确定山体和周边的坡地以及被戍浦江环绕的水体、平原一同构成曹湾山先民生存环境。岗地发掘所获得的遗存，诸如墓葬、建筑基础等，保存状况不是很理想，不足以窥一斑知全豹。基于上述条件，对于岗顶所揭示的建筑遗迹我们只能尽量进行客观介绍，并尝试对相关问题进行讨论。

曹湾山岗地发掘所揭示的墓葬和建筑遗迹均开口在第 3 层下，从岗顶平面分布看，墓葬在岗顶的东南侧，建筑遗迹在西北一侧。由于墓葬位于散乱石块中间，且墓坑平面基本没有发现被建筑基础打破的现象，故推测建筑基础的起始年代应该早于墓葬。也就是说，先民在曹湾山岗顶挖坑立柱建房成居生活栖息，死者埋在村舍的东南侧，直至整体被废弃。

在第 3 层下西半部区域有 10 余处垫石组成的柱础石堆。这些石块多为上下叠压，下面为较大的块石，上面围聚几块大小不一的较小块石，推测其功能是支撑和加固木柱。故我们判断这里当是一处建筑遗迹，暂名 F1。（彩版六三、六四）

从遗迹轮廓来看，F1 整体走向跨 T102、T202、T302、T203 四个探方（图 3 - 58）。柱础石堆原应为南北 5 列、东西 5 排，柱网围合形状近长方形，东西长 7.4、南北宽 3.6 米，面积达 26.64 平方米。建筑南端有大面积分布的红烧土块堆积，西侧也有零星分布的红烧土块。土块上纵横交错的木骨印痕特征显示其为木骨泥墙的残块。（彩版六五）

石构柱础（基）保存相对完整。T102③下 1 号石构柱础（基）由大小不一的 13 块石头构筑（图 3 - 59，彩版六六：1）。从野外揭示的石块保存情况分析，该石构柱础（基）的营建过程应是先挖一浅坑，坑底铺一层块石，其上立木柱，用大块石夹住木柱，再用小一点的块石如楔子般嵌入牢牢固定木柱。T302③下 2 号石构础（基）做法基本也是如此（图 3 - 60、3 - 61；彩版六六：2、3）。从上述两处石构柱础（基）夹柱石的间距看，木柱直径在 15 厘米左右，并不粗大，构架的建筑应相对比较简陋。如此浅的基础当无法支撑起高大建筑，即便建成也容易被猛烈的大风吹倒坍塌。

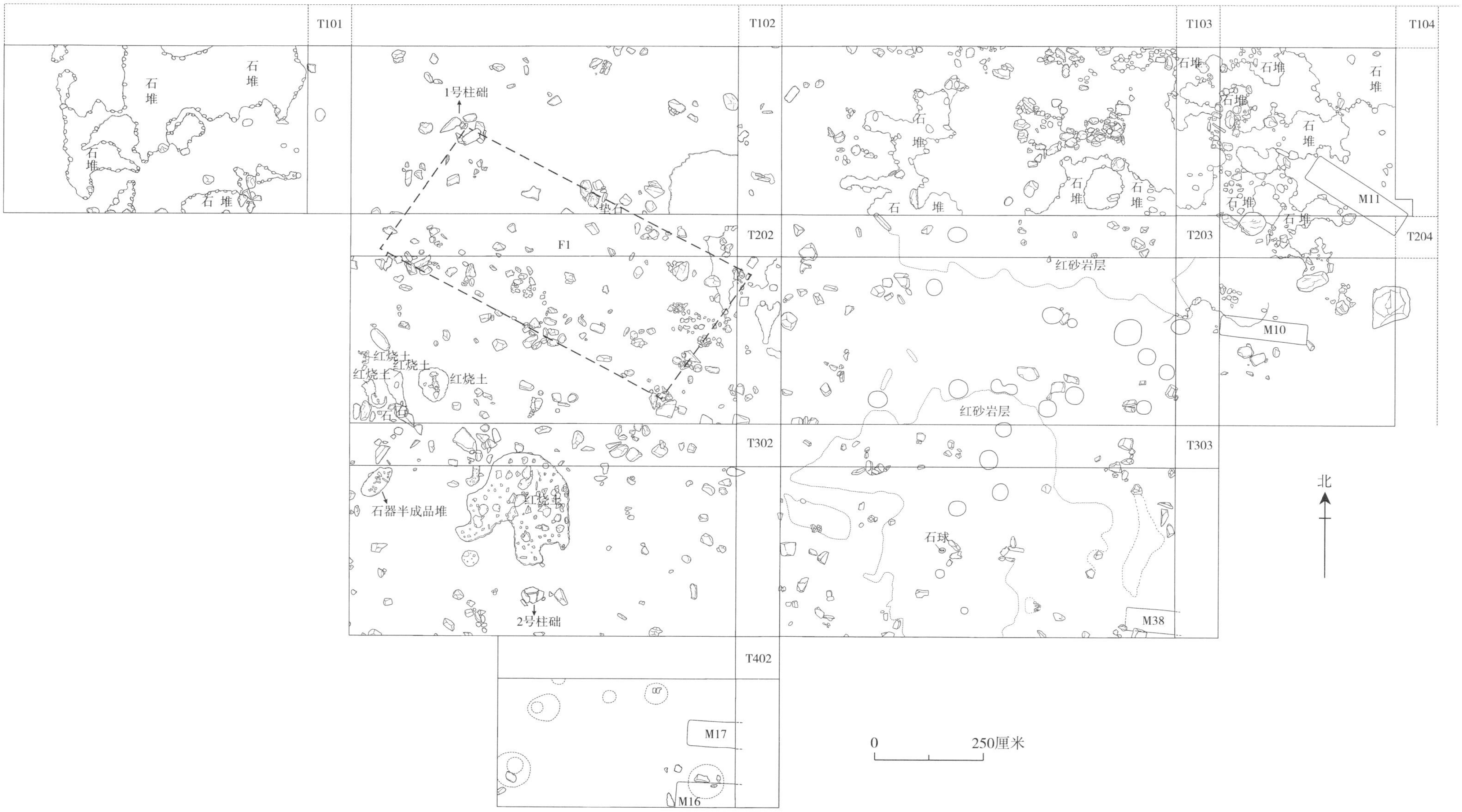

图 3 - 58　F1位置示意图

石堆

石堆

石堆

石堆

石堆

石堆

石堆

石堆

石堆

石堆

石堆

石堆

石堆

石堆

石堆

石堆

北

红砂岩层

红砂岩层

红砂岩层

M11

M10

M38

M17

M16

T104

T204

T103

T203

T303

T102

T202

T302

T402

T101

F1

1号柱础

2号柱础

红烧土

红烧土

红烧土

红烧土

石器半成品堆

0　　250厘米

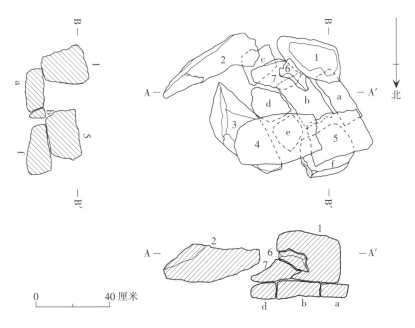

图 3 - 59　T102③下 1 号石构柱础（基）平、剖面图
1 ~ 5. 侧立石块　6 ~ 7. 填塞石块　a ~ f. 垫底石块

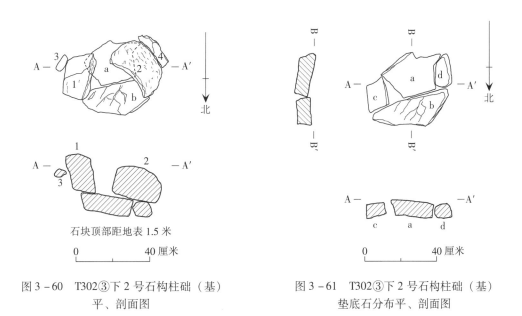

图 3 - 60　T302③下 2 号石构柱础（基）
平、剖面图

图 3 - 61　T302③下 2 号石构柱础（基）
垫底石分布平、剖面图

　　在 F1 西南方向的红烧土密集区内发现成堆的石器半成品，推测应是石器加工地点。（彩版
六七）

附表 3－1　曹湾山遗址墓葬基本情况登记表

墓号	位置	方向	层位关系	形状结构	尺寸（米）	随葬品数量	随葬品类型	分期
3	位于 T304 中部	275°	第 3 层下开口	长方形竖穴土坑墓	长 2.11、宽 0.62、深度不明	3	陶釜、陶圈足盘、陶罐	二期晚段
6	位于 T304 西部，西半部延伸至 T303 东隔梁内	278°	第 3 层下开口	长方形竖穴土坑墓	长 1.72、宽 0.6、深 0.17	2	陶壶、陶纺轮	二期早段
7	位于 T304 西部，西半部延伸至 T303 东隔梁内	272°	第 3 层下开口	长方形竖穴土坑墓	长 2.02、宽 0.63、深 0.2	3	陶壶、陶罐、石锛	三期
8	位于 T304 北隔梁内，延伸至 T303 东隔梁、T204 西南角内	267°	第 3 层下开口	长方形竖穴土坑墓	长 2.16、宽 0.6、深 0.15	1	陶釜	一期
9	位于 T204 西南角	272°	第 3 层下开口	长方形竖穴土坑墓	长 1.9、宽 0.5、深 0.2	1	陶鼎	一期
10	位于 T204 西部，西端延伸至 T203 东隔梁内	274°	第 3 层下开口	长方形竖穴土坑墓	长 2.04、宽 0.48、深 0.2	1	陶盂	二期早段
11	位于 T104 东南部，东端延伸至 T104 东隔梁、T204 北隔梁内	305°	第 3 层下开口	长方形竖穴土坑墓	长 2.44、宽 0.66、深 0.25	7	陶釜、陶壶、陶纺轮、陶钵、陶罐、陶豆柄、玉管	二期早段
12	位于 T304 西北角，延伸至 T304 北隔梁、T303 东隔梁内	265°	第 3 层下开口	长方形竖穴土坑墓	长 2.32、宽 0.6、深 0.25	4	陶釜、陶杯、陶圈足盘、玉锥形器	二期晚段
13	位于 T304 东北角，延伸至 T304 北隔梁、东隔梁及 T02 西部	273°	第 3 层下开口，打破 M20 西北部	长方形竖穴土坑墓	长 2.01、宽 0.6、深 0.3	2	陶釜、石锛	二期晚段
14	位于 T204 东南角，延伸至 T304 北隔梁及 T02 西部	275°	第 3 层下开口	长方形竖穴土坑墓	长 2.22、宽 0.65、深 0.3	4	陶壶 2、陶罐、陶豆	二期早段
15	位于 T304 中部偏东	275°	第 3 层下开口	长方形竖穴土坑墓	长 2.04、宽 0.6、深度不明	3	陶鼎、陶簋、陶钵	二期晚段
16	位于 T402 东南角，延伸至 T402 南部及东隔梁	275°	第 3 层下开口	长方形竖穴土坑墓	发掘揭露长 1.42、宽 0.6、深 0.2	1	陶釜	一期

续附表 3 - 1

墓号	位置	方向	层位关系	形状结构	尺寸（米）	随葬品数量	随葬品类型	分期
17	位于 T402 东部，延伸至 T402 东隔梁内	274°	第 3 层下开口	长方形竖穴土坑墓	发掘揭露长 1.15、宽 0.65、深 0.25	2	陶鼎、陶釜	一期
20	位于 T304 东北角，延伸至 T304 东隔梁及 T02 西部	273°	第 3 层下开口，西北部被 M13 叠压打破	长方形竖穴土坑墓	长 1.85、宽 0.6、深 0.4	5	陶圈足盘、陶鼎、陶甑、陶罐、石锛	二期早段
21	位于 T01 中北部	275°	第 3 层下开口，叠压打破 M39 北部	长方形竖穴土坑墓	长 2.12、宽 0.6、深 0.2	3	陶壶 2、陶钵	二期早段
22	位于 T01 中部偏南	275°	第 3 层下开口	长方形竖穴土坑墓	长 1.45、宽 0.5、深 0.18	2	陶三足钵、石锛	一期
23	位于 T01 东北部	275°	第 3 层下开口，打破 M24 东端	长方形竖穴土坑墓	长 2.82、宽 0.75、深 0.26	4	陶壶、石镞、石锛、玉柄形器	三期
24	位于 T01 北部	278°	第 3 层下开口，东端，打破，被 M23 打破 M26 东端	长方形竖穴土坑墓	长 1.86、宽 0.6、深 0.2	2	陶钵、石锛	二期晚段
25	大半部位于 T01 东部，并向东侧延伸	274°	第 3 层下开口	长方形竖穴土坑墓	长 2.12、宽 0.52、深 0.2	3	陶罐、陶鼎、石锛	一期
26	位于 T01 西北部，向西北延伸至 T304 内	275°	第 3 层下开口，东部被 M24 和 M35 打破	长方形竖穴土坑墓	长 2.28、宽 0.58、深 0.22	8	陶罐、陶鼎 2、陶甑、陶壶、陶圈足盘、圆饼状卵石、棒状卵石	一期
27	位于 T01 中部偏西	287°	第 3 层下开口	长方形竖穴土坑墓	长 2.18、宽 0.52、深 0.27	1	陶壶	一期
28	位于 T01 西部，向西延伸	270°	第 3 层下开口，东南部被 M40 叠压打破	长方形竖穴土坑墓	长 2.7、宽 0.8、深 0.22	3	陶罐、陶壶、石锛	二期晚段
29	位于 T01 西北角	268°	第 3 层下开口	长方形竖穴土坑墓	长 2.12、宽 0.66、深 0.2	2	陶罐、石锛	二期晚段

续附表 3－1

墓号	位置	方向	层位关系	形状结构	尺寸（米）	随葬品数量	随葬品类型	分期
30	位于T01东北角，并向东延伸	284°	第3层下开口	长方形竖穴土坑墓	长2.34、宽0.64、深0.5	3	陶盆、陶壶、石锛	二期晚段
31	位于T02西南部，向西延伸至T304东隔梁内	274°	第3层下开口	长方形竖穴土坑墓	长2.61、宽0.8、深0.4	8	陶瓶、陶釜2、陶罐、陶圈足盘、石镞、石锛、玉锥形器	二期晚段
32	位于T02中部偏南	280°	第3层下开口	长方形竖穴土坑墓	长2.61、宽0.64、深0.18	3	陶鼎、陶釜、陶罐	二期早段
33	位于T02中部偏东	270°	第3层下开口	长方形竖穴土坑墓	长2.46、宽0.62、深0.2	6	陶壶2、陶甑、陶鼎、陶簋、石锛	三期
34	位于T02西南角	278°	第3层下开口，打破M35	长方形竖穴土坑墓	长2.42、宽0.6、深0.3	4	陶壶2、石锛、玉锥形器	三期
35	位于T02西南角，延伸至T304东隔梁及T01内	275°	第3层下开口，北部被M34打破，打破M26东部	长方形竖穴土坑墓	长2.63、宽0.86、深0.35	5	陶釜、陶鼎、陶甑、陶圈足盘、玉锥形器	二期晚段
36	位于T02中部	272°	第3层下开口，打破M37西部	长方形竖穴土坑墓	长2.22、宽0.64、深0.4	5	陶豆、陶釜、陶纺轮、石锛、玉锥形器	二期晚段
37	位于T02中部偏西	272°	第3层下开口，西部被M36打破	长方形竖穴土坑墓	长2.25、宽0.65、深0.35	4	陶罐、陶甑、陶盆、玉锥形器	二期早段
38	位于T303东南角，向东延伸至T303东隔梁内	279°	第3层下开口	长方形竖穴土坑墓	长1.98、宽0.58、深0.2	2	陶壶、石锛	一期
39	位于T01中北部	293°	第3层下开口，北部被M21叠压打破	长方形竖穴土坑墓	长2.58、宽0.6、深0.25	5	陶壶2、陶钵、石锛、玉珠	一期
40	位于T01西部	279°	第3层下开口，打破M28	长方形竖穴土坑墓	长2.34、宽0.55、深0.2	2	陶壶、石锛	三期
41	位于T01西南角	288°	第3层下开口	长方形竖穴土坑墓	长2.68、宽0.66、深0.2	3	陶圈足盘、石锛、玉锥形器	二期早段

随葬品数量合计　117

附表 3 – 2　曹湾山遗址墓葬出土器物统计表

墓号	陶器													石器				玉器			
	壶	罐	豆	钵	鼎	釜	甑	盉	圈足盘	盆	簋	杯	纺轮	锛	镞	棒状卵石	圆饼状卵石	锥形器	珠	管	柄形器
M3		1				1			1												
M6	1												1								
M7	1	1												1							
M8						1															
M9				1																	
M10							1														
M11	1	1	1	1		1							1							1	
M12						1			1			1						1			
M13						1								1							
M14	2	1	1																		
M15				1	1						1										
M16						1															
M17				1	1																
M20		1			1		1		1					1							
M21	2			1																	
M22				1										1							
M23	1													1	1						1
M24				1										1							
M25		1			1									1							
M26	1	1			2	1			1							1	1				
M27	1																				
M28	1	1												1							
M29		1												1							
M30	1									1				1							
M31		1				2	1		1					1	1			1			
M32		1			1	1															
M33	2			1		1					1			1							
M34	2													1				1			
M35				1	1	1			1									1			
M36			1			1							1					1			
M37		1				1		1										1			
M38	1													1							
M39	2			1										1					1		
M40	1													1							
M41									1					1				1			
合计	20	12	3	6	10	12	6	1	7	2	2	1	3	18	2	1	1	7	1	1	1

附表 3 – 3　曹湾山遗址墓葬出土陶器陶质陶色统计表

器形	夹砂陶				泥质陶							印纹硬陶	合计	百分比
	灰黑	灰褐	黄褐	红褐	灰	灰白	黄	红	黑灰	褐皮	黑皮	黑灰		
壶					11		4	1			3	1	20	23.53
罐				2	4	2	1	1		1	1		12	14.12
釜		1	4	7									12	14.12
鼎	2		1	7									10	11.76
甗			4	2									6	7.06
豆					2		1						3	3.53
钵					4		1		1				6	7.06
圈足盘					1	2				2	2		7	8.24
盆					2								2	2.35
簋							1		1				2	2.35
盉					1								1	1.18
杯											1		1	1.18
纺轮								1	1		1		3	3.53
合计	2	1	9	18	25	4	8	3	3	3	8	1	85	
百分比	2.35	1.18	10.59	21.18	29.41	4.71	9.41	3.53	3.53	3.53	9.41	1.18		100
	35.3				63.5							1.2		

附表 3-4 墓葬出土陶器器形、纹饰统计表

纹饰	壶	罐	釜	鼎	甑	豆	钵	圈足盘	盆	簋	盉	杯	纺轮	合计	百分比
素面	9	3		1			2	3	1		1		3	23	27.06
篮纹		2	1	5	1									9	10.59
绳纹	1	3	8	1	1									14	16.47
镂孔	3	2			2			1	1					9	10.59
凸棱纹	2							1						3	3.53
弦纹												1		1	1.18
附加堆纹			1											1	1.18
篮纹 + 镂孔				1										1	1.18
篮纹 + 弦纹	1			1										2	2.35
篮纹 + 弦纹 + 镂孔				1										1	1.18
绳纹 + 弦纹				1			1							2	2.35
篮纹 + 附加堆纹			1											1	1.18
绳纹 + 镂孔				1										1	1.18
镂孔 + 垂棱						1								1	1.18
弦纹 + 镂孔	2						3	2	2					9	10.59
凸棱纹 + 篮纹		1												1	1.18
凸棱纹 + 绳纹			1	1										2	2.35
凸棱纹 + 镂孔	2	1			1									4	4.71
合计	20	12	12	10	6	3	6	7	2	2	1	1	3	85	
百分比	23.53	14.12	14.12	11.76	7.06	3.53	7.06	8.24	2.35	2.35	1.18	1.18	3.53		100

附表 3 - 5　墓葬出土典型陶器型式组合

组别	墓号	壶								罐				圈足盘	鼎		釜				甑			钵				盆	簋	豆	盉	杯
		A型			B型			C型	未分型	A型	B型	C型	未分型		式别	未分式	A型		B型	未分型	A型	B型		A型	B型	C型	未分型					
		Aa型	Ab型	Ac型	Ba型	Bb型	Bc型										Aa型	Ab型				Ba型	Bb型									
一组	M8																I															
	M9														I																	
	M16																															
	M17																I															
	M22															*	I															
	M25												*			*										*						
	M26	I								I				I	I						I											
	M27				I										I																	
	M38		I																													
	M39			*					*															I								
二组	M6					*																										
	M10																														*	
	M11	II								II				II						*				II						*		
	M14						*		*			I			II															*		
	M20				II						*												*									
	M21							I																	*					*		
	M32										*		*			*				*												*
	M37																					I						I				
	M41													*																		

续附表 3 - 5

组别	墓号	壶 A型 Aa型	壶 A型 Ab型	壶 A型 Ac型	壶 B型 Ba型	壶 B型 Bb型	壶 B型 Bc型	壶 C型	壶 未分型	罐 A型	罐 B型	罐 C型	罐 未分型	圈足盘	鼎 式别	鼎 未分式	釜 A型 Aa型	釜 A型 Ab型	釜 B型	釜 未分型	甑 A型	甑 B型 Ba型	甑 B型 Bb型	钵 A型	钵 B型	钵 C型	钵 未分型	盆	篮	豆	盂	杯
三组	M3											Ⅱ		*						*												
三组	M12													*			Ⅱ															*
三组	M13																Ⅱ							Ⅲ								
三组	M15															*													I			
三组	M24																										*					
三组	M28							Ⅱ					*																			
三组	M29												*																			
三组	M30		Ⅱ																									Ⅱ				
三组	M31										*			*	Ⅲ				*			Ⅱ										
三组	M35													Ⅲ				*	*			Ⅱ										
三组	M36										*																			*		
四组	M7		Ⅲ						*																							
四组	M23	Ⅲ							*																							
四组	M33	Ⅲ													Ⅳ						Ⅱ								Ⅱ			
四组	M34	Ⅲ			Ⅲ																											
四组	M40								*																							

注："＊"表示存在。

附表 3－6　H1 出土陶片陶系、纹饰统计表

纹饰	夹砂陶			泥质陶			硬陶	合计	百分比
	灰褐	黑褐	红褐	灰	黑皮	黑灰	灰		
素面	19	12	25	18	1	4	4	83	83.00
篮纹						1	6	7	7.00
旋涡形拍印纹							3	3	3.00
细弦纹	2			4				6	6.00
粗弦纹							1	1	1.00
合计	21	12	25	22	1	5	14	100	
百分比	21.00	12.00	25.00	22.00	1.00	5.00	14.00		100
	58.0			28.0			14.0		

第四章　地层出土遗物概况

曹湾山遗址地层内出土遗物见有陶器、石（玉）器两大类。

第一节　陶器

一、陶质、陶色及纹饰

地层中共出土陶片上万片，主要见有夹砂陶、泥质陶、着黑陶、硬陶[1]四类（附表4-1~16）。不同层位各质地陶器数量所占比例不同：第3层中，夹砂陶占比最高，约占37.8%；硬陶次之，约占30.9%；泥质陶占比约为20.3%；着黑陶占比最低，仅占10.9%。第2层中，硬陶数量最多，约占43.5%；其次为着黑陶，约占23.5%；夹砂陶占比稍低于着黑陶，约为20.7%；泥质陶占比最低，仅占12.2%。在第2层中还见有极少量的赭衣陶。（彩版六八）

从第3层到第2层，硬陶成为数量占比最高的陶质，而着黑陶亦从最少见的陶质变为仅次于硬陶的陶质，意味着器形的丰富和演变。

陶器以圈足器、圜底器[2]和三足器为主，见有少量的平底器和凹底器。可见器形主要包括鼎、釜、罐、瓮、壶、豆、盆、硬陶钵、杯、盅、支座、陶拍、纺轮、豆盘、豆柄、器盖、盖纽、把手、器耳、器底、鼎足、器足、圈足等。基本陶器组合为鼎、釜、罐、壶、瓮、豆。其中罐类型式最为多样，依照质地可分为泥质陶罐和着黑/硬陶罐[3]两大类。

不同层位陶器的种类及数量占比发生了较大的变化。以完整器和长度大于口径1/8的口沿标本统计：第3层中，鼎为最多见器形，口沿（沿面多斜折或内凹）标本约占陶器标本总数[4]的31.8%；其次为釜，口沿（沿面多向外翻卷）标本占比约为24.8%；豆、瓮、壶占比相当，分别为10%、9.4%、8.8%。第3层中还见有少量着黑/硬陶罐、泥质陶罐、盆、硬陶钵、支座、纺轮。第2层中，鼎所占比例下降到29.5%；着黑/硬陶罐和壶占比明显上升，分别为18.4%和15.6%；釜占比下降到10.4%。第2层中瓮和豆仍比较多见，泥质陶罐、盆、硬陶钵、支座、纺轮等器形仍继续存在，同时新出现了杯、盅、陶拍和网坠等器形。

---

[1]　本文所述的硬陶不同于商周时期的印纹硬陶，其上未见有典型的拍印几何纹，但硬度与印纹硬陶较为接近。

[2]　圜底残片较难辨认，整理过程中未能确认相应标本，但参照墓葬出土的完整器，推测地层中当有较多圜底残片。

[3]　着黑陶罐与硬陶罐类形态近似，故归纳为同一器形。

[4]　鼎足、豆柄、圈足、器盖、器耳、把手等部位标本未纳入统计。

第 2、3 层所出夹砂陶均以黄褐色为最多，红褐色、黑褐色、灰褐色次之，并见有少量灰白色。泥质陶均以黄陶为大宗，灰陶次之，黑灰陶、黑皮陶亦比较多见，红陶、橙陶、灰白陶也有少量发现。硬陶以黑色为主。在第 3 层中，黑色硬陶占硬陶总数的 61.5%，灰白色硬陶和灰色硬陶分别占 17.6% 和 11.5%，此外还见有少量红褐色、灰黄色和零星褐色硬陶。第 2 层中，黑色硬陶占比略有下降，为 56.1%；灰白色硬陶占比略高于灰色硬陶，分别为 15.6% 和 12.3%。第 2 层仍见有少量红褐、灰黄色硬陶，变化较大的是褐色硬陶，由零星少数变为占比 8.8%。

着黑陶表面为黑灰色，胎色分为灰、红、灰白、黄四种，胎色差异主要是烧成温度不同导致的。以灰胎和红胎最多，占比分别为 45.3% 和 38.1%；灰白胎和黄胎较少，分别约占 9% 和 7.6%。另在第 2 层见有零星外表着酱红色的赭衣陶。

纹饰以篮纹为最多，多见于硬陶和着黑陶上。第 3 层中，篮纹占比约 17.7%，绳纹、弦纹、镂孔、凸棱纹也较为多见，其余可见的纹饰有刻划纹、篦划纹、弦断篮纹、交错篮纹、细篮纹、粗绳纹、细线刻划纹、网格纹、坑点纹、月牙形戳印纹、长方形戳印纹、圆形戳印纹、附加堆纹、曲折纹、菱格纹、叶脉纹、席纹、旋涡形拍印纹、短线戳印纹等。其中，坑点纹、月牙形戳印纹、长方形戳印纹、圆形戳印纹、细线刻划纹、席纹仅见于泥质陶，叶脉纹仅见于夹砂陶，篦划纹仅见于着黑陶和泥质陶，粗绳纹仅见于着黑陶，旋涡形拍印纹仅见于硬陶。除叶脉纹外，第 3 层所见纹饰均在第 2 层中继续出现，篮纹占比达到 23.5%，弦纹、凸棱纹仍比较多见，绳纹、镂孔变得少见，新出现细绳纹、卷云纹、云雷纹、回形纹、篾纹、细线拍印纹、"X"形戳印纹和太阳形戳印纹等。其中，"X"形戳印纹仅见于泥质陶，其余新出现的纹饰多见于硬陶，席纹、篦划纹、网格纹、细线刻划纹和粗绳纹等纹饰出现于着黑陶和硬陶上。（图 4-1~4）

在第 2 层陶器中还出现了一些形似波涛、田地、动物等的几何形刻划符号。（彩版六九）

二、陶器总体特征及型式划分标准

为了更清晰地呈现不同地层陶器的形态差异并理顺逻辑脉络，我们对地层标本进行了统一的型式划分（每一单位可能不涵盖所有分型）。由于出土陶容器标本均以口领部残片为主，因此型式划分多以口沿部形态为标准。

鼎

均为夹砂陶，折沿，主要见有口领部标本及足部标本。

口领部标本依据沿面形态可分为二型：A 型沿面斜平，B 型沿面下凹呈盘口状。A 型依据上腹部形态可分为二亚型：Aa 型上腹部外斜，Ab 型上腹部较竖直。B 型依据盘口形态的不同可分为三亚型：Ba 型无折沿，盘口较浅；Bb 型折沿，盘口较浅；Bc 型折沿，盘口较深。

足部标本依据整体形状可分为六型：A 型侧扁形，B 型鱼鳍形，C 型方锥形，D 型圆柱形，E 型圆锥形，F 型楔形。A 型依据足宽可分为三亚型：Aa 型较窄，Ab 型较宽，Ac 型极宽。B 型依据器形大小可分为二亚型：Ba 型器形较小，Bb 型器形较大。

釜

均为夹砂陶，口部多为卷沿。该类中可能包含夹砂陶罐的口沿标本。在墓葬出土的完整器形中见有夹砂陶罐 2 件，其口沿形态与釜颇为相近，无法仅通过口沿形态对这两种器类加以区分确

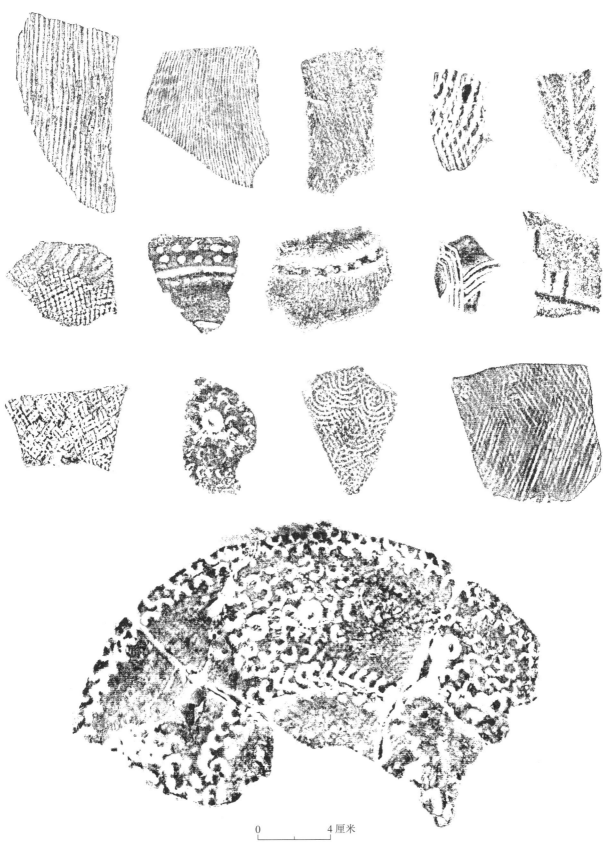

图 4 - 1 第 3 层出土陶器典型纹饰

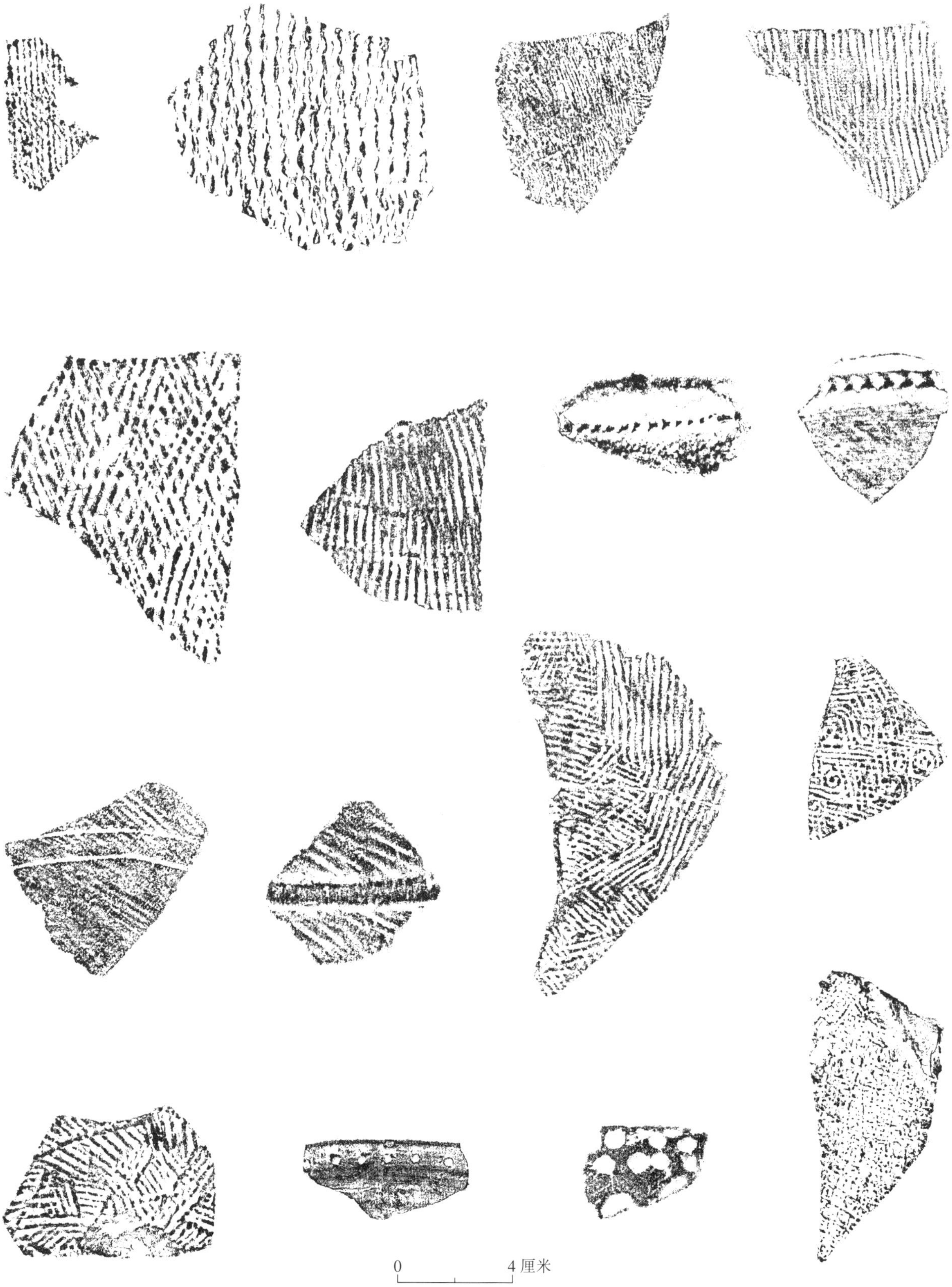

0   4厘米

图 4-2　第 2 层出土陶器典型纹饰

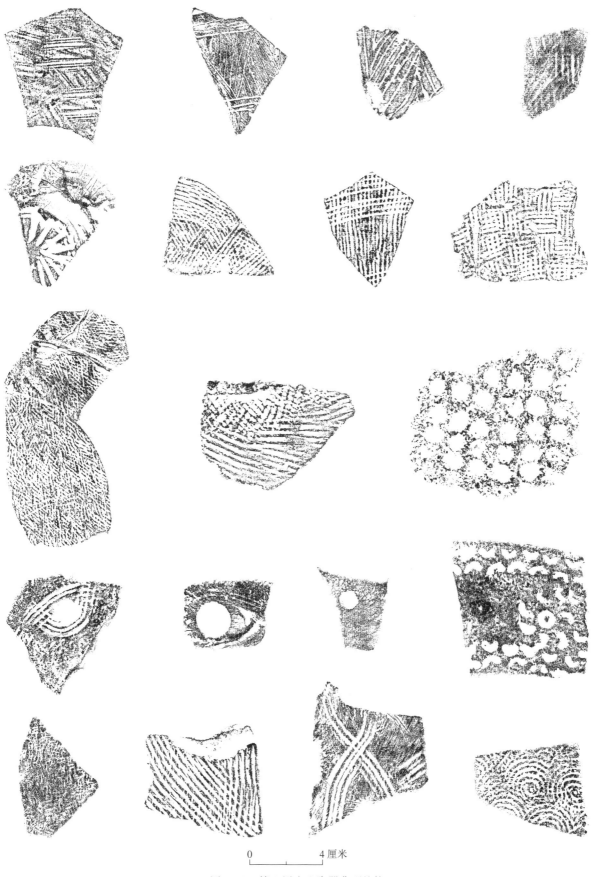

0 　　　　　4 厘米

图 4 - 3　第 2 层出土陶器典型纹饰

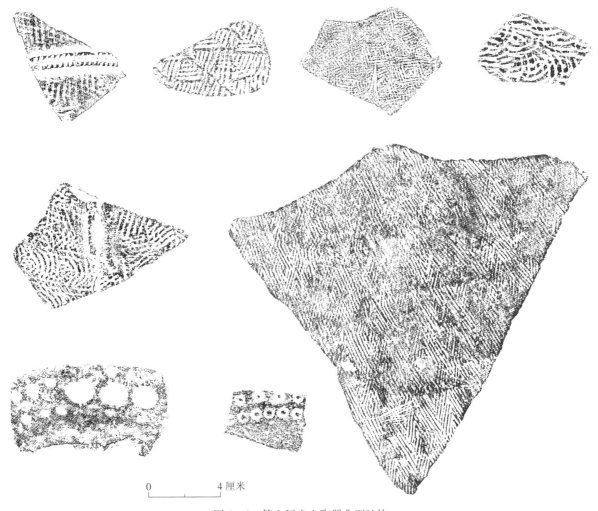

0 ⊢——┴——⊣ 4厘米

图 4 - 4 第 2 层出土陶器典型纹饰

认，因此不排除地层中的釜类标本中包含夹砂陶罐口领部的可能。依据口领部形态可分为六型：A 型敞口较甚，弧领；B 型敞口，无领；C 型口微敞，弧领；D 型侈口，无领；E 型口微侈，弧领；F 型口微侈，直领。A 型依据领部高度可分为二亚型：Aa 型高领，Ab 型领部较矮。B 型依据沿部宽窄可分为二式：B 型 I 式宽沿，B 型 II 式窄沿。D 型依据肩部形态可分为二式：D 型 I 式斜肩，D 型 II 式溜肩。

着黑/硬陶罐

不同于釜（夹砂陶罐）与泥质陶罐，着黑陶罐与硬陶罐在形态上较为接近，故将其归为同一器形。标本依据口部形态可分为六型：A 型平口；B 型敞口；C 型侈口较甚；D 型侈口；E 型口较直；F 型口部有明显折棱，形似陶钵，造型奇特。B 型依据沿部形态可分为二亚型：Ba 型卷沿，Bb 型斜折沿。Bb 型依据唇部有无凸起可分为二式：Bb 型 I 式唇部无凸起，Bb 型 II 式唇部凸起呈盘口状。C 型依据沿部宽窄及有无凸起可分为四亚型：Ca 型宽沿，无凸起；Cb 型沿面较宽，无凸起；Cc 型窄沿，无凸起；Cd 型窄沿，沿部凸起呈盘口状。F 型依据口部整体形态可分为二亚型：Fa 型敞口，折棱以下倾斜程度较大；Fb 型口近直，折棱以下倾斜程度较小。

泥质陶罐

数量不多，但形态差异较大。依据整体形态可分为六型：A 型口微侈，尖唇，平折沿，高弧领；B 型口微侈，圆唇，矮弧领，肩部微鼓；C 型侈口，尖唇；D 型侈口，方唇，窄斜沿，直领；E 型敞口，方唇，斜折沿，斜肩；F 型敞口，方唇，卷沿，斜肩。

瓮

均为夹砂陶，器壁多相对粗厚，多大宽沿。依据开口程度可分为六型：A 型敛口，B 型口较直，C 型侈口，D 型敞口，E 型敞口较甚，F 型喇叭口。B 型依据口径大小可分为二亚型：B 型 I 式口径较大，B 型 II 式口径较小。D 型依据领部高度可分为二亚型：Da 型高领，Db 型矮领。E 型依据器壁厚度可分为三亚型：Ea 型器壁粗厚，Eb 型器壁较厚，Ec 型器壁较薄。F 型依据领部高度可分为二式：F 型 I 式高领，F 型 II 式矮领。

Ec 型陶瓮上发现若干刻划符号。该遗址发现的刻划符号多见于该亚型陶瓮的口沿部标本。

壶

以着黑陶和硬陶为主，部分为夹砂陶与泥质陶。含领部的标本均可见领部较高。依据开口程度可分为六型：A 型喇叭口，B 型敞口，C 型侈口较甚，D 型侈口，E 型口微侈，F 型口微敛。A 型依据沿面形态可分为二亚型：Aa 型卷沿，Ab 型外翻沿。B 型依据领部形态可分为二式：B 型 I 式弧领，B 型 II 式斜直领。D 型依据沿部宽窄可分为二亚型：Da 型宽沿，Db 型窄沿。Db 型依据沿面有无内凹可分为二式：Db 型 I 式沿面无内凹，Db 型 II 式沿面内凹。E 型依据口径大小可分为二亚型：Ea 型口径较大，Eb 型口径较小。

盆

以硬陶为主，有少量夹砂陶和泥质陶。依据口沿形态可分为三型：A 型斜折沿，B 型平折沿，C 型卷沿。其中 C 型依据腹部形态可分为两式：C 型 I 式腹部斜直，C 型 II 式腹部斜弧。

硬陶钵

形态与墓葬中出土的泥质陶钵差异较大，故作为单独的器形进行介绍。依据开口程度可分为三型：A 型敛口，B 型直口，C 型侈口。

豆

均为泥质陶，主要见有豆盘及豆柄标本。

豆盘依据深浅和器身有无折棱可分为三型：A 型豆盘较浅，器身无折棱；B 型豆盘较浅，器身无折棱；C 型豆盘较深，器身有折棱；D 型豆盘较深，器身无折棱。C 型依据有无沿部可分为二亚型：Ca 型平折沿，Cb 型无沿。

豆柄依据直径可分为二型：A 型较粗，B 型较细。

器盖

各种陶质均有，以着黑陶和硬陶为主。依据器身高矮和盖缘下方有无凸出可分为四型：A 型器身较矮，盖缘下部无凸出；B 型器身较矮，盖缘下部凸出；C 型器身较高，盖缘下部无凸出；D 型器身较高，盖缘下部凸出。A 型依据器壁弧度可分为三亚型：Aa 型器壁内弧，Ab 型器壁较直，Ac 型器壁微外撇。B 型依据器形大小可分为二亚型：Ba 型器形较大，Bb 型器形较小。C 型依据器壁弧度可分为三亚型：Ca 型器壁内弧，Cb 型器壁较直，Cc 型器壁微外撇。D 型依据器形大小可分为二亚型：Da 型器形较大，Db 型器形较小。

把手

各种陶质均有，以夹砂陶最多。依据形状可分为四型：A 型扁圆状，B 型长圆柱状，C 型弯弧状，D 型管状。A 型依据器形大小可分为二亚型：Aa 型器形较大，Ab 型器形较小。Ab 型依据器身有无穿孔可分为二式：Ab 型 I 式无穿孔，Ab 型 II 式有穿孔。

器底

各种陶质均有，以硬陶为主。依据底面形状可分为二型：A 型平底，B 型凹底。A 型依据底面平整程度可分为二亚型：Aa 型底面平整，Ab 型底面微内凹。

圈足

各种陶质均有，以泥质陶为主。依据足高可分为二型：A 型较矮，B 型较高。A 型依据足壁的弧度可分为二亚型：Aa 型足壁较直，Ab 型足壁微外撇。B 型依据足壁的弧度可分为二亚型：Ba 型足壁较直，Bb 型足壁微外撇。

纺轮

以泥质陶为主，见有个别夹砂陶。依据横截面形状可分为六型：A 型横截面呈半椭圆形，B 型横截面呈等腰梯形，C 型横截面近三角形，D 型横截面近椭圆形，E 型横截面呈长方形，F 型截面呈"工"字形。A 型依据厚度可分为二亚型：Aa 型较薄，Ab 型较厚。B 型依据厚度可分为二式：B 型 I 式较薄，B 型 II 式较厚。C 型根据两侧有无内凹可分为两式：C 型 I 式两侧内凹，横截面呈弧边等腰三角形；C 型 II 式两侧无内凹，横截面呈等腰三角形。

另有几种器类，包括陶拍、盅、支座、器足、器耳、盖钮、杯等，因数量较少且形态单一而未分型式。部分器形主要特征如下。

支座

器形硕大，均为圆柱体。

盅

器形极小，口径仅 4 厘米左右，底部微圜。

器足

仅 1 件。不同于夹砂陶的鼎足，质地为泥质陶，是泥质陶器底下附的乳突状足。

第二节　石（玉）器

地层中出土的石（玉）器包括石镞、锛、刀、斧、矛、钺、凿、半成品和玉管、饰件等器类，按使用功能可分为生产工具、加工工具、装饰品三大类。以镞和锛为主体。其中镞数量最多，有三角形、柳叶形、桂叶形和多棱形等多种形态。石锛次之，形态和大小均差异明显，有器形硕大的有段石锛，有截面呈扇形的弧背石锛，有常型石锛和器形极小的小型石锛（长度不足 4 厘米且厚度小于 0.5 厘米）等多种形态。

第 2、3 层共见的石（玉）器除镞和锛外，还有刀、饰件以及部分未加工成形的半成品。

相较于第 3 层，第 2 层中新见器形有石斧、矛、钻芯、凿、楔和玉管等，还出现了带有尖锐后锋的石镞和有段石锛等。

附表 4 - 1　T202③出土陶片陶系、纹饰统计表

纹饰	夹砂陶				泥质陶				着黑陶	硬陶			合计	百分比
	灰白	黄褐	黑褐	红褐	灰	黄	黑灰	黑皮		黑	灰	红褐		
素面	6	10	6	2	5	3	4	1		7	1		45	64.29
篮纹										5		1	6	8.57
交错篮纹											1		1	1.43
细篮纹											1		1	1.43
绳纹				1	1								2	2.86
弦纹	1								1		2		4	5.71
刻划纹							1						1	1.43
凸棱						1							1	1.43
网格纹										1			1	1.43
坑点纹							2						2	2.86
月牙+圆形戳印					5								5	7.14
弦纹+镂孔					1								1	1.43
合计	7	10	6	3	12	4	7	1	1	13	5	1	70	
百分比	10.00	14.29	8.57	4.29	17.14	5.71	10.00	1.43	1.43	18.57	7.14	1.43		100
	37.1				34.3				1.4	27.1				

附表 4 - 2　T204③出土陶片陶系、纹饰统计表

纹饰	夹砂陶			泥质陶		硬陶	合计	百分比
	灰	黄褐	黑褐	灰	黄	黑		
素面	2	6	2	3	12		25	92.59
篮纹						1	1	3.70
绳纹			1				1	3.70
合计	2	6	3	3	12	1	27	
百分比	7.41	22.22	11.11	11.11	44.44	3.70		100
	40.7			55.6		3.7		

附表 4 - 3　T302③出土陶片陶系、纹饰统计表

纹饰	夹砂陶						泥质陶						着黑陶	硬陶					合计	百分比
	灰白	灰褐	黄褐	黑褐	红褐	灰	灰白	黄	橙	红	黑灰	黑皮		黑	灰白	灰	黄	红褐		
素面	4	49	75	39	39	38	2	27	6	7	24	4	15	95	71	4	18	11	528	66.42
篮纹		1	14	5	7								49	40		6			122	15.35
曲折纹			1			1							4	20		1			27	3.40
细篮纹													10			1			11	1.38
弦断篮纹														1					1	0.13
拍印纹														1				1	2	0.25
绳纹		1		7	3			1					6	1		1			20	2.52
细弦纹		5	7	1	4			5			3		1	2					28	3.52
粗弦纹								1					6	4					11	1.38
刻划纹			3					1						1					5	0.63
细线刻划纹									1										1	0.13
菱格纹														6					6	0.75
凸棱				2	11	1					1					1			16	2.01
网格纹					3														3	0.38
附加堆纹					2														2	0.25
附加堆纹+绳纹						1													1	0.13
镂孔					3						3								6	0.75
云雷纹														1					1	0.13
叶脉纹								1											1	0.13
月牙形戳印纹						2													2	0.25
长方形戳印纹						1													1	0.13
合计	4	56	100	54	72	44	2	36	7	7	31	4	91	172	71	14	18	12	795	
百分比	0.50	7.04	12.58	6.79	9.06	5.53	0.25	4.53	0.88	0.88	3.90	0.50	11.45	21.64	8.93	1.76	2.26	1.51		100
			36.0						16.5				11.4			36.1				

附表4－4　T402③出土陶片陶系、纹饰统计表

纹饰	夹砂陶						泥质陶					着黑陶	硬陶				合计	百分比
	灰白	灰褐	黄褐	黑褐	红褐	灰	黄	橙	红褐	黑灰	红		黑	灰白	灰	红褐		
素面	7	35	36	20	17	42	9	6	1	7		5	34		6	4	229	61.39
篮纹		2	7									36	32	10	14		101	27.08
圆形拍印纹		2															2	0.54
绳纹		1	3	4	1										2		11	2.95
弦纹			3			4		1		1			2		1		12	3.22
细线刻划纹													1				1	0.27
凸棱												4	6				10	2.68
网格纹				1	1												2	0.54
镂孔											1						1	0.27
弦纹＋坑点										1					1		2	0.54
弦断篮纹															1		1	0.27
席纹										1							1	0.27
合计	7	40	49	25	19	46	9	7	1	10	1	45	75	10	25	4	373	
百分比	1.88	10.72	13.14	6.70	5.09	12.33	2.41	1.88	0.27	2.68	0.27	12.06	20.11	2.68	6.70	1.07		100
	37.5						19.8					12.1	30.6					

附表 4 - 5　T02③出土陶片陶系、纹饰统计表

纹饰	夹砂陶							泥质陶					着黑陶	硬陶				合计	百分比
	灰白	红	灰褐	黄褐	黑褐	红褐	灰	灰白	黄	橙	红	黑灰		黑	红褐	灰	褐		
素面	4	11	13	18	26	17	18	1	14	2	4	9	9	13	1	8	1	169	76.82
篮纹			2	1		6							13	4		1	6	33	15.00
弦断篮纹														1				1	0.45
粗绳纹													1					1	0.45
细弦纹							2					2						4	1.82
网格纹													1					1	0.45
附加堆纹														1				1	0.45
篦划纹							2						1					3	1.36
细弦纹 + 篦划纹							2							1				3	1.36
旋涡形拍印纹														1		1		2	0.91
短线戳印纹														1				1	0.45
长条形戳印纹												1						1	0.45
合计	4	11	15	19	26	23	24	1	14	2	4	12	25	22	1	10	7	220	
百分比	1.82	5.00	6.82	8.64	11.82	10.45	10.91	0.45	6.36	0.91	1.82	5.45	11.36	10.00	0.45	4.55	3.18		100
	44.5							25.9					11.4	18.2					

附表 4－6　T101②出土陶片陶系、纹饰统计表

纹饰	夹砂陶				泥质陶						着黑陶	硬陶						合计	百分比
	灰褐	黄褐	黑褐	红褐	灰白	灰	黄	橙	红	黑灰		黑	灰白	灰	褐	红褐	褚衣陶		
素面	45	121	51	138	3	59	67	16	7	30	188	175	81	25	5	109		1120	77.19
篮纹											135	42		6	7			190	13.09
曲折纹												9						9	0.62
细篮纹												3					6	9	0.62
弦断篮纹											1	1						2	0.14
绳纹		1									2							3	0.21
细弦纹	2	2	1	1							8	3		1				18	1.24
粗弦纹			2								9	7		1				19	1.31
刻划纹						1												1	0.07
附加堆纹		1		1							2	3						7	0.48
菱格纹						3						10	7		1			17	1.17
细线刻划纹											1	1						2	0.14
网格纹		1		1							4			1	1	1		9	0.62
篦划纹						2					2	1						5	0.34
回形纹						1					1	1						2	0.14
镂孔										1								2	0.14
篦划纹＋镂孔						3												3	0.21
凸棱																		1	0.07
坑点纹											1							1	0.07
席纹											2	6	4	8				20	1.38
圆形戳印纹				1		4												5	0.34
圆形＋旋涡形拍印纹													1					1	0.07
旋涡形拍印纹											3			2		1		5	0.34
合计	47	126	54	144	3	70	67	16	7	31	357	262	93	44	14	110	6	1451	
百分比	3.24	8.68	3.72	9.92	0.21	4.82	4.62	1.10	0.48	2.14	24.60	18.06	6.41	3.03	0.96	7.58	0.41		100
	25.6				13.4						24.6	36.0					0.4		

附表4-7　T102②出土陶片陶系、纹饰统计表

纹饰	夹砂陶				泥质陶			着黑陶	硬陶			合计	百分比
	灰	灰褐	黄褐	红褐	灰	黄	黑灰		黑	灰	褐		
素面	2	4	4	1	2	3	2	7	12	1		38	61.29
篮纹								5	9		2	16	25.81
曲折纹										1		1	1.61
残断篮纹								2				2	3.20
刻划纹							1					1	1.61
细线刻划纹							1					1	1.61
镂孔					1							1	1.61
圆形+月牙形戳印纹					2							2	3.23
合计	2	4	4	1	5	3	4	14	21	2	2	62	
百分比	3.23	6.45	6.45	1.61	8.06	4.84	6.45	22.58	33.87	3.23	3.23		100
	17.7				19.4			22.6	40.3				

附表 4 – 8　T202②出土陶片陶系、纹饰统计表

纹饰	夹砂陶 灰白	夹砂陶 灰褐	夹砂陶 黄褐	夹砂陶 黑褐	夹砂陶 红褐	泥质陶 灰	泥质陶 黄	泥质陶 橙	泥质陶 灰白	泥质陶 红	泥质陶 黑灰	泥质陶 黑皮	着黑陶	楮衣陶	硬陶 黑	硬陶 灰白	硬陶 灰	硬陶 褐	硬陶 红褐	合计	百分比
素面	8	25	163	30	40	5	41	7	4	12	32	8	126	1	224	29	99	33	23	910	61.90
篮纹		2	10	9									146	2	97	28	29	38	7	368	25.03
细篮纹													1				3			4	0.27
弦断篮纹													5		1			1		7	0.48
绳纹				1									2		7					10	0.68
细弦纹			1			1									4	1		2		9	0.61
粗弦纹		3			16						1		19		10		8		2	59	4.01
刻划纹					1								4		1	2		1		9	0.61
细线刻划纹													2		1		2			5	0.34
戳印坑点						1	2													3	0.20
菱格纹													1		18		2			21	1.43
凸棱			1													1				2	0.14
网格纹			1										5				3			9	0.61
附加堆纹											3		6					8		17	1.16
篦划纹						2	1				2		4							9	0.61
镂孔															5					5	0.34
月牙形戳印纹						2														2	0.14
圆形戳印纹							2													2	0.14
太阳形戳印纹											1									1	0.07
圆形戳印纹+弦纹							1													1	0.07
短线拍印纹													1		1		1		1	4	0.27
细线拍印纹													1		2					3	0.20
卷云纹													1		1					2	0.14
篾纹															1		2			3	0.20
曲折纹															1			4		5	0.34
合计	8	30	176	40	57	11	47	7	4	12	39	8	324	3	374	61	149	87	33	1470	
百分比	0.54	2.04	11.97	2.72	3.88	0.75	3.20	0.48	0.27	0.82	2.65	0.54	22.04	0.20	25.44	4.15	10.14	5.92	2.24		100
分组百分比	21.2					8.7							22.0	0.2	47.9						

附表 4 - 9　T203② 出土陶片陶系、纹饰统计表

纹饰	夹砂陶					泥质陶							着黑陶	硬陶					合计	百分比
	灰白	灰褐	黄褐	黑褐	红褐	灰白	灰	黄	橙	红	黑灰	黑皮		黑	灰白	灰	褐	红褐		
素面	5	18	124	31	16		64	15	8	1	19	1	40	148	53	78	3	48	672	59.42
篮纹		2	7	4	1		1						119	109		27	7	4	281	24.85
曲折纹													2	5			2	2	11	0.97
细篮纹				1															1	0.09
弦断篮纹														5		1			6	0.53
绳纹				3										3		1	1		8	0.71
细弦纹			1				9	1		1	1		8	25				4	50	4.42
粗弦纹					2								7	18				3	30	2.65
刻划纹				1	1							1							3	0.27
细线刻划纹													5	2		2			9	0.80
菱格纹														3		1			4	0.35
网格纹													1	2					3	0.27
篦划纹														4		2			6	0.53
坑点纹						1	1												2	0.18
席纹														1		1			2	0.18
篾纹							5									2			7	0.62
凸棱							2						2	18					22	1.95
镂孔														1		4	1		6	0.53
篦划纹+镂孔																3			3	0.27
细弦纹+镂孔											1								1	0.08
太阳形戳印纹																2			2	0.18
短线戳印纹														1					1	0.08
"X" 形戳印纹							1												1	0.08
合计	5	20	132	40	20	1	83	16	8	2	21	2	184	345	53	124	14	61	1131	
百分比	0.44	1.77	11.67	3.54	1.77	0.09	7.34	1.41	0.71	0.18	1.86	0.18	16.27	30.50	4.69	10.96	1.24	5.39		100.0

各陶系百分比：夹砂陶 19.2　泥质陶 11.8　着黑陶 16.3　硬陶 52.8

附表 4–10　T204②出土陶片陶系、纹饰统计表

纹饰	夹砂陶					泥质陶					着黑陶	硬陶					合计	百分比
	灰白	灰褐	黄褐	黑褐	红褐	灰	黄	橙	红	黑灰		黑	灰白	灰	褐	红褐		
素面	1	1	7	5	2	4	9	1	1	7	5	13	2	1	1	5	65	58.56
篮纹					1						11	13		3	4		32	28.83
交错篮纹												1					1	0.90
曲折纹													1				1	0.90
弦断篮纹											1			1			2	1.80
粗绳纹											1						1	0.90
绳纹			2	1	1												4	3.60
粗弦纹												2					2	1.80
网格纹											1						1	0.90
短线戳印＋附加堆纹					1												1	0.90
短线戳印纹												1					1	0.90
合计	1	1	9	6	5	4	9	1	1	7	19	30	3	5	5	5	111	
百分比	0.90	0.90	8.11	5.41	4.50	3.60	8.11	0.90	0.90	6.31	17.12	27.00	2.70	4.50	4.50	4.50		100
百分比	19.9					19.9					17.1	43.2						

附表 4－11　T302②出土陶片陶系、纹饰统计表

纹饰	夹砂陶				泥质陶			着黑陶	硬陶					合计	百分比
	灰褐	黄褐	黑褐	红褐	灰	黄	黑灰		黑	灰白	灰	褐	红褐		
素面	24	101	51	18	40	25	39	147	297	189	22	32	27	1012	61.33
篮纹	1		7					214	194	4	16	47	1	484	29.33
曲折纹									1					1	0.06
弦断篮纹								10		3	1		1	15	0.91
粗绳纹								1	8					9	0.55
绳纹		1	4	1				1	2					9	0.55
细弦纹								11	17	1			1	30	1.82
粗弦纹	1	1	1	12				17	2			2	1	37	2.24
刻划纹								2	1					3	0.18
细线刻划纹		1	1											2	0.12
菱格纹									3	1	1			5	0.30
凸棱								4	3	2				9	0.55
网格纹	2	2	1					1	1					7	0.42
篦划纹								2						2	0.12
短线拍印纹									2					2	0.12

续附表 4－11

纹饰	夹砂陶				泥质陶			着黑黑陶	硬陶					合计	百分比
	灰褐	黄褐	黑褐	红褐	灰	黄	黑灰	黑	黑	灰白	灰	褐	红褐		
附加堆纹								5	1					6	0.36
附加堆纹+网格纹								1						1	0.06
附加堆纹+戳印细线纹									1					1	0.06
附加堆纹+篮纹								2						2	0.12
拍印细线纹	1								2			1	1	5	0.30
席纹											1		2	3	0.18
卷云纹											1			1	0.06
云雷纹									2					2	0.12
旋涡形拍印纹											1			1	0.06
"X"形戳印+坑点纹					1									1	0.06
合计	31	105	64	32	41	25	39	418	535	200	44	82	34	1650	
百分比	1.88	6.36	3.88	1.94	2.48	1.52	2.36	25.33	32.42	12.12	2.67	4.97	2.06		100
	14.1				6.4			25.3	54.2						

附表4-12　T303②出土陶片陶系、纹饰统计表

纹饰	夹砂陶							泥质陶				着黑陶	硬陶						合计	百分比
	灰白	灰褐	黄褐	黑褐	红褐	灰	黄	橙	红	黑灰	黑皮		黑	灰白	灰	黄	褐	红褐		
素面	9	42	144	39	22	49	6	14	14	12	2	102	156	1	22	1	42	4	681	58.56
篮纹			2	1	2					1		189	77		31	1	22		326	28.03
交错篮纹			1									1			1				3	0.26
弦断篮纹												1			2				3	0.26
曲折纹													1						1	0.09
绳纹			3	1	2								2						8	0.69
细弦纹			2	1	1	2			1	1		5	5		1		1		20	1.72
粗弦纹					1	6	2	2	1	3		20	23		3				61	5.25
刻划纹												5	4						9	0.77
细线刻划纹												2	1						3	0.25
菱格纹													8						8	0.69
篦纹													1		2				3	0.26
凸棱							3					1							4	0.34
网格纹			1		1							8	1						11	0.95
附加堆纹												11	1				2		14	1.20
席纹												1							1	0.09
镂孔												2							2	0.17
篦划纹+镂孔						2				1									3	0.26
粗绳纹										1									1	0.09
短线戳印纹																		1	1	0.09
合计	9	42	153	42	29	59	11	16	16	19	2	348	280	1	62	2	67	5	1163	
百分比	0.77	3.61	13.16	3.61	2.49	5.07	0.95	1.38	1.38	1.63	0.17	29.92	24.08	0.09	5.33	0.17	5.76	0.43		100
	23.6							10.6				29.9	35.9							

附表 4 – 13　T304②出土陶片陶系、纹饰统计表

纹饰	夹砂陶				泥质陶				着黑陶	硬陶					合计	百分比
	灰褐	黄褐	黑褐	红褐	灰	黄	红	黑灰	着黑陶	黑	灰白	灰	褐	红褐	合计	百分比
素面	12	68	13	4	6	25	6	130	68	94	2	58	18	8	512	68.72
篮纹		23		1					64	22	1	33	5		149	20.00
弦断篮纹									9						9	1.21
曲折纹									1	1		1			3	0.40
绳印纹		3	2	1				3	1						10	1.34
粗弦纹		1		1					17	4		1	1	2	27	3.62
细弦纹		2		1	1		1	1	1	1		1	1		10	1.34
刻划纹									1					1	2	0.27
菱格纹									1	7					8	1.07
凸棱										1					1	0.13
网格纹									3						3	0.40
附加堆纹										1					1	0.13
篾纹									1						1	0.13
席纹										2					2	0.27
长方形戳印细线纹										1					1	0.13
粗绳纹									1	2	1				4	0.54
凸棱 + 短线戳印纹									2						2	0.27
合计	12	97	15	8	7	25	7	134	170	136	4	94	25	11	745	
百分比	1.61	13.02	2.01	1.07	0.94	3.36	0.94	17.99	22.82	18.26	0.54	12.62	3.36	1.48		100
	17.7				23.2				22.8	36.2						

附表4-14　T402②出土陶片陶系、纹饰统计表

纹饰	夹砂陶					泥质陶					着黑陶	硬陶					合计	百分比
	灰白	灰褐	黄褐	黑褐	红褐	灰	黄	红	黑灰	黑皮	着黑陶	黑	灰白	灰	褐	红褐		
素面	1	1	19	10	12	4	18	9	10	1	91	91	60	47	29	26	428	59.44
篮纹			1								115	67	2	7	14	6	213	29.58
交错篮纹												1					1	0.14
曲折纹											1	6		1			8	1.11
绳纹			2								2	1					5	0.69
细弦纹											23					1	24	3.33
粗弦纹				1		2						1		1			6	0.83
刻划纹								1									1	0.14
菱格纹											1	8					9	1.25
网格纹					2						2	2					6	0.83
附加堆纹											6	6		1	1		14	1.94
附加堆纹+戳印纹												1					1	0.14
镂孔												1					1	0.14
圆形纹												1					1	0.14
细线拍印纹												1					1	0.14
蔑纹								1									1	0.14
合计	1	1	22	11	14	6	18	12	10	1	241	187	62	57	44	33	720	
百分比	0.14	0.14	3.06	1.53	1.94	0.83	2.50	1.67	1.39	0.14	33.47	25.97	8.61	7.92	6.11	4.58		100

（分类百分比：夹砂陶 6.8　泥质陶 6.5　着黑陶 33.5　硬陶 53.2）

附表 4 – 15　T01②出土陶片陶系、纹饰统计表

纹饰	夹砂陶					泥质陶					着黑陶	硬陶				合计	百分比
	灰白	灰褐	黄褐	黑褐	红褐	灰	黄	橙	红	黑灰		黑	灰	褐	红褐		
素面	7	8	62	21	17	13	51	1	3	22	63	30	6	15	1	320	61.78
篮纹		3	3								54	8	34	12		115	22.20
交错篮纹				1									1			2	0.39
弦断篮纹											1					1	0.19
曲折纹			1			1	2				5	1	1			11	2.12
绳纹		3	1	3	2	1	2									12	2.32
粗绳纹			1			1							1		1	4	0.77
细弦纹			1	1			1					1	1			5	0.97
粗弦纹		1	1		1		2				6	2	1		1	15	2.90
刻划纹		1	1				2				3	1	1			9	1.74
卷云纹												1				1	0.19
菱格纹											1		1			2	0.39
篦纹													2			2	0.39
席纹												1				1	0.19
网格纹					1						3					4	0.77
附加堆纹 + 绳纹					1											1	0.19
月牙形戳印纹										1						1	0.19
坑点形戳印纹		1								1						2	0.39
旋涡形拍印纹		2								1						3	0.58
细线拍印纹											2					2	0.39
凸棱											1	1	1	1		4	0.77
镂孔							1									1	0.19
合计	7	18	69	26	22	15	59	1	3	25	139	50	54	28	2	518	
百分比	1.35	3.47	13.32	5.02	4.25	2.90	11.39	0.19	0.58	4.83	26.83	9.65	10.42	5.41	0.39		100
	27.4					19.9					26.8	25.9					

附表 4 – 16　T02②出土陶片陶系、纹饰统计表

纹饰	夹砂陶				泥质陶					着黑陶	硬陶		合计	百分比
	灰褐	黄褐	黑褐	红褐	灰	黄	黑皮	红	黑灰	着黑陶	黑	灰	合计	百分比
素面	23	13	17	1	16	11	1	2	2	10	30	11	137	77.40
篮纹	1									3		24	28	15.82
交错篮纹		1											1	0.56
镂孔 + 刻划					1								1	0.56
绳纹			1										1	0.56
粗弦纹		2									2		4	2.26
细弦纹			2		2								4	2.26
附加堆纹	1												1	0.56
合计	25	16	20	1	19	11	1	2	2	13	32	35	177	
百分比	14.12	9.04	11.30	0.56	10.73	6.21	0.56	1.13	1.13	7.34	18.08	19.77		100
	35.0				19.8					7.3	37.9			

第五章　第3层出土遗物

第一节　陶器

鼎

（1）口领部标本

54 件。

A 型　11 件。

Aa 型　8 件。

T302③：114，夹砂灰褐陶。敞口，圆唇，斜折沿。口径 17.6、残高 2.2 厘米。（图 5-1：1）

T402③：43，夹砂黄褐陶。敞口，圆唇，斜折沿。口径 18.8、残高 4.9 厘米。（图 5-1：2）

Ab 型　3 件。

T302③：119，夹砂黄褐陶。敞口，圆唇，斜折沿。口径 19.8、残高 3.4 厘米。（图 5-1：3）

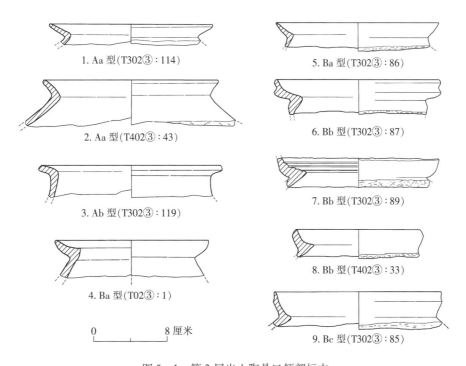

1. Aa 型（T302③：114）

2. Aa 型（T402③：43）

3. Ab 型（T302③：119）

4. Ba 型（T02③：1）

0　　　　　　8 厘米

5. Ba 型（T302③：86）

6. Bb 型（T302③：87）

7. Bb 型（T302③：89）

8. Bb 型（T402③：33）

9. Bc 型（T302③：85）

图 5-1　第 3 层出土陶鼎口领部标本

B 型　43 件。

Ba 型　35 件。

T02③：1，夹砂黄褐陶。圆唇，盘口较浅，上腹部外斜。口径 16.6、残高 4 厘米。（图 5－1：4）

T302③：86，夹砂黄褐陶。尖圆唇，深盘口，上腹部外斜。口径 18、残高 3 厘米。（图 5－1：5）

Bb 型　6 件。

T302③：87，夹砂黄褐陶。尖圆唇，深盘口。口径 18.2、残高 3.7 厘米。（图 5－1：6）

T302③：89，夹砂黄褐陶。唇部残，浅盘口折沿。残存沿面饰四周弦纹。口径 17.9、残高 3.1 厘米。（图 5－1：7）

T402③：33，夹砂黄褐陶。尖圆唇。盘口较深。口径 13.8、残高 3.1 厘米。（图 5－1：8）

Bc 型　2 件。

T302③：85，夹砂黄褐陶。尖圆唇，盘口较深。口径 18.4、残高 3.6 厘米。（图 5－1：9）

（2）足部标本

65 件。

A 型　62 件。

Aa 型　2 件。

T02③：11，夹砂红褐陶。宽 3、高 7.7 厘米。（图 5－2：1）

Ab 型　57 件。

T202③：1，夹砂黄褐陶。上饰有漫漶不清的斜向篮纹。宽 5.4、残高 10.6 厘米。（图 5－2：2）

T302③：95，夹砂黄褐陶。宽 5.9、残高 7.5 厘米。（图 5－2：3）

T302③：122，夹砂红褐陶。正面饰叶脉纹。宽 3.2、残高 6.3 厘米。（图 5－2：4）

Ac 型　3 件。

T302③：115，夹砂灰褐陶。宽 6.6、残高 7.6 厘米。（图 5－2：7）

B 型　1 件。

Ba 型　1 件。

T302③：93，夹砂红褐陶。正面饰六条竖向刻划纹。宽 4.1、残高 5.3 厘米。（图 5－2：6）

C 型　1 件。

T402③：31，夹砂黄褐陶。截面呈方形。长约 3.2、宽约 2.6、残高 4.5 厘米。（图 5－2：8）

D 型　1 件。

T302③：118，夹砂黄褐陶。仅存上半部。直径约 4.8、残高 6.4 厘米。（图 5－2：5）

釜

口领（连肩）部标本 42 件。

A 型　11 件。

Aa 型　11 件。

T302③：127，夹砂黄褐陶。圆唇，卷沿。口径 18、残高 3.8 厘米。（图 5－3：1）

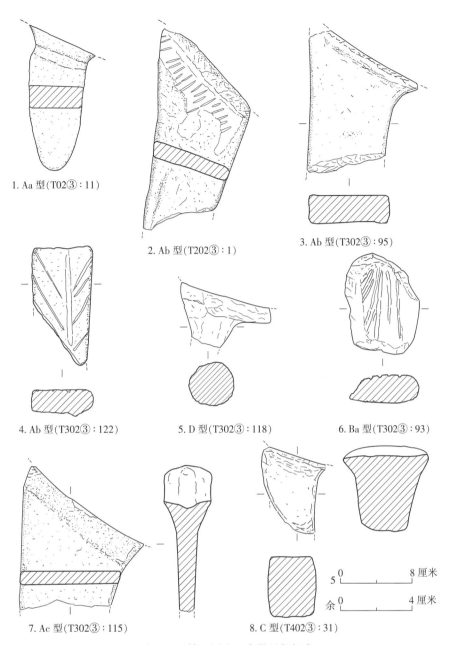

1. Aa 型(T02③：11)

2. Ab 型(T202③：1)

3. Ab 型(T302③：95)

4. Ab 型(T302③：122)

5. D 型(T302③：118)

6. Ba 型(T302③：93)

7. Ac 型(T302③：115)

8. C 型(T402③：31)

图 5 - 2　第 3 层出土陶鼎足部标本

B 型　12 件。

B 型Ⅰ式　12 件。

T302③：102，夹砂黄褐陶。圆唇，卷沿、高领。领部内侧饰三周凹弦纹。口径 16.6、残高 3.4 厘米。(图 5 - 3：2)

C 型　9 件。

T302③：101，夹砂黄褐陶。圆唇，卷沿、高领，弧肩。领部饰两周凹弦纹。口径 17.6、残高 6.8 厘米。(图 5 - 3：3)

T02③：4，夹砂灰褐陶。圆唇，斜折沿。口径 16、残高 6 厘米。(图 5 - 3：4)

D 型　6 件。

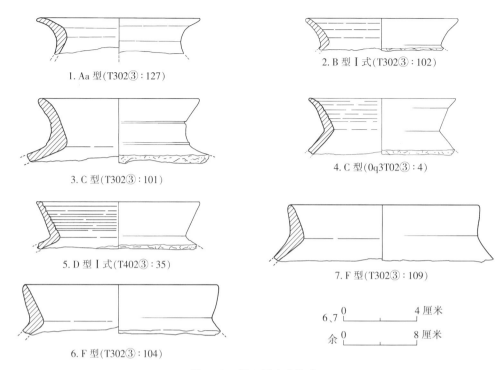

1. Aa 型(T302③：127)

2. B 型Ⅰ式(T302③：102)

3. C 型(T302③：101)

4. C 型(0q3T02③：4)

5. D 型Ⅰ式(T402③：35)

7. F 型(T302③：109)

6. F 型(T302③：104)

6、7　0————4厘米

余　0————8厘米

图 5 - 3　第 3 层出土陶釜

D 型Ⅰ式　6 件。

T402③：35，夹砂黄褐陶。平唇，斜折沿。沿面内侧饰数周凹弦纹。口径 18、残高 5 厘米。（图 5 - 3：5）

F 型　4 件。

T302③：104，夹砂黄褐陶。圆唇，斜折沿，溜肩。口径 10.7、残高 2.4 厘米。（图 5 - 3：6）

T302③：109，夹砂黄褐陶。圆唇，斜折沿，溜肩。口径 10.4、残高 3 厘米。（图 5 - 3：7）

着黑/硬陶罐

口领（连肩）部标本 3 件。

B 型　1 件。

Bb 型　1 件。

T302③：96，着黑陶。圆唇，沿面斜平，短颈，斜肩。肩上部饰竖向篮纹，下部饰横向篮纹。口径 17.6、残高 3.8 厘米。（图 5 - 4：1）

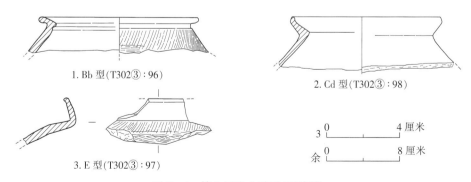

1. Bb 型(T302③：96)

2. Cd 型(T302③：98)

3. E 型(T302③：97)

3　0————4厘米

余　0————8厘米

图 5 - 4　第 3 层出土着黑/硬陶罐

C 型　1 件。

Cd 型　1 件。

T302③：98，着黑陶。尖圆唇，斜折沿，斜肩。口径 16.2、残高 6 厘米。（图 5 - 4：2）

E 型　1 件。

T302③：97，着黑陶。平唇，斜折沿，广肩。肩上部饰斜线拍印纹，下部饰横向篮纹。残高 2.4 厘米。（图 5 - 4：3）

泥质陶罐

口领部标本 5 件。

A 型　4 件。

T302③：105，泥质黄陶。口径 21.4、残高 4 厘米。（图 5 - 5：1）

D 型　1 件。

T302③：106，泥质黄陶。口内侧极为平整。口径 22.7、残高 3.8 厘米。（图 5 - 5：2）

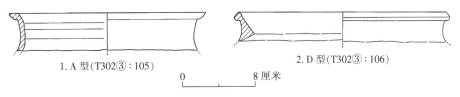

1. A 型（T302③：105）　　　　　2. D 型（T302③：106）

0　　　　　8 厘米

图 5 - 5　第 3 层出土泥质陶罐

瓮

口领（连肩）部标本 16 件。

A 型　1 件。

T02③：13，硬陶，黑色。口沿已残，鼓肩。肩部饰竖向绳纹。残高 6.3 厘米。（图 5 - 6：1）

B 型　2 件。

B 型 I 式　2 件。

T02③：3，夹砂黑褐陶。圆唇，平沿，直领。口径约 27.6、残高 5 厘米。（图 5 - 6：2）

D 型　8 件。

Da 型　2 件。

T02③：2，夹砂黄褐陶。圆唇，平沿，斜直领，斜肩。残高 7.8 厘米。（图 5 - 6：3）

Db 型　6 件。

T302③：128，夹砂黄褐陶。平唇，斜直领。唇面上饰两周凹弦纹，领部饰竖向绳纹。残高 4.6 厘米。（图 5 - 6：4）

E 型　4 件。

Eb 型　2 件。

T204③：2，夹砂黑褐陶。尖唇，宽沿。残高 3.8 厘米。（图 5 - 6：5）

Ec 型　2 件。

T302③：94，硬陶，黄色。圆唇，宽沿。口径约 32、残高 8 厘米。（图 5 - 6：6）

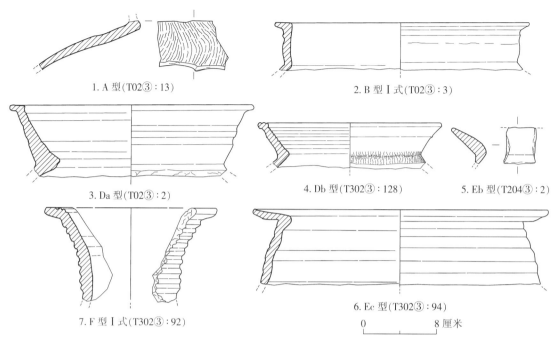

1. A 型(T02③:13)

2. B 型 I 式(T02③:3)

3. Da 型(T02③:2)

4. Db 型(T302③:128)

5. Eb 型(T204③:2)

7. F 型 I 式(T302③:92)

6. Ec 型(T302③:94)

0   8 厘米

图 5-6　第 3 层出土陶瓷

F 型　1 件。

F 型 I 式　1 件。

T302③:92，夹砂红褐陶。圆唇，平沿，高弧领。沿部及领部饰数周弦纹。口径约 18.8、残高 10 厘米。（图 5-6:7）

壶

口领（连肩）部标本 15 件。

A 型　8 件。

Aa 型　3 件。

T402③:32，着黑陶。尖圆唇，沿面斜平微内凹。口沿上有一周圆点形穿孔，领部有四周凹弦纹。口径约 9.5、残高 2.9 厘米。（图 5-7:1）

T402③:36，硬陶，黑色。尖圆唇，沿面微内凹，高弧领。口径约 29.6、残高 1.8 厘米。（图 5-7:2）

Ab 型　5 件。

T402③:34，着黑陶。圆唇，外翻沿，沿面微内凹，高弧领。领部饰数周弦纹。口径约 31.8、残高 6.8 厘米。（图 5-7:3）

B 型　2 件。

B 型 I 式　2 件。

T02③:7，硬陶，黑色。圆唇。口径 10.4、残高 4.4 厘米。（图 5-7:4）

T02③:8，着黑陶。圆唇。残高 2.9 厘米。（图 5-7:5）

D 型　4 件。

Da 型　2 件。

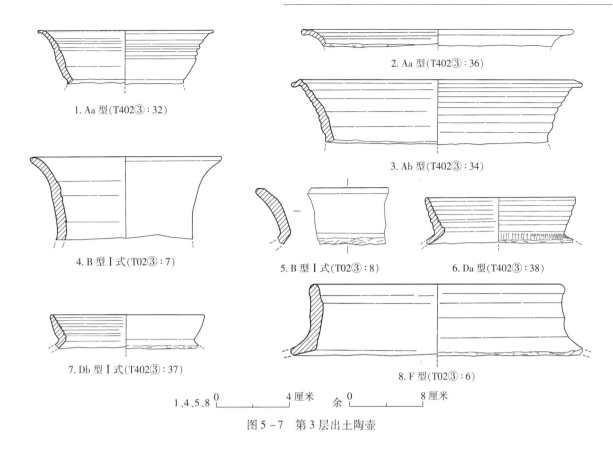

1. Aa 型(T402③:32)

2. Aa 型(T402③:36)

3. Ab 型(T402③:34)

4. B 型 I 式(T02③:7)

5. B 型 I 式(T02③:8)

6. Da 型(T402③:38)

7. Db 型 I 式(T402③:37)

8. F 型(T02③:6)

1、4、5、8 ┠─────┨ 4 厘米　　余 ┠─────┨ 8 厘米

图 5 - 7　第 3 层出土陶壶

T402③:38，着黑陶。圆唇。口沿外饰三周凸弦纹，内壁饰数周凹弦纹，肩部饰篮纹。口径 16.6、残高 4.8 厘米。（图 5 - 7:6）

Db 型 I 式　2 件。

T402③:37，夹砂黄褐陶。圆唇。内壁饰数道弦纹。口径 16.8、残高 3.6 厘米。（图 5 - 7:7）

F 型　1 件。

T02③:6，着黑陶。圆唇，内斜沿。口径 14、残高 3.8 厘米。（图 5 - 7:8）

盆

口领（连腹）部标本 5 件。

A 型　3 件。

T402③:45，硬陶，黑色。侈口，尖圆唇，窄沿，深腹，腹较直。口沿上有三周凹槽，腹部饰拍印成组的短线纹。口径约 12.2、残高 2.8 厘米。（图 5 - 8:1）

B 型　1 件。

T302③:121，夹砂黄褐陶。敞口，尖圆唇，平折沿。沿下有一周戳印附加堆纹。残高 2 厘米。（图 5 - 8:2）

C 型　1 件。

C 型 I 式　1 件。

T02③:10，硬陶，黑色。敞口，圆唇，弧领较矮，折肩。唇部及折肩处饰数道短线戳印纹。残高 1.7 厘米。（图 5 - 8:3）

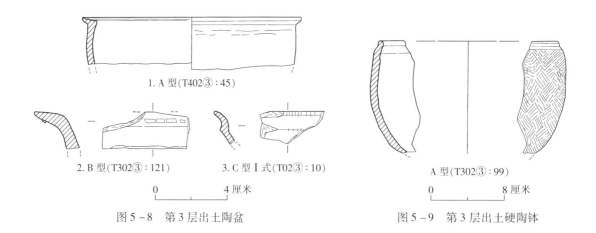

1. A 型（T402③：45）

2. B 型（T302③：121）　　　3. C 型 I 式（T02③：10）

0　　　　　　4 厘米

图 5 - 8　第 3 层出土陶盆

A 型（T302③：99）

0　　　　　　8 厘米

图 5 - 9　第 3 层出土硬陶钵

硬陶钵

A 型　1 件。

T302③：99，硬陶，黑色。圆唇，内斜沿较窄，深腹，腹圆弧，底已残。口沿上饰两周凹弦纹，腹部饰菱格纹。口径约 19.4、残高 11.8 厘米。（图 5 - 9）

豆

（1）豆盘

17 件。

A 型　9 件。

T302③：116，泥质灰白陶。侈口，尖圆唇。折棱以上部分较短且竖直，以下部分转折斜直收。口径约 18.2、残高 2.2 厘米。（图 5 - 10：1）

B 型　8 件。

Ba 型　4 件。

T302③：129，泥质黑灰陶。敞口，尖唇。折棱以上部分较长，以下部分转折斜直收。残高 2.8 厘米。（图 5 - 10：2）

Bb 型　4 件。

T302③：117，泥质黑灰陶。敞口，尖圆唇。折棱以上部分较长，以下部分转折斜弧收。折棱下饰数周凹弦纹。残高 3 厘米。（图 5 - 10：3）

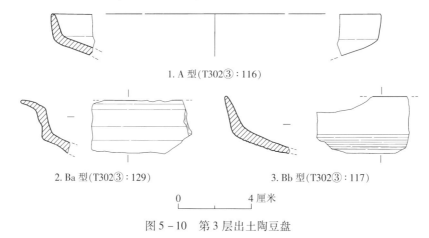

1. A 型（T302③：116）

2. Ba 型（T302③：129）　　　3. Bb 型（T302③：117）

0　　　　　　4 厘米

图 5 - 10　第 3 层出土陶豆盘

（2）豆柄

15 件。

A 型　11 件。

T02③：12，泥质灰陶。上窄下宽。直径约 6.2、残高 11.6 厘米。（图 5-11：1）

B 型　4 件。

T402③：44，泥质灰陶。上接豆盘，盘已残。柄部上端饰三周凹弦纹，残存一圆形镂孔。直径约 18.8、残高 5.5 厘米，孔径 1 厘米。（图 5-11：2）

支座

7 件。

T302③：79，夹砂红褐陶。呈圆柱状，上宽下窄，整体较细。直径约 6、底径 5.2、残高 9.1 厘米。（图 5-12）

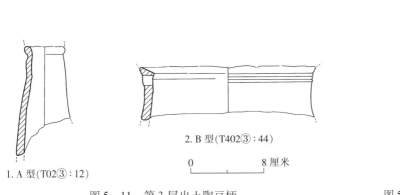

2. B 型（T402③：44）

0　　　　　　　8 厘米

1. A 型（T02③：12）

图 5-11　第 3 层出土陶豆柄

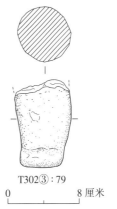

T302③：79

0　　　　　8 厘米

图 5-12　第 3 层出土陶支座

纺轮

5 件。

A 型　3 件。

Aa 型　1 件。

T302③：18，泥质黄陶。顶部圆弧，底部平整。直径 3.6、孔径 0.6、厚 1 厘米。（图 5-13：1；彩版七○：1）

Ab 型　2 件。

T302③：22，泥质黑灰陶。顶部圆弧，底部平整。底面戳印数个小坑点，并围绕穿孔处刻划一周五条 "C" 形曲线纹，似组成一朵花卉。直径 4.4、孔径 0.5 厘米、厚 1.9 厘米。（图 5-13：2；彩版七○：2）

T302③：90，泥质黑灰陶。顶部圆弧，底部微内凹。直径 4、孔径 0.5、厚 1.5 厘米。（图 5-13：3；彩版七○：3）

B 型　1 件。

B 型 I 式　1 件。

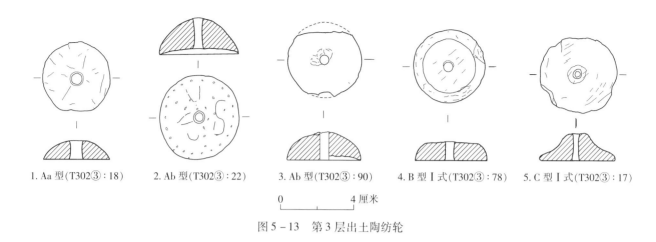

1. Aa 型(T302③:18)　2. Ab 型(T302③:22)　3. Ab 型(T302③:90)　4. B 型 I 式(T302③:78)　5. C 型 I 式(T302③:17)

0　　　　　4厘米

图 5-13　第 3 层出土陶纺轮

T302③:78，泥质黄陶。顶部平整，底部平整。直径 3.9、孔径 0.5、厚 1 厘米。（图 5-13:4；彩版七〇:4）

C 型　1 件。

C 型 I 式　1 件。

T302③:17，泥质黄陶。顶部呈面状，较粗糙，底部平整，两侧呈坡面内凹。直径 4.1、孔径0.3、厚 1.4 厘米。（图 5-13:5；彩版七〇:5）

把手

5 件。

A 型　4 件。

Aa 型　2 件。

T402③:41，夹砂黄褐陶。截面呈椭圆形，长径 9.4、短径 6.9 厘米。中间内凹，最薄处约1.3、最厚处约 3.8 厘米。（图 5-14:1）

Ab 型 I 式　2 件。

T402③:42，夹砂黄褐陶。截面呈椭圆形，长径 7.4、短径 4.9 厘米。中间内凹，最薄处约1.4、最厚处约 3.7 厘米。（图 5-14:2）

B 型　1 件。

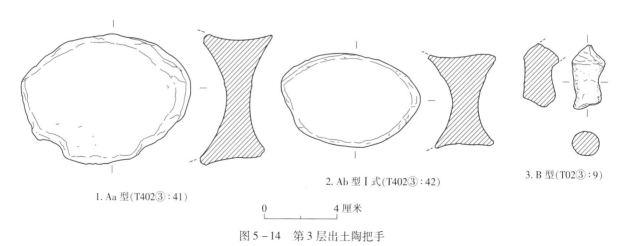

1. Aa 型(T402③:41)　2. Ab 型 I 式(T402③:42)　3. B 型(T02③:9)

0　　　　　4厘米

图 5-14　第 3 层出土陶把手

T02③：9，着黑陶。截面呈圆形。长 3.3、直径约 1.5 厘米。（图 5 – 14：3）

器盖

20 件。

A 型　9 件。

Aa 型　3 件。

T402③：39，夹砂黄褐陶。圆唇，盖缘较薄。直径约 15、残高 2.4 厘米。（图 5 – 15：1）

Ab 型　1 件。

T302③：107，夹砂黄褐陶。圆唇，盖缘较盖壁薄。残高 2.8 厘米。（图 5 – 15：2）

Ac 型　5 件。

T302③：108，夹砂黄褐陶。圆唇，盖缘较厚。直径约 23、残高 2.5 厘米。（图 5 – 15：3）

C 型　8 件。

Cb 型　3 件。

T302③：113，泥质黑灰陶。圆唇，盖缘较盖壁上部厚，形成一周明显的凸出。残高 3 厘米。（图 5 – 15：4）

Cc 型　5 件。

T302③：111，着黑陶。尖唇，唇面向内倾斜，盖缘较厚，近盖缘处有凸出，凸出部位向内 1.5 厘米处有一直径约 0.6 厘米的穿孔。残高 2.7 厘米。（图 5 – 15：6）

T402③：40，着黑陶。方唇，唇面内凹，盖缘较厚，缘面竖直。直径约 20.8、残高 2.2 厘米。

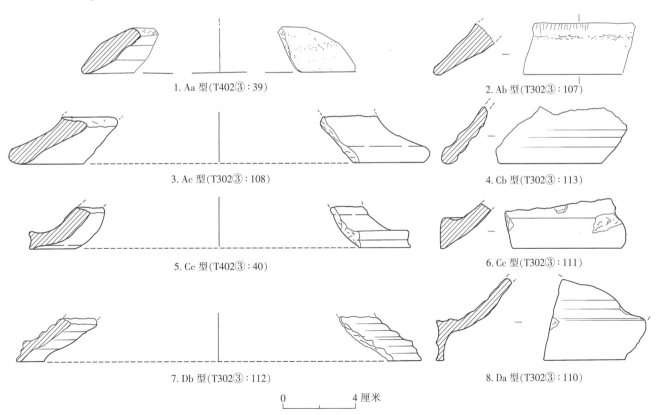

1. Aa 型（T402③：39）　　　　2. Ab 型（T302③：107）

3. Ac 型（T302③：108）　　　　4. Cb 型（T302③：113）

5. Cc 型（T402③：40）　　　　6. Cc 型（T302③：111）

7. Db 型（T302③：112）　　　　8. Da 型（T302③：110）

0　　　　4 厘米

图 5 – 15　第 3 层出土陶器盖

（图 5 - 15：5）

D 型　3 件。

Da 型　2 件。

T302③：110，硬陶，黑色。平唇，盖缘较薄，近盖缘处有凸出。盖缘下方凸出部分较竖直，外壁饰一周凸弦纹。残高 4.3 厘米。（图 5 - 15：8）

Db 型　1 件。

T302③：112，硬陶，黑色。圆唇，盖缘较薄，近盖缘处有凸出。盖缘下方凸出部分斜直，其外侧饰一周凸弦纹，器壁饰数周凹弦纹。口径约 22.2、残高 2.3 厘米。（图 5 - 15：7）

器耳

1 件。

T302③：91，泥质黑灰陶。桥形耳。高 2.1、宽 1.5、孔径 1.1 厘米。（图 5 - 16）

圈足

65 件。

A 型　47 件。足部连下腹及底。

Aa 型　47 件。

T302③：123，着黑陶。足缘圆弧，上接下腹部及圜形器底。下腹部及底面饰斜向细篮纹。足径约 11、足高 1 厘米。（图 5 - 17：1）

B 型　18 件。足部连底。

Ba 型　15 件。

T302③：125，泥质黄陶。足缘圆弧。足部与底部交界处饰三周凹弦纹。足高 3 厘米。（图 5 - 17：2）

Bb 型　3 件。

T302③：124，夹砂黄褐陶。足缘尖圆。底部见有放射状的斜线刻纹。足高 2.4 厘米。（图 5 - 17：3）

器底

A 型　14 件。

Aa 型　6 件。

T302③：91

0　　　　4厘米

图 5 - 16　第 3 层出土陶器耳

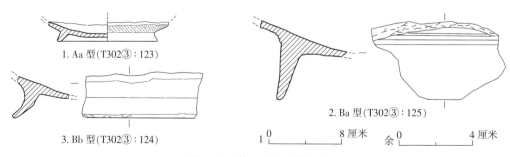

1. Aa 型（T302③：123）

2. Ba 型（T302③：125）

3. Bb 型（T302③：124）

图 5 - 17　第 3 层出土陶圈足

T302③：126，泥质黑灰陶。器壁较薄。底径约8.6、残高2.1厘米。（图5-18：1）

Ab型　8件。

T302③：120，硬陶，灰色。底径约7.3、残高1.4厘米。（图5-18：2）

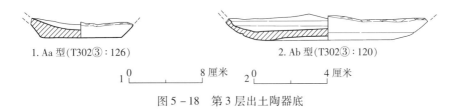

1. Aa型（T302③：126）　　　　2. Ab型（T302③：120）

图5-18　第3层出土陶器底

第二节　石（玉）器

石镞

65件。

（1）三角形石镞

3件。

T302③：37，黑色泥岩。无脊，两翼边缘打薄锐利。扁直铤，叶、铤分界明显。锋、铤皆残。残长5.1、翼宽1.9厘米。（图5-19：1；彩版七一：1）

T302③：54，青色泥岩。两翼边缘打薄锐利，底部有对称的凹槽。长3.6、翼宽1.3厘米。（图5-19：2；彩版七一：2）

T402③：27，青黑色泥岩。一面平整，一面崩片严重。长4.9、翼宽2.8厘米。（图5-19：3；彩版七一：3）

（2）柳叶形石镞

37件。

T302③：2，灰黑色凝灰岩。中间脊背隆起，两翼刃部锐利。扁直铤。锋、铤皆残。残长3.6、翼宽2厘米。（图5-20：1；彩版七一：4）

T302③：5，黑色凝灰岩。中间脊背隆起，两翼刃部锐利。扁直铤。长4.4、翼宽1.8厘米。（图5-20：2；彩版七一：5）

T302③：10，灰黄色泥岩。中间脊背隆起，两翼刃部锐利。扁直铤。一侧翼残。长5.2、翼宽

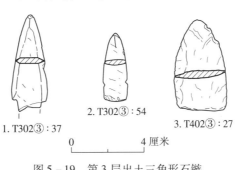

1. T302③：37　　2. T302③：54　　3. T402③：27

图5-19　第3层出土三角形石镞

1.8 厘米。（图 5 - 20：3；彩版七一：6）

T302③：12，紫红色凝灰质粉砂岩。中间脊背隆起，两翼刃部锐利。扁直铤。长 3.8、翼宽 1.5 厘米。（图 5 - 20：4；彩版七一：7）

T302③：20，青色泥岩。中间脊背隆起，两翼刃部锐利。扁直铤。铤已残。残长 5.2、翼宽 2.3 厘米。（图 5 - 20：5；彩版七一：8）

T302③：23，青色泥岩。中间脊背隆起，两翼刃部锐利。长 6.4、翼宽 2.1 厘米。（图 5 - 20：6；彩版七一：9）

T302③：24，紫红色凝灰岩。中间脊背隆起，两翼刃部锐利。扁直铤。锋已残。残长 5.6、翼宽 2 厘米。（图 5 - 20：7；彩版七二：1）

T302③：25，青色泥岩。中间脊背隆起，两翼刃部锐利。扁直铤。锋、铤皆残。残长 4.4、翼宽 2 厘米。（图 5 - 20：8；彩版七二：2）

T302③：27，黑色泥岩。中间脊背隆起，两翼刃部锐利。叶与铤之间呈直角。通长 7.1、铤长 1.9、翼残宽 2.2 厘米。（图 5 - 20：9；彩版七二：3）

T302③：28，青色泥岩。中间脊背隆起，两翼刃部锐利。扁直铤。锋已残。残长 3.4、翼宽 1.2 厘米。（图 5 - 20：10）

T302③：33，灰色泥岩。中间脊背隆起，两翼刃部锐利。扁直铤。铤已残。残长 4、翼宽 1.6 厘米。（图 5 - 20：11；彩版七二：4）

T302③：39，灰黄色泥岩。中间脊背隆起，两翼刃部锐利。扁直铤。长 4.9、翼宽 1.8 厘米。（图 5 - 20：12；彩版七二：5）

T302③：41，青色泥岩。中间脊背隆起，两翼刃部锐利。扁直铤。铤已残。残长 4、翼宽 1.8 厘米。（图 5 - 20：13；彩版七二：6）

T302③：43，灰黄色泥岩。中间脊背隆起，两翼刃部锐利。锋、铤皆残。残长 4.2、翼宽 1.6 厘米。（图 5 - 20：14；彩版七二：7）

T302③：44，紫红色凝灰质粉砂岩。中间脊背隆起，两翼刃部锐利。扁直铤。长 4.2、翼宽 1.9 厘米。（图 5 - 20：15；彩版七二：8）

T302③：45，青色泥岩。中间脊背隆起，两翼刃部锐利。叶与铤之间呈直角。锋已残。残长 6.9、铤长 1.5、翼宽 2.9 厘米。（图 5 - 20：16；彩版七二：9）

T302③：49，青色泥岩。中间脊背隆起，两翼刃部锐利。扁直铤，叶与铤之间近直角。锋已残。残长 4.9、铤长 1.6、翼宽 3 厘米。（图 5 - 20：17；彩版七三：1）

T302③：50，青色泥岩。中间脊背隆起，两翼刃部锐利。扁直铤。锋、铤皆残。残长 3.8、翼宽 2 厘米。（图 5 - 20：18；彩版七三：2）

T302③：51，青色泥岩。制作规整，两翼斜直。锋、铤皆残。残长 4.1、翼宽 2.3 厘米。（图 5 - 20：19；彩版七三：3）

T302③：52，灰色泥岩。上半部已残。残长 5.5、翼宽 3.2 厘米。（图 5 - 20：20；彩版七三：4）

T302③：53，黑色硅质泥质岩。中间脊背隆起，两翼刃部锐利。锋、铤皆残。残长 4.7、翼宽 2.2 厘米。（图 5 - 20：21；彩版七三：5）

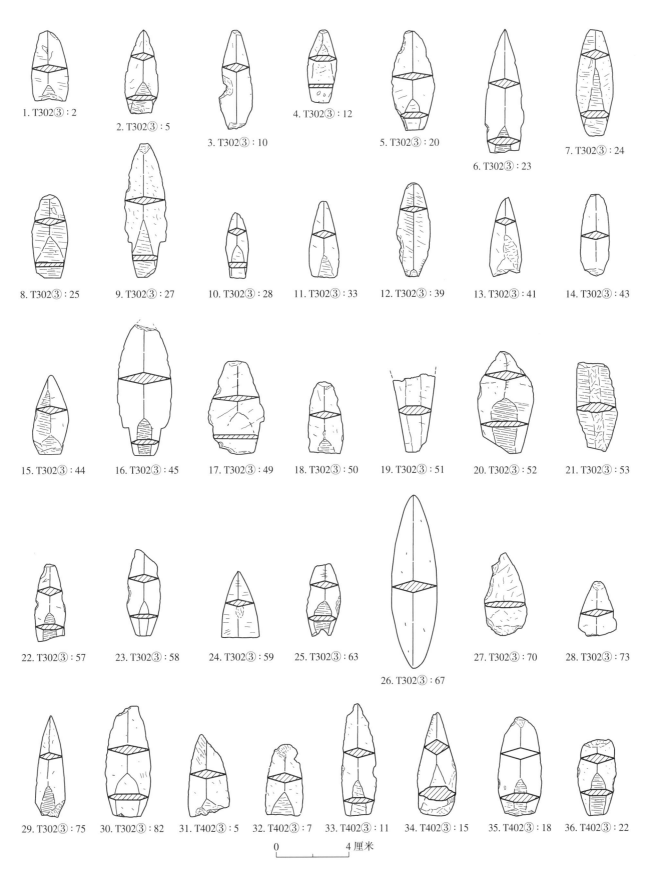

1. T302③：2
2. T302③：5
3. T302③：10
4. T302③：12
5. T302③：20
6. T302③：23
7. T302③：24
8. T302③：25
9. T302③：27
10. T302③：28
11. T302③：33
12. T302③：39
13. T302③：41
14. T302③：43
15. T302③：44
16. T302③：45
17. T302③：49
18. T302③：50
19. T302③：51
20. T302③：52
21. T302③：53
22. T302③：57
23. T302③：58
24. T302③：59
25. T302③：63
26. T302③：67
27. T302③：70
28. T302③：73
29. T302③：75
30. T302③：82
31. T402③：5
32. T402③：7
33. T402③：11
34. T402③：15
35. T402③：18
36. T402③：22

0　　　　4厘米

图 5 - 20　第 3 层出土柳叶形石镞

T302③：57，黑色凝灰质粉砂岩。中间脊背隆起，两翼刃部锐利。扁直铤。锋、铤皆残。残长4.1、翼宽1.7厘米。（图5-20：22；彩版七三：6）

T302③：58，紫红色泥岩。中间脊背隆起，两翼刃部锐利。扁直铤。锋已残。残长4.5、翼宽1.8厘米。（图5-20：23；彩版七三：7）

T302③：59，灰黄色泥岩。仅存上半部。中间脊背隆起，两翼刃部锐利。残长3.4、翼宽2厘米。（图5-20：24；彩版七三：8）

T302③：63，黑灰色凝灰质粉砂岩。中间脊背隆起，两翼刃部锐利。扁直铤。铤已残。残长3.8、翼宽1.9厘米。（图5-20：25；彩版七三：9）

T302③：67，灰白色泥岩。中间脊背隆起，两翼刃部锐利。上下较对称。长9.2、翼宽2.5厘米。（图5-20：26；彩版七四：1）

T302③：70，青色泥岩。崩残严重。残长4.4、翼宽2.3厘米。（图5-20：27；彩版七四：2）

T302③：73，青色泥岩。仅存锋部。中间脊背隆起，两翼刃部锐利。残长2.8、翼宽2厘米。（图5-20：28；彩版七四：3）

T302③：75，紫红色凝灰质粉砂岩。中间脊背隆起，两翼刃部锐利。扁直铤。铤已残。残长5.4、翼宽1.6厘米。（图5-20：29；彩版七四：4）

T302③：82，青色泥岩。中间脊背隆起，两翼刃部锐利。扁直铤。锋已残。残长5.9、翼宽2.5厘米。（图5-20：30；彩版七四：5）

T402③：5，青色泥岩。中间脊背隆起，两翼刃部锐利。锋、铤皆残。残长4.3、翼宽2.2厘米。（图5-20：31；彩版七四：6）

T402③：7，灰黑色叶蜡石化沉凝灰岩。中间脊背隆起，两翼刃部锐利。扁直铤。长3.8、翼宽2厘米。（图5-20：32；彩版七四：7）

T402③：11，灰色凝灰质粉砂岩。中间脊背隆起，两翼刃部锐利。扁直铤。长5.9、翼宽1.8厘米。（图5-20：33；彩版七四：8）

T402③：15，青灰色泥岩。中间脊背隆起，两翼刃部锐利。扁直铤。长5.4、翼宽2.2厘米。（图5-20：34；彩版七四：9）

T402③：18，青色泥岩。中间脊背隆起，两翼刃部锐利。扁直铤。长5.2、翼宽2.4厘米。（图5-20：35；彩版七五：1）

T402③：22，青色泥岩。中间脊背隆起，两翼刃部锐利。扁直铤。锋已残。残长4、翼宽2.1厘米。（图5-20：36；彩版七五：2）

（3）桂叶形石镞

17件。

T302③：1，灰色泥岩。中间脊背隆起，两翼刃部锐利。扁直铤。长4、翼宽2.1厘米。（图5-21：1；彩版七五：3）

T302③：3，紫红色凝灰岩。中间脊背隆起，两翼刃部锐利。扁直铤。长4.3、翼宽1.7厘米。（图5-21：2；彩版七五：4）

T302③：4，灰色凝灰岩。中间脊背隆起，两翼刃部锐利。扁直铤。锋已残。残长4、翼宽

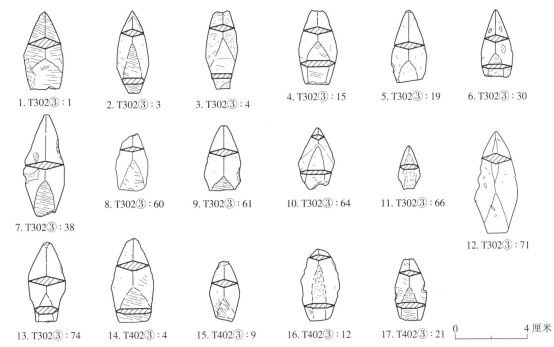

1. T302③：1　　2. T302③：3　　3. T302③：4　　4. T302③：15　　5. T302③：19　　6. T302③：30

7. T302③：38　　8. T302③：60　　9. T302③：61　　10. T302③：64　　11. T302③：66

12. T302③：71

13. T302③：74　　14. T402③：4　　15. T402③：9　　16. T402③：12　　17. T402③：21　　0　　4厘米

图5-21　第3层出土桂叶形石镞

1.7厘米。（图5-21：3；彩版七五：5）

　　T302③：15，紫红色凝灰质粉砂岩。中间脊背隆起，两翼刃部锐利。扁直铤。锋已残。长3.9、翼宽2.1厘米。（图5-21：4；彩版七五：6）

　　T302③：19，黑色凝灰质粉砂岩。中间脊背隆起，两翼刃部锐利。扁直铤。铤已残。残长3.8、翼宽1.9厘米。（图5-21：5；彩版七五：7）

　　T302③：30，黑灰色凝灰质粉砂岩。中间脊背隆起，两翼刃部锐利。扁直铤。长3.7、翼宽1.7厘米。（图5-21：6；彩版七五：8）

　　T302③：38，紫红色凝灰质粉砂岩。中间脊背隆起，两翼刃部锐利。扁直铤。铤略残。残长5.4、翼宽2.2厘米。（图5-21：7；彩版七五：9）

　　T302③：60，黑色凝灰质粉砂岩。中间脊背隆起，两翼刃部锐利。扁直铤。长3、翼宽1.8厘米。（图5-21：8；彩版七六：1）

　　T302③：61，紫红色凝灰岩。扁直铤。铤已残。残长3.4、翼宽2厘米。（图5-21：9；彩版七六：2）

　　T302③：64，青色泥岩。中间脊背隆起，两翼刃部锐利。长3.2、翼宽1.9厘米。（图5-21：10；彩版七六：3）

　　T302③：66，黑色凝灰岩。两翼刃部锐利。扁直铤。长2.3、翼宽1.2厘米。（图5-21：11；彩版七六：4）

　　T302③：71，紫红色凝灰质粉砂岩。中间脊背隆起，两翼刃部锐利。扁直铤。长5.5、翼宽2.4厘米。（图5-21：12；彩版七六：5）

　　T302③：74，青色泥岩。中间脊背隆起，两翼刃部锐利。扁直铤，叶、铤分界明显。通长4.3、铤长1.4、翼宽1.9厘米。（图5-21：13；彩版七六：6）

T402③：4，紫红色叶蜡石化沉凝灰岩。中间脊背隆起，两翼刃部锐利。长4.4、翼宽2.3厘米。（图5-21：14；彩版七六：7）

T402③：9，青色泥岩。中间脊背隆起，两翼刃部锐利。扁直铤。长3.1、翼宽1.6厘米。（图5-21：15；彩版七六：8）

T402③：12，青色泥岩。中间脊背隆起，两翼刃部锐利。扁直铤。锋已残。残长3.8、翼宽2.2厘米。（图5-21：16；彩版七六：9）

T402③：21，青色泥岩。中间脊背隆起，两翼刃部锐利。扁直铤。长3.2、翼宽1.7厘米。（图5-21：17；彩版七七：1）

（4）菱形石镞

5件。

T302③：35，灰黑色泥岩。中间脊背隆起，两翼刃部锐利。扁直铤。长4.4、翼宽2.1厘米。（图5-22：1；彩版七七：2）

T302③：47，青色泥岩。中间脊背隆起，两翼刃部锐利。长4.6、翼宽2.4厘米。（图5-22：2；彩版七七：3）

T302③：62，灰黑色凝灰质粉砂岩。中间脊背隆起，两翼刃部锐利。扁尖铤。锋已残。残长3.5、翼宽1.7厘米。（图5-22：3；彩版七七：4）

T402③：1，青色泥岩。形制规整，器身侧面为平面。扁尖铤，叶、铤分界明显。略崩残。通体磨光。长4.4、翼宽1.4厘米。（图5-22：4；彩版七七：5）

T402③：24，青色泥岩。中间脊背隆起，两翼刃部锐利。扁尖铤。长3、翼宽1厘米。（图5-22：5；彩版七七：6）

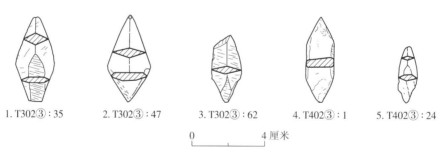

1. T302③：35　　2. T302③：47　　3. T302③：62　　4. T402③：1　　5. T402③：24

0 —————— 4厘米

图5-22 第3层出土菱形石镞

（5）多棱形石镞

3件。

T302③：26，黑色硅质泥质岩。扁体四棱状，刃部锐利。叶与铤之间呈钝角。长4.9、翼宽1.3厘米。（图5-23：1；彩版七七：7）

T302③：48，青色泥岩。三棱状，刃部锐利。叶与铤之间呈钝角。通体磨光。长4.6、翼宽0.9厘米。（图5-23：2；彩版七七：8）

T402③：8，黑色泥岩。四棱形，刃部锐利。通体磨光，锋、铤皆残。残长4.3、翼宽1.6厘米。（图5-23：3；彩版七七：9）

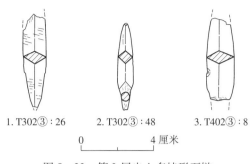

1. T302③：26   2. T302③：48   3. T402③：8

0   4 厘米

图 5 - 23　第 3 层出土多棱形石镞

石锛

20 件。

（1）弧背石锛

4 件。截面呈扇形。

T302③：13，灰白色钙泥质硅质岩。长条形。弧刃有崩残，偏锋。顶部斜弧，两侧呈坡状，与正面分界不明显。背部磨光。长 11.9、宽 3.9、厚 2 厘米。（图 5 - 24：1；彩版七八：1）

T302③：29，土黄色泥质硅质岩，质地较软。近方形。直刃，偏锋。长 4.9、宽 4.3、厚 1.9 厘米。（图 5 - 24：2；彩版七八：2）

T302③：34，灰白色泥质硅质岩。近方形。刃较直，偏锋。顶部斜平，两侧呈斜面，与正面有明显的分界线。背部磨光。长 6.2、宽 5、厚 1.6 厘米。（图 5 - 24：3；彩版七八：3）

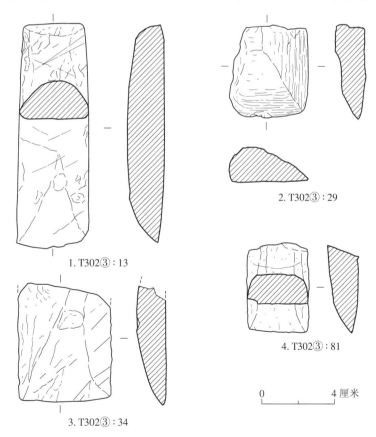

1. T302③：13

2. T302③：29

3. T302③：34

4. T302③：81

0   4 厘米

图 5 - 24　第 3 层出土弧背石锛

T302③：81，青黑色泥质硅质岩。长方形。直刃，偏锋。顶部为斜面，两侧呈坡状。长4.7、宽3.4、厚1.6厘米。（图5-24：4；彩版七八：4）

（2）常型石锛

9件。

T302③：21，灰黄色泥质硅质岩。梯形。斜刃，偏锋。顶部平整，两侧平整。正面起刃。长4.6、底宽2.2、顶宽0.8、厚1厘米。（图5-25：1；彩版七九：1）

T302③：65，黄白色泥质硅质岩。长方形。直刃，偏锋。长5、宽2.4、厚1.1厘米。（图5-25：2；彩版七八：5）

T302③：76，青色细砂岩。梯形。弧刃，偏锋。顶部及两侧呈平面。正面起刃。长4.4、刃宽5.7、厚1.7厘米。（图5-25：3；彩版七九：2）

T302③：77，灰白色泥质硅质岩。长条形。直刃，正锋。顶部及一侧呈平面。长9.4、宽3.5、厚1.6厘米。（图5-25：4；彩版七八：6）

T302③：80，灰白色泥质硅质岩，质地较软。梯形。弧刃，偏锋。顶部平整，两侧圆弧。正面起刃。长4.7、宽2.4、厚1.1厘米。（图5-25：5；彩版七九：3）

T402③：6，灰色细砂粉砂岩。梯形。弧刃有崩残，正锋。顶部圆弧。整体加工粗糙。长6、宽3.6、厚1.9厘米。（图5-25：6；彩版七九：4）

T402③：16，灰黄色粉砂质硅质岩。长方形。直刃，正锋。顶部及两侧为平面。两面起刃，刃缘呈长方形。长6.8、宽3.6、厚1.8厘米。（图5-25：7；彩版七九：5）

（3）小型石锛

7件。均通体磨光。

T302③：11，灰黑色泥质粉砂岩。近方形。直背，斜刃有崩残，正锋。顶部平整，两侧崩残严重。长4、宽2.9、厚0.6厘米。（图5-26：1；彩版八〇：1）

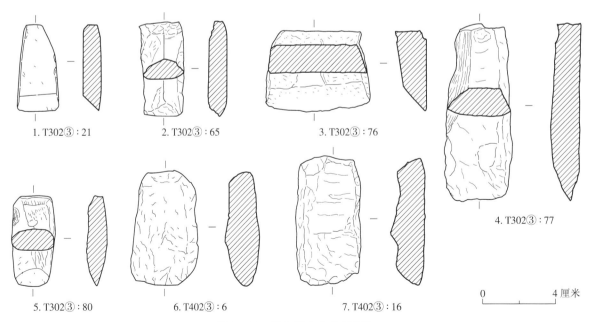

1. T302③：21   2. T302③：65   3. T302③：76
4. T302③：77
5. T302③：80   6. T402③：6   7. T402③：16

0   4厘米

图5-25　第3层出土常型石锛

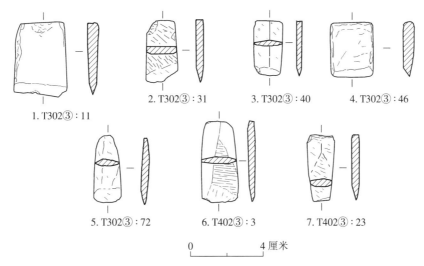

1. T302③：11

2. T302③：31   3. T302③：40   4. T302③：46

5. T302③：72   6. T402③：3   7. T402③：23

0 ————— 4 厘米

图 5 - 26　第 3 层出土小型石锛

　　T302③：31，青色泥岩。长方形。直背，直刃，刃部残缺较严重，正锋。顶部及两侧平整。长 3.3、宽 1.7、厚 0.4 厘米。（图 5 - 26：2；彩版八〇：2）

　　T302③：40，灰色凝灰质粉砂岩。长方形。直背，直刃，正锋。顶部及两侧磨平。长 2.9、宽 1.6、厚 0.3 厘米。（图 5 - 26：3；彩版八〇：3）

　　T302③：46，灰白色泥质硅质岩。质地较软。方形。直背，直刃，正锋。顶部及两侧平整。长 2.9、宽 2.4、厚 0.6 厘米。（图 5 - 26：4；彩版八〇：4）

　　T302③：72，棕灰色泥岩。质地较软。梯形。弧背，弧刃，正锋。弧顶，两侧斜直。长 3.5、刃宽 1.4、厚 0.3 厘米。（图 5 - 26：5；彩版八〇：5）

　　T402③：3，灰黑色凝灰质粉砂岩。长方形。直背，背部中间隆起，直刃有崩残，正锋。顶部平整呈小平面。两面起刃，刃缘呈三角形。系用石镞改制而成。长 4.3、宽 2、厚 0.3 厘米。（图 5 - 26：6；彩版八〇：6）

　　T402③：23，黑色泥岩。梯形。直背，刃部残，顶部及两侧呈平面。残长 3.5、宽 1.5、厚 0.4 厘米。（图 5 - 26：7；彩版八〇：7）

　　石刀

　　5 件。

　　T302③：7，土黄色闪斜煌岩，杂黑斑。平面略呈梯形。弧刃，正锋。顶部残。残长 4.4、宽 6.6、厚 0.6 厘米。（图 5 - 27：1；彩版八一：1）

　　T302③：9，土黄色粉砂质硅质岩。平面略呈梯形。直刃，正锋。顶部斜平，两侧残缺。长 3.7、宽 4.8、厚 1.7 厘米。（图 5 - 27：2；彩版八一：2）

　　T302③：69，灰黑色泥岩。平面呈梯形。弧刃，正锋。顶部及两侧呈平面，近顶部处有一直径约 0.4 厘米对钻而成的圆孔。通体磨光。长 3.6、宽 4.8、厚 0.5 厘米。（图 5 - 27：3；彩版八一：3）

　　T302③：84，黑色凝灰岩。平面呈不规则形，两面平整。一周皆残，边缘有一残断的圆形对钻穿孔。残长 6.6、宽 7.8、厚 0.9 厘米。（图 5 - 27：4；彩版八一：4）

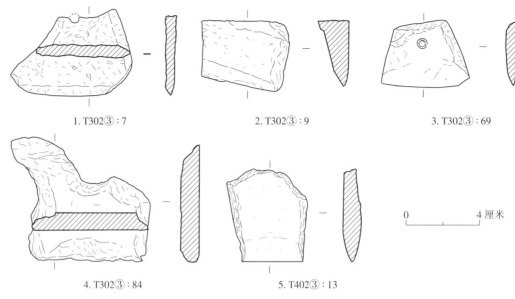

1. T302③：7　　　　　2. T302③：9　　　　　3. T302③：69

4. T302③：84　　　　　5. T402③：13

0　　　　　　　4厘米

图5-27　第3层出土石刀

　　T402③：13，青灰色斑岩，夹黑斑。平面近长方形。直刃，正锋。顶部及两侧残。通体磨光。长4.8、残宽4.4、厚1厘米。（图5-27：5；彩版八一：5）

石器残器（半成品）

14件。

　　T302③：6，青黑色泥质硅质岩。石锛半成品。平面略呈长方形。通体遍布打击疤痕。长6.8、宽2.7厘米。（图5-28：1；彩版八二：1）

　　T302③：8，灰黑色硅质岩。石镞半成品。平面呈梯形。通体遍布打击疤痕。长6.3、宽2.9厘米。（图5-28：2；彩版八二：2）

　　T302③：16，青色泥岩。石镞半成品。通体遍布打击疤痕。长5.8、宽2.5厘米。（图5-28：3；彩版八二：3）

　　T302③：32，白色泥质硅质岩，质地较软。石锛半成品。通体遍布打击疤痕。长4.6、宽2.2厘米。（图5-28：4；彩版八二：4）

　　T302③：36，青色硅质泥质岩。石镞半成品。通体遍布打击疤痕。长6.6、宽2.6厘米。（图5-28：5；彩版八二：5）

　　T302③：55，青色泥岩。石镞半成品。通体遍布打击疤痕。长4.8、宽1.9厘米。（图5-28：6；彩版八二：6）

　　T302③：56，青色泥岩。石镞半成品。通体遍布打击疤痕。长5.3、宽1.9厘米。（图5-28：7；彩版八二：7）

　　T402③：14，灰褐色凝灰质粉砂岩。石镞半成品。通体遍布打击疤痕。长7.4、宽2.2厘米。（图5-28：8；彩版八二：8）

　　T402③：19，灰色泥岩。石镞半成品。通体遍布打击疤痕。长7.2、宽2.5厘米。（图5-28：9；彩版八二：9）

　　T402③：20，黑色凝灰质粉砂岩。石镞半成品。通体遍布打击疤痕。长5.4、宽2.1厘米。

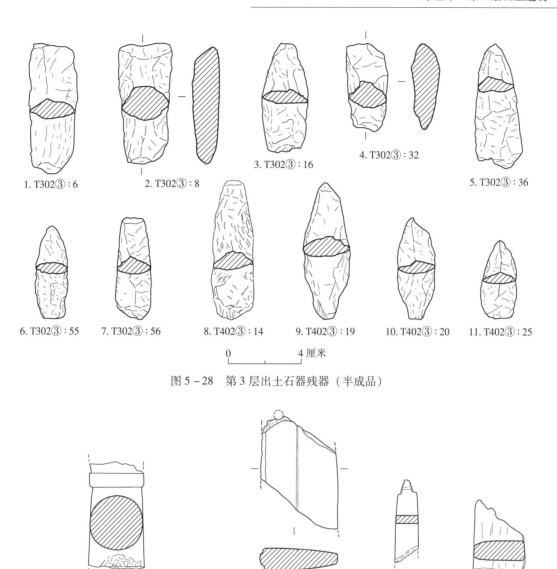

1. T302③：6　　2. T302③：8　　3. T302③：16　　4. T302③：32　　5. T302③：36

6. T302③：55　　7. T302③：56　　8. T402③：14　　9. T402③：19　　10. T402③：20　　11. T402③：25

0　　　　　4 厘米

图 5 - 28　第 3 层出土石器残器（半成品）

T402③：2

0　　　　　4 厘米

图 5 - 29　第 3 层出土玉琮芯

1. T302③：68　　2. T302③：130　　3. T402③：26

0　　　　　4 厘米

图 5 - 30　第 3 层出土玉饰件

（图 5 - 28：10；彩版八三：1）

　　T402③：25，青色粉砂质硅质岩。石镞半成品。通体遍布打击疤痕。长 4.1、宽 2 厘米。（图 5 - 28：11；彩版八三：2）

玉琮芯

1 件。

　　T402③：2，棕灰色叶蜡石。圆柱状，两端残。整体光滑，不透光。一端略粗一端略细。较细一端饰一周宽 0.7 厘米的条带。较细一端直径 2.6、较粗一端直径 3.1 厘米。（图 5 - 29；彩版八三：3）

玉饰件

3 件。

　　T302③：68，青绿色叶蜡石。扁长方形，整体光滑，不透光。左侧呈平面，有凸起，凸起部位已残，右侧圆弧。上下两端残。残存部位左上方有一对钻穿孔。正面刻划一条长直线纹。残长6、宽4.2、厚1.2厘米。（图5-30：1；彩版八三：4）

　　T302③：130，黄白色叶蜡石。扁长条形，整体光滑，略透明。顶端突出有尖角，下端残。残长4.4、宽1.2厘米。（图5-30：2；彩版八三：5）

　　T402③：26，灰黄色叶蜡石。整体光滑，不透光。一侧呈平面，一侧圆弧。残长3.8、宽2.8、厚1厘米。（图5-30：3；彩版八三：6）

附表 5-1　第 3 层出土陶器形式统计表

器类	型式		数量	总数	占比
鼎（口领）	A	Aa	—	54	31.8%
		Ab	8		
	B	Ba	35		
		Bb	6		
		Bc	2		
鼎（足）	A	Aa	2	65	/
		Ab	57		
		Ac	3		
	B	Ba	1		
	C		1		
	D		1		
釜	A	Aa	11	42	24.8%
	B		12		
	C		9		
	D		6		
	F		4		
着黑/硬陶罐	B	Bb	1	3	1.8%
	C	Cd	1		
	E		1		
泥质陶罐	A		4	5	2.9%
	D		1		
豆（豆盘）	A		9	17	10.0%
	B	Ba	4		
		Bb	4		
豆（豆柄）	A		11	15	/
	B		4		

器类	型式		数量	总数	占比
瓮	A		1	16	9.4%
	B		2		
	D	Da	2		
		Db	6		
	E	Eb	2		
		Ec	2		
	F		1		
壶	A	Aa	3	15	8.8%
		Ab	5		
	B		2		
	D	Da	2		
		Db	2		
	F		1		
盆	A		3	5	2.9%
	B		1		
	C		1		
钵	A		1	1	0.6%
支座	—		7	7	4.1%
纺轮	A	Aa	1	5	2.9%
		Ab	2		
	B		1		
	C		1		

注：1. "—" 表示未分型或分式。

2. 占比指占该层出土陶器标本总数的百分比，其中鼎足和豆柄标本未计入总数。

第六章　第2层出土遗物

第一节　陶器

鼎

（1）口领（连肩）部标本

252件。

A型　114件。

Aa型　56件。

T304②：40，夹砂黑褐陶。敞口，圆唇。口沿下部及肩部饰竖向篮纹。口径22.8、残高2.9厘米。（图6-1：1）

Ab型　58件。

T303②：100，夹砂灰褐陶。敞口，尖圆唇，斜折沿。口径16、残高2.2厘米。（图6-1：2）

T202②：114，夹砂黑褐陶。口沿残片。敞口，圆唇，斜折沿。腹部饰竖向绳纹。口径9.2、残高3.2厘米。（图6-1：3）

B型　138件。

Ba型　90件。

T203②：87，夹砂灰褐陶。尖圆唇，盘口较浅。口径约17.9、残高2.8厘米。（图6-1：4）

T303②：92，夹砂黄褐陶。圆唇，盘口较深，上腹部外斜。口径约14.5、残高4厘米。（图6-1：5）

Bb型　27件。

T203②：88，夹砂黑褐陶。尖圆唇，浅盘口。口径15、残高3.2厘米。（图6-1：6）

T203②：89，夹砂黄褐陶。圆唇，盘口较深，折棱明显。口径15.2、残高3.6厘米。（图6-1：7）

T303②：93，夹砂灰褐陶。尖圆唇，浅盘口。口径16.9、残高2.7厘米。（图6-1：8）

Bc型　21件。

T01②：11，夹砂黄褐陶。尖圆唇，深盘口。器壁粗厚。口径22.4、残高4.6厘米。（图6-1：10）

T303②：96，夹砂黑褐陶。圆唇，深盘口。器壁粗厚。口径18.4、残高4厘米。（图6-1：9）

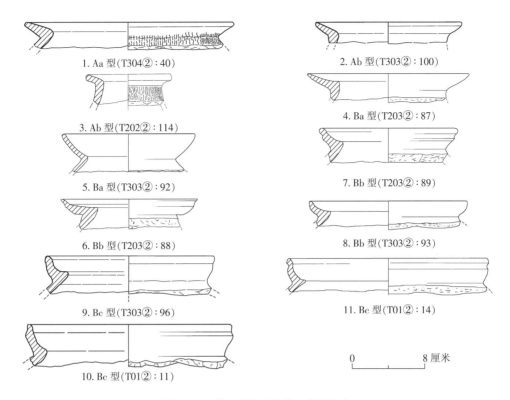

1. Aa 型 (T304②: 40)
2. Ab 型 (T303②: 100)
3. Ab 型 (T202②: 114)
4. Ba 型 (T203②: 87)
5. Ba 型 (T303②: 92)
7. Bb 型 (T203②: 89)
6. Bb 型 (T203②: 88)
8. Bb 型 (T303②: 93)
9. Bc 型 (T303②: 96)
11. Bc 型 (T01②: 14)
10. Bc 型 (T01②: 11)

0　　　　　8 厘米

图 6 - 1　第 2 层出土陶鼎口领部标本

T01②: 14，夹砂黄褐陶。圆唇，深盘口。口径 22、残高 3.5 厘米。（图 6 - 1: 11）

（2）足部标本

105 件。

A 型　85 件。

Ab 型　79 件。

T202②: 101，夹砂黄褐陶。正面及背面饰有三条斜向刻划纹。宽 4.8、残高 12 厘米。（图 6 - 2: 1）

Ac 型　6 件。

T202②: 99，夹砂黄褐陶。宽 7、残高 10 厘米。（图 6 - 2: 2）

B 型　3 件。

Ba 型　2 件。

T302②: 100，夹砂红褐陶。正面刻划斜直线纹。宽 5.2、残高 4.2 厘米。（图 6 - 2: 3）

Bb 型　1 件。

T203②: 99，夹砂黄褐陶。正面及背面各饰三条斜向刻划纹。宽 7.7、残高 10 厘米。（图 6 - 2: 4；彩版八四: 1）

C 型　10 件。

T01②: 15，夹砂黄褐软陶。上宽下窄，四面斜平。宽约 3.1、残高约 10.3 厘米。（图 6 - 2: 5）

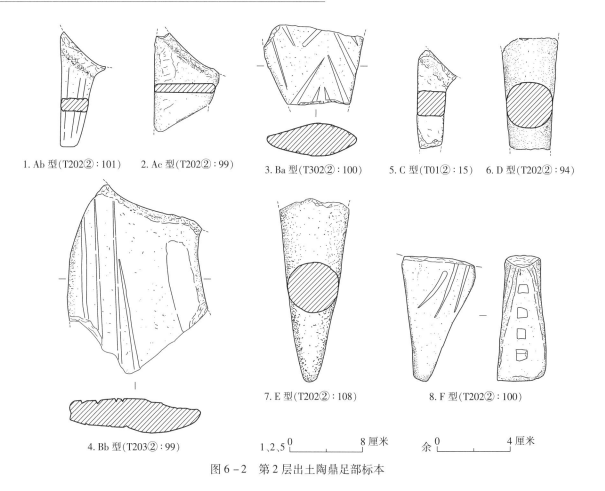

1. Ab 型(T202②：101)　　2. Ac 型(T202②：99)　　3. Ba 型(T302②：100)　　5. C 型(T01②：15)　　6. D 型(T202②：94)

7. E 型(T202②：108)　　8. F 型(T202②：100)

4. Bb 型(T203②：99)

1、2、5 |0———————8厘米|　余 |0———————4厘米|

图 6 - 2　第 2 层出土陶鼎足部标本

D 型　5 件。

T202②：94，夹砂红褐陶。上部、底部均残。直径约 3、残高 5.9 厘米。（图 6 - 2：6）

E 型　1 件。

T202②：108，夹砂灰白陶。顶部直径约 3.8、高 9.7 厘米。（图 6 - 2：7）

F 型　1 件。

T202②：100，夹砂红褐陶。两侧斜平，收于一线，整体呈楔形。正面刻划三条斜线纹，背面刻划一条斜线纹，一侧饰四个边长约 0.6 厘米的方形戳印纹。宽 4、残高 6.6 厘米。（图 6 - 2：8）

釜

口领（连肩）部标本 89 件。

A 型　29 件。

Aa 型　17 件。

T01②：10，夹砂黄褐陶。圆唇，卷沿。口径 19.2、残高 4.8 厘米。（图 6 - 3：1）

T303②：102，夹砂黄褐陶。尖圆唇，卷沿，鼓肩。口径 13.6、残高 5 厘米。（图 6 - 3：2）

Ab 型　12 件。

T303②：104，夹砂黄褐陶。圆唇，斜折沿，溜肩。口径 20、残高 5.2 厘米。（图 6 - 3：3）

B 型　28 件。

B 型Ⅰ式　15 件。

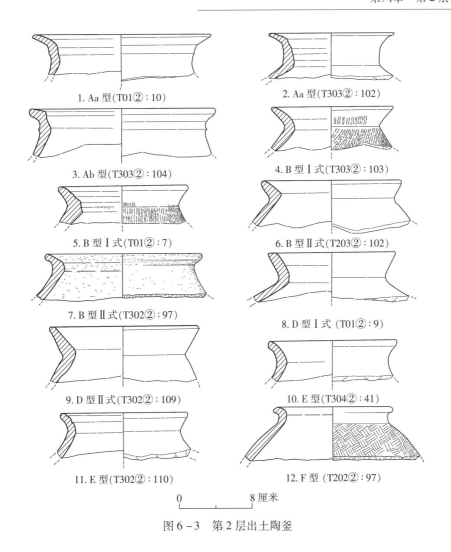

1. Aa 型 (T01②：10)　　2. Aa 型 (T303②：102)

3. Ab 型 (T303②：104)　　4. B 型 I 式 (T303②：103)

5. B 型 I 式 (T01②：7)　　6. B 型 II 式 (T203②：102)

7. B 型 II 式 (T302②：97)　　8. D 型 I 式 (T01②：9)

9. D 型 II 式 (T302②：109)　　10. E 型 (T304②：41)

11. E 型 (T302②：110)　　12. F 型 (T202②：97)

0　　　　　8 厘米

图 6 - 3　第 2 层出土陶釜

　　T303②：103，夹砂黄褐陶。圆唇，斜折沿。口径 13.3、残高 4.6 厘米。（图 6 - 3：4）

　　T01②：7，夹砂黄褐陶。圆唇，卷沿，高领，弧肩。肩部饰竖向绳纹。口径 14、残高 4 厘米。

（图 6 - 3：5）

　　B 型 II 式　13 件。

　　T203②：102，夹砂黑褐陶。圆唇，斜折沿，溜肩。口径 15.2、残高 5.6 厘米。（图 6 - 3：6）

　　T302②：97，夹砂黑褐陶。圆唇，卷沿，斜肩。口径 17.2、残高 5 厘米。（图 6 - 3：7）

　　D 型　9 件。

　　D 型 I 式　5 件。

　　T01②：9，夹砂黄褐陶。平唇，斜折沿。口径 13.6、残高 5.6 厘米。（图 6 - 3：8）

　　D 型 II 式　4 件。

　　T302②：109，夹砂黄褐陶。方唇，斜折沿。口径 16、残高 6 厘米。（图 6 - 3：9）

　　E 型　18 件。

　　T304②：41，夹砂灰褐陶。圆唇，斜折沿，溜肩。口径 14、残高 4.2 厘米。（图 6 - 3：10）

　　T302②：110，夹砂黄褐陶。圆唇，斜折沿。口沿上饰五周凹弦纹。口径 14、残高 4.8 厘米。

（图 6 - 3：11）

F 型　5 件。

T202②：97，夹砂灰褐陶。圆唇，卷沿，矮领，弧肩。肩部饰席纹。口径 13、残高 5.6 厘米。（图 6 - 3：12）

着黑/硬陶罐

口领（连肩）部标本 157 件。

A 型　30 件。

T203②：104，着黑陶。圆唇，折沿，斜肩。肩部饰交错篦划纹。口径约 14.8、残高 5 厘米。（图 6 - 4：1）

T303②：107，着黑陶。圆唇，沿面平整，溜肩。肩部饰斜向篮纹。口径约 12.1、残高 4.3 厘米。（图 6 - 4：2）

B 型　34 件。

Ba 型　5 件。

T102②：49，硬陶，黑色。圆唇。口径约 31.2、残高 3.6 厘米。（图 6 - 4：3）

T302②：96，着黑陶。圆唇，高弧领，折肩。领下部饰一周弦纹。口径约 20、残高 4.6 厘米。（图 6 - 4：4）

Bb 型　29 件。

Bb 型 Ⅰ 式　10 件。

T203②：95，硬陶，灰色。圆唇，沿面斜平，斜肩。肩部饰交错篮纹。残高 2.1 厘米。（图 6 - 4：5）

Bb 型 Ⅱ 式　19 件。

T101②：64，着黑陶。方唇，唇部微凸呈盘口状，折沿，斜肩。肩部饰横向篮纹。口径约 17.6、残高 4.4 厘米。（图 6 - 4：6）

C 型　36 件。

Ca 型　3 件。

T303②：94，着黑陶。方唇，唇面微内凹，折沿。口径约 15、残高 3 厘米。（图 6 - 4：7）

Cb 型　7 件。

T402②：39，着黑陶。圆唇，折沿，斜肩。肩部饰交错刻划纹。口径约 16.8、残高 4 厘米。（图 6 - 4：8）

Cc 型　12 件。

T303②：95，硬陶，黑色。圆唇，卷沿，沿面微内凹，短颈，斜肩。肩部饰交错细线拍印纹。口径约 18.4、残高 4 厘米。（图 6 - 4：9）

Cd 型　14 件。

T203②：106，硬陶，黑色。尖圆唇，唇下沿面外斜后内折，沿面微凹，斜肩。肩部饰竖向篮纹。口径约 15.6、残高 4.8 厘米。（图 6 - 4：10）

D 型　10 件。

T402②：42，硬陶，红色。尖圆唇，卷沿，广肩。口径约 16.4、残高 5.8 厘米。（图 6 - 4：11）

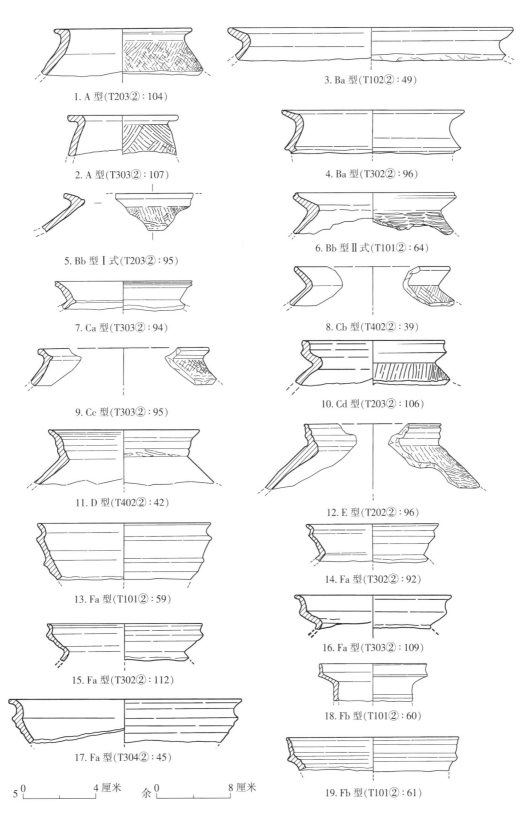

1. A 型 (T203②：104)

3. Ba 型 (T102②：49)

2. A 型 (T303②：107)

4. Ba 型 (T302②：96)

5. Bb 型 Ⅰ 式 (T203②：95)

6. Bb 型 Ⅱ 式 (T101②：64)

7. Ca 型 (T303②：94)

8. Cb 型 (T402②：39)

9. Cc 型 (T303②：95)

10. Cd 型 (T203②：106)

11. D 型 (T402②：42)

12. E 型 (T202②：96)

13. Fa 型 (T101②：59)

14. Fa 型 (T302②：92)

15. Fa 型 (T302②：112)

16. Fa 型 (T303②：109)

18. Fb 型 (T101②：60)

17. Fa 型 (T304②：45)

19. Fb 型 (T101②：61)

5　0 ⸺ 4 厘米　余　0 ⸺ 8 厘米

图 6 − 4　第 2 层出土着黑/硬陶罐

E 型　3 件。

T202②：96，硬陶，灰色。圆唇，竖直沿，斜肩。口沿外侧饰两周凸弦纹、内侧饰三周凹弦纹，肩部饰篮纹。口径约 15.2、残高 6.8 厘米。（图 6 - 4：12）。

F 型　44 件。

Fa 型　30 件。

T101②：59，硬陶，红色。侈口，圆唇，斜折沿，折肩，上腹部斜直。上腹部饰一周凸弦纹。口径 18.8、残高 6 厘米。（图 6 - 4：13）

T302②：92，硬陶，黑色。侈口，尖圆唇，斜折沿，折肩，上腹部斜收。上腹部饰一周凹弦纹。口径 14.6、残高 4 厘米。（图 6 - 4：14）

T302②：112，硬陶，黑灰色。侈口，尖圆唇，卷沿，折肩，上腹部斜收。口径 17、残高 4 厘米。（图 6 - 4：15）

T303②：109，硬陶，黑灰色。敞口，圆方唇，卷沿，弧领较高，折肩，上腹部斜收。口径 17.2、残高 3.6 厘米。（图 6 - 4：16）

T304②：45，硬陶，黑灰色。敞口，圆唇，卷沿，弧领较高，折肩，上腹部斜收。口径 25.2、残高 4.6 厘米。（图 6 - 4：17）

Fb 型　14 件。

T101②：60，硬陶，红色。圆唇，折肩，上腹部斜直，倾斜程度大，下腹部竖直。口径 11.8、残高 4 厘米。（图 6 - 4：18）

T101②：61，硬陶，灰色。圆唇，折肩处微凸，上腹部斜收，倾斜程度较大。口径 19.2、残高 3.6 厘米。（图 6 - 4：19）

泥质陶罐

口领（连肩）部标本 9 件。

A 型　3 件。

T203②：105，泥质黄陶。残高 1.5 厘米。（图 6 - 5：1）

T01②：8，泥质灰陶。沿面微内斜。口径 20、残高 5.4 厘米。（图 6 - 5：2）

B 型　1 件。

T204②：6，泥质黑陶。口径 8.4、残高 5 厘米。（图 6 - 5：3）

C 型　1 件。

T101②：68，泥质灰白陶。口径 11.2、残高 2.3 厘米。（图 6 - 5：4）

E 型　2 件。

T202②：107，泥质灰陶。沿面下凹呈盘口状。口径 19、残高 2.7 厘米。（图 6 - 5：5）

T203②：97，泥质灰陶。口径 29.8、残高 3.8 厘米。（图 6 - 5：7）

F 型　2 件。

T302②：106，泥质黄陶。残高 7.4 厘米。（图 6 - 5：6）

瓮

口领（连肩）部标本 91 件。

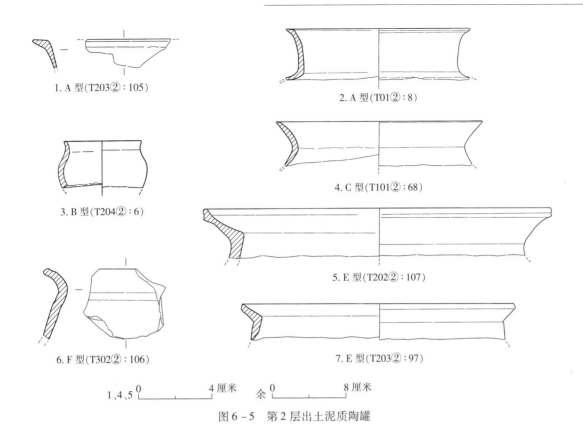

1. A 型(T203②:105)
2. A 型(T01②:8)
3. B 型(T204②:6)
4. C 型(T101②:68)
5. E 型(T202②:107)
6. F 型(T302②:106)
7. E 型(T203②:97)

1、4、5 ⊢0————4厘米⊣　余 ⊢0————8厘米⊣

图 6 - 5　第 2 层出土泥质陶罐

A 型　10 件。

T302②:98，着黑陶。口沿已残。鼓肩。口部饰斜向篮纹，肩部饰竖向篮纹。口径约 14.4、残高 6 厘米。（图 6 - 6：1）

B 型　1 件。

B 型Ⅱ式　1 件。

T01②:12，夹砂黄褐陶。圆唇，平沿，斜直领。口径约 13.7、残高 6.6 厘米。（图 6 - 6：2）

C 型　1 件。

T303②:99，硬陶，黑色。圆唇，平沿，沿面上有两周凹槽，弧领。沿领交界处有明显凸起，领部外侧饰一周凸弦纹。口径约 18.8、残高 4 厘米。（图 6 - 6：3）

D 型　30 件。

Da 型　13 件。

T302②:104，夹砂黄褐陶。圆唇，平沿，斜直领，斜肩。口径 24、残高 5.6 厘米。（图 6 - 6：4）

Db 型　17 件。

T303②:97，夹砂黑褐陶。圆唇，平沿，斜直领。口径 20、残高 3.8 厘米。（图 6 - 6：5）

E 型　39 件。

Ea 型　9 件。

T01②:6，硬陶，黑色。圆唇，宽沿。口径 24、残高 5 厘米。（图 6 - 6：6）。

Eb 型　12 件。

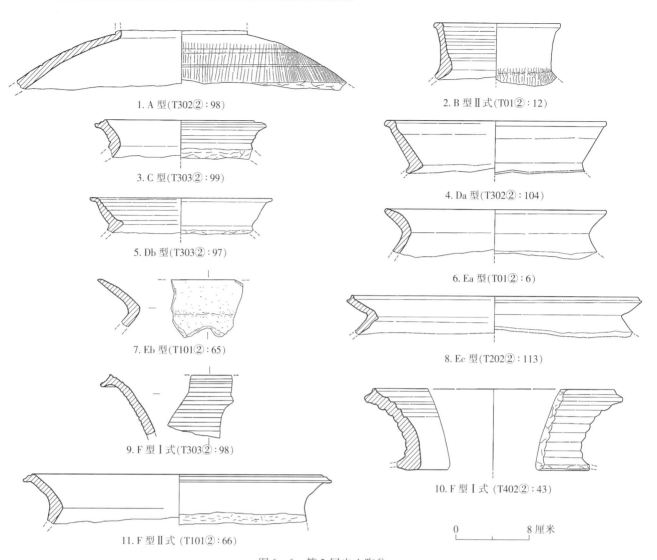

1. A 型（T302②：98）
2. B 型Ⅱ式（T01②：12）
3. C 型（T303②：99）
4. Da 型（T302②：104）
5. Db 型（T303②：97）
6. Ea 型（T01②：6）
7. Eb 型（T101②：65）
8. Ec 型（T202②：113）
9. F 型Ⅰ式（T303②：98）
10. F 型Ⅰ式（T402②：43）
11. F 型Ⅱ式（T101②：66）

0　　　　　8厘米

图 6 - 6　第 2 层出土陶瓷

T101②：65，夹砂黄褐陶。尖唇，大宽沿。残高 6 厘米。（图 6 - 6：7）

Ec 型　18 件。

T202②：113，硬陶，黑色。方唇，宽沿。唇面上有一周凹槽。口径约 31.2、残高 4 厘米。（图 6 - 6：8）

F 型　10 件。

F 型Ⅰ式　9 件。

T303②：98，硬陶，黑色。圆唇，外翻沿，弧领。沿面上有三周凹槽，沿领交界处有明显凸起。领部外侧饰数周凹弦纹，领上部内侧近口沿处饰四周凹弦纹。残高 6.6 厘米。（图 6 - 6：9）

T402②：43，硬陶，灰色。圆唇，外翻沿，弧领。沿领交界处有明显凸起，领部外侧饰数周凹弦纹。口径约 28、残高 8.6 厘米。（图 6 - 6：10）

F 型Ⅱ式　1 件。

T101②：66，硬陶，黑色。圆唇，外翻沿，沿面上有两周凹槽，弧领。残高 5.2 厘米。（图 6 - 6：11）

壶

口领（连肩）部标本 133 件。

A 型　48 件。

Aa 型　31 件。

T202②：95，硬陶，黑色。方唇。口径 16.4、残高 5.2 厘米。（图 6 - 7：1）

T203②：101，硬陶，黑色。方唇。外壁饰数周凸弦纹。口径约 26、残高 4.8 厘米。（图 6 - 7：2）

T303②：101，泥质灰陶。喇叭口，方唇，高弧领。口径 20.8、残高 3.8 厘米。（图 6 - 7：3）

Ab 型　17 件。

T303②：108，硬陶，黑色。方唇，高弧领。沿面上有两周凹槽。口径约 25.2、残高 1.8 厘米。（图 6 - 7：4）

B 型　37 件。

B 型 Ⅱ 式　37 件。

T202②：98，着黑陶。平唇。口径 17.8、残高 3.1 厘米。（图 6 - 7：5）

C 型　2 件。

T303②：106，硬陶，黑色。圆唇，卷沿，弧领。口径 9.6、残高 2.6 厘米。（图 6 - 7：6）

D 型　27 件。

Db 型 Ⅰ 式　19 件。均为夹砂陶。

T204②：7，夹砂黄褐陶。平唇。内壁饰三道弦纹，外壁无纹饰。口径 14、残高 3.2 厘米。

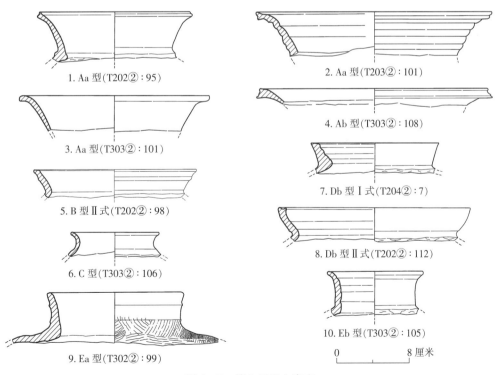

1. Aa 型（T202②：95）

2. Aa 型（T203②：101）

3. Aa 型（T303②：101）

4. Ab 型（T303②：108）

5. B 型 Ⅱ 式（T202②：98）

6. C 型（T303②：106）

7. Db 型 Ⅰ 式（T204②：7）

8. Db 型 Ⅱ 式（T202②：112）

9. Ea 型（T302②：99）

10. Eb 型（T303②：105）

0　　　　　　　8厘米

图 6 - 7　第 2 层出土陶壶

（图 6 - 7：7）

Db 型Ⅱ式　8 件。

T202②：112，硬陶，黑色。平唇。口径 21.2、残高 3.6 厘米。（图 6 - 7：8）

E 型　19 件。

Ea 型　4 件。

T302②：99，硬陶，黑色。圆唇。口沿外侧饰两周弦纹，肩上部饰竖向篮纹，其下饰横向篮纹。口径 14.8、残高 5.8 厘米。（图 6 - 7：9）

Eb 型　15 件。

T303②：105，硬陶，灰白色。圆唇，卷沿，领较直。口径 10.5、残高 4.6 厘米。（图 6 - 7：10）

盆

口领（连肩、腹）部标本 29 件。

A 型　20 件。

T202②：102，硬陶，黑色。敞口，圆唇，窄沿，短颈，深腹。口沿内侧饰三周凹弦纹，颈部饰两周弦纹，腹部饰篦划的短线曲折纹。口径约 16、残高 12.2 厘米。（图 6 - 8：1）

B 型　5 件。

T101②：69，泥质灰陶。敞口，沿较短，平唇，腹较浅。唇部戳印五个圆形坑点纹。残高 1.7 厘米。（图 6 - 8：2）

C 型　4 件。

C 型Ⅱ式　4 件。

T302②：91，硬陶，黑色。圆唇，侈口，高领，折肩，腹部倾斜程度较小。残高 4.7 厘米。（图 6 - 8：3）

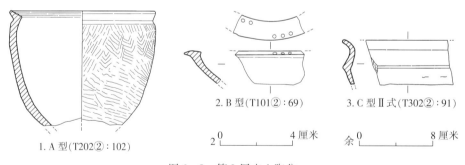

1. A 型（T202②：102）　　2. B 型（T101②：69）　　3. C 型Ⅱ式（T302②：91）

图 6 - 8　第 2 层出土陶盆

硬陶钵

口领（连肩、腹）部标本 6 件。

A 型　2 件。

T203②：91，红色。尖唇，肩部圆鼓，腹部斜弧收，平底。口径 12.6、高 7.8 厘米。（图 6 - 9：1）

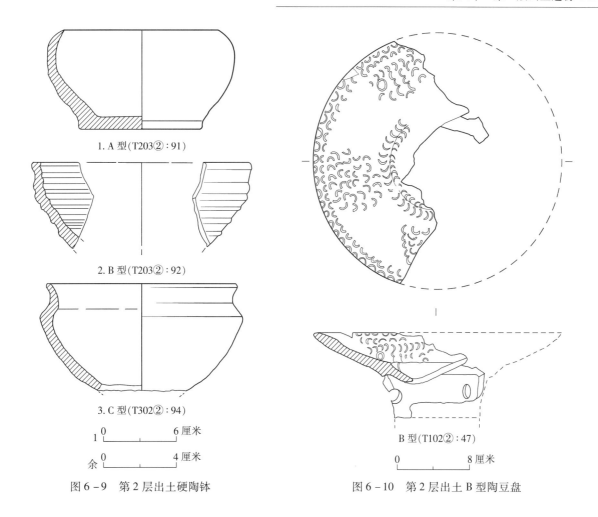

1. A 型 (T203②：91)

2. B 型 (T203②：92)

3. C 型 (T302②：94)

1　0　　　　6 厘米

余　0　　　　4 厘米

图 6-9　第 2 层出土硬陶钵

B 型 (T102②：47)

0　　　　8 厘米

图 6-10　第 2 层出土 B 型陶豆盘

B 型　1 件。

T203②：92，黑色。平唇，肩部及以上较竖直，腹部斜直。口径约 11.8、残高 4.5 厘米。（图 6-9：2）

C 型　3 件。

T302②：94，黑色。尖圆唇，短颈，折肩，腹部斜弧收。口径约 10.4、高 5.6 厘米。（图 6-9：3）

豆

（1）豆盘

45 件。

A 型　10 件。

T302②：107，泥质灰陶。侈口，尖圆唇，折棱以上部分较短且竖直、以下部分转折斜直收。残高 2.4 厘米。（图 6-11：1）

B 型　4 件。

T102②：47，泥质灰陶。圆唇，豆盘下接残损豆柄。豆盘内壁边缘饰两周月牙形纹，近豆柄处饰两周月牙形纹，间饰数组成团状分布的月牙形纹。豆柄仅残余上部约 1/4，饰两个直径约 1.5 厘米的圆形镂孔。豆盘口径约 27.2 厘米，豆柄直径约 9.2 厘米，整体残高 9 厘米。（图 6-10；彩版八四：2）

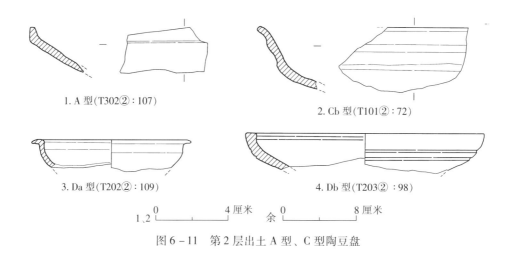

1. A 型(T302②：107)　　2. Cb 型(T101②：72)

3. Da 型(T202②：109)　　4. Db 型(T203②：98)

1、2　0 ———— 4 厘米　余 0 ———— 8 厘米

图 6-11　第 2 层出土 A 型、C 型陶豆盘

C 型　4 件。

Cb 型　4 件。

T101②：72，泥质灰陶。敞口，圆唇，折棱以上部分较长、以下部分转折斜直收。折棱以上部分饰两周凹弦纹。残高 3.4 厘米。（图 6-11：2）

D 型　27 件。

Da 型　23 件。

T202②：109，泥质黑灰陶。敞口，尖圆唇。口径 17.5、残高 3.4 厘米。（图 6-11：3）

Cb 型　4 件。

T203②：98，泥质黑灰陶。敞口，平唇，盘身圆弧。口径 26、残高 4.2 厘米。（图 6-11：4）

（2）豆柄

42 件。

A 型　20 件。

T101②：56，泥质黑灰陶。柄部上端较中部略宽，上端与中部不相通。近上端处饰一周凸棱，其下饰数周凹弦纹。上端直径约 6.2、中部直径约 4.4、残高 4.3 厘米。（图 6-12：1）

T101②：57，泥质黄陶。上接豆盘，盘已残。柄部上端较中部略宽。上端直径约 5、中部直径约 3.4、残高 5.4 厘米。（图 6-12：2）

T202②：92，泥质黄陶。下接喇叭形圈足。柄部饰四周成组的弦纹。残高 8.6 厘米。（图 6-12：3）

T203②：90，泥质灰陶。上接豆盘，盘已残。柄部饰两周弦纹。直径约 3.9、残高 6.6 厘米。（图 6-12：4）

B 型　22 件。

T102②：48，泥质黄陶。上接豆盘，盘已残。柄部上端饰篦划纹，间饰四个长径约 1.7、短径约 0.9 厘米的椭圆形镂孔。直径约 9.2、残高 3.1 厘米。（图 6-12：5）

T101②：55，泥质黑灰陶。上接豆盘，盘已残。盘与柄部交界处饰数道凹弦纹，弦纹间饰坑点纹，弦纹以下饰多个镂孔。直径约 8、残高 5.1 厘米。（图 6-12：6）

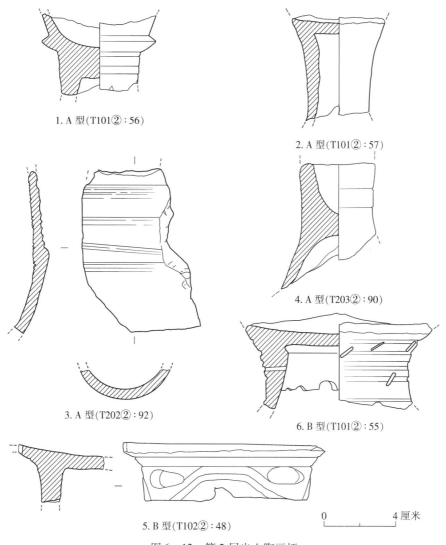

1. A 型(T101②：56)

2. A 型(T101②：57)

3. A 型(T202②：92)

4. A 型(T203②：90)

6. B 型(T101②：55)

5. B 型(T102②：48)

0　　　　　4厘米

图 6 - 12　第2层出土陶豆柄

陶拍

2 件。

T302②：102，夹砂红褐陶。平面呈长方形，两侧平整，两端已残。一面饰满交错的刻划细线纹。残长约8.5、宽约5.9、厚约2.5厘米。（图 6 - 13）

纺轮

23 件。

A 型　1 件。

Aa 型　1 件。

T202②：93，泥质灰陶。顶部圆弧，底部为平面。直径4.3、孔径0.5、厚0.9厘米。（图 6 - 14：1；彩版八五：1）

B 型　7 件。

B 型 I 式　2 件。

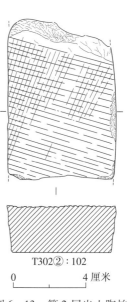

T302②：102

0　　　　　4厘米

图 6 - 13　第2层出土陶拍

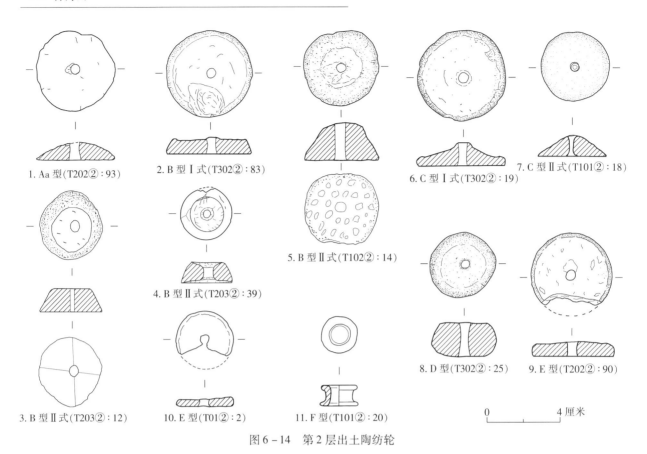

1. Aa 型(T202②∶93) 2. B 型 I 式(T302②∶83) 6. C 型 I 式(T302②∶19) 7. C 型 II 式(T101②∶18)

4. B 型 II 式(T203②∶39) 5. B 型 II 式(T102②∶14) 8. D 型(T302②∶25) 9. E 型(T202②∶90)

3. B 型 II 式(T203②∶12) 10. E 型(T01②∶2) 11. F 型(T101②∶20)

0　　　　　　4厘米

图 6 – 14　第 2 层出土陶纺轮

T302②∶83，泥质黄陶。顶部与底部均为平面。顶部直径 4、底部直径 4.6、孔径 0.6、厚 0.9 厘米。（图 6 – 14∶2；彩版八五∶2）

B 型 II 式　5 件。

T203②∶12，泥质黄陶。顶部、底部均为平面。底部有"十"字形刻划纹，顶部直径 2.3、底部直径 3.4、孔径 0.5、厚 1.1 厘米。（图 6 – 14∶3）

T203②∶39，泥质黑陶。顶部为平面，底部微凹。顶部直径 1.8、底部直径 2.8、孔径 0.4、厚 1.1 厘米。（图 6 – 14∶4；彩版八五∶3）

T102②∶14，夹砂黄陶。顶部略凸，底部为平面。顶部直径 2、底部直径 4、孔径 0.5、厚 2 厘米。（图 6 – 14∶5；彩版八五∶4）

C 型　6 件。

C 型 I 式　1 件。

T302②∶19，泥质黄陶。底部加工平整，呈平面。直径 4.8、孔径 0.6、厚 1.2 厘米。（图 6 – 14∶6；彩版八五∶5）

C 型 II 式　5 件。

T101②∶18，泥质黑灰陶。底部加工平整，呈平面。直径 3.8、孔径 0.2、厚 1.2 厘米。（图 6 – 14∶7）

D 型　2 件。

T302②∶25，夹砂黑褐陶。顶部与底部均为平面。加工粗糙。直径 3.6、孔径约 0.4、厚约

1.8 厘米。（图 6 - 14：8；彩版八五：6）

E 型　6 件。

T202②：90，泥质黑陶。顶部与底部均为平面。直径约 4.4、孔径约 0.5、厚约 0.8 厘米。（图 6 - 14：9）

T01②：2，泥质黄陶。顶部与底部均为平面。直径约 3.2、孔径约 0.5、厚约 0.4 厘米。（图 6 - 14：10；彩版八五：7）

F 型　1 件。

T101②：20，夹砂红褐陶。顶部及底部圆弧，较中间宽。中间管状部位加工近直面。直径约 1.9、孔径 0.9、高 1.1 厘米。（图 6 - 14：11；彩版八五：8）

网坠

1 件。

T402②：10，泥质黑灰陶。中间鼓两端窄，截面呈"十"字形。中间鼓出部位两侧各有一周凹槽。长 2、宽 1.2、厚 1.2 厘米。（图 6 - 15；彩版八四：3）

盅

2 件。

T101②：73，着黑陶。敛口，尖圆唇。肩微鼓，腹部斜直，平底微弧。口径约 3.8、高 3.2 厘米。（图 6 - 16：彩版八四：4）

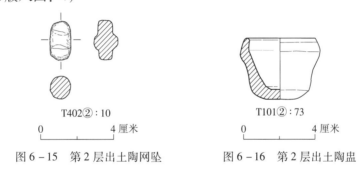

T402②：10　　　　T101②：73

0　　　　4 厘米　　　　0　　　　4 厘米

图 6 - 15　第 2 层出土陶网坠　　　图 6 - 16　第 2 层出土陶盅

杯

口沿（连肩、腹）标本 2 件。

T101②：63，硬陶，黑色。口微侈，圆唇，领外斜，上腹部微弧。领部饰一周凸弦纹。口径 11.7、残高 3.7 厘米。（图 6 - 17：1）

T304②：39，夹砂黄褐陶。口微侈，圆唇，上腹部外斜。饰有数周漫漶不清的弦纹。口径 9.2、残高 5.5 厘米。（图 6 - 17：2）

把手

10 件。

A 型　5 件。

Aa 型　4 件。

T304②：40，夹砂黄褐陶。截面呈椭圆形，长径 8.9、短径 5.3 厘米。中间内凹，最薄处约 1.3、厚处约 2 厘米。（图 6 - 18：1）

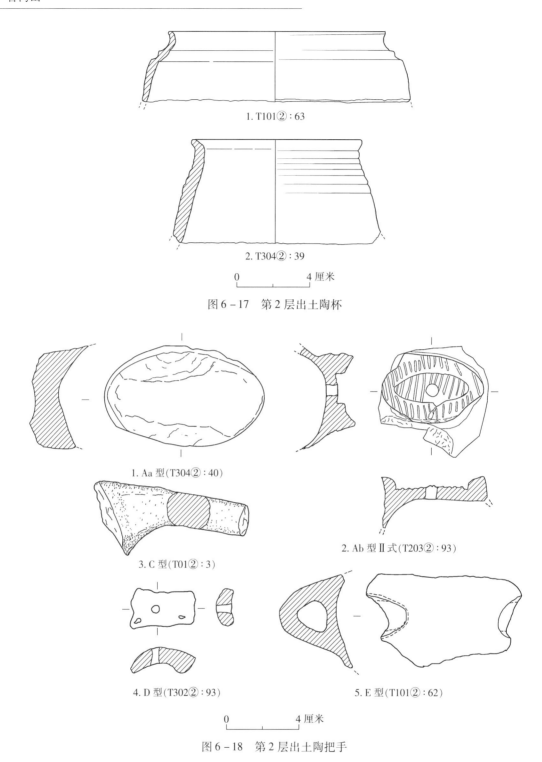

1. T101②：63

2. T304②：39

0 ——— 4 厘米

图 6 - 17　第 2 层出土陶杯

1. Aa 型（T304②：40）

2. Ab 型 Ⅱ 式（T203②：93）

3. C 型（T01②：3）

4. D 型（T302②：93）

5. E 型（T101②：62）

0 ——— 4 厘米

图 6 - 18　第 2 层出土陶把手

Ab 型 Ⅱ 式　1 件。

T203②：93，硬陶，灰白色。截面呈椭圆形，长径 5.9、短径 4.3 厘米。中间内凹，四周突出，最薄处约 0.6、最厚处约 1.8 厘米。最薄处饰一直径约 0.6 厘米的镂孔，整面饰篮纹。（图 6 - 18：2；彩版八四：5）

C 型　2 件。

T01②：3，夹砂黄褐陶。截面呈圆形。长约 8.2、直径约 1.7～2.4 厘米。（图 6 - 18：3）

D 型　1 件。

T302②：93，泥质红陶。呈弯钩状，上有一直径约 0.4 厘米的圆孔。长约 3.6、宽约 2.2 厘米。（图 6 – 18：4）

E 型　2 件。

T101②：62，夹砂黑褐陶。管状长条形，孔中间窄两侧宽。长约 8.4、宽约 4.8、孔径约 1.5 ~ 2.3 厘米。（图 6 – 18：5）

器足

1 件。

T101②：74，泥质灰白陶。乳突状，矮足跟，足底圆弧。直径 2.2、高 6 厘米。（图 6 – 19）

支座

12 件。

T202②：111，泥质黑灰陶。整体呈圆柱状，下宽上窄，整体较粗。底面平整。顶径约 9.6、底径 9.2、残高 12.4 厘米。（图 6 – 20；彩版八四：6）

圈足

98 件。

A 型　74 件。

Aa 型　71 件。

T202②：110，泥质黑灰陶。足缘圆弧，足壁上有穿孔，孔径约 0.8 厘米。足高 1 厘米。（图 6 – 21：1）

T203②：94，泥质灰陶。足缘尖圆。足高 0.7 厘米。（图 6 – 21：2）

Ab 型　3 件

T01②：4，硬陶，黑色。足缘呈平面。足径 11.8、残高 2.2 厘米。（图 6 – 21：3）

B 型　24 件。

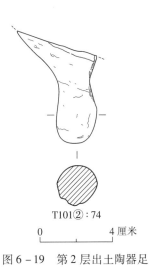

T101②：74

0　　　　4 厘米

图 6 – 19　第 2 层出土陶器足

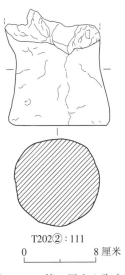

T202②：111

0　　　　8 厘米

图 6 – 20　第 2 层出土陶支座

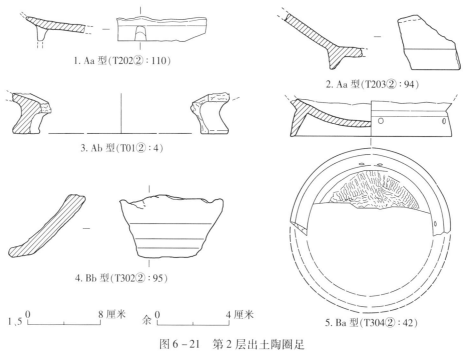

1. Aa 型(T202②：110)

2. Aa 型(T203②：94)

3. Ab 型(T01②：4)

4. Bb 型(T302②：95)

5. Ba 型(T304②：42)

1、5 ⊢0————————8厘米⊣　余 ⊢0————4厘米⊣

图 6 - 21　第 2 层出土陶圈足

Ba 型　19 件。

T304②：42，泥质黑陶。上接圜形器底，足缘圆弧，足壁饰有数个两两成组的圆孔，底部饰交错绳纹。足径 17.6、残高 3.8 厘米。（图 6 - 21：5）

Bb 型　5 件。

T302②：95，着黑陶。足缘圆弧。残高约 3.3 厘米。（图 6 - 21：4）

盖纽

1 件。

T101②：58，夹砂黄褐陶。纽唇圆弧，横截面呈半椭圆形。纽径约 8、纽窝深约 1.9 厘米。（图 6 - 22）

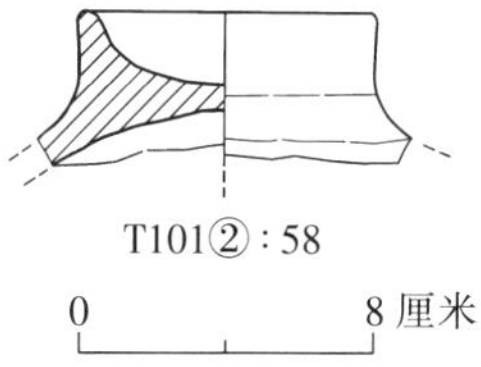

器盖

53 件。

A 型　17 件。

Aa 型　11 件。

T101②：71，夹砂红褐陶。圆唇，盖缘较薄，盖纽为矮杯口状。直径约 12.9、高 4 厘米，纽径 5.6、纽窝深 1.6 厘米。（图 6 - 23：1）

Ac 型　6 件。

T202②：103，硬陶，黑色。圆唇，盖缘较薄。直径约 18.4、残高 3.2 厘米。（图 6 - 23：2）

B 型　9 件。

Ba 型　6 件。

T202②：104，硬陶，黑色。尖圆唇，盖缘较薄。盖缘下凸出部位外侧有一周凹槽。直径约 18.4、残高 4.6 厘米。（图 6 - 23：3）

T101②：58

⊢0————8厘米⊣

图 6 - 22　第 2 层出土陶盖纽

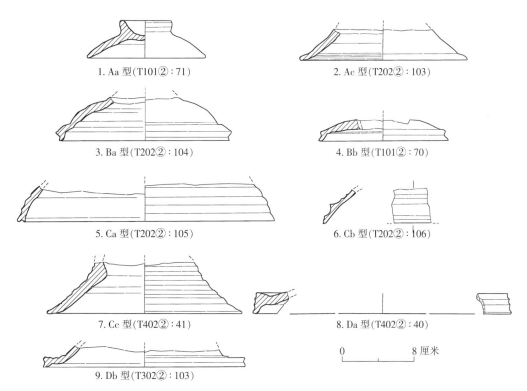

1. Aa 型(T101②：71)　　　　　　2. Ac 型(T202②：103)

3. Ba 型(T202②：104)　　　　　　4. Bb 型(T101②：70)

5. Ca 型(T202②：105)

6. Cb 型(T202②：106)

7. Cc 型(T402②：41)　　　　　　8. Da 型(T402②：40)

9. Db 型(T302②：103)

图 6 - 23　第 2 层出土陶器盖

Bb 型　3 件。

T101②：70，着黑陶。尖圆唇，盖缘较薄。盖缘下方凸出部分外侧有一周凹槽。直径约 14.3、残高 2.2 厘米。（图 6 - 23：4）

C 型　16 件。

Ca 型　8 件。

T202②：105，硬陶，黑色。平唇，盖缘较厚。直径约 27.8、残高 4 厘米。（图 6 - 23：5）

Cb 型　1 件。

T202②：106，硬陶。尖圆唇，盖壁厚度均匀。近盖缘处饰两周凸棱。残高 3.6 厘米。（图 6 - 23：6）

Cc 型　7 件。

T402②：41，硬陶，黄色。圆唇，盖缘较薄。盖外壁饰数周凹弦纹。口径 21.2、残高 5.4 厘米。（图 6 - 23：7）

D 型　11 件。

Da 型　7 件。

T402②：40，着黑陶。圆唇，盖缘较厚。盖缘与器盖上部之间有一周凹槽，盖缘下方凸出部分较竖直，外侧饰两周凸弦纹。口径约 28.4、残高 2.2 厘米。（图 6 - 23：8）

Db 型　4 件。

T302②：103，硬陶，黑色。尖圆唇，盖缘较厚。盖缘下方凸出部分竖直，外侧有一周凹槽，器壁饰数周凹弦纹。口径约 22、残高 2.2 厘米。（图 6 - 23：9）

器底

82 件。

A 型   79 件。

Aa 型   66 件。

T203②：100，硬陶，黑色。器壁粗厚。底径6.5、残高3厘米。（图6-24：1）

Ab 型   13 件。

T302②：101，硬陶，黑色。器壁粗厚。底径约12.2、残高3.2厘米。（图6-24：3）

T302②：105，夹砂黄褐陶。底径约6、残高2.9厘米。（图6-24：2）

B 型   3 件。

T01②：5，硬陶，灰色。器壁较薄。饰重叠菱格纹。底径约8、凹深约1.2、残高约1.7厘米。（图6-24：4）

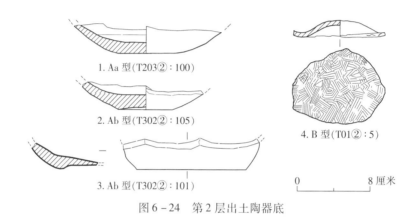

1. Aa 型（T203②：100）

2. Ab 型（T302②：105）

3. Ab 型（T302②：101）

4. B 型（T01②：5）

0   8厘米

图6-24   第2层出土陶器底

第二节   石（玉）器

石镞

322 件。分类介绍如下。

（1）三角形石镞

11 件。

T101②：51，青色泥岩。中间脊背隆起，两翼刃部锐利。扁直铤。长4.1、翼宽2.3厘米。（图6-25：1；彩版八六：1）

T202②：36，灰黄色泥岩。中间脊背隆起，两翼刃部锐利。扁尖铤，叶、铤分界明显。通长3、铤长1.1、翼宽1.4厘米。（图6-25：2；彩版八六：2）

T203②：44，灰色泥岩。中间脊背隆起，两翼刃部锐利。扁直铤。长4、翼宽2.2厘米。（图6-25：3；彩版八六：3）

T203②：71，黑色泥岩。中间脊背隆起，两翼刃部锐利。扁直铤，叶、铤分界明显，铤尾凸出并有一椭圆形凸起。翼身一面刻划有"人"字纹，铤部两面均刻划四条横向短线纹。长3.8、翼宽1.6厘米。（图6-25：4；彩版八六：4）

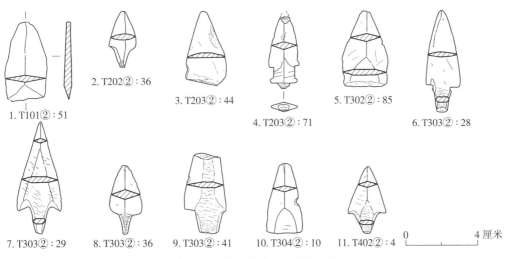

1. T101②：51　　2. T202②：36　　3. T203②：44　　4. T203②：71　　5. T302②：85　　6. T303②：28

7. T303②：29　　8. T303②：36　　9. T303②：41　　10. T304②：10　　11. T402②：4

0　　　　　　4厘米

图 6 - 25　第 2 层出土三角形石镞

T302②：85，青色泥岩。中间脊背隆起，两翼刃部锐利。扁直铤。长 4、翼宽 2.5 厘米。（图 6 - 25：5；彩版八六：5）

T303②：28，灰紫色沉凝灰岩。两翼刃部锐利。扁尖铤，叶、铤分界明显。通长 5.3、铤长 1.5、翼宽 1.8 厘米。（图 6 - 25：6；彩版八六：6）

T303②：29，浅灰紫色凝灰质粉砂岩。两翼刃部锐利。扁直铤，叶、铤分界明显，有尖锐的后锋。通长 5.9、铤长 1.4、翼宽 2.4 厘米。（图 6 - 25：7；彩版八六：7）

T303②：36，青色泥岩。两翼刃部锐利。圆锥状铤，叶、铤分界明显。通长 3.6、铤长 1.1、翼宽 1.8 厘米。（图 6 - 25：8；彩版八六：8）

T303②：41，黑灰色凝灰质粉砂岩。两翼刃部锐利。扁直铤，叶、铤分界明显。锋、铤皆残。残长 4.2、铤长 1.2、翼宽 2.2 厘米。（图 6 - 25：9；彩版八六：9）

T304②：10，青色泥岩。中间脊背隆起，两翼刃部锐利。扁直铤。长 3.7、翼宽 1.9 厘米。（图 6 - 25：10；彩版八七：1）

T402②：4，青色泥岩。两翼刃部锐利。扁尖铤，叶、铤分界明显。长 3.5、翼宽 2 厘米。（图 6 - 25：11；彩版八七：2）

（2）柳叶形石镞

170 件。

T101②：4，青色泥岩。中间脊背隆起，两翼刃部锐利。锋、铤皆残。长 4.4、翼宽 2.3 厘米。（图 6 - 26A：1；彩版八七：3）

T101②：8，黑褐色凝灰岩。两翼刃部锐利，扁直铤。锋已残。残长 3.7、翼宽 2.5 厘米。（图 6 - 26A：2；彩版八七：4）

T101②：9，青色泥岩。中间脊背隆起，两翼刃部锐利。残损严重。长 3.8、翼宽 1.7 厘米。（图 6 - 26A：3；彩版八七：5）

T101②：14，灰紫色泥岩。中间脊背隆起，两翼刃部锐利。锋、铤皆残。长 5.4、翼宽 1.8 厘米。（图 6 - 26A：4；彩版八七：6）

T101②：15，暗灰紫色凝灰岩。中间脊背隆起，两翼刃部锐利。扁直铤。铤部残损严重。残

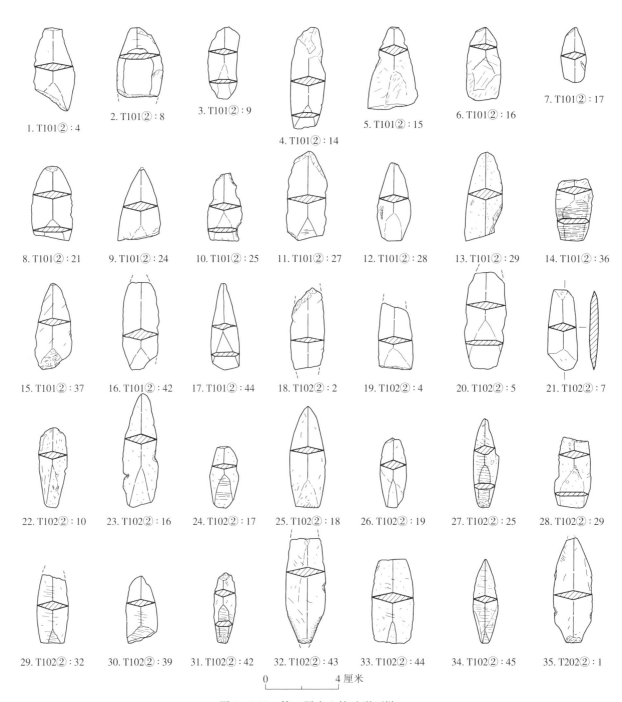

1. T101②:4　2. T101②:8　3. T101②:9　4. T101②:14　5. T101②:15　6. T101②:16　7. T101②:17

8. T101②:21　9. T101②:24　10. T101②:25　11. T101②:27　12. T101②:28　13. T101②:29　14. T101②:36

15. T101②:37　16. T101②:42　17. T101②:44　18. T102②:2　19. T102②:4　20. T102②:5　21. T102②:7

22. T102②:10　23. T102②:16　24. T102②:17　25. T102②:18　26. T102②:19　27. T102②:25　28. T102②:29

29. T102②:32　30. T102②:39　31. T102②:42　32. T102②:43　33. T102②:44　34. T102②:45　35. T202②:1

0　　　4厘米

图 6-26A　第 2 层出土柳叶形石镞

长 4.3、翼宽 2.6 厘米。（图 6-26A：5；彩版八七：7）

　　T101②：16，青色泥岩。中间脊背隆起，两翼刃部锐利。扁直铤。长 3.8、翼宽 1.8 厘米。（图 6-26A：6；彩版八七：8）

　　T101②：17，青色泥岩。中间脊背隆起，两翼刃部锐利。长 2.9、翼宽 1.4 厘米。（图 6-26A：7；彩版八八：1）

　　T101②：21，青色泥岩。中间脊背隆起，两翼刃部锐利。扁直铤。长 3.9、翼宽 2.2 厘米。（图 6-26A：8；彩版八八：2）

T101②：24，黑色凝灰岩。中间脊背隆起，两翼刃部锐利。铤部残缺。长 3.8、翼宽 2.3 厘米。（图 6－26A：9；彩版八八：3）

T101②：25，黑色凝灰质粉砂岩。中间脊背隆起，两翼刃部锐利。扁直铤。长 3.5、翼宽 2 厘米。（图 6－26A：10；彩版八八：4）

T101②：27，青色泥岩。中间脊背隆起，两翼刃部锐利。扁直铤。锋、铤皆残。残长 4.7、翼宽 2.2 厘米。（图 6－26A：11；彩版八八：5）

T101②：28，青色泥岩。中间脊背隆起，两翼刃部锐利。扁直铤。长 4.1、翼宽 1.8 厘米。（图 6－26A：12；彩版八八：6）

T101②：29，黑色凝灰岩。中间脊背隆起，两翼刃部锐利。扁直铤。长 4.7、翼宽 2 厘米。（图 6－26A：13；彩版八八：7）

T101②：36，紫红色泥岩。中间脊背隆起，两翼刃部锐利。扁直铤。锋、铤皆残。残长 3.2、翼宽 2 厘米。（图 6－26A：14；彩版八八：8）

T101②：37，青色泥岩。中间脊背隆起，两翼刃部锐利。扁直铤。长 4.5、翼宽 2 厘米。（图 6－26A：15；彩版八八：9）

T101②：42，黑色泥岩。中间脊背隆起，两翼刃部锐利。扁直铤。铤已残。残长 4.6、翼宽 2 厘米。（图 6－26A：16；彩版八九：1）

T101②：44，青色泥岩。中间脊背隆起，两翼刃部锐利。扁直铤。长 4.5、翼宽 1.6 厘米。（图 6－26A：17；彩版八九：2）

T102②：2，青色泥岩。中间脊背隆起，两翼刃部锐利。扁直铤。锋、铤皆残。残长 4.2、翼宽 1.9 厘米。（图 6－26A：18；彩版八九：3）

T102②：4，青色泥岩。中间脊背隆起，两翼刃部锐利。锋、铤皆残。残长 3.5、翼宽 1.9 厘米。（图 6－26A：19；彩版八九：4）

T102②：5，灰紫色凝灰岩。中间脊背隆起，两翼刃部锐利。锋已残。残长 5.1、翼宽 2.2 厘米。（图 6－26A：20；彩版八九：5）

T102②：7，紫红色泥岩。中间脊背隆起，两翼刃部锐利，扁直铤。锋已残。残长 4.2、翼宽 1.6 厘米。（图 6－26A：21；彩版八九：6）

T102②：10，青色泥岩。杂黑点。中间脊背隆起，两翼刃部锐利。锋、铤皆残。残长 4.2、翼宽 1.6 厘米。（图 6－26A：22；彩版八九：7）

T102②：16，灰黄色斑点角岩。中间脊背隆起，两翼刃部锐利。扁直铤。长 6、翼宽 1.9 厘米。（图 6－26A：23；彩版八九：8）

T102②：17，青色泥岩。中间脊背隆起，两翼刃部锐利。扁直铤。残长 3.2、翼宽 1.6 厘米。（图 6－26A：24；彩版八九：9）

T102②：18，灰色泥岩。中间脊背隆起，两翼刃部锐利。扁直铤。长 5.3、翼宽 2 厘米。（图 6－26A：25；彩版九〇：1）

T102②：19，青色泥岩。中间脊背隆起，两翼刃部锐利。扁直铤。锋已残。残长 3.6、翼宽 1.4 厘米。（图 6－26A：26；彩版九〇：2）

T102②：25，紫红色泥岩。中间脊背隆起，两翼刃部锐利。扁直铤。残长4.7、翼宽1.5厘米。（图6－26A：27；彩版九〇：3）

T102②：29，青色泥岩。中间脊背隆起，两翼刃部锐利。锋、铤皆残。残长3.5、翼宽2厘米。（图6－26A：28；彩版九〇：4）

T102②：32，紫红色叶蜡石化沉凝灰岩。中间脊背隆起，两翼刃部锐利。锋已残。残长3.6、翼宽1.8厘米。（图6－26A：29；彩版九〇：5）

T102②：39，青色泥岩。中间脊背隆起，两翼刃部锐利。铤已残。残长3.5、翼宽1.6厘米。（图6－26A：30；彩版九〇：6）

T102②：42，紫红色泥岩。中间脊背隆起，两翼刃部锐利。锋、铤皆残。残长3.7、翼宽1.2厘米。（图6－26A：31；彩版九〇：7）

T102②：43，青色泥岩。中间脊背隆起，两翼刃部锐利。扁尖铤。锋已残。残长5.5、翼宽2.2厘米。（图6－26A：32；彩版九〇：8）

T102②：44，紫红色粉砂质泥岩。中间脊背隆起，两翼刃部锐利。锋、铤皆残。残长4.4、翼宽2.2厘米。（图6－26A：33；彩版九〇：9）

T102②：45，青色泥岩。中间脊背隆起，两翼刃部锐利。扁直铤。长4.3、翼宽1.4厘米。（图6－26A：34；彩版九一：1）

T202②：1，灰色泥岩。中间脊背隆起，两翼刃部锐利。扁尖铤。锋、铤皆残。残长5.5、翼宽2.1厘米。（图6－26A：35；彩版九一：2）

T202②：2，紫红色凝灰岩。中间脊背隆起，两翼刃部锐利。锋、铤皆残。残长4.4、翼宽2.2厘米。（图6－26B：1；彩版九一：3）

T202②：6，青色泥岩。中间脊背隆起，两翼刃部锐利。扁直铤。铤已残。残长2.5、翼宽1.2厘米。（图6－26B：2；彩版九一：4）

T202②：8，灰黄色泥岩。中间脊背隆起，两翼刃部锐利。扁直铤。铤已残。残长3.4、翼宽1.6厘米。（图6－26B：3；彩版九一：5）

T202②：15，青色泥岩。中间脊背隆起，两翼刃部锐利。锋已残。残长2.7、翼宽1.7厘米。（图6－26B：4；彩版九一：6）

T202②：18，青色泥岩。中间脊背隆起，两翼刃部锐利，残长5、翼宽1.9厘米。（图6－26B：5；彩版九一：7）

T202②：24，青色泥岩。中间脊背隆起，两翼刃部锐利。锋、铤皆残。残长3.6、翼宽1.9厘米。（图6－26B：6；彩版九一：8）

T202②：37，灰色泥岩。中间脊背隆起，两翼刃部锐利。扁直铤。长4.5、翼宽2厘米。（图6－26B：7；彩版九一：9）

T202②：38，青色泥岩。中间脊背隆起，两翼刃部锐利。锋、铤皆残。残长4.8、翼宽2.2厘米。（图6－26B：8；彩版九二：1）

T202②：45，青色泥岩。中间脊背隆起，两翼刃部锐利。锋微残，铤残缺。残长4.7、翼宽2.2厘米。（图6－26B：9；彩版九二：2）

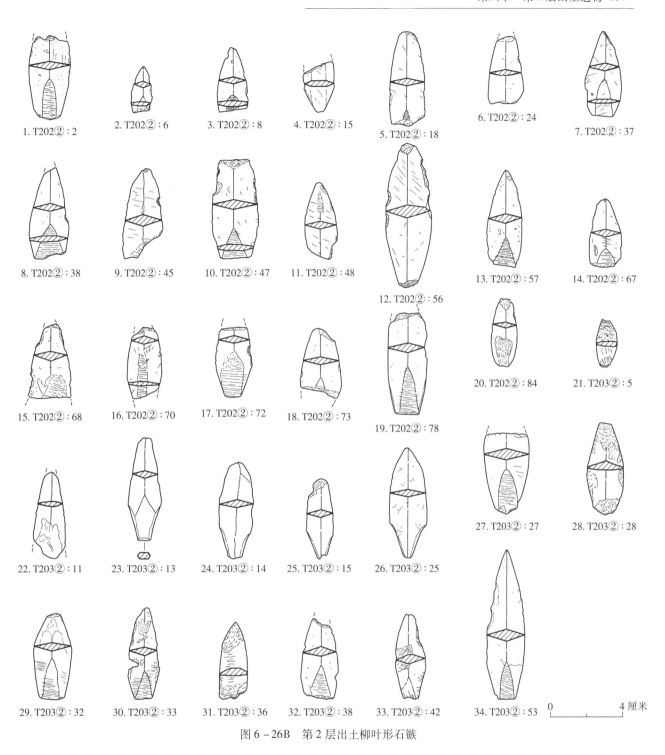

1. T202②：2　　2. T202②：6　　3. T202②：8　　4. T202②：15　　5. T202②：18　　6. T202②：24　　7. T202②：37

8. T202②：38　　9. T202②：45　　10. T202②：47　　11. T202②：48　　12. T202②：56　　13. T202②：57　　14. T202②：67

15. T202②：68　　16. T202②：70　　17. T202②：72　　18. T202②：73　　19. T202②：78　　20. T202②：84　　21. T203②：5

22. T203②：11　　23. T203②：13　　24. T203②：14　　25. T203②：15　　26. T203②：25　　27. T203②：27　　28. T203②：28

29. T203②：32　　30. T203②：33　　31. T203②：36　　32. T203②：38　　33. T203②：42　　34. T203②：53

0　　　　　　4 厘米

图 6 - 26B　第 2 层出土柳叶形石镞

　　T202②：47，青色泥岩。中间脊背隆起，两翼刃部锐利。锋已残。残长 5.2、翼宽 2.5 厘米。
（图 6 - 26B：10；彩版九二：3）

　　T202②：48，青色泥岩。中间脊背隆起，两翼刃部锐利。铤已残。残长 4.1、翼宽 1.7 厘米。
（图 6 - 26B：11；彩版九二：4）

　　T202②：56，青色泥岩。中间脊背隆起，两翼刃部锐利。扁直铤。长 7.6、翼宽 2.5 厘米。
（图 6 - 26B：12；彩版九二：5）

　　T202②：57，灰黑色凝灰岩。中间脊背隆起，两翼刃部锐利。扁直铤。铤已残。残长 5.2、翼

宽 2 厘米。（图 6 – 26B：13；彩版九二：6）

T202②：67，青黑色泥岩。中间脊背隆起，两翼刃部锐利。铤已残。残长 3.6、翼宽 1.7 厘米。（图 6 – 26B：14；彩版九二：7）

T202②：68，紫红色凝灰质粉砂岩。中间脊背隆起，两翼刃部锐利。铤已残。残长 3.9、翼宽 2.3 厘米。（图 6 – 26B：15；彩版九二：8）

T202②：70，黑色凝灰岩。中间脊背隆起，两翼刃部锐利。锋、铤皆残。残长 3.8、翼宽 1.9 厘米。（图 6 – 26B：16；彩版九二：9）

T202②：72，青色泥岩。中间脊背隆起，两翼刃部锐利，扁直铤。锋已残。残长 3.7、翼宽 1.9 厘米。（图 6 – 26B：17；彩版九三：1）

T202②：73，青色泥岩。中间脊背隆起，两翼刃部锐利，扁直铤。锋已残。残长 3.7、翼宽 2.3 厘米。（图 6 – 26B：18；彩版九三：2）

T202②：78，青色泥岩。中间脊背隆起，两翼刃部锐利。扁直铤。锋已残。残长 5.4、翼宽 2.2 厘米。（图 6 – 26B：19；彩版九三：3）

T202②：84，灰白色粉砂岩。中间脊背隆起，两翼刃部锐利。扁直铤。锋已残。残长 3.5、翼宽 1.5 厘米。（图 6 – 26B：20；彩版九三：4）

T203②：5，灰色泥岩。长 2.4、翼宽 1.1 厘米。（图 6 – 26B：21；彩版九三：5）

T203②：11，青色泥岩。中间脊背隆起，两翼刃部锐利。下端残。残长 4.5、翼宽 1.7 厘米。（图 6 – 26B：22；彩版九三：6）

T203②：13，灰色泥岩。中间脊背隆起，两翼刃部锐利。扁直铤，叶、铤分界明显。长 5.4、翼宽 1.8 厘米。（图 6 – 26B：23；彩版九三：7）

T203②：14，青色泥岩。中间脊背隆起，两翼刃部锐利。扁尖铤。锋、铤微残。残长 5.1、翼宽 1.9 厘米。（图 6 – 26B：24；彩版九三：8）

T203②：15，青色泥岩。中间脊背隆起，两翼刃部锐利。两翼有折角。长 4.3、翼宽 1.5 厘米。（图 6 – 26B：25；彩版九三：9）

T203②：25，黑灰色泥岩。中间脊背隆起，两翼刃部锐利。扁尖铤，翼、铤分界明显。长 5.8、翼宽 2 厘米。（图 6 – 26B：26；彩版九四：1）

T203②：27，青色泥岩。仅残存上半部。中间脊背隆起，两翼刃部锐利。残长 4.3、翼宽 2.5 厘米。（图 6 – 26B：27；彩版九四：2）

T203②：28，灰黄色泥质粉砂岩。中间脊背隆起，两翼刃部锐利。锋、铤及叶崩残严重。残长 4.8、翼宽 2 厘米。（图 6 – 26B：28；彩版九四：3）

T203②：32，紫红色叶蜡石化沉凝灰岩。中间脊背隆起，两翼刃部锐利。扁直铤。长 4.6、翼宽 2 厘米。（图 6 – 26B：29；彩版九四：4）

T203②：33，紫红色凝灰质粉砂岩。中间脊背隆起，两翼刃部锐利。扁直铤。锋已残。残长 4.8、翼宽 1.7 厘米。（图 6 – 26B：30；彩版九四：5）

T203②：36，灰色泥岩。一面磨平，下部残。残长 4、翼宽 1.4 厘米。（图 6 – 26B：31；彩版九四：6）

T203②：38，黑紫色凝灰质粉砂岩。中间脊背隆起，两翼刃部锐利。上下端皆残。残长 4.2、翼宽 2 厘米。（图 6 - 26B：32；彩版九四：7）

T203②：42，黄色泥岩。中间脊背隆起，两翼刃部锐利。锋已残。残长 4.4、翼宽 1.6 厘米。（图 6 - 26B：33；彩版九四：8）

T203②：53，青色泥岩。中间脊背隆起，两翼刃部锐利。扁直铤。长 7.9、翼宽 2.1 厘米。（图 6 - 26B：34；彩版九四：9）

T203②：54，黑色凝灰质粉砂岩。中间脊背隆起，两翼刃部锐利。扁直铤。长 4.9、翼宽 1.8 厘米。（图 6 - 26C：1；彩版九五：1）

T203②：57，青色泥岩。中间脊背隆起，两翼刃部锐利。扁直铤。长 5、翼宽 2 厘米。（图 6 - 26C：2；彩版九五：2）

T203②：58，青色泥岩。中间脊背隆起，两翼刃部锐利。扁直铤。上端已残。残长 4.6、翼宽 2.3 厘米。（图 6 - 26C：3；彩版九五：3）

T203②：59，灰色泥岩。中间脊背隆起，两翼刃部锐利。锋已残。残长 4.9、翼宽 2.3 厘米。（图 6 - 26C：4；彩版九五：4）

T203②：65，灰紫色凝灰岩。残损严重。长 5、翼宽 2.7 厘米。（图 6 - 26C：5；彩版九五：5）

T203②：68，灰色泥岩。中间脊背隆起，两翼刃部锐利。扁直铤。长 5、翼宽 1.5 厘米。（图 6 - 26C：6；彩版九五：6）

T203②：69，灰黑色泥岩。中间脊背隆起，两翼刃部锐利。长扁直铤。锋已残。长 8.3、翼宽 2.5 厘米。（图 6 - 26C：7；彩版九五：7）

T203②：70，灰色泥岩。中间脊背隆起，两翼刃部锐利。扁直铤。锋已残。长 5.7、翼宽 1.7 厘米。（图 6 - 26C：8；彩版九五：8）

T203②：73，青色泥岩。中间脊背隆起，两翼刃部锐利。扁直铤。长 4.5、翼宽 2.2 厘米。（图 6 - 26C：9；彩版九五：9）

T203②：77，青色泥岩。中间脊背隆起，两翼刃部锐利。锋已残。残长 4.4、翼宽 2.4 厘米。（图 6 - 26C：10；彩版九六：1）

T203②：80，灰白色泥岩。侧边隆起，两翼刃部锐利。长 4.7、翼宽 1.6 厘米。（图 6 - 26C：11；彩版九六：2）

T203②：82，青色泥岩。中间脊背隆起，两翼刃部锐利。长 5.3、翼宽 1.5 厘米。（图 6 - 26C：12；彩版九六：3）

T203②：83，青色泥岩。中间脊背隆起，两翼刃部锐利。扁直铤。崩残严重。长 4.6、翼宽 1.9 厘米。（图 6 - 26C：13；彩版九六：4）

T203②：86，青色泥岩。中间脊背隆起，两翼刃部锐利。扁直铤。下端残损严重。残长 5.9、翼宽 2.7 厘米。（图 6 - 26C：14；彩版九六：5）

T302②：1，灰黑色斑点角岩。中间脊背隆起，两翼刃部锐利。扁尖铤，叶、铤分界明显。锋已残。残长 5.9、翼宽 2.6 厘米。（图 6 - 26C：15；彩版九六：6）

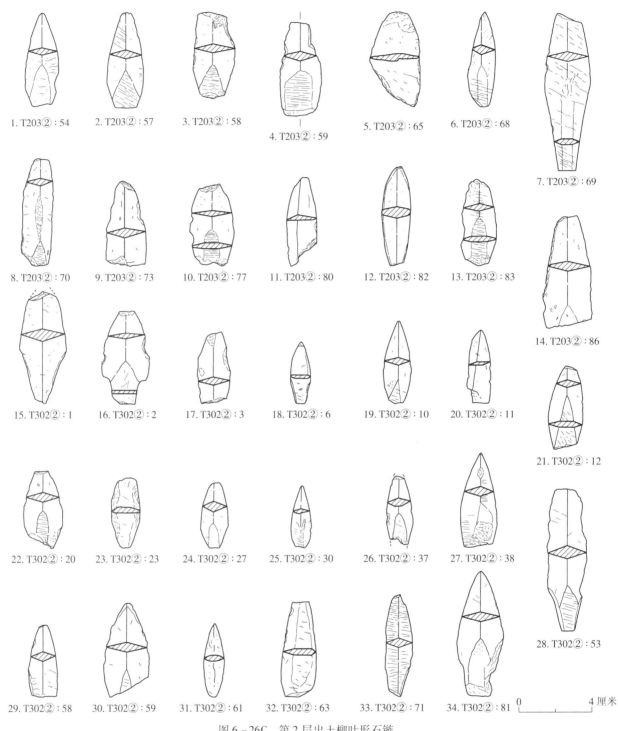

1. T203②：54　　2. T203②：57　　3. T203②：58

4. T203②：59　　　　5. T203②：65　　6. T203②：68

7. T203②：69

8. T203②：70　　9. T203②：73　　10. T203②：77　　11. T203②：80　　12. T203②：82　　13. T203②：83

14. T203②：86

15. T302②：1　　16. T302②：2　　17. T302②：3　　18. T302②：6　　19. T302②：10　　20. T302②：11

21. T302②：12

22. T302②：20　　23. T302②：23　　24. T302②：27　　25. T302②：30　　26. T302②：37　　27. T302②：38

28. T302②：53

29. T302②：58　　30. T302②：59　　31. T302②：61　　32. T302②：63　　33. T302②：71　　34. T302②：81

0　　　　　　　4 厘米

图 6 - 26C　第 2 层出土柳叶形石镞

T302②：2，灰黑色凝灰质粉砂岩。中间脊背隆起，两翼刃部锐利。有铤。锋已残。残长4.9、铤长1.4、翼宽2.6厘米。（图6－26C：16；彩版九六：7）

T302②：3，青色泥岩。中间脊背隆起，两翼刃部锐利。扁尖铤。锋铤皆残。残长3.8、翼宽1.8厘米。（图6－26C：17；彩版九六：8）

T302②：6，青色泥岩。扁直铤。长3.2、翼宽1.1厘米。（图6－26C：18；彩版九六：9）

T302②：10，棕灰色粉砂岩。中间脊背隆起，两翼刃部锐利。扁直铤。长4.3、翼宽1.5厘

米。（图 6 - 26C：19；彩版九七：1）

T302②：11，灰色泥岩。一侧脊背隆起，两翼刃部锐利。长 3.8、翼宽 1.2 厘米。（图 6 - 26C：20；彩版九七：2）

T302②：12，黑灰色凝灰质粉砂岩。中间脊背隆起，两翼刃部锐利。扁直铤，叶、铤分界明显。锋、铤皆残。残长 4.4、翼宽 1.9 厘米。（图 6 - 26C：21；彩版九七：3）

T302②：20，青色泥岩。中间脊背隆起，两翼刃部锐利。扁直铤。残长 4.1、翼宽 2.2 厘米。（图 6 - 26C：22；彩版九七：4）

T302②：23，灰色泥岩。长 3.7、翼宽 1.6 厘米。（图 6 - 26C：23；彩版九七：5）

T302②：27，青色泥岩。中间脊背隆起，两翼刃部锐利。扁直铤。锋已残。残长 3.5、翼宽 1.5 厘米。（图 6 - 26C：24；彩版九七：6）

T302②：30，紫红色凝灰质粉砂岩。中间脊背隆起，两翼刃部锐利。扁尖铤。锋已残。长 3.2、翼宽 1.1 厘米。（图 6 - 26C：25；彩版九七：7）

T302②：37，青色泥岩。中间脊背隆起，两翼刃部锐利。扁直铤。锋、铤皆残。残长 3.6、翼宽 1.4 厘米。（图 6 - 26C：26；彩版九七：8）

T302②：38，青色泥岩。中间脊背隆起，两翼刃部锐利。长 5、翼宽 2 厘米。（图 6 - 26C：27；彩版九七：9）

T302②：53，灰色凝灰质粉砂岩。中间脊背隆起，两翼刃部锐利。扁直铤。锋已残。长 7.5、宽 2.2 厘米。（图 6 - 26C：28；彩版九八：1）

T302②：58，灰白色泥岩。中间脊背隆起，两翼刃部锐利。铤已残。长 3.8、翼宽 1.6 厘米。（图 6 - 26C：29；彩版九八：2）

T302②：59，黄灰色泥岩。中间脊背隆起，两翼刃部锐利。扁直铤。铤部残缺严重。残长 5、翼宽 2.6 厘米。（图 6 - 26C：30；彩版九八：3）

T302②：61，土黄色斑点角岩。中间脊背隆起，两翼刃部锐利。扁尖铤。锋已残。长 3.8、翼宽 1.1 厘米。（图 6 - 26C：31；彩版九八：4）

T302②：63，青黑色泥岩。两翼刃部锐利。锋已残。残长 5、翼宽 2 厘米。（图 6 - 26C：32；彩版九八：5）

T302②：71，青色泥岩。中间脊背隆起，两翼刃部锐利。长 5.4、翼宽 1.4 厘米。（图 6 - 26C：33；彩版九八：6）

T302②：81，灰色凝灰质粉砂岩。中间脊背隆起，两翼刃部锐利。扁直铤。长 6.6、翼宽 2.6 厘米。（图 6 - 26C：34；彩版九八：7）

T302②：84，黄色泥岩。中间脊背隆起，两翼刃部锐利。扁直铤。锋、铤皆残。残长 3.4、翼宽 1.1 厘米。（图 6 - 26D：1；彩版九八：8）

T302②：86，青色泥岩。中间脊背隆起，两翼刃部锐利。扁尖铤，叶、铤分界较明显。长 4.9、翼宽 1.8 厘米。（图 6 - 26D：2；彩版九八：9）

T302②：87，青色泥岩。中间脊背隆起，两翼刃部锐利。扁尖铤。长 4.2、翼宽 1.4 厘米。（图 6 - 26D：3；彩版九九：1）

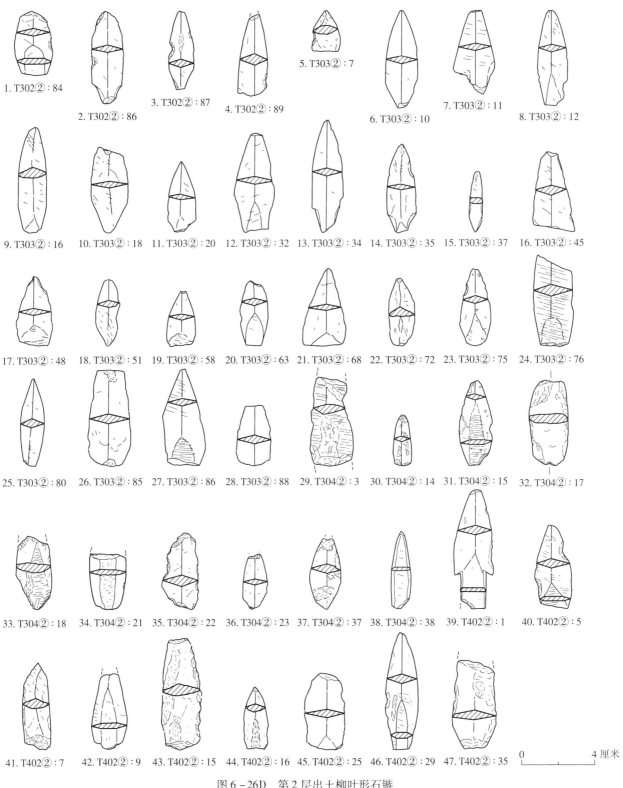

1. T302②：84
2. T302②：86
3. T302②：87
4. T302②：89
5. T303②：7
6. T303②：10
7. T303②：11
8. T303②：12
9. T303②：16
10. T303②：18
11. T303②：20
12. T303②：32
13. T303②：34
14. T303②：35
15. T303②：37
16. T303②：45
17. T303②：48
18. T303②：51
19. T303②：58
20. T303②：63
21. T303②：68
22. T303②：72
23. T303②：75
24. T303②：76
25. T303②：80
26. T303②：85
27. T303②：86
28. T303②：88
29. T304②：3
30. T304②：14
31. T304②：15
32. T304②：17
33. T304②：18
34. T304②：21
35. T304②：22
36. T304②：23
37. T304②：37
38. T304②：38
39. T402②：1
40. T402②：5
41. T402②：7
42. T402②：9
43. T402②：15
44. T402②：16
45. T402②：25
46. T402②：29
47. T402②：35

0　　　　　4厘米

图 6 - 26D　第 2 层出土柳叶形石镞

　　T302②：89，灰色泥岩。中间脊背隆起，两翼刃部锐利。长 4.4、翼宽 1.6 厘米。（图 6 -
26D：4；彩版九九：2）

　　T303②：7，黑色泥岩。中间脊背隆起，两翼刃部锐利。仅存锋部。残长 2.2、翼宽 1.5 厘米。

（图6-26D：5；彩版九九：3）

T303②：10，灰褐色凝灰质粉砂岩。中间脊背隆起，两翼刃部锐利。长5.1、翼宽1.8厘米。（图6-26D：6；彩版九九：4）

T303②：11，青色泥岩。中间脊背隆起，两翼刃部锐利。锋、铤皆残。残长4.4、翼宽2.2厘米。（图6-26D：7；彩版九九：5）

T303②：12，灰褐色凝灰质粉砂岩。中间脊背隆起，两翼刃部锐利。扁直铤。长5.1、翼宽1.6厘米。（图6-26D：8；彩版九九：6）

T303②：16，青色粉砂质泥岩。中间脊背隆起，两翼刃部锐利。扁直铤。锋、铤皆残。残长5.5、翼宽1.5厘米。（图6-26D：9；彩版九九：7）

T303②：18，黑色泥岩。中间脊背隆起，两翼刃部锐利。扁尖铤。锋已残。残长4.5、翼宽2厘米。（图6-26D：10；彩版九九：8）

T303②：20，青色泥岩。中间脊背隆起，两翼刃部锐利。铤已残。残长3.7、翼宽1.5厘米。（图6-26D：11；彩版九九：9）

T303②：32，灰褐色凝灰质粉砂岩。中间脊背隆起，两翼刃部锐利。扁直铤。锋、铤皆残。残长5.3、翼宽2.2厘米。（图6-26D：12；彩版一〇〇：1）

T303②：34，青色泥岩。中间脊背隆起，两翼刃部锐利。叶与铤之间呈直角，分界明显。铤已残。残长6、铤残长1.3、翼宽1.7厘米。（图6-26D：13；彩版一〇〇：2）

T303②：35，灰黄色泥岩。中间脊背隆起，两翼刃部锐利。扁尖铤。锋、铤皆残。残长4.7、翼宽1.6厘米。（图6-26D：14；彩版一〇〇：3）

T303②：37，青色泥岩。细柳叶形，两翼刃部呈小平面。长3.2、翼宽0.7厘米。（图6-26D：15；彩版一〇〇：4）

T303②：45，青色泥岩。中间脊背隆起，两翼刃部锐利。扁直铤。锋铤皆残。残长4.2、翼宽2.1厘米。（图6-26D：16；彩版一〇〇：5）

T303②：48，灰色泥岩。两翼刃部锐利。扁直铤。铤已残。残长3.7、翼宽2厘米。（图6-26D：17；彩版一〇〇：6）

T303②：51，灰褐色凝灰岩。整体扁薄，两翼刃部锐利。扁尖铤。长3.5、翼宽1.3厘米。（图6-26D：18；彩版一〇〇：7）

T303②：58，灰黄色泥岩。两翼刃部锐利。扁直铤。铤已残。残长3、翼宽1.6厘米。（图6-26D：19；彩版一〇〇：8）

T303②：63，青色泥岩。中间脊背隆起，两翼刃部锐利。扁直铤。锋已残。残长3.4、翼宽1.6厘米。（图6-26D：20；彩版一〇〇：9）

T303②：68，青色泥岩。中间脊背隆起，两翼刃部锐利。铤已残。残长4.1、翼宽2.4厘米。（图6-26D：21；彩版一〇一：1）

T303②：72，紫红色凝灰质粉砂岩。中间脊背隆起。长3.5、翼宽1.4厘米。（图6-26D：22；彩版一〇一：2）

T303②：75，青色泥岩。中间脊背隆起，两翼刃部锐利。扁直铤。长4、翼宽1.7厘米。（图

6－26D：23；彩版一〇一：3）

T303②：76，紫红色凝灰质粉砂岩。中间脊背隆起，两翼刃部锐利。扁直铤。锋、铤皆残。残长4.8、翼宽2.1厘米。（图6－26D：24；彩版一〇一：4）

T303②：80，紫红色凝灰质粉砂岩。中间脊背隆起，两翼刃部锐利。扁直铤。长4.6、翼宽1.3厘米。（图6－26D：25；彩版一〇一：5）

T303②：85，青色泥岩。中间脊背隆起，两翼刃部锐利。锋已残。残长5、翼宽2.4厘米。（图6－26D：26；彩版一〇一：6）

T303②：86，青色泥岩。中间脊背隆起，两翼刃部锐利。铤已残。残长5.2、翼宽2.2厘米。（图6－26D：27；彩版一〇一：7）

T303②：88，黑色凝灰质粉砂岩。中间脊背隆起，两翼刃部锐利。锋、铤皆残。残长3.2、翼宽1.9厘米。（图6－26D：28；彩版一〇一：8）

T304②：3，青色泥岩。中间脊背隆起，两翼刃部锐利。锋、铤皆残。残长4.7、翼宽2.4厘米。（图6－26D：29；彩版一〇一：9）

T304②：14，青色凝灰质粉砂岩。中间脊背隆起，两翼刃部锐利。长2.6、翼宽1厘米。（图6－26D：30；彩版一〇二：1）

T304②：15，紫红色凝灰质粉砂岩。中间脊背隆起，两翼刃部锐利。扁直铤，长4.5、翼宽1.7厘米。（图6－26D：31；彩版一〇二：2）

T304②：17，灰色泥岩。两翼刃部锐利。锋、铤皆残。残长4.5、翼宽2.1厘米。（图6－26D：32；彩版一〇二：3）

T304②：18，青色泥岩。中间脊背隆起，两翼刃部锐利。锋、铤皆残。残长3.9、翼宽2.2厘米。（图6－26D：33；彩版一〇二：4）

T304②：21，黑色泥岩。两翼刃部锐利。锋、铤皆残。残长3、翼宽2厘米。（图6－26D：34；彩版一〇二：5）

T304②：22，青色泥岩。中间脊背隆起，两翼刃部锐利。铤已残。残长4.1、翼宽2厘米。（图6－26D：35；彩版一〇二：6）

T304②：23，青色泥岩。两翼刃部锐利。锋、铤皆残。残长2.9、翼宽1.4厘米。（图6－26D：36；彩版一〇二：7）

T304②：37，黑色硅质泥质岩。中间脊背隆起，两翼刃部锐利。锋、铤皆残。残长3.8、翼宽1.7厘米。（图6－26D：37；彩版一〇二：8）

T304②：38，青色泥岩。两翼刃部锐利。长4.1、翼宽1.1厘米。（图6－26D：38；彩版一〇二：9）

T402②：1，青色泥岩。中间脊背隆起，两翼刃部锐利。长直铤。有尖锐的后锋。长6.3、铤长2、翼宽2.1厘米。（图6－26D：39；彩版一〇三：1）

T402②：5，青色泥岩。中间脊背隆起，两翼刃部锐利。扁直铤。铤已残。残长4.4、翼宽2厘米。（图6－26D：40；彩版一〇三：2）

T402②：7，青色泥岩。崩残严重。长4.6、翼宽1.5厘米。（图6－26D：41；彩版一〇

三：3）

T402②：9，灰色泥岩。两翼刃部锐利。扁直铤。锋、铤皆残。残长4、翼宽2厘米。（图6－26D：42；彩版一〇三：4）

T402②：15，黑色粉砂泥质岩。两翼刃部锐利。锋、铤皆残。残长5.8、翼宽2.2厘米。（图6－26D：43；彩版一〇三：5）

T402②：16，青色泥岩。中间脊背隆起，两翼刃部锐利。扁直铤。长3.2、翼宽1.4厘米。（图6－26D：44；彩版一〇三：6）

T402②：25，青色泥岩。中间脊背隆起，两翼刃部锐利。扁直铤。锋、铤皆残。残长4、翼宽2.2厘米。（图6－26D：45；彩版一〇三：7）

T402②：29，紫色凝灰质粉砂岩。中间脊背隆起，两翼刃部锐利。扁直铤。长6.2、翼宽1.8厘米。（图6－26D：46；彩版一〇三：8）

T402②：35，灰色凝灰质粉砂岩。两翼刃部锐利。锋、铤皆残。残长4.6、翼宽2.4厘米。（图6－26D：47；彩版一〇三：9）

（3）桂叶形石镞

49件。

T101②：31，青色泥岩。两翼刃部锐利。扁直铤。长3.5、翼宽2.1厘米。（图6－27：1；彩版一〇四：1）

T101②：52，青色泥岩。中间脊背隆起，两翼刃部锐利。铤部残损严重。残长2.9、翼宽1.3厘米。（图6－27：2；彩版一〇四：2）

T102②：11，黑色泥岩。中间脊背隆起，两翼刃部锐利。扁直铤。锋已残。残长4.3、翼宽2.2厘米。（图6－27：3；彩版一〇四：3）

T102②：38，青色泥岩。中间脊背隆起，两翼刃部锐利。锋已残。残长3.4、翼宽2.1厘米。（图6－27：4；彩版一〇四：4）

T102②：40，青色泥岩。中间脊背隆起，两翼刃部锐利。锋已残。残长2.8、翼宽1.8厘米。（图6－27：5；彩版一〇四：5）

T202②：3，紫红色凝灰岩。中间脊背隆起，两翼刃部锐利。扁直铤，长5.2、翼宽2.1厘米。（图6－27：6；彩版一〇四：6）

T202②：14，黑色泥岩。中间脊背隆起，两翼刃部锐利。扁直铤。长3.6、翼宽1.7厘米。（图6－27：7；彩版一〇四：7）

T202②：40，青色泥岩。中间脊背隆起，两翼刃部锐利。扁直铤。长4.6、翼宽1.7厘米。（图6－27：8；彩版一〇四：8）

T202②：53，青色泥岩。两翼刃部锐利。扁尖铤，叶、铤分界明显。锋已残。残长3.5、翼宽1.5厘米。（图6－27：9；彩版一〇四：9）

T202②：59，灰黑色粉砂岩。中间脊背隆起，两翼刃部锐利。扁直铤。长4.8、翼宽2.4厘米。（图6－27：10；彩版一〇五：1）

T202②：71，青色泥岩。中间脊背隆起，两翼刃部锐利。扁直铤。锋已残。残长3.7、翼宽

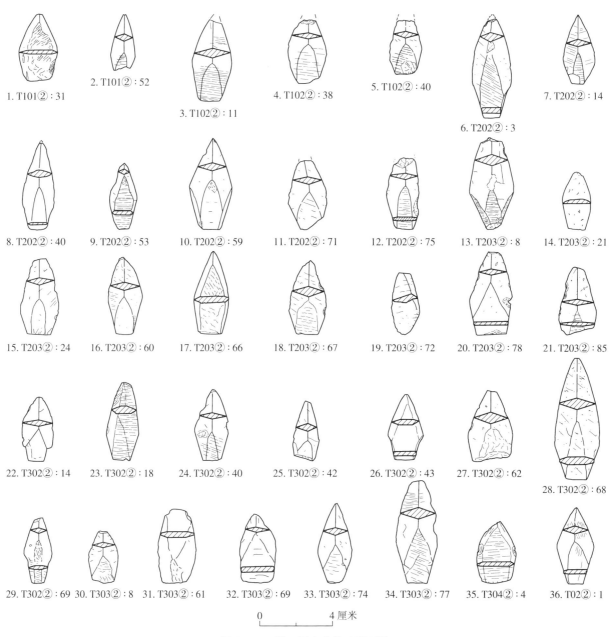

1. T101②：31　2. T101②：52　3. T102②：11　4. T102②：38　5. T102②：40　6. T202②：3　7. T202②：14

8. T202②：40　9. T202②：53　10. T202②：59　11. T202②：71　12. T202②：75　13. T203②：8　14. T203②：21

15. T203②：24　16. T203②：60　17. T203②：66　18. T203②：67　19. T203②：72　20. T203②：78　21. T203②：85

22. T302②：14　23. T302②：18　24. T302②：40　25. T302②：42　26. T302②：43　27. T302②：62　28. T302②：68

29. T302②：69　30. T303②：8　31. T303②：61　32. T303②：69　33. T303②：74　34. T303②：77　35. T304②：4　36. T02②：1

0　　　4厘米

图 6 - 27　第 2 层出土桂叶形石镞

2.2 厘米。（图 6 - 27：11；彩版一〇五：2）

T202②：75，青色泥岩。中间脊背隆起，两翼刃部锐利。扁直铤。锋已残。残长 3.8、翼宽 1.8 厘米。（图 6 - 27：12；彩版一〇五：3）

T203②：8，浅灰紫色沉凝灰岩。中间脊背隆起，两翼刃部锐利。扁尖铤。锋已残。残长 4.9、翼宽 2.4 厘米。（图 6 - 27：13；彩版一〇五：4）

T203②：21，青灰色辉长岩。两翼刃部锐利。长 3、翼宽 1.6 厘米。（图 6 - 27：14；彩版一〇五：5）

T203②：24，青色泥岩。两翼刃部锐利。长 4、翼宽 2.1 厘米。（图 6 - 27：15；彩版一〇五：6）

T203②：60，青色泥岩。中间脊背隆起，两翼刃部锐利。扁直铤。长 4、翼宽 1.9 厘米。（图

6 - 27：16；彩版一〇五：7)

T203②：66，灰色泥岩。两翼刃部锐利。扁直铤。长 4.4、翼宽 1.9 厘米。(图 6 - 27：17；彩版一〇五：8)

T203②：67，青色泥岩。中间脊背隆起，两翼刃部锐利。长 3.9、翼宽 2 厘米。(图 6 - 27：18；彩版一〇五：9)

T203②：72，灰黄色泥岩。长 3.3、翼宽 1.5 厘米。(图 6 - 27：19；彩版一〇六：1)

T203②：78，青色泥岩。中间脊背隆起，两翼刃部锐利。扁直铤。长 4.4、翼宽 2.2 厘米。(图 6 - 27：20；彩版一〇六：2)

T203②：85，黑色凝灰质粉砂岩。中间脊背隆起，两翼刃部锐利。扁直铤，叶、铤分界明显。长 3.6、翼宽 2 厘米。(图 6 - 27：21；彩版一〇六：3)

T302②：14，青色泥岩。中间脊背隆起，两翼刃部锐利。扁直铤，叶、铤分界明显。长 3.4、翼宽 1.7 厘米。(图 6 - 27：22；彩版一〇六：4)

T302②：18，黑色泥岩。中间脊背隆起，两翼刃部锐利。扁直铤。长 4.1、翼宽 1.8 厘米。(图 6 - 27：23；彩版一〇六：5)

T302②：40，灰黑色凝灰质粉砂岩。中间脊背隆起，两翼刃部锐利。扁直铤。长 3.8、翼宽 2 厘米。(图 6 - 27：24；彩版一〇六：6)

T302②：42，青色泥岩。中间脊背隆起，两翼刃部锐利。扁直铤。铤部残缺严重。长 3.2、翼宽 1.4 厘米。(图 6 - 27：25；彩版一〇六：7)

T302②：43，黑色泥岩。两翼刃部锐利。扁直铤，叶、铤分界明显。长 3.5、翼宽 1.9 厘米。(图 6 - 27：26；彩版一〇六：8)

T302②：62，紫红色凝灰质粉砂岩。中间脊背隆起，两翼刃部锐利。扁直铤。锋、铤皆残。残长 3.8、翼宽 2.4 厘米。(图 6 - 27：27；彩版一〇六：9)

T302②：68，灰黑色凝灰岩。中间脊背隆起，两翼刃部锐利。扁直铤。长 6.4、翼宽 2.4 厘米。(图 6 - 27：28；彩版一〇七：1)

T302②：69，青色泥岩。中间脊背隆起，两翼刃部锐利。扁直铤，叶、铤分界明显。锋已残。残长 3.4、翼宽 1.5 厘米。(图 6 - 27：29；彩版一〇七：2)

T303②：8，灰黄色泥岩。中间脊背隆起，两翼刃部锐利。长 2.7、翼宽 1.6 厘米。(图 6 - 27：30；彩版一〇七：3)

T303②：61，灰色细砂粉砂岩。中间脊背隆起，两翼刃部锐利。扁直铤。长 3.9、翼宽 2.1 厘米。(图 6 - 27：31；彩版一〇七：4)

T303②：69，紫红色凝灰质粉砂岩。中间脊背隆起，两翼刃部锐利。扁直铤。长 3.6、翼宽 2 厘米。(图 6 - 27：32；彩版一〇七：5)

T303②：74，青色泥岩。中间脊背隆起，两翼刃部锐利。扁直铤。长 4.2、翼宽 1.8 厘米。(图 6 - 27：33；彩版一〇七：6)

T303②：77，黑色泥岩。中间脊背隆起，两翼刃部锐利。扁直铤。锋已残。残长 5.4、翼宽 2.2 厘米。(图 6 - 27：34；彩版一〇七：7)

T304②：4，灰色硅质泥质岩。两翼刃部锐利。长3.2、翼宽2.1厘米。（图6－27：35；彩版一○七：8）

T02②：1，青色泥岩。中间脊背隆起，两翼刃部锐利。扁直铤。长4、翼宽2厘米。（图6－27：36；彩版一○七：9）

（4）菱形石镞

81件。

T101②：5，青色泥岩。中间脊背隆起，两翼刃部锐利。叶、铤分界明显。锋、铤皆残。残长3.3、翼宽1.3厘米。（图6－28A：1；彩版一○八：1）

T101②：32，青黑色泥岩。中间脊背隆起，两翼刃部锐利。扁尖铤，叶、铤分界明显。长4.4、翼宽1.5厘米。（图6－28A：2；彩版一○八：2）

T101②：46，青色泥岩。中间脊背隆起，两翼刃部锐利。扁尖铤。长3.5、翼宽1厘米。（图6－28A：3；彩版一○八：3）

T102②：1，青色泥岩。中间脊背隆起，两翼刃部锐利。长3.1、翼宽1.3厘米。（图6－28A：4；彩版一○八：4）

T102②：12，灰白色泥岩。一翼崩残严重，另一翼刃部锐利。扁尖铤。长3.6、翼宽1.4厘米。（图6－28A：5；彩版一○八：5）

T102②：13，青色泥岩。中间脊背隆起，两翼刃部锐利。扁尖铤，叶、铤分界明显。长3.5、翼宽1.5厘米。（图6－28A：6；彩版一○八：6）

T102②：22，青色泥岩。中间脊背隆起，两翼刃部锐利。扁尖铤。长2.9、翼宽1.2厘米。（图6－28A：7；彩版一○八：7）

T202②：4，灰黑色泥岩。中间脊背隆起，两翼刃部锐利。叶、铤分界明显。长5.7、翼宽1.7厘米。（图6－28A：8；彩版一○八：8）

T202②：7，青色泥岩。中间脊背隆起，两翼刃部锐利。残长3.3、翼宽1.6厘米。（图6－28A：9；彩版一○八：9）

T202②：12，灰色泥岩。中间脊背隆起，两翼刃部锐利。扁尖铤。锋已残。残长3.1、翼宽1.4厘米。（图6－28A：10；彩版一○九：1）

T202②：13，灰色泥岩。中间脊背隆起，两翼刃部锐利。扁尖铤。铤已残。残长3.7、翼宽1.4厘米。（图6－28A：11；彩版一○九：2）

T202②：17，青色泥岩。中间脊背隆起，两翼刃部锐利。长4、翼宽1.8厘米。（图6－28A：12；彩版一○九：3）

T202②：21，黑灰色凝灰质粉砂岩。中间无脊，两翼刃部锐利。扁尖铤。长3.5、翼宽1.4厘米。（图6－28A：13；彩版一○九：4）

T202②：22，灰黑色凝灰质粉砂岩。中间脊背隆起，两翼刃部锐利。扁尖铤。长2.2、翼宽0.9厘米。（图6－28A：14；彩版一○九：5）

T202②：23，青色泥岩。中间脊背隆起，两翼刃部锐利。扁尖铤。长3.5、翼宽1.6厘米。（图6－28A：15；彩版一○九：6）

T202②：25，灰紫色凝灰质粉砂岩。中间脊背隆起，两翼刃部锐利。扁尖铤，仅存铤部。残长 3、翼宽 1.6 厘米。（图 6 - 28A：16；彩版一〇九：7）

T202②：41，青色泥岩。中间脊背隆起，两翼刃部锐利。扁尖铤。铤已残。残长 5、翼宽 1.8 厘米。（图 6 - 28A：17；彩版一〇九：8）

T202②：46，灰色凝灰岩。中间脊背隆起，两翼刃部锐利。扁直铤，叶、铤分界明显。长 3.2、翼宽 1.4 厘米。（图 6 - 28A：18；彩版一〇九：9）

T202②：55，灰色泥岩。中间脊背隆起，两翼刃部锐利。扁尖铤，叶、铤分界明显。铤已残。残长 4、翼宽 1.7 厘米。（图 6 - 28A：19；彩版一一〇：1）

T202②：60，灰色泥岩。中间脊背隆起，两翼刃部锐利。扁尖铤，叶、铤分界明显。铤已残。残长 3.1、翼宽 1.4 厘米。（图 6 - 28A：20；彩版一一〇：2）

T202②：79，灰色泥岩。中间脊背隆起，两翼刃部锐利。扁尖铤，叶、铤分界明显。长 4.4、翼宽 1.8 厘米。（图 6 - 28A：21；彩版一一〇：3）

T202②：80，青色凝灰质粉砂岩。中间脊背隆起，两翼刃部锐利。扁直铤。残长 6.4、翼宽 2.2 厘米。（图 6 - 28A：22；彩版一一〇：4）

T202②：83，灰黄色泥岩。中间脊背隆起，两翼刃部锐利。扁尖铤，叶、铤分界明显。长 4.4、翼宽 1.7 厘米。（图 6 - 28A：23；彩版一一〇：5）

T203②：2，青色泥岩。中间脊背隆起，两翼刃部锐利。叶、铤分界明显。上半部残。残长 3.6、翼宽 1.8 厘米。（图 6 - 28A：24；彩版一一〇：6）

T203②：6，灰色凝灰岩。两翼刃部锐利。扁尖铤，叶、铤分界明显。长 4.6、翼宽 1.5 厘米。（图 6 - 28A：25；彩版一一〇：7）

T203②：16，紫红色凝灰质粉砂岩。两翼刃部锐利。扁尖铤，叶、铤分界明显。长 6.2、翼宽 2.2 厘米。（图 6 - 28A：26；彩版一一〇：8）

T203②：17，黑紫色凝灰质粉砂岩。中间脊背隆起，两翼刃部锐利。扁尖铤。长 4、翼宽 1.7 厘米。（图 6 - 28A：27；彩版一一〇：9）

T203②：18，青色泥岩。中间脊背隆起，两翼刃部锐利。扁尖铤，叶、铤分界明显。长 7.1、翼宽 2.1 厘米。（图 6 - 28A：28；彩版一一一：1）

T302②：5，黑色泥岩。两翼刃部锐利，叶铤分界明显。扁尖铤。长 3.8、翼宽 1.8 厘米。（图 6 - 28A：29；彩版一一一：2）

T302②：7，浅灰绿色泥岩。中间脊背隆起，两翼刃部锐利。扁尖铤，叶、铤分界明显。长 4.9、翼宽 1.6 厘米。（图 6 - 28A：30；彩版一一一：3）

T302②：8，黑色凝灰质粉砂岩。中间脊背隆起，两翼刃部锐利。扁尖铤，叶、铤分界明显。长 4.3、翼宽 2 厘米。（图 6 - 28A：31；彩版一一一：4）

T302②：15，灰色粉砂质泥岩。中间脊背隆起，两翼刃部锐利。扁尖铤，叶、铤分界明显。锋已残。长 3.9、翼宽 2 厘米。（图 6 - 28A：32；彩版一一一：5）

T302②：17，青色凝灰岩。中间脊背隆起，两翼刃部锐利。扁尖铤，叶、铤分界明显。锋已残。残长 3.9、翼宽 1.5 厘米。（图 6 - 28A：33；彩版一一一：6）

　　T302②：22，青色泥岩。中间脊背隆起，两翼刃部锐利。扁尖铤。锋已残。残长3.9、翼宽1.5厘米。（图6－28A：34；彩版一一一：7）

　　T302②：29，青色泥岩。中间脊背隆起，两翼刃部锐利。扁尖铤，叶、铤分界明显。长4.1、翼宽1.7厘米。（图6－28A：35；彩版一一一：8）

　　T302②：33，青色泥岩。中间脊背隆起，两翼刃部锐利。扁尖铤，叶、铤分界明显。长4.6、翼宽1.7厘米。（图6－28A：36；彩版一一一：9）

　　T302②：57，灰色泥岩。扁尖铤。长2.7、翼宽1.1厘米。（图6－28A：37；彩版一一二：1）

　　T302②：72，青色泥岩。中间脊背隆起，两翼刃部锐利。扁尖铤，叶、铤分界明显。锋已残。残长5.6、翼宽2.2厘米。（图6－28B：1；彩版一一二：1）

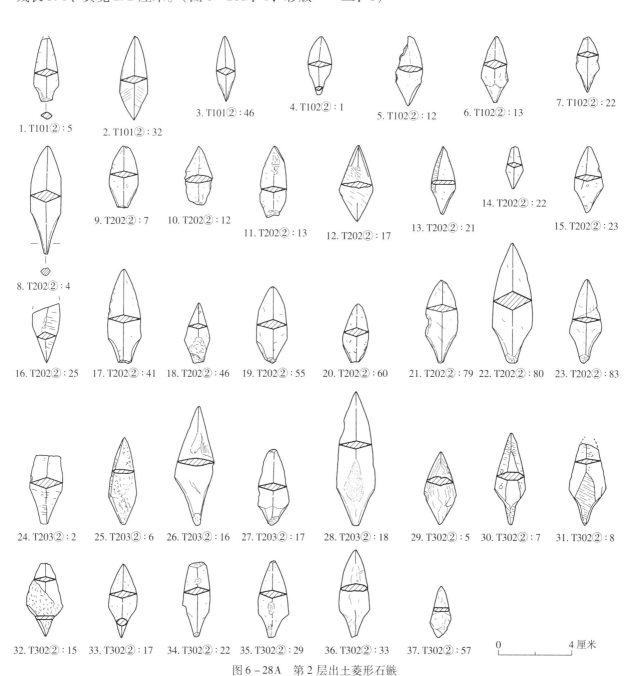

1. T101②：5　2. T101②：32　3. T101②：46　4. T102②：1　5. T102②：12　6. T102②：13　7. T102②：22

8. T202②：4　9. T202②：7　10. T202②：12　11. T202②：13　12. T202②：17　13. T202②：21　14. T202②：22　15. T202②：23

16. T202②：25　17. T202②：41　18. T202②：46　19. T202②：55　20. T202②：60　21. T202②：79　22. T202②：80　23. T202②：83

24. T203②：2　25. T203②：6　26. T203②：16　27. T203②：17　28. T203②：18　29. T302②：5　30. T302②：7　31. T302②：8

32. T302②：15　33. T302②：17　34. T302②：22　35. T302②：29　36. T302②：33　37. T302②：57

0　　　　　　　　4厘米

图6－28A　第2层出土菱形石镞

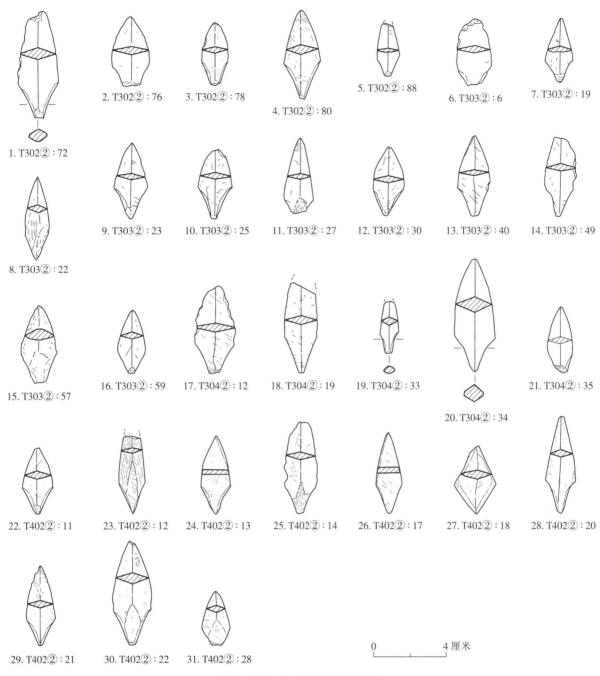

1. T302②：72
2. T302②：76
3. T302②：78
4. T302②：80
5. T302②：88
6. T303②：6
7. T303②：19
8. T303②：22
9. T303②：23
10. T303②：25
11. T303②：27
12. T303②：30
13. T303②：40
14. T303②：49
15. T303②：57
16. T303②：59
17. T304②：12
18. T304②：19
19. T304②：33
20. T304②：34
21. T304②：35
22. T402②：11
23. T402②：12
24. T402②：13
25. T402②：14
26. T402②：17
27. T402②：18
28. T402②：20
29. T402②：21
30. T402②：22
31. T402②：28

0　　　　4 厘米

图 6 - 28B　第 2 层出土菱形石镞

　　T302②：76，青色泥岩。中间脊背隆起，两翼刃部锐利。扁直铤，叶、铤分界明显。长 3.6、翼宽 2 厘米。（图 6 - 28B：2；彩版一一二：3）

　　T302②：78，青色泥岩。中间脊背隆起，两翼刃部锐利。扁尖铤，叶、铤分界明显。长 3.3、翼宽 1.4 厘米。（图 6 - 28B：3；彩版一一二：4）

　　T302②：80，灰黑色凝灰质粉砂岩。中间脊背隆起，两翼刃部锐利。扁尖铤，叶、铤分界明显。长 4.7、翼宽 2 厘米。（图 6 - 28B：4；彩版一一二：5）

　　T302②：88，紫红色凝灰质粉砂岩。中间脊背隆起，两翼刃部锐利。扁尖铤。锋已残。长 2.8、翼宽 1.2 厘米。（图 6 - 28B：5；彩版一一二：6）

T303②：6，灰色泥岩。中间脊背隆起，两翼刃部锐利。扁尖铤。锋、铤皆残。残长3.5、翼宽1.9厘米。（图6－28B：6；彩版一一二：7）

T303②：19，灰黄色泥岩。中间脊背隆起，两翼刃部锐利。扁尖铤。铤已残。残长3.4、翼宽1.5厘米。（图6－28B：7；彩版一一二：8）

T303②：22，青色泥岩。中间脊背隆起，两翼刃部锐利。扁尖铤。长4.3、翼宽1.3厘米。（图6－28B：8；彩版一一二：9）

T303②：23，青色泥岩。中间脊背隆起，两翼刃部锐利。扁尖铤。铤已残。残长4、翼宽1.8厘米。（图6－28B：9；彩版一一三：1）

T303②：25，黑色泥岩。中间脊背隆起，两翼刃部锐利。扁尖铤。锋已残。残长3.5、翼宽1.8厘米。（图6－28B：10；彩版一一三：2）

T303②：27，青色泥岩。中间脊背隆起，两翼刃部锐利。扁尖铤。铤已残。残长3.9、翼宽1.6厘米。（图6－28B：11；彩版一一三：3）

T303②：30，青色凝灰质粉砂岩。中间脊背隆起，两翼刃部锐利。扁尖铤。长3.6、翼宽1.7厘米。（图6－28B：12；彩版一一三：4）

T303②：40，青色泥岩。中间脊背隆起，两翼刃部锐利。扁尖铤。长4.3、翼宽1.8厘米。（图6－28B：13；彩版一一三：5）

T303②：49，青色泥岩。中间脊背隆起，两翼刃部锐利。扁尖铤。锋已残。残长4.2、翼宽1.7厘米。（图6－28B：14；彩版一一三：6）

T303②：57，灰黄色斑点角岩。中间脊背隆起，两翼刃部锐利。扁尖铤。长4.1、翼宽2厘米。（图6－28B：15；彩版一一三：7）

T303②：59，灰黑色凝灰岩。中间脊背隆起，两翼刃部锐利。扁尖铤。长3.3、翼宽1.5厘米。（图6－28B：16；彩版一一三：8）

T304②：12，黑色石料。中间脊背隆起，两翼刃部锐利。扁尖铤。锋已残。残长4.7、翼宽2.1厘米。（图6－28B：17；彩版一一三：9）

T304②：19，灰色泥岩。中间脊背隆起，两翼刃部锐利。扁尖铤。锋已残。残长4.8、翼宽1.7厘米。（图6－28B：18；彩版一一四：1）

T304②：33，青色泥岩。中间脊背隆起，两翼刃部锐利。扁尖铤。长2.8、翼宽1厘米。（图6－28B：19；彩版一一四：2）

T304②：34，灰色色泥岩。中间脊背隆起，两翼刃部锐利。扁尖铤。铤已残。长6、翼宽2.2厘米。（图6－28B：20；彩版一一四：3）

T304②：35，青色泥岩。中间脊背隆起，两翼刃部锐利。扁尖铤。铤已残。残长3.5、翼宽1.4厘米。（图6－28B：21；彩版一一四：4）

T402②：11，灰色凝灰质粉砂岩。中间脊背隆起。扁尖铤，叶、铤分界明显。通体磨光。长3.5、翼宽1.7厘米。（图6－28B：22；彩版一一四：5）

T402②：12，灰黄色泥岩。中间脊背隆起，两翼刃部锐利。扁尖铤。锋已残。残长4、翼宽1.4厘米。（图6－28B：23；彩版一一四：6）

T402②：13，褐色凝灰质粉砂岩。扁尖链，叶、链分界明显。长4.1、翼宽1.6厘米。（图6－28B：24；彩版一一四：7）

T402②：14，灰色泥岩。中间脊背隆起，两翼刃部锐利。扁尖链。锋已残。残长4.8、翼宽1.8厘米。（图6－28B：25；彩版一一四：8）

T402②：17，褐色凝灰质粉砂岩。扁尖链，叶、链分界明显。长4.2、翼宽1.4厘米。（图6－28B：26；彩版一一四：9）

T402②：18，灰色泥岩。中间脊背隆起，两翼刃部锐利。扁尖链，叶、链分界明显。长3.6、翼宽2.3厘米。（图6－28B：27；彩版一一五：1）

T402②：20，青黑色泥岩。中间脊背隆起，两翼刃部锐利。扁尖链，叶、链分界明显。通体磨光。长5.1、翼宽1.7厘米。（图6－28B：28；彩版一一五：2）

T402②：21，黄灰色粉砂质泥岩。中间脊背隆起，两翼刃部锐利。扁尖链，叶、链分界明显。长4.2、翼宽1.6厘米。（图6－28B：29；彩版一一五：3）

T402②：22，灰黑色凝灰质粉砂岩。中间脊背隆起，两翼刃部锐利。扁尖链，叶、链分界明显。长5.5、翼宽2.1厘米。（图6－28B：30；彩版一一五：4）

T402②：28，黄灰色泥岩。中间脊背隆起，两翼刃部锐利。扁尖链，叶、链分界明显。链已残。残长2.8、翼宽1.5厘米。（图6－28B：31；彩版一一五：5）

（5）多棱形石镞

11件。

T102②：8，黑灰色泥岩。三棱形，刃部锐利。圆锥状链。通体磨光。长8.3、翼宽1厘米。（图6－29：1；彩版一一五：6）

T102②：35，黑色泥岩。四棱形，刃部锐利。通体磨光。锋、链皆残。残长4、翼宽1.7厘米。（图6－29：2；彩版一一五：7）

T202②：19，青色泥岩。三棱形，刃部锐利。圆锥状榫。通体磨光。长4.1、翼宽0.9厘米。

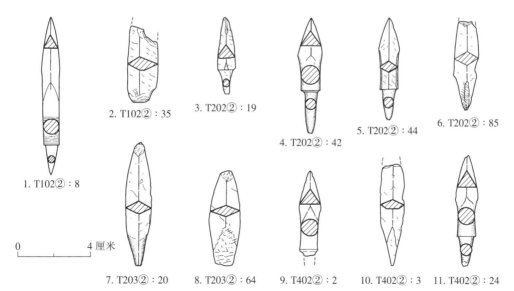

1. T102②：8　2. T102②：35　3. T202②：19　4. T202②：42　5. T202②：44　6. T202②：85
7. T203②：20　8. T203②：64　9. T402②：2　10. T402②：3　11. T402②：24

图6－29　第2层出土多棱形石镞

0   4厘米

（图6-29：3；彩版一一五：8）

T202②：42，黑色硅质泥质岩。三棱形，刃部锐利。圆锥状铤。通体磨光。通长6.1、铤长2.2、翼宽1.3厘米。（图6-29：4；彩版一一六：1）

T202②：44，青黑色斑点角岩。三棱形，刃部锐利。圆锥状铤。通体磨光。通长5.4、铤长1.6、翼宽1.1厘米。（图6-29：5；彩版一一六：2）

T202②：85，黑色泥岩。四棱形，刃部锐利。圆锥状铤。残长4.7、铤长1.7、翼宽1.4厘米。（图6-29：6；彩版一一六：3）

T203②：20，黑色泥岩。三棱形，刃部锐利。圆锥状铤。通体磨光。通长6.5、铤长1.4、翼宽1.4厘米。（图6-29：7；彩版一一六：4）

T203②：64，紫红色石料。四棱形，刃部锐利。扁直铤。长5、翼宽1.7厘米。（图6-29：8；彩版一一六：5）

T402②：2，黑色泥岩。三棱形，刃部锐利。铤已残。通体磨光。残长4.5、翼宽1.1厘米。（图6-29：9；彩版一一六：6）

T402②：3，黑色硅质泥质岩。扁体三棱形，刃部锐利。扁尖铤。锋已残。通体磨光。残长5.3、翼宽1.3厘米。（图6-29：10；彩版一一六：7）

T402②：24，棕灰色泥岩。三棱形，刃部锐利。圆锥状榫。榫尖微残。通体磨光。残长5.8、铤残长1.6、翼宽1.2厘米。（图6-29：11；彩版一一六：8）

石锛

117件。分类介绍如下。

（1）有段石锛

1件。

T204②：5，土黄色泥质硅质岩。有段，背微弧，弧刃，偏锋。顶部呈平面，微弧，崩残严重，两侧呈斜面。正面及背面有磨光。通长19.4、段长6.2、宽6.8、厚3.4厘米。（图6-30；彩版一一七）

（2）弧背石锛

11件。截面呈扇形。

T101②：19，灰白色钙泥质硅质岩。方形。直刃，偏锋。顶部及两侧呈斜面。正面起刃，刃缘呈梯形。长4.4、宽4、厚1.9厘米。（图6-31：1；彩版一一八：1）

T202②：10，灰绿色细砂岩。梯形。直刃，偏锋。长6.9、刃宽3.6、厚1.8厘米。（图6-31：2；彩版一一八：2）

T203②：48，灰白色钙泥质硅质岩。长条形。直刃，偏锋。正面圆鼓。背面磨平。上部残。残长6.8、宽3.2、厚2.2厘米。（图6-31：3；彩版一一八：3）

T302②：9，灰白色泥质硅质岩。长条形。直刃，偏锋。顶部为斜面。长8.2、宽4、厚2.8厘米。（图6-31：4；彩版一一八：4）

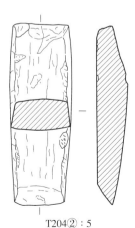

T204②：5

0 _____ 8厘米

图6-30　第2层出土有段石锛

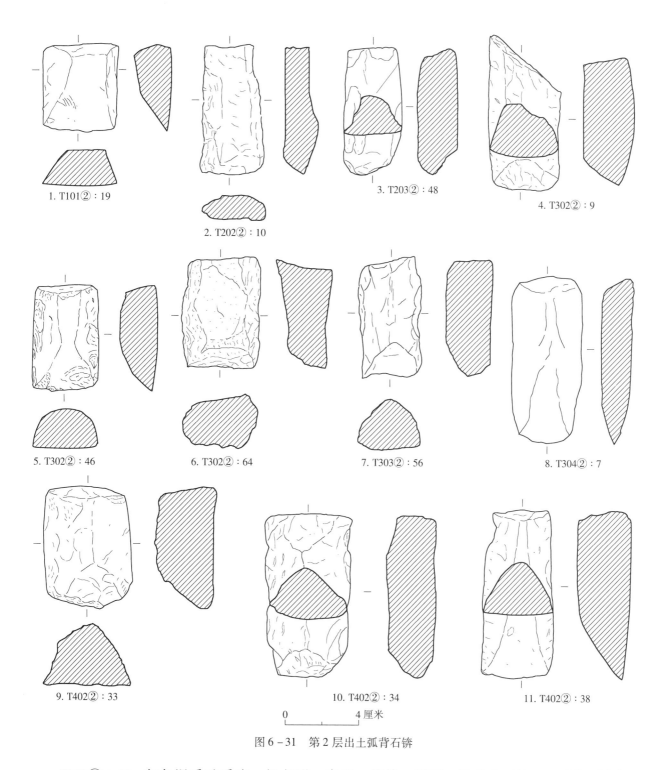

1. T101②：19

2. T202②：10

3. T203②：48

4. T302②：9

5. T302②：46

6. T302②：64

7. T303②：56

8. T304②：7

9. T402②：33

10. T402②：34

11. T402②：38

0　　　　　4 厘米

图 6-31　第 2 层出土弧背石锛

T302②：46，灰色泥质硅质岩。长方形。直刃，偏锋。平顶。长 5.5、宽 3.7、厚 2 厘米。（图 6-31：5；彩版——八：5）

T302②：64，灰色粉砂岩。长方形。直刃，偏锋。顶部斜平。通体遍布打击疤痕。长 5.9、宽 4.2、厚 2.8 厘米。（图 6-31：6；彩版——八：6）

T303②：56，土黄色泥质硅质岩。长方形。直刃，偏锋。顶部为平面，两侧呈坡状。长 6.4、宽 3.5、厚 2.7 厘米。（图 6-31：7；彩版——九：1）

T304②：7，青色泥岩。长方形。弧刃，顶部斜平。长8.8、宽3.7、厚1.6厘米。（图6-31：8）

T402②：33，灰白色泥质硅质岩。方形。弧刃，偏锋。正面圆鼓。背面磨光。长6.5、宽4.8、厚3.2厘米。（图6-31：9；彩版一一九：2）

T402②：34，青色泥质硅质岩。长方形。弧刃，偏锋。顶部呈斜面。正面起刃，遍布打击疤痕，刃缘呈半圆形。长8.6、宽4.6、厚2.7厘米。（图6-31：10；彩版一一九：3）

T402②：38，灰色泥质硅质岩。长方形。弧刃，偏锋。顶部呈平面。正面起刃，遍布打击疤痕，刃缘呈三角形。长8.9、宽3.9、厚2.8厘米。（图6-31：11；彩版一一九：4）

（3）常型石锛

54件。

T101②：1，灰绿色长石细砂岩。直刃，偏锋。一侧为平面，一侧圆弧。正面起刃，刃缘呈长方形。长4.8、宽3.2、厚1厘米。（图6-32A：1；彩版一二〇：1）

T101②：2，灰色硅质岩。长方形。直刃，正锋。顶部及两侧圆弧。正面起刃，刃缘呈梯形。长4.1、宽2.7、厚0.6厘米。（图6-32A：2；彩版一二〇：2）

T101②：6，土黄色泥质硅质岩。梯形。弧刃，偏锋。正面起刃，刃缘呈半圆形。长4.3、刃宽2.8、厚0.8厘米。（图6-32A：3；彩版一二〇：3）

T101②：10，灰色泥质硅质岩。长方形。弧刃，正锋。表面有多条纵向的纹理痕。长7.5、宽4.2、厚1.4厘米。（图6-32A：4；彩版一二〇：4）

T101②：26，灰色凝灰岩。长方形。直刃，偏锋。顶部凹弧，两侧为平面。长7、宽3.9、厚2.5厘米。（图6-32A：5；彩版一二〇：5）

T101②：30，灰色钙泥质硅质岩。梯形。弧刃，偏锋。顶部及两侧皆为圆弧状。长3.7、刃宽2.4、厚1.1厘米。（图6-32A：6；彩版一二〇：6）

T101②：34，灰白色硅质岩。长方形。直刃，正锋。顶部及两侧为平面。两面起刃，刃缘呈三角形。长5.8、宽2.4、厚1.4厘米。（图6-32A：7；彩版一二〇：7）

T101②：38，白色硅质岩。梯形。直刃，偏锋。顶部较残，两侧呈平面。正面起刃，刃缘呈梯形。背面有磨光。长5.6、宽3.5、厚1.4厘米。（图6-32A：8；彩版一二〇：8）

T101②：41，灰白色钙泥质硅质岩。长方形。整体呈扁平状。直刃，偏锋。长5、宽2.9、厚0.6厘米。（图6-32A：9；彩版一二一：1）

T101②：50，灰白色钙泥质硅质岩。梯形。直刃，偏锋。顶部及两侧皆为圆弧状。正面起刃，刃缘呈半圆形。长5.2、刃宽2.7、厚0.9厘米。（图6-32A：10；彩版一二一：2）

T102②：6，灰白色泥质硅质岩。梯形。直刃，偏锋。正面起刃，刃缘呈梯形。长4.9、段长2.2、刃宽1.4、顶宽2.6厘米。（图6-32A：11；彩版一二一：3）

T102②：26，灰白色钙泥质硅质岩。方形。直刃，偏锋。顶部及两侧圆弧。加工粗糙。长4.8、宽4.2、厚1.6厘米。（图6-32A：12；彩版一二一：4）

T102②：33，灰色钙泥质硅质岩。梯形。直刃，偏锋，顶部及一侧呈平面。正面起刃，遍布打击疤痕，刃缘呈三角形。长6、宽4、厚1.5厘米。（图6-32A：13；彩版一二一：5）

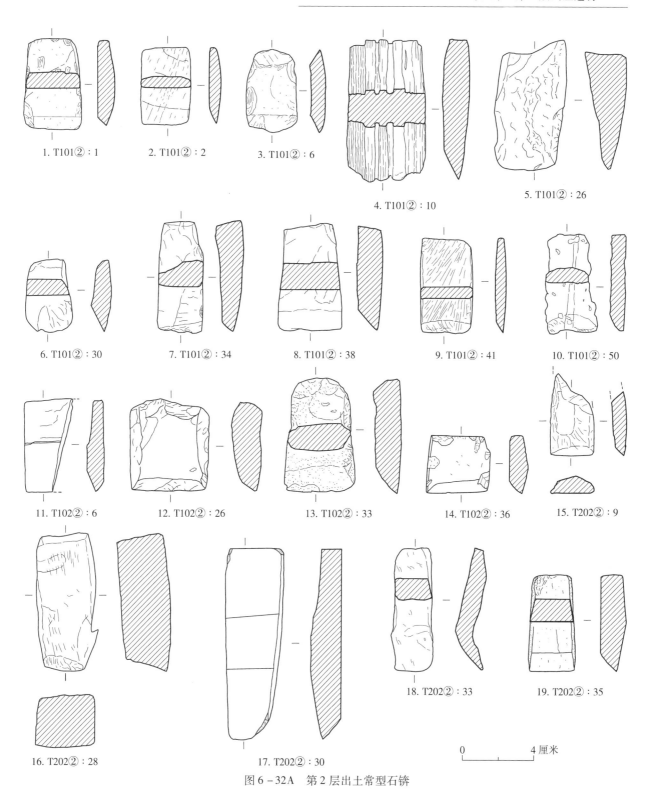

1. T101②：1　　2. T101②：2　　3. T101②：6　　4. T101②：10　　5. T101②：26

6. T101②：30　　7. T101②：34　　8. T101②：38　　9. T101②：41　　10. T101②：50

11. T102②：6　　12. T102②：26　　13. T102②：33　　14. T102②：36　　15. T202②：9

16. T202②：28　　17. T202②：30　　18. T202②：33　　19. T202②：35

0　　　　　　4 厘米

图 6 - 32A　第 2 层出土常型石锛

　　T102②：36，灰白色粉砂质硅质岩。方形。直刃，偏锋。顶部为斜面，两侧圆弧。正面起刃，刃缘为长方形。加工粗糙。长 3、宽 3.5、厚 1 厘米。（图 6 - 32A：14；彩版一二一：6）

　　T202②：9，灰白色泥质硅质岩直背。长方形。偏锋。残长 4.3、宽 2.5、厚 0.8 厘米。（图 6 - 32A：15；彩版一二一：7）

　　T202②：28，青灰色钙泥质硅质岩。长条形。直刃，正锋。顶部、正面及两侧均呈平面。刃

部残缺。残长7.3、宽3.3、厚2.8厘米。(图6-32A：16；彩版一二一：8)

T202②：30，白色泥质硅质岩，夹灰黑色条纹。长条形。直刃，正锋。顶部及两侧呈平面，加工平整。正面起刃。刃部一端崩残严重。通体磨光。通长10.1、段长3.7、宽3.1、厚1.6厘米。(图6-32A：17；彩版一二一：9)

T202②：33，灰色细砂岩。长条形。直刃，偏锋。顶部为平面，两侧呈斜面。长6.6、宽2.3、厚1.1厘米。(图6-32A：18；彩版一二二：1)

T202②：35，青黑色斑点角岩。梯形。直刃，偏锋。顶部及两侧呈平面，加工平整。通体磨光。长5.1、刃宽2.5、厚1.4厘米。(图6-32A：19；彩版一二二：2)

T202②：43，灰黑色斑点角岩。方形。直刃，正锋。顶部及两侧呈平面，加工平整。正面起刃，刃缘呈长方形。通体磨光。长3.4、宽3.1、厚0.6厘米。(图6-32B：1；彩版一二二：3)

T202②：52，灰色钙泥质硅质岩。长条形。直刃，偏锋。顶部及两侧呈斜面。长4.6、宽2.1、厚1.4厘米。(图6-32B：2；彩版一二二：4)

T202②：61，青灰色钙泥质硅质岩。长方形。直刃，偏锋。顶部及两侧呈平面。长4.2、宽2.5、厚1.1厘米。(图6-32B：3；彩版一二二：5)

T202②：76，白色泥质硅质岩。方形。直刃，正锋。正面起刃，刃缘呈长方形。长3、宽3.6、厚0.7厘米。(图6-32B：4；彩版一二二：6)

T203②：23，青色粉砂岩。长方形。仅存刃部。弧刃，偏锋。残长3.2、宽4.3、厚2厘米。(图6-32B：5；彩版一二二：7)

T203②：29，白色泥质硅质岩。梯形。直刃，偏锋。顶部及一侧呈平面。正面起刃，遍布打击疤痕，刃缘呈三角形。长6.4、宽4.1、厚1.2厘米。(图6-32B：6；彩版一二二：8)

T203②：37，灰紫色叶蜡石化沉凝灰岩。梯形。直刃，偏锋。顶部及两侧加工粗糙，崩残严重。背部磨光。长4.5、宽2.2、厚0.8厘米。(图6-32B：7；彩版一二二：9)

T203②：46，青灰色凝灰岩。长条形。直刃，偏锋。顶部较残，两侧呈平面。正面起刃，刃缘呈半圆形。残长4、宽2.5、厚2厘米。(图6-32B：8；彩版一二三：1)

T203②：51，土黄色斑点角岩。梯形。直刃，偏锋。顶部及两侧呈平面。正面起刃，刃缘呈长方形。长4.3、宽2.7、厚1厘米。(图6-32B：9；彩版一二三：2)

T203②：61，灰白色钙泥质硅质岩。方形。直刃，正锋。顶部及两侧圆弧。正面起刃，刃缘呈椭圆形。长2.7、宽3.4、厚0.8厘米。(图6-32B：10；彩版一二三：3)

T203②：62，白色泥岩。方形。斜直刃，正锋。顶部及两侧为平面。长3.4、宽2.8厘米、厚1厘米。(图6-32B：11；彩版一二三：4)

T302②：21，灰白色粉砂岩。弧刃，正锋。正面起刃，刃缘呈椭圆形。长4.3、宽2.5、厚0.8厘米。(图6-32B：12；彩版一二三：5)

T302②：28，白色粉砂质硅质岩。长方形。直刃，正锋。顶部及两侧呈平面，加工平整，崩残较严重。正面起刃。通体磨光。长8、宽4.1、厚1.5厘米。(图6-32B：13；彩版一二三：6)

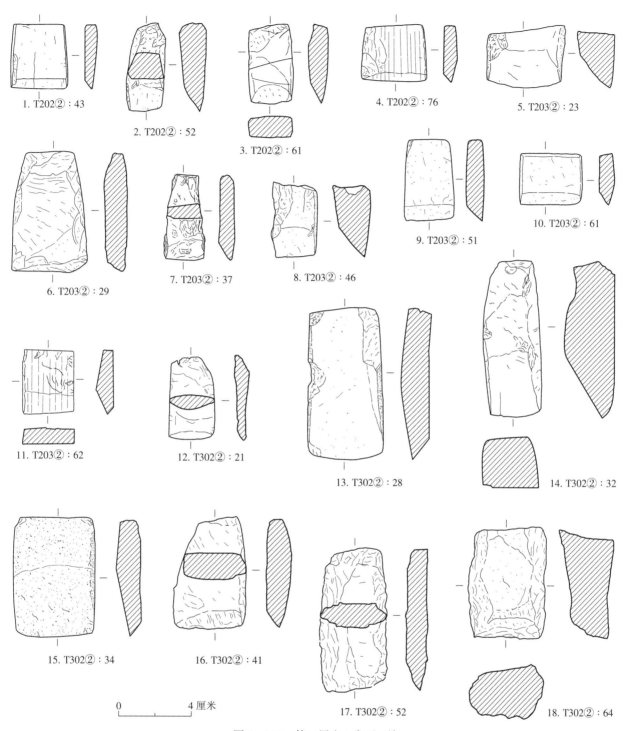

1. T202②：43
2. T202②：52
3. T202②：61
4. T202②：76
5. T203②：23
6. T203②：29
7. T203②：37
8. T203②：46
9. T203②：51
10. T203②：61
11. T203②：62
12. T302②：21
13. T302②：28
14. T302②：32
15. T302②：34
16. T302②：41
17. T302②：52
18. T302②：64

0 4厘米

图6－32B 第2层出土常型石锛

T302②：32，灰白色泥质硅质岩。长条形。直刃，偏锋。顶部凹凸不平，两侧为平面。正面起刃，刃缘呈长方形。长8.2、宽3.2、厚2.8厘米。（图6－32B：14；彩版一二三：7）

T302②：34，青色绿片岩，杂黑斑。方形。弧刃，正锋。顶部及两侧呈平面，加工平整。两面起刃，正面起刃处凸起，刃缘呈长方形。通体磨光。长6.3、宽4.4、最厚处1.3厘米。（图6－32B：15；彩版一二三：8）

T302②：41，灰色凝灰质粉砂岩。长方形。直背，直刃，正锋。长5.8、刃宽3.8、厚1.4厘

米。（图6－32B：16；彩版一二三：9）

T302②：52，灰黑色凝灰岩。梯形。弧刃，正锋。器身崩残严重。长7.6、刃宽3.6、厚1.3厘米。（图6－32B：17；彩版一二四：1）

T302②：64，灰色粉砂岩。梯形。直刃，正锋。顶部斜平，两侧呈平面。长5.9、刃宽3.8、厚2.8厘米。（图6－32B：18）

T302②：65，灰色泥质硅质岩。方形。直刃，偏锋。顶部斜平。长4.3、宽3.8、厚1.2厘米。（图6－32C：1；彩版一二四：2）

T302②：73，青灰色粉砂质硅质岩。长方形。直刃，偏锋。通体遍布打击疤痕。长9.5、宽4.2、厚2.9厘米。（图6－32C：2；彩版一二四：3）

T302②：79，灰色粉砂岩。梯形。直刃，偏锋。正面起刃，刃缘呈长方形。长5、刃宽2.6、厚1.5厘米。（图6－32C：3；彩版一二四：4）

T302②：82，灰黑色带绿色细砂粉岩。长方形。直刃，正锋。平顶。正面起刃，刃缘呈半椭圆形。长6.5、宽4.1、厚1.8厘米。（图6－32C：4；彩版一二四：5）

T303②：1，青灰色凝灰岩。平面略呈三角形。弧刃，偏锋。一面加工较平整，一面遍布打击疤痕。长8.6、宽7、厚2.8厘米。（图6－32C：5；彩版一二四：6）

T303②：9，青灰色粉砂质硅质岩。梯形。直刃，正锋。斜平顶，两侧圆弧。长3.2、刃宽3.4、厚1.2厘米。（图6－32C：6；彩版一二四：7）

T303②：14，灰黑色泥质硅质岩。长方形。直刃，偏锋。顶部呈斜面。长5.4、宽2.8、厚1.7厘米。（图6－32C：7；彩版一二四：8）

T303②：42，灰白色泥质硅质岩。长方形。直刃，偏锋。长4.8、宽2.9、厚1.7厘米。（图6－32C：8；彩版一二四：9）

T303②：62，灰色闪斜煌岩。仅存刃部，呈方形。弧刃，正锋。两侧圆弧。残长4.2、残宽4.5、厚1.8厘米。（图6－32C：9；彩版一二五：1）

T303②：90，青色绿片岩，杂黑斑。长方形。整体呈扁平状。斜直刃，偏锋。顶部及两侧呈斜平面。正面起刃，刃缘呈长方形。长14、宽6.2、最厚处3厘米。（图6－32C：10；彩版一二五：2）

T304②：6，灰白色粉砂质硅质岩。梯形。直刃，偏锋。平顶，一侧圆弧，一侧有凹槽。刃部残缺严重。长5.2、刃宽3.4、厚1.2厘米。（图6－32C：11；彩版一二五：3）

T304②：26，青灰色凝灰质粉砂岩。梯形。弧刃，偏锋。长6、刃宽4.1、厚1.4厘米。（图6－32C：12；彩版一二五：4）

T304②：28，青黑色泥质硅质岩。方形。顶部及两侧呈斜面。刃部残缺。残长5.8、宽5.1、最厚处2.4厘米。（图6－32C：13；彩版一二五：5）

T402②：19，青灰色细砂岩。梯形。斜弧刃，偏锋。长6.1、刃宽3.7、厚1.2厘米。（图6－32C：14；彩版一二五：6）

T402②：23，白色泥质硅质岩。梯形。斜直刃偏锋。两侧均为斜面。正面起刃，刃缘呈梯形。刃部崩残严重。通体磨光。长5.1、刃宽2、厚1.3厘米。（图6－32C：15；彩版一二五：7）

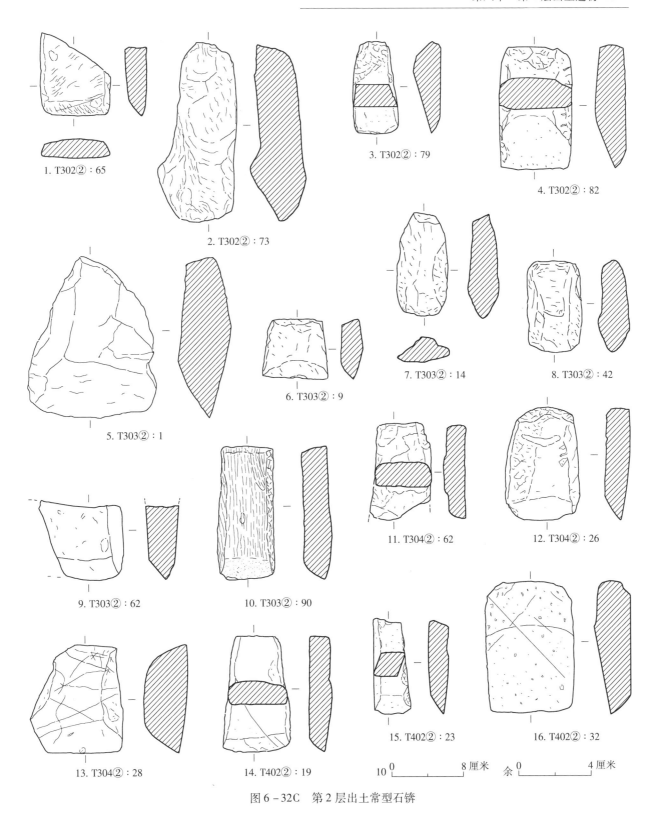

1. T302②：65
2. T302②：73
3. T302②：79
4. T302②：82
5. T303②：1
6. T303②：9
7. T303②：14
8. T303②：42
9. T303②：62
10. T303②：90
11. T304②：62
12. T304②：26
13. T304②：28
14. T402②：19
15. T402②：23
16. T402②：32

10 0 ⸺ 8 厘米　余 0 ⸺ 4 厘米

图 6 - 32C　第 2 层出土常型石锛

T402②：32，灰黄色细砂岩。方形。直刃，正锋。正面起刃，刃缘呈长方形。背面磨光。长 6.9、宽 4.8、厚 2 厘米。（图 6 - 32C：16；彩版一二五：8）

（4）小型石锛

51 件。

T101②：3，青灰色泥岩。梯形。背微弧，直刃，正锋。顶部及两侧呈小平面。两面起刃，刃缘呈梯形。长3.4、宽1.4、厚0.4厘米。（图6－33A：1；彩版一二六：1）

T101②：7，青色粉砂岩。长方形。直背，直刃，正锋。两面起刃，刃缘磨光呈半圆形。长2.7、宽1.6、厚0.6厘米。（图6－33A：2；彩版一二六：2）

T101②：35，青灰色泥岩。长方形。弧背，直刃，正锋。两面起刃，刃缘呈三角形。系用石镞改制而成。长4.2、翼宽2.1、厚0.4厘米。（图6－33A：3；彩版一二六：3）

T101②：39，白色粉砂质硅质岩。梯形。直背，直刃，偏锋。顶面及两侧为小平面。正面起刃，刃缘呈梯形。长3、刃宽1.4、厚0.6厘米。（图6－33A：4；彩版一二六：4）

T101②：40，黄灰色泥质硅质岩。长方形。弧背，弧刃，偏锋。正面起刃，刃缘呈椭圆形。长3.1、宽2、厚0.5厘米。（图6－33A：5；彩版一二六：5）

T101②：45，紫红色凝灰质粉砂岩。长方形。直背，刃部残。顶面及两侧为小平面。长3.4、宽1.5、厚0.4厘米。（图6－33A：6；彩版一二六：6）

T101②：48，灰色钙泥质硅质岩。直背，直刃，偏锋。顶部为斜弧面，一侧为平面。长4.3、宽1.7、厚1.2厘米。（图6－33A：7；彩版一二六：7）

T101②：53，灰白色泥质硅质岩。梯形。直背，直刃，偏锋。正面起刃，刃缘呈长方形。刃缘及背面磨光。长4.1、宽1.6、厚0.9厘米。（图6－33A：8；彩版一二六：8）

T101②：54，黑色泥岩。梯形。直背，直刃，正锋。两面起刃，刃缘呈椭圆形。长2.6、宽1.6、厚0.3厘米。（图6－33A：9；彩版一二六：9）

T102②：3，黑灰色泥质硅质岩。长方形。直背，直刃，偏锋。顶部及两侧呈平面。长3.2、宽2、厚0.4厘米。（图6－33A：10；彩版一二七：1）

T102②：23，黑色泥岩。长方形。背中间隆起，直刃，正锋。正面起刃，刃缘呈三角形。似用废弃的石镞改制而成。残长4.4、宽1.6、厚0.4厘米。（图6－33A：11；彩版一二七：2）

T102②：24，黑灰色泥岩。长方形。背中间隆起，直刃，正锋。正面起刃，刃缘呈三角形。似用废弃的石镞改制而成。残长3.6、宽1.5、厚0.4厘米。（图6－33A：12；彩版一二七：3）

T102②：37，灰色斑点角岩。梯形。直背，直刃，正锋。顶部呈平面，两侧圆弧。长3.4、宽2.6、厚0.6厘米。（图6－33A：13；彩版一二七：4）

T202②：5，青色泥岩。长方形。直背，直刃，正锋。顶部呈斜平面，两侧齐平，一侧近顶端残缺。长2.5、宽1.1、厚0.3厘米。（图6－33A：14；彩版一二七：5）

T202②：11，青色泥岩。梯形。直背，斜直刃，正锋。顶部略残。长3.5、宽1.5、厚0.4厘米。（图6－33A：15；彩版一二七：6）

T202②：26，灰紫色凝灰岩，质地较软。呈方形。直背，斜直刃，正锋。顶部及两侧呈平面，加工平整。两面起刃，正面起刃处凸起，刃缘呈长方形。刃部磨光。长4、宽1.8、最厚处0.6厘米。（图6－33A：16；彩版一二七：7）

T202②：27，青灰色细砂岩。直背，直刃，偏锋。顶部及两侧圆弧。长3.1、宽2.8、厚0.8厘米。（图6－33A：17；彩版一二七：8）

T202②：50，青色泥岩。长方形。直背，斜弧刃，偏锋。顶部呈小平面，平整，有崩残，两

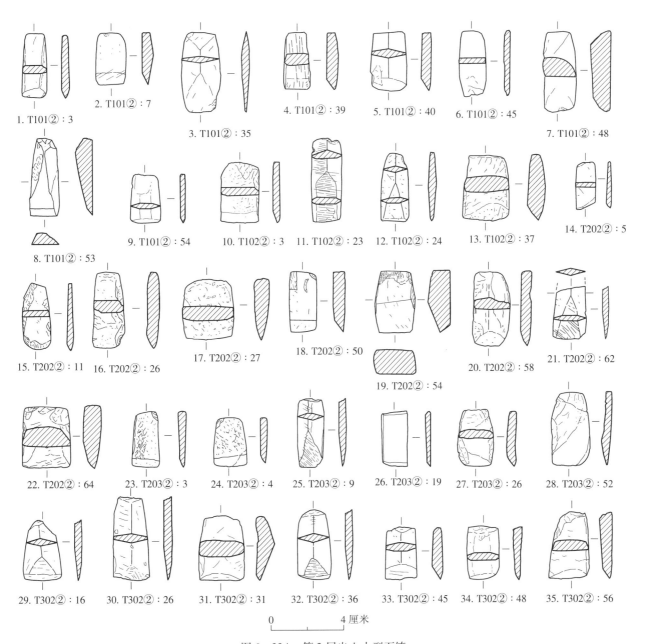

1. T101②：3
2. T101②：7
3. T101②：35
4. T101②：39
5. T101②：40
6. T101②：45
7. T101②：48
8. T101②：53
9. T101②：54
10. T102②：3
11. T102②：23
12. T102②：24
13. T102②：37
14. T202②：5
15. T202②：11
16. T202②：26
17. T202②：27
18. T202②：50
19. T202②：54
20. T202②：58
21. T202②：62
22. T202②：64
23. T203②：3
24. T203②：4
25. T203②：9
26. T203②：19
27. T203②：26
28. T203②：52
29. T302②：16
30. T302②：26
31. T302②：31
32. T302②：36
33. T302②：45
34. T302②：48
35. T302②：56

0　　　　4 厘米

图 6 – 33A　第 2 层出土小型石锛

侧呈平面。正面起刃，刃缘呈长方形。长 3.2、宽 1.5、厚 0.6 厘米。（图 6 – 33A：18；彩版一二七：9）

T202②：54，白色泥质硅质岩，质地较软。近方形。直背，直刃，正锋。两面起刃，刃缘呈长方形。长 3.2、宽 2.2、厚 1.2 厘米。（图 6 – 33A：19；彩版一二八：1）

T202②：58，灰白色粉砂质硅质泥岩，质地较软。长方形。直背，直刃，偏锋。正面起刃，刃缘呈半椭圆形。长 3.9、宽 2、厚 0.6 厘米。（图 6 – 33A：20；彩版一二八：2）

T202②：62，青色泥岩。近长方形。弧背，直刃，正锋。正面和背面均有 “人” 字形隆起，系用石镞改制而成。顶部残。残长 2.8、宽 1.8、厚 0.3 厘米。（图 6 – 33A：21；彩版一二八：3）

T202②：64，灰白色钙泥质硅质岩，质地较软。近方形。直背，直刃，偏锋。长 3.3、宽 2.6、厚 1.1 厘米。（图 6 – 33A：22；彩版一二八：4）

T203②：3，白色泥质硅质岩。梯形。直背，直刃，偏锋。顶部及两侧呈平面。正面起刃，刃缘呈长方形。背部磨光。长2.9、宽1.5、厚0.4厘米。（图6-33A：23；彩版一二八：5）

T203②：4，青黑色泥质硅质岩。呈梯形。直背，直刃，偏锋。顶部及两侧呈平面。长2.6、宽1.8、厚0.4厘米。（图6-33A：24；彩版一二八：6）

T203②：9，青色泥岩。长方形。背中间隆起，直刃，正锋。正面起刃，刃缘呈三角形。似用废弃的石镞改制而成。长3.6、宽1.4厘米、厚0.4厘米。（图6-33A：25；彩版一二八：7）

T203②：19，黑色泥岩。长方形。直背，斜直刃，正锋。顶部及两侧为平面。通体磨光。长2.9、宽1.4、厚0.3厘米。（图6-33A：26；彩版一二八：8）

T203②：26，棕灰色泥岩。长方形。直背，直刃，偏锋。正面起刃，刃缘呈三角形。背部崩片严重。长2.9、宽2、厚0.5厘米。（图6-33A：27；彩版一二八：9）

T203②：52，灰白色泥岩。略呈梯形。直背，直刃，偏锋。一侧呈平面。长3.8、宽2厘米、厚0.4厘米。（图6-33A：28；彩版一二九：1）

T302②：16，黑色泥质硅质岩。略呈梯形。背中间隆起，直刃，偏锋。正面起刃，刃缘呈长方形。正面有"人"字形隆脊，系用废弃的石镞改制而成。残长3.2、宽2厘米、厚0.3厘米。（图6-33A：29；彩版一二九：2）

T302②：26，黑紫色凝灰质粉砂岩。长方形。背中间隆起，斜直刃，正锋。正面起刃，刃缘呈三角形。似用废弃的石镞改制而成。长4.4、宽2、厚0.5厘米。（图6-33A：30；彩版一二九：3）

T302②：31，白色泥质硅质岩。平面略呈梯形。直背，直刃，正锋。两侧呈平面。长3.4、宽2.4、厚0.8厘米。（图6-33A：31；彩版一二九：4）

T302②：36，青色泥岩。长方形。弧背，直刃，偏锋。正面弯弧。正面起刃，刃缘呈半圆形。长3.7、宽1.8、厚0.4厘米。（图6-33A：32；彩版一二九：5）

T302②：45，黑色凝灰质粉砂岩。长方形。直背，斜直刃，正锋。一侧呈平面。长2.7、宽1.7、厚0.6厘米。（图6-33A：33；彩版一二九：6）

T302②：48，青色泥岩。长方形。直背，斜直刃，正锋。一侧呈平面。正面起刃，刃缘呈半圆形。双面有"人"字形隆脊，系用废弃的石镞改制而成。长2.8、宽1.8、厚0.4厘米。（图6-33A：34；彩版一二九：7）

T302②：56，白色泥质硅质岩。长方形。直背，斜直刃，偏锋。一侧呈平面，一侧圆弧。长3.5、宽2.2、厚0.7厘米。（图6-33A：35；彩版一二九：8）

T302②：67，黑色泥质硅质岩。残损严重，仅剩一半，呈三角形。直背，直刃，偏锋。正面起刃，刃缘呈长方形。长3.5、宽1.9、厚1.1厘米。（图6-33B：1；彩版一二九：9）

T303②：17，灰白色泥质硅质岩。梯形。直背，斜直刃，偏锋。顶部凹凸不平，两侧呈平面。残长5.2、刃宽2、厚1.1厘米。（图6-33B：2；彩版一三〇：1）

T303②：24，灰色凝灰岩。略呈梯形。直背，斜弧刃，正锋。长3.5、宽2.5、厚1.1厘米。（图6-33B：3；彩版一三〇：2）

T303②：31，灰白色泥质硅质岩。略呈梯形。背部凹凸不平，斜直刃，偏锋。正面起刃，刃

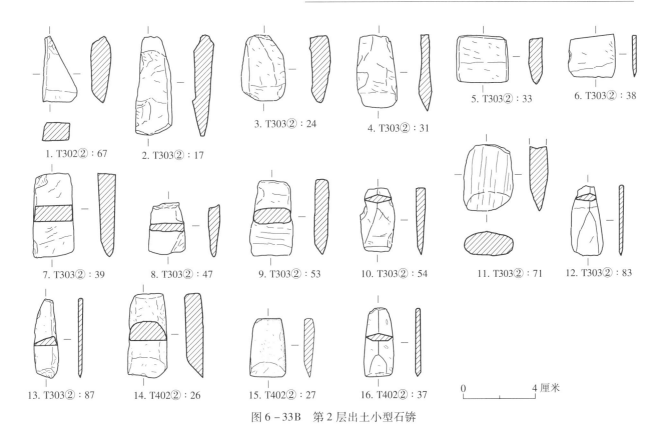

1. T302②：67　　2. T303②：17　　3. T303②：24　　4. T303②：31　　5. T303②：33　　6. T303②：38

7. T303②：39　　8. T303②：47　　9. T303②：53　　10. T303②：54　　11. T303②：71　　12. T303②：83

13. T303②：87　　14. T402②：26　　15. T402②：27　　16. T402②：37

0　　　　4厘米

图6-33B　第2层出土小型石锛

缘呈椭圆形。刃部崩残严重。长3.8、刃宽2.2、厚0.8厘米。（图6-33B：4；彩版一三〇：3）

T303②：33，灰色泥质硅质岩。长方形。直背，直刃，正锋。顶部及两侧呈平面。长2.5、宽2.8、厚0.7厘米。（图6-33B：5；彩版一三〇：4）

T303②：38，青色凝灰质粉砂岩。顶部残，残余部分呈方形。直背，直刃，正锋。顶部及两侧呈平面。长2.2、宽2.5、厚0.2厘米。（图6-33B：6；彩版一三〇：5）

T303②：39，灰色凝灰岩。长方形。直背，斜直刃，偏锋。顶部及两侧呈平面。残长4.5、宽2.2、厚1厘米。（图6-33B：7；彩版一三〇：6）

T303②：47，黑色凝灰岩。略呈梯形。直背，直刃，正锋。刃部崩残较严重。长2.7、刃宽2、厚0.6厘米。（图6-33B：8；彩版一三〇：7）

T303②：53，灰色细砂岩。略呈梯形。直背，直刃，偏锋。正面起刃，刃缘呈长方形。长3.9、宽2.3、厚0.8厘米。（图6-33B：9；彩版一三〇：8）

T303②：54，紫红色凝灰质粉砂岩。略呈长方形。弧背，直刃，正锋。两面起刃，刃缘呈长方形。背部有"人"字形隆脊，系用石镞改制而成。长3.4、宽1.9、厚0.5厘米。（图6-33B：10；彩版一三〇：9）

T303②：71，灰色细砂粉砂岩。方形。直背，直刃，正锋。顶部呈平面，两侧圆弧。长3.5、宽2.7、厚1.3厘米。（图6-33B：11；彩版一三一：1）

T303②：83，青色泥岩。略呈梯形。弧背，直刃，正锋。背部有"人"字形隆脊，系用石镞改制而成。长3.7、刃宽1.8、厚0.4厘米。（图6-33B：12；彩版一三一：2）

T303②：87，青色泥岩。略呈梯形。直背，偏锋。刃部崩残严重。长4.2、刃宽1.3、厚0.5

厘米。（图 6 - 33B：13；彩版一三一：3）

T402②：26，白色泥质硅质岩。长方形。直刃，偏锋。正面起刃，刃缘呈半圆形。长 4.5、宽 2.1、厚 1 厘米。（图 6 - 33B：14；彩版一三一：4）

T402②：27，灰色泥质硅质岩。略呈梯形。直背，直刃，偏锋。正面起刃，刃缘呈半圆形。正面及背面均有"人"字形隆脊，系用废弃的石镞改制而成。长 3.1、宽 1.9、厚 0.6 厘米。（图 6 - 33B：15；彩版一三一：5）

T402②：37，青色泥岩。梯形。直背，直刃，正锋。两面起刃，刃缘呈梯形。正面及背面均有"人"字形隆脊，系用废弃的石镞改制而成。长 3.6、宽 1.6、厚 0.4 厘米。（图 6 - 33B：16；彩版一三一：6）

石刀

20 件。

T101②：43，紫红色凝灰质泥岩。平面呈长方形。直刃，正锋。顶端及两侧呈平面。中间靠上部有对钻而成的圆孔。刃部崩残较严重。残长 3.5、宽 3、孔径 0.4 厘米。（图 6 - 34：1；彩版一三二：1）

T102②：15，黑色泥岩。平面呈长方形。斜直刃，正锋。顶部残。通体磨光。残长 2.4、宽 1.6 厘米。（图 6 - 34：2；彩版一三二：2）

T102②：20，灰色泥质粉砂岩。平面呈弧边三角形。弧刃，刃部锋利，正锋。顶部为小平面，较平整。两边开刃。近顶端中部有一直径 0.5 厘米的对钻圆孔。通体磨光。顶长约 9 厘米，边长约 7 厘米。（图 6 - 34：3；彩版一三二：3）

T102②：41，青灰色泥岩。平面呈长方形。斜直刃，正锋。上半部残，刃部崩残严重。残缺处有一直径 0.5 厘米的对钻圆孔。残长 2.4、宽 1.8 厘米。（图 6 - 34：4；彩版一三二：4）

T202②：34，青色泥岩。一周均残，边缘处有一残断的管钻圆孔。长 6.8、宽 3.2、孔径 1.1、厚 1 厘米。（图 6 - 34：5；彩版一三二：5）

T202②：51，灰色凝灰岩。平面近方形。直背，顶部呈小平面。刃部残缺。残长 2.3、宽 2.7、厚 0.3 厘米。（图 6 - 34：6；彩版一三二：6）

T202②：69，灰黑色斑点角岩。仅存刃部，其余三边均残，平面略呈三角形。直刃，正锋。残长 5.2、宽 6.1、厚 1 厘米。（图 6 - 34：7；彩版一三三：1）

T202②：81，灰黑色玢岩，杂棕红色斑点。仅存刃部，其余三边均残，平面略呈三角形。弧刃，正锋。通体磨光。残长 5.8、宽 6.2、厚 1.1 厘米。（图 6 - 34：8；彩版一三三：2）

T203②：7，青色泥岩。中间脊背隆起，两刃锐利，系用石镞改制而成。一侧有一直径为 0.5 厘米的单钻圆孔。顶部已残。残长 4.9、宽 2.3 厘米。（图 6 - 34：9；彩版一三三：3）

T203②：30，暗灰紫色硅质泥质岩，残缺严重。直刃，一侧开刃，中间起刃。刃部及顶端崩残严重。残长 5.4、残宽 4.1 厘米。（图 6 - 34：10；彩版一三三：4）

T203②：50，棕灰色斑点角岩。平面呈长方形。弧刃。顶端圆弧，一侧平整。一侧开刃。刃部有崩残。残长 4.9、宽 4.2 厘米。（图 6 - 34：11；彩版一三三：5）

T302②：39，白色泥质硅质岩，杂黑斑。仅存刃部。斜弧刃。两面微弧，打磨光滑。一侧为

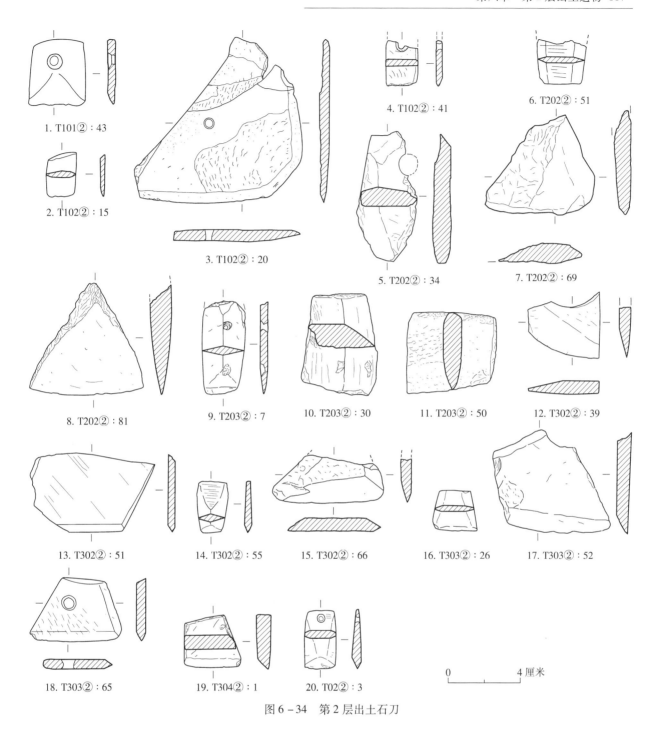

图6-34　第2层出土石刀

平面，加工平整。残长3.4、残宽4、厚0.6厘米。（图6-34：12；彩版一三三：6）

T302②：51，红色凝灰质粉砂岩。仅存刃部。直刃，偏锋。两面均为平面，加工平整。两面均有起刃，刃缘呈长方形。残长4.2、残宽6.8、厚0.4厘米。（图6-34：13；彩版一三三：7）

T302②：55，灰黑色细砂粉砂质硅质岩。平面呈梯形。双斜直刃，正锋。两面有"人"字形隆脊，系用废弃的石镞改制而成。长2.7、宽1.7、厚0.4厘米。（图6-34：14；彩版一三三：8）

T302②：66，土黄色泥质硅质岩。仅存刃部。直刃，正锋。一侧为斜面。两面起刃，刃缘呈梯形。残长2.5、残宽6、厚0.7厘米。（图6-34：15；彩版一三四：1）

T303②：26，青色泥岩。平面呈梯形。小石刀。直背，直刃，正锋。顶部为小平面。正面起

刃，刃缘呈长方形。长 2.1、刃宽 2.5、厚 0.3 厘米。（图 6 - 34：16；彩版一三四：2）

T303②：52，灰黑色斑点角岩。平面略呈梯形。直刃，正锋。顶部及一侧残，一侧圆弧。两面磨平。残长 5.3、残宽 6.7、厚 0.7 厘米。（图 6 - 34：17；彩版一三四：3）

T303②：65，灰色粉砂质泥岩。平面呈梯形。直刃，正锋。顶部及两侧呈平面，加工平整。右侧近顶部处有一直径约 0.6 厘米单面钻成的圆孔。通体磨光。长 3.2、顶宽 2.2、刃宽 4.7、厚 0.5 厘米。（图 6 - 34：18；彩版一三四：4）

T304②：1，棕灰色泥质硅质岩。直刃，偏锋。顶部斜平，两面及一侧均为平面。刃缘呈长方形。长 2.8、宽 3.1、厚 0.7 厘米。（图 6 - 34：19；彩版一三四：5）

T02②：3，紫红色凝灰质粉砂岩。小石刀。弧背，直刃，正锋。顶部及两侧呈平面。顶部中间有一对钻穿孔。长 3、宽 1.7、孔径 0.4、厚 0.5 厘米。（图 6 - 34：20；彩版一三四：6）

石矛

8 件。

T102②：9，紫红色叶蜡石化沉凝灰岩。仅存下半部。中间脊背隆起，两翼刃部锐利。扁直铤。残长 4.6、翼宽 3.2 厘米。（图 6 - 35：1；彩版一三五：1）

T202②：16，灰白色泥岩，杂黑点。矛头部残件。残长 4.8、宽 2.6 厘米。（图 6 - 35：2；彩版一三五：2）

T202②：20，青色凝灰质粉砂岩。平面呈菱形。加工较粗糙。长 9.8、宽 2.4 厘米。（图 6 - 35：3；彩版一三五：3）

T203②：84，灰绿色凝灰质粉砂岩。矛头部残件。残长 4.6、宽 3 厘米。（图 6 - 35：4；彩版一三五：4）

T303②：15，黑色泥岩。中间脊背隆起，两翼刃部锐利。锋、铤皆残。残长 5.9、翼宽 2.3 厘米。（图 6 - 35：5；彩版一三五：5）

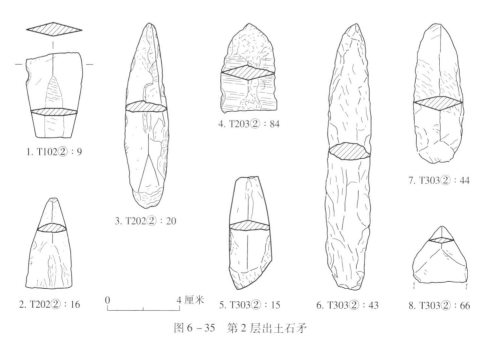

1. T102②：9
2. T202②：16
3. T202②：20
4. T203②：84
5. T303②：15
6. T303②：43
7. T303②：44
8. T303②：66

0　　　　4 厘米

图 6 - 35　第 2 层出土石矛

T303②：43，青灰色泥岩。器身细长。残长 14.1、宽 2.4 厘米。（图 6 - 35：6；彩版一三五：6）

T303②：44，青色泥岩。中间脊背隆起。长 7.3、宽 2.7 厘米。（图 6 - 35：7）

T303②：66，青色凝灰质粉砂岩。矛头部残件。残长 3、宽 3 厘米。（图 6 - 35：8；彩版一三五：7）

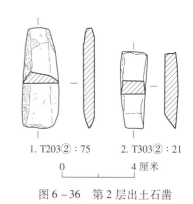

1. T203②：75　　2. T303②：21

0　　　　4 厘米

图 6 - 36　第 2 层出土石凿

石凿

2 件。

T203②：75，青色斑点角岩。平面呈梯形。直背，正面微弧，直刃，偏锋。通体打磨。长 5.3、刃宽 2 厘米。（图 6 - 36：1；彩版一三六：1）

T303②：21，青色硅质岩。平面呈梯形。直背，直弧，直刃，偏锋。通体磨光。长 4、顶宽 1.4 厘米。（图 6 - 36：2；彩版一三六：2）

石斧

4 件。

T101②：49，灰绿色闪长岩。平面呈长方形。弧刃，正锋，两侧圆弧，顶部为斜面。长 8.4、宽 5、厚 3.3 厘米。（图 6 - 37：1；彩版一三六：3）

T202②：31，灰黑色流纹质凝灰岩。平面呈长方形。弧刃，正锋，两侧圆弧，顶部及一侧崩残严重。刃部磨光。长 9.4、宽 5.8、厚 3.4 厘米。（图 6 - 37：2；彩版一三六：4）

T202②：32，灰色凝灰岩。平面呈梯形。直刃，正锋。通体遍布打击疤痕。长 7.5、宽 7、厚 2.6 厘米。（图 6 - 37：3；彩版一三六：5）

T303②：64，灰白色斑点角岩。平面略呈梯形。弧刃，正锋，腹背皆弧。残长 5、宽 5.2、厚 3.6 厘米。（图 6 - 37：4；彩版一三六：6）

石楔

1 件。

T01②：1，青灰色霏细斑岩，杂黑斑。弧背，弧刃，正锋。器身一周圆弧，顶部崩片较严重。长 13.1、宽 4.8、厚 3.2 厘米。（图 6 - 38；彩版一三七：1）

石钻芯

1 件。

T102②：28，土黄色细砂粉砂岩。平面呈圆形。两面加工平整，侧面中部有一周凸起，上下不对称。顶径 1.8、底径 1.8、最大直径 2.3、高 0.9 厘米。（图 6 - 39；彩版一三七：2）

石器残器（半成品）

59 件。

T101②：13，青灰色泥质硅质岩。石锛半成品。平面略呈长方形。通体遍布打击疤痕。长 5.2、宽 2.9 厘米。（图 6 - 40A：1；彩版一三七：3）

T101②：22，紫红色凝灰质粉砂岩。石镞半成品。平面略呈长方形。通体遍布打击疤痕。长 4.7、宽 2.2 厘米。（图 6 - 40A：2；彩版一三七：4）

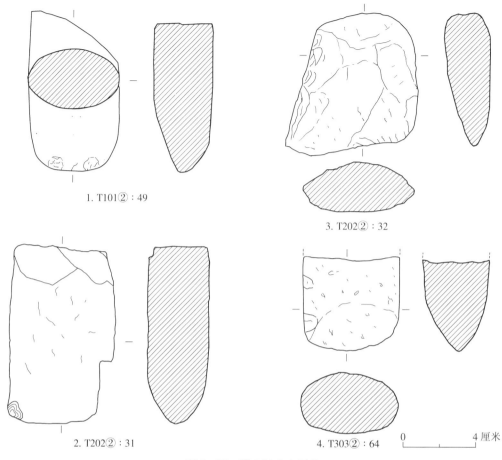

1. T101②：49

3. T202②：32

2. T202②：31

4. T303②：64

0　　　　　　4 厘米

图 6 - 37　第 2 层出土石斧

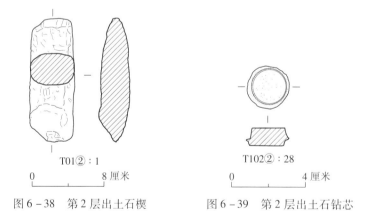

T01②：1

T102②：28

0　　　　　　8 厘米

0　　　　　　4 厘米

图 6 - 38　第 2 层出土石楔　　　　图 6 - 39　第 2 层出土石钻芯

　　T101②：23，紫红色泥岩。石镞半成品。平面略呈长方形。通体遍布打击疤痕。长 5.4、宽 2 厘米。（图 6 - 40A：3；彩版一三七：5）

　　T101②：33，黑色泥质硅质岩。石镞半成品。通体遍布打击疤痕。长 5.9、宽 2 厘米。（图 6 - 40A：4；彩版一三七：6）

　　T102②：21，青色粉砂岩。石镞半成品。长 6.8、宽 2.5 厘米。（图 6 - 40A：5；彩版一三七：7）

　　T102②：31，紫红色凝灰岩。石镞半成品。通体遍布打击疤痕。长 5.4、宽 2 厘米。（图 6 -

40A：6；彩版一三七：8）

　　T102②：34，青色泥岩。石镞半成品。通体遍布打击疤痕。长6.6、宽2.4厘米。（图6-40A：7；彩版一三七：9）

　　T202②：49，灰色凝灰岩。石锛半成品。通体遍布打击疤痕。长5.5、宽2.7厘米。（图6-40A：8；彩版一三八：1）

　　T202②：63，青色泥岩。石镞半成品。通体遍布打击疤痕。长7.6、宽2.9厘米。（图6-40A：9；彩版一三八：2）

　　T202②：74，灰色细砂岩。石锛半成品。通体遍布打击疤痕。长6.8、宽3.8厘米。（图6-40A：10；彩版一三八：3）

　　T202②：77，青色硅质泥质岩。石锛半成品。通体遍布打击疤痕。长5.3、宽3厘米。（图6-40A：11；彩版一三八：4）

　　T202②：82，灰白色泥质硅质岩。石锛半成品。通体遍布打击疤痕。长6.5、宽3.2厘米。（图6-40A：12；彩版一三八：5）

　　T203②：10，青色泥岩。石镞半成品。通体遍布打击疤痕。长7.4、宽2.2厘米。（图6-40A：13；彩版一三八：6）

　　T203②：31，浅灰紫色凝灰质粉砂岩。石镞半成品。通体遍布打击疤痕。长5.4、宽1.9厘米。（图6-40A：14；彩版一三八：7）

　　T203②：34，浅灰紫色凝灰质粉砂岩。石镞半成品。通体遍布打击疤痕。长4.4、宽2厘米。（图6-40A：15；彩版一三八：8）

　　T203②：35，青色泥岩。石镞半成品。通体遍布打击疤痕。长5.4、宽2.6厘米。（图6-40A：16；彩版一三八：9）

　　T203②：40，黑色泥质硅质岩。石镞半成品。一面经打磨，一面遍布打击疤痕。长5.5、宽2.8厘米。（图6-40A：17；彩版一三九：1）

　　T203②：41，棕灰色泥质粉砂岩。石镞半成品。整体呈椭圆形。通体遍布打击疤痕。长8.1、宽2.2厘米。（图6-40A：18；彩版一三九：2）

　　T203②：43，灰色泥岩。石镞半成品。通体遍布打击疤痕。长4.6、宽1.5厘米。（图6-40A：19；彩版一三九：3）

　　T203②：45，灰色泥岩。石镞半成品。通体遍布打击疤痕。长4.6、宽1.6厘米。（图6-40A：20；彩版一三九：4）

　　T203②：49，青色凝灰岩。石镞半成品。三棱状，三面已磨平。长5.4、宽1.8厘米。（图6-40A：21；彩版一三九：5）

　　T203②：55，灰色硅质泥质岩。石锛半成品。通体遍布打击疤痕。长4.8、宽2.2厘米。（图6-40A：22；彩版一三九：6）

　　T203②：63，黑灰色凝灰岩。石镞半成品。整体呈椭圆形。通体遍布打击疤痕。长6.7、宽2.5厘米。（图6-40A：23；彩版一三九：7）

　　T203②：74，灰色凝灰质粉砂岩。石镞半成品。通体遍布打击疤痕。长5、宽1.4厘米。（图

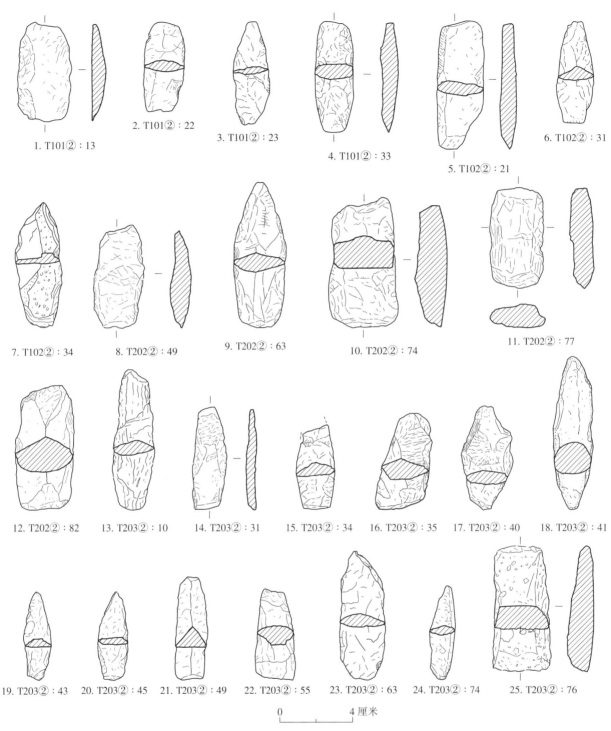

1. T101②：13   2. T101②：22   3. T101②：23   4. T101②：33   5. T102②：21   6. T102②：31

7. T102②：34   8. T202②：49   9. T202②：63   10. T202②：74   11. T202②：77

12. T202②：82   13. T203②：10   14. T203②：31   15. T203②：34   16. T203②：35   17. T203②：40   18. T203②：41

19. T203②：43   20. T203②：45   21. T203②：49   22. T203②：55   23. T203②：63   24. T203②：74   25. T203②：76

0   4厘米

图6-40A　第2层出土石器残器（半成品）

6-40A：24；彩版一三九：8）

T203②：76，灰白色钙泥质硅质岩。石锛半成品。平面呈梯形。直刃，偏锋。背面磨平。正面圆弧，遍布打击疤痕。长6.6、宽3、厚1.4厘米。（图6-40A：25；彩版一三九：9）

T203②：79，青色泥岩。平面大致呈梯形。通体遍布打击疤痕。长5.4、宽3厘米。（图6-40B：1；彩版一四〇：1）

T302②：35，黑灰色凝灰质粉砂岩。石镞半成品。通体遍布打击疤痕。长5.6、宽1.9厘米。

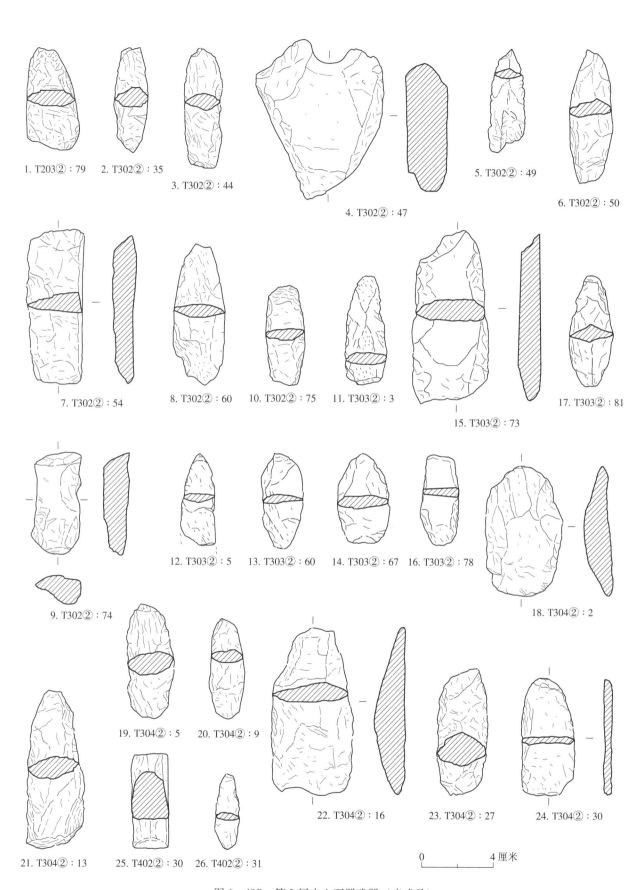

1. T203②：79　　2. T302②：35

3. T302②：44

4. T302②：47

5. T302②：49

6. T302②：50

7. T302②：54　　8. T302②：60　　10. T302②：75　　11. T303②：3

17. T303②：81

15. T303②：73

12. T303②：5　　13. T303②：60　　14. T303②：67　　16. T303②：78

9. T302②：74

18. T304②：2

19. T304②：5　　20. T304②：9

21. T304②：13　　25. T402②：30　　26. T402②：31

22. T304②：16　　23. T304②：27　　24. T304②：30

0　　　　4 厘米

图 6 - 40B　第 2 层出土石器残器（半成品）

（图6-40B：2；彩版一四〇：2）

T302②：44，青色凝灰岩。石镞半成品。通体遍布打击疤痕。长6.4、宽2.1厘米。（图6-40B：3；彩版一四〇：3）

T302②：47，灰色晶屑熔结凝灰岩。残件，器身厚重。背面和正面均加工较平整。在边缘有一残断的对钻圆形穿孔。器形不明。长8.5、宽7、厚2.3厘米。（图6-40B：4；彩版一四〇：4）

T302②：49，青色泥岩。石镞半成品。通体遍布打击疤痕。长5.4、宽2厘米。（图6-40B：5；彩版一四〇：5）

T302②：50。青色凝灰质粉砂岩。石镞半成品。通体遍布打击疤痕。长7、宽2.4厘米。（图6-40B：6；彩版一四〇：6）

T302②：54，灰黑色凝灰岩。石锛半成品。直背，斜直刃，偏锋。一侧呈平面。正面遍布打击疤痕。长8.2、宽3.2、厚1.2厘米。（图6-40B：7；彩版一四〇：7）

T302②：60，青灰色凝灰质粉砂岩。石镞半成品。通体遍布打击疤痕。长7.4、宽2.8厘米。（图6-40B：8；彩版一四〇：8）

T302②：74，灰色泥质硅质岩。石锛半成品。长条形。直刃，偏锋。刃部崩残严重。顶部斜平。长5.4、宽2.6、厚1.6厘米。（图6-40B：9；彩版一四〇：9）

T302②：75，黑色凝灰质粉砂岩。石镞半成品。通体遍布打击疤痕。长5.2、宽2.2厘米。（图6-40B：10；彩版一四一：1）

T303②：3，青灰色泥质硅质岩。石镞半成品。通体遍布打击疤痕。长5.8、宽2.3厘米。（图6-40B：11；彩版一四一：2）

T303②：5，青色泥岩。石镞半成品。通体遍布打击疤痕。长4.8、宽1.9厘米。（图6-40B：12；彩版一四一：3）

T303②：60，紫红色凝灰岩。石镞半成品。通体遍布打击疤痕。长5、宽2.2厘米。（图6-40B：13；彩版一四一：4）

T303②：67，黑色泥岩。石镞半成品。平面呈桂叶形。通体遍布打击疤痕。长4.7、宽2.8厘米。（图6-40B：14；彩版一四一：5）

T303②：73，土黄色泥质硅质岩。石锛半成品。两面磨平，通体遍布打击疤痕。长8.9、宽4.2厘米。（图6-40B：15；彩版一四一：6）

T303②：78，紫红色凝灰质粉砂岩。石镞半成品。一面磨平，一面遍布打击疤痕。长4.7、宽2.1厘米。（图6-40B：16；彩版一四一：7）

T303②：81，紫红色凝灰质粉砂岩。石镞半成品。通体遍布打击疤痕。长5.8、宽2.4厘米。（图6-40B：17；彩版一四一：8）

T304②：2，青色凝灰岩。石锛半成品。平面略呈长方形。通体遍布打击疤痕。长6.9、宽4.3厘米。（图6-40B：18；彩版一四一：9）

T304②：5，紫红色叶蜡石化沉凝灰岩。石镞半成品。平面略呈柳叶形。通体遍布打击疤痕。长6、宽2.6厘米。（图6-40B：19；彩版一四二：1）

T304②：9，紫红色凝灰质粉砂岩。石镞半成品。平面略呈长方形。通体遍布打击疤痕。长

5.1、宽1.9厘米。（图6-40B：20；彩版一四二：2）

T304②：13，紫红色凝灰质粉砂岩。石镞半成品。平面略呈柳叶形。通体遍布打击疤痕。长8.3、宽3.2厘米。（图6-40B：21；彩版一四二：3）

T304②：16，紫红色凝灰岩。平面略呈长方形。通体遍布打击疤痕。长8.8、翼宽4.5厘米。（图6-40B：22；彩版一四二：4）

T304②：27，青色凝灰岩。石锛半成品。平面呈不规则形。通体遍布打击疤痕。长6.6、宽2.8厘米。（图6-40B：23；彩版一四二：5）

T304②：30，紫红色凝灰质粉砂岩。石镞半成品，已加工成石片。平面略呈柳叶形。两面磨平。长6.2、宽2.9厘米。（图6-40B：24；彩版一四二：6）

T402②：30，灰色泥质硅质岩。似长条形石锛未加工成形。两面及顶部、底部均加工平整，其余部位圆弧。长5、宽2厘米。（图6-40B：25；彩版一四二：7）

T402②：31，黑色泥岩。石镞半成品。通体遍布打击疤痕。长4、宽1.3厘米。（图6-40B：26；彩版一四二：8）

石饰件

1件。

T302②：113，黄褐色泥质硅质岩。状如鹰喙，纵截面呈三角形。在靠近尖顶一侧有一对钻而成的穿孔，似为穿绳悬挂而作。长3.8、宽2.2、孔径0.6厘米。（图6-41；彩版一四三：1）

玉管

1件。

T101②：47，淡青透闪石。圆管状。直径约0.6、壁厚约0.1厘米。（图6-42；彩版一四三：2）

玉簪

1件。

T302②：4，鸡骨白透闪石。顶端残，平面呈扁长方形。下端尖窄。整体光滑，不透光。两侧呈平面，微弧，上下两端残。残长5.9、宽1、厚0.6厘米。（图6-43；彩版一四三：3）

玉饰件

3件。

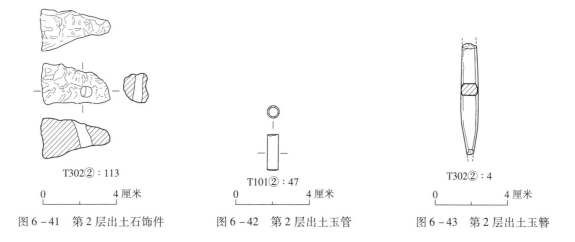

T302②：113

0　　　　　4厘米

T101②：47

0　　　　　4厘米

T302②：4

0　　　　　4厘米

图6-41　第2层出土石饰件　　图6-42　第2层出土玉管　　图6-43　第2层出土玉簪

T203②：47，乳白色偏灰叶蜡石。整体大致呈三棱锥状。残长 5.8、宽 3.5、厚 1.8 厘米。（图 6-44：1；彩版一四三：4）

T203②：81，青绿色叶蜡石。顶端及一侧残，两残一侧呈平面，一端圆弧，整体光滑。残长 4.1、宽 2.4、厚 0.6 厘米。（图 6-44：2；彩版一四三：5）

T302②：13，乳白色叶蜡石。平面略呈梯形。直背，平顶，一侧齐平，正面凹凸不平，靠顶部有一条直向横穿器身的凹槽和一条平行的较短凹槽。长 6.1、宽 3.6、厚 1.4 厘米（图 6-44：3；彩版一四三：6）

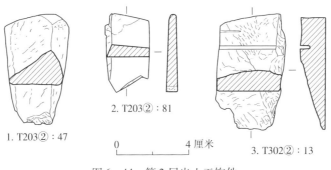

1. T203②：47

2. T203②：81

0   4 厘米

3. T302②：13

图 6-44　第 2 层出土玉饰件

附表 6-1 第 2 层出土陶器统计表

鼎

器类	鼎												
部位	口领					足							
型式	A		B			A		B		C	D	E	F
	Aa	Ab	Ba	Bb	Bc	Ab	Ac	Ba	Bb				
数量	56	58	90	27	21	79	6	2	1	10	5	1	1
总数	252					105							
占比	29.5%					/							

着黑/硬陶罐 · 泥质陶罐

器类	着黑/硬陶罐												泥质陶罐				
型式	A	B			C				D	E	F		A	B	C	E	F
		Ba	Bb		Ca	Cb	Cc	Cd			Fa	Fb					
			I	II													
数量	30	5	10	19	3	7	12	14	10	3	30	14	3	1	1	2	2
总数	157												9				
占比	18.4%												1.1%				

壶 · 釜

器类	壶								釜							
型式	A		B	C	D		E		A		B		D		E	F
	Aa	Ab	II		Db		Ea	Eb	Aa	Ab	I	II	I	II		
					I	II										
数量	31	17	37	2	19	8	4	15	17	12	15	13	5	4	18	5
总数	133								89							
占比	15.6%								10.4%							

盆 · 豆

器类	盆			豆（豆柄）		豆（豆盘）					
型式	A	B	C	A	B	A	B	C	D		
			II		I			Cb	Da	Db	
数量	20	5	4	20	22	10	4	4	23	4	
总数	29			42		45					
占比	3.4%			/		5.3%					

瓮

器类	瓮									
型式	A	B	C	D		E			F	
		II		Da	Db	Ea	Eb	Ec	I	II
数量	10	1	1	13	17	9	12	18	9	1
总数	91									
占比	10.7%									

器类	钵			纺轮								盅	杯	支座	陶拍	网坠
型式	A	B	C	A	B		C		D	E	F					
				Aa	I	II	I	II								
数量	2	1	3	1	2	5	1	5	2	6	1	2	2	12	2	1
总数	6			23								2	2	12	2	1
占比	0.7%			2.7%								0.2%	0.2%	1.4%	0.2%	0.1%

注：1. "—"表示未分型或分式。

2. 占比指占该层出土陶器标本总数的百分比，其中鼎足和豆柄标本未计入总数。

第七章 第1层出土及采集遗物

在第1层内和遗址周边出土并采集了大量陶片与石（玉）器，以及骨器1件。

第一节 陶器

双鼻壶

1件。

采：30，泥质灰陶。侈口，平唇，斜直领较高，斜肩，鼓腹，腹下部斜直收，平底，圈足斜直，较高。口沿处对称各安置一长2.1、宽1.2厘米的泥块，似鼻状。口径7.9、腹径10、底径7.8、高9.8厘米。（图7-1；彩版一四四：1）

碟

1件。

采：31，夹砂黄褐陶。敞口，尖圆唇，斜直腹，平底。口径10.3、底径6.5、高3.6厘米。（图7-2；彩版一四四：2）

环

1件。

T303①：15，夹砂黑褐陶。残。扁圆弧形。顶面圆弧，底面略平。残长约5.4、宽1、厚0.6厘米。（图7-3；彩版一四四：3）

网坠

1件。

T303①：5，泥质黑陶。整体呈圆柱状，器身靠两端处各有一对对称的凹槽，器身中部有一处凹槽。长2.4、直径0.6厘米。（图7-4；彩版一四四：4）

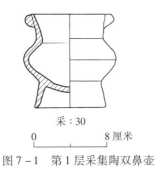

采：30

0   8厘米

图7-1 第1层采集陶双鼻壶

采：31

0   8厘米

图7-2 第1层采集陶碟

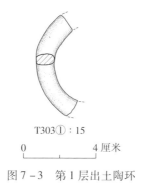

T303①：15

0   4厘米

图7-3　第1层出土陶环

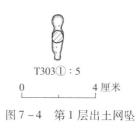

T303①：5

0   4厘米

图7-4　第1层出土网坠

纺轮

7件。

A型　2件。

T302①：15，夹砂黑陶。底部为平面，底径4.4、孔径0.5、厚1.2厘米。（图7-5：1；彩版一四五：1）

T304①：5，泥质黄陶。底部为平面，底径3.5、孔径0.4、厚0.9厘米。（图7-5：2；彩版一四五：2）

B型　3件。

B型Ⅰ式　1件。

采：6，泥质黑陶。顶部及底部均为平面。顶径4.2、底径4.8、孔径0.8、厚1厘米。（图7-5：3；彩版一四五：3）

B型Ⅱ式　2件。

T102①：16，泥质黑陶。顶部与底部均为平面。顶径2.2、底径3.2、孔径0.6、厚1.6厘米。（图7-5：4；彩版一四五：4）

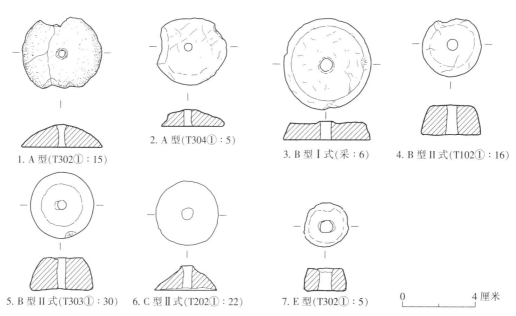

1. A型(T302①：15)　　2. A型(T304①：5)　　3. B型Ⅰ式(采：6)　　4. B型Ⅱ式(T102①：16)

5. B型Ⅱ式(T303①：30)　　6. C型Ⅱ式(T202①：22)　　7. E型(T302①：5)

0   4厘米

图7-5　第1层出土及采集纺轮

T303①：30，夹砂黄褐陶。顶部及底部均为平面。顶径2.2、底径3.6、孔径0.5、厚1.7厘米。（图7－5：5；彩版一四五：5）

C 型　1 件。

C 型 Ⅱ 式　1 件。

T202①：22，夹砂黑陶。底部为平面。底径3.4、孔径0.6、厚1.3厘米。（图7－5：6；彩版一四五：6）

E 型　1 件。

T302①：5，泥质灰陶。顶部及底部均为平面。直径2.4、孔径0.6、厚1.2厘米。（图7－5：7；彩版一四五：7）

陶拍

1 件。

采：10，泥质黄陶。整面呈长条扎状，两侧平整，顶端已残。一面饰平行的直线刻划纹，两侧饰交错的刻划细线纹。残长约6.5、宽约4.1、厚约2.9厘米。（图7－6；彩版一四四：5）

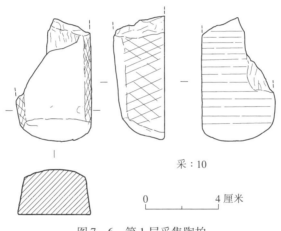

采：10

0 ———————— 4 厘米

图7－6　第1层采集陶拍

第二节　石（玉）器

石镞

106 件。分类介绍如下。

（1）三角形石镞

18 件。

T101①：18，暗灰紫色凝灰质泥岩。中间脊背隆起，两翼刃部锐利。扁直铤，叶、铤分界明显。通长4.4、铤长0.9、翼宽2厘米。（图7－7：1；彩版一四六：1）

T102①：5，青色泥岩。翼身与背部有两条明显的分界，两翼刃部锐利。锋、铤皆残。残长3.7、翼宽2.3厘米。（图7－7：2；彩版一四六：2）

T102①：24，青色泥岩。两翼刃部锐利，一面有凹坑。长5.3、翼宽1.8厘米。（图7－7：3；

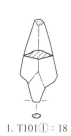    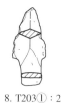

1. T101①：18
2. T102①：5
3. T102①：24
4. T102①：25
5. T103①：18
6. T202①：14
7. T202①：15
8. T203①：2

0 ⌞___⌟ 4 厘米

图 7 - 7 第 1 层出土三角形石镞

彩版一四六：3）

T102①：25，黑灰色泥岩。一侧残，剩余一翼刃部锐利。残长 3.7、残宽 1.6 厘米。（图 7 - 7：4；彩版一四六：4）

T103①：18，土黄色泥质硅质岩。中间脊背隆起，两翼刃部锐利。扁尖铤，叶、铤分界明显。长 3.8、翼宽 1.6 厘米。（图 7 - 7：5；彩版一四六：5）

T202①：14，灰色泥岩。两翼刃部锐利。长 3.2、翼宽 1.8 厘米。（图 7 - 7：6；彩版一四六：6）

T202①：15，青灰色粉砂岩。中间脊背隆起，两翼刃部锐利。扁尖铤。锋已残。残长 4.8、铤长 1.3、翼宽 1.7 厘米。（图 7 - 7：7；彩版一四六：7）

T203①：2，青色泥岩。中间脊背隆起，两翼刃部锐利。有铤。通长 4.2、铤长 1.4、翼宽 1.8 厘米。（图 7 - 7：8；彩版一四六：8）

（2）柳叶形石镞

34 件。

T101①：7，灰绿色泥岩。中间脊背隆起，两翼刃部锐利。扁直铤。残长 3.7、翼宽 1.6 厘米。（图 7 - 8：1；彩版一四七：1）

T101①：8，青黑色泥岩。中间脊背隆起，两翼刃部锐利。扁尖铤。锋已残。残长 4.6、翼宽 1.9 厘米。（图 7 - 8：2；彩版一四七：2）

T101①：24，紫红色凝灰质粉砂岩。中间脊背隆起。长 4.1、翼宽 1.7 厘米。（图 7 - 8：3；彩版一四七：3）

T101①：38，灰色纹层状硅质泥质岩。中间脊背隆起，两翼刃部锐利。扁直铤，锋、叶、铤分界明显。长 4.8、翼宽 2.3 厘米。（图 7 - 8：4；彩版一四七：4）

T102①：2，青色泥岩。中间脊背隆起，两翼刃部锐利。长 4.1、翼宽 1.7 厘米。（图 7 - 8：5；彩版一四七：5）

T102①：4，青色泥岩。中间脊背隆起，两翼刃部锐利。长 4.6、翼宽 1.6 厘米。（图 7 - 8：6；彩版一四七：6）

T102①：17，黑色泥岩。中间脊背隆起，两翼刃部锐利。扁直铤。长 4.6、翼宽 2 厘米。（图 7 - 8：7；彩版一四七：7）

T102①：28，青色泥岩。中间脊背隆起，两翼刃部锐利。扁直铤。锋已残。残长 4、翼宽 2 厘米。（图 7 - 8：8；彩版一四七：8）

T102①：32，青色泥岩。中间脊背隆起，两翼刃部锐利。长 3.2、翼宽 1.5 厘米。（图 7 - 8：

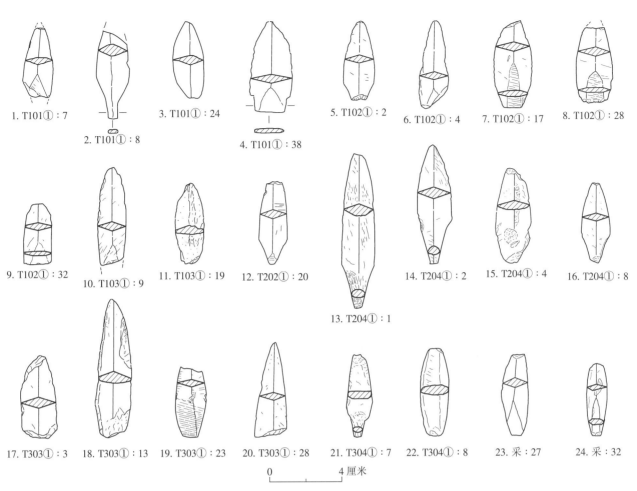

1. T101①：7
2. T101①：8
3. T101①：24
4. T101①：38
5. T102①：2
6. T102①：4
7. T102①：17
8. T102①：28
9. T102①：32
10. T103①：9
11. T103①：19
12. T202①：20
13. T204①：1
14. T204①：2
15. T204①：4
16. T204①：8
17. T303①：3
18. T303①：13
19. T303①：23
20. T303①：28
21. T304①：7
22. T304①：8
23. 采：27
24. 采：32

0　　　　4厘米

图 7－8　第1层出土及采集柳叶形石镞

9；彩版一四七：9）

T103①：9，青色泥岩。中间脊背隆起，两翼刃部锐利。扁直铤。铤已残。残长 5.1、翼宽 1.6 厘米。（图 7－8：10；彩版一四八：1）

T103①：19，青色泥岩。中间脊背隆起，两翼刃部锐利。长 4.2、翼宽 1.6 厘米。（图 7－8：11；彩版一四八：2）

T202①：20，灰白色泥岩。中间脊背隆起，两翼刃部锐利。锋已残。残长 4.3、翼宽 1.6 厘米。（图 7－8：12；彩版一四八：3）

T204①：1，灰黄色泥岩。中间脊背隆起，两翼刃部锐利。扁尖铤。长 8.1、翼宽 1.8 厘米。（图 7－8：13；彩版一四八：4）

T204①：2，青色泥岩。中间脊背隆起，两翼刃部锐利。扁尖铤。长 6.3、翼宽 1.8 厘米。（图 7－8：14；彩版一四八：5）

T204①：4，紫红色凝灰岩。中间脊背隆起，两翼刃部锐利。锋、铤皆残。残长 4.9、翼宽 1.9 厘米。（图 7－8：15；彩版一四八：6）

T204①：8，青黑色泥岩。中间脊背隆起，两翼刃部锐利。扁尖铤。长 4.2、翼宽 1.6 厘米。（图 7－8：16；彩版一四八：7）

T303①：3，青色泥岩。中间脊背隆起，两翼刃部锐利。锋、铤皆残。残长 4.3、翼宽 1.9 厘

米。（图 7 - 8：17；彩版一四八：8）

T303①：13，青色粉砂岩。中间脊背隆起。长 7.3、翼宽 2 厘米。（图 7 - 8：18；彩版一四八：9）

T303①：23，青色泥岩。中间脊背隆起，两翼刃部锐利。扁直铤。锋已残。残长 3.8、翼宽 1.6 厘米。（图 7 - 8：19；彩版一四九：1）

T303①：28，紫红色凝灰质粉砂岩。中间脊背隆起，两翼刃部锐利。铤已残。残长 4.9、翼宽 1.7 厘米。（图 7 - 8：20；彩版一四九：2）

T304①：7，紫红色凝灰质粉砂岩。有圆柱状榫。通长 4.4、铤长 0.9、翼宽 1.5 厘米。（图 7 - 8：21；彩版一四九：3）

T304①：8，灰色泥岩。中间脊背隆起，两翼刃部锐利。长 4.6、翼宽 1.6 厘米。（图 7 - 8：22；彩版一四九：4）

采：27，青色泥岩。中间脊背隆起，两翼刃部锐利。扁直铤。锋已残。残长 4.3、翼宽 1.5 厘米。（图 7 - 8：23；彩版一四九：5）

采：32，青色泥岩。中间脊背隆起。锋、铤皆残。残长 3.8、翼宽 1.1 厘米。（图 7 - 8：24；彩版一四九：6）

（3）桂叶形石镞

15 件。

T103①：8，黑色泥岩。中间脊背隆起，两翼刃部锐利。扁直铤。长 4.3、翼宽 1.8 厘米。（图 7 - 9：1；彩版一四九：7）

T103①：14，青色泥岩。中间脊背隆起，两翼刃部锐利。扁直铤。长 4.4、翼宽 2 厘米。（图 7 - 9：2；彩版一四九：8）

T203①：20，青色泥岩。中间脊背隆起，两翼刃部锐利。扁直铤。长 3.7、翼宽 1.6 厘米。（图 7 - 9：3；彩版一四九：9）

T204①：6，青色泥岩。中间脊背隆起，两翼刃部锐利。扁直铤。长 4.2、翼宽 1.6 厘米。（图 7 - 9：4；彩版一五〇：1）

T204①：9，青色泥岩。中间脊背隆起，两翼刃部锐利。长 3.9、翼宽 2 厘米。（图 7 - 9：5；彩版一五〇：2）

（4）菱形石镞

38 件。

1. T103①：8　　2. T103①：14　　3. T203①：20　　4. T204①：6　　5. T204①：9

0 ____ 4 厘米

图 7 - 9　第 1 层出土桂叶形石镞

T101①：34，灰白色泥岩。中间脊背隆起，两翼刃部锐利。扁尖铤。锋、铤皆残。残长4、翼宽1.9厘米。（图7-10：1；彩版一五〇：3）

T102①：21，灰色泥岩。中间脊背隆起，两翼刃部锐利。圆锥状铤，叶、铤分界明显。长3.7、翼宽1.3厘米。（图7-10：2；彩版一五〇：4）

T103①：3，青色泥岩。扁尖铤。长3.7、翼宽0.9厘米。（图7-10：3；彩版一五〇：5）

T202①：4，灰色泥岩。中间脊背隆起，两翼刃部锐利。扁尖铤。长4.1、翼宽1.5厘米。（图7-10：4；彩版一五〇：6）

T202①：13，青色泥岩。中间脊背隆起，两翼刃部锐利。扁尖铤。长3.8、翼宽1.8厘米。（图7-10：5；彩版一五〇：7）

T202①：19，青黑色泥岩。两翼刃部锐利。扁尖铤。长2.2、翼宽1.1厘米。（图7-10：6；彩版一五〇：8）

T203①：7，青色泥岩。中间脊背隆起，两翼刃部锐利。扁尖铤。长3.6、翼宽1.4厘米。（图7-10：7；彩版一五〇：9）

T203①：10，白色泥岩。中间脊背隆起，两翼刃部锐利。扁尖铤。长2.8、翼宽1.5厘米。（图7-10：8；彩版一五一：1）

T203①：21，青色泥岩。扁直铤。崩片严重。长3.7、翼宽1.6厘米。（图7-10：9；彩版一五一：2）

T204①：7，青色泥岩。扁尖铤。长3.5、翼宽1.7厘米。（图7-10：10；彩版一五一：3）

T302①：2，灰黑色石料。一侧已残。长4.3、翼宽1.9厘米。（图7-10：11；彩版一五一：4）

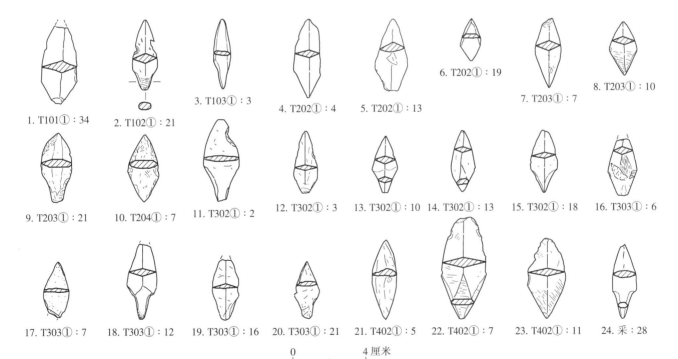

1. T101①：34 2. T102①：21 3. T103①：3 4. T202①：4 5. T202①：13 6. T202①：19 7. T203①：7 8. T203①：10

9. T203①：21 10. T204①：7 11. T302①：2 12. T302①：3 13. T302①：10 14. T302①：13 15. T302①：18 16. T303①：6

17. T303①：7 18. T303①：12 19. T303①：16 20. T303①：21 21. T402①：5 22. T402①：7 23. T402①：11 24. 采：28

0   4厘米

图7-10 第1层出土及采集菱形石镞

T302①：3，灰色泥岩。中间脊背隆起，两翼刃部锐利。扁尖铤。长3.3、翼宽1.3厘米。（图7－10：12；彩版一五一：5）

T302①：10，灰色泥岩。中间脊背隆起，两翼刃部锐利。扁尖铤。长3、翼宽1.4厘米。（图7－10：13；彩版一五一：6）

T302①：13，青色泥岩。中间脊背隆起，两翼刃部锐利。扁尖铤。长3.2、翼宽1.3厘米。（图7－10：14；彩版一五一：7）

T302①：18，青色泥岩。中间脊背隆起，两翼刃部锐利。扁尖铤。长3.3、翼宽1.5厘米。（图7－10：15；彩版一五一：8）

T303①：6，黑色硅质泥质岩。两翼刃部锐利。扁尖铤。锋、铤皆残。残长2.9、翼宽1.6厘米。（图7－10：16；彩版一五一：9）

T303①：7，灰色凝灰岩。两翼刃部锐利。扁尖铤。铤已残。残长2.9、翼宽1.4厘米。（图7－10：17；彩版一五二：1）

T303①：12，青色泥岩。中间脊背隆起，两翼刃部锐利。扁尖铤。锋已残。残长3.9、翼宽1.6厘米。（图7－10：18；彩版一五二：2）

T303①：16，灰色泥岩。两翼刃部锐利。扁尖铤。锋已残。残长3.1、翼宽1.4厘米。（图7－10：19；彩版一五二：3）

T303①：21，青色泥岩。两翼刃部锐利。扁尖铤，叶、铤分界明显。铤已残。残长3、翼宽1.3厘米。（图7－10：20；彩版一五二：4）

T402①：5，青色泥岩。扁尖铤。残长4.2、翼宽1.3厘米。（图7－10：21；彩版一五二：5）

T402①：7，黑色硅质泥质岩。中间脊背隆起，两翼刃部锐利。扁直铤。长5.4、翼宽2.4厘米。（图7－10：22；彩版一五二：6）

T402①：11，灰色泥岩。中间脊背隆起，两翼刃部锐利。扁直铤，铤已残。残长4.2、翼宽2.1厘米。（图7－10：23；彩版一五二：7）

采：28，灰色泥岩。扁尖铤。长3.9、翼宽1.3厘米。（图7－10：24；彩版一五二：8）

（5）多棱形石镞

1件。

T101①：16，灰黄色泥岩。扁体四棱状，刃部锐利。锋已残。残长4.7、翼宽1.6厘米。（图7－11；彩版一五二：9）

石锛

53件。分类介绍如下。

（1）弧背石锛

5件。截面呈扇形。

T103①：2，灰白色钙泥质硅质岩。长方形。弧刃，偏锋。顶部及两侧呈斜面。正面起刃，刃缘呈半三角形。长8.7、宽4.3、厚2.6厘米。（图7－12：1；彩版一五三：1）

T103①：13，灰色泥质硅质岩。方形。弧刃，正锋。顶部呈斜

T101①：16

0　　　4厘米

图7－11　第1层出土多棱形石镞

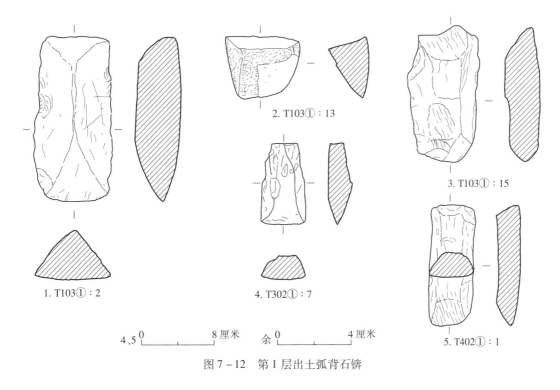

1. T103①：2　　2. T103①：13　　3. T103①：15　　4. T302①：7　　5. T402①：1

4,5 0 _____ 8 厘米　　余 0 _____ 4 厘米

图 7 - 12　第 1 层出土弧背石锛

面。长 3.3、顶宽 4、厚 2.2 厘米。（图 7 - 12：2；彩版一五三：2）

　　T103①：15，灰色钙泥质硅质岩。长方形。背部不平整。弧刃，偏锋，长 7.2、宽 3.9、厚 1.9 厘米。（图 7 - 12：3；彩版一五三：3）

　　T302①：7，青色泥质硅质岩。梯形。直刃，偏锋。顶部及两侧呈斜面，背部顶端崩残严重。长 8.7、刃宽 4.8、厚 2.6 厘米。（图 7 - 12：4；彩版一五三：4）

　　T402①：1，灰白色泥质硅质岩。长方形。弧刃，偏锋，顶部及两侧圆弧。正面起刃，刃缘呈半圆形。长 12.8、宽 5、厚 2.4 厘米。（图 7 - 12：5；彩版一五三：5）

　　（2）常型石锛

　　25 件。

　　T101①：1，灰白色泥质硅质岩。长条形。直刃，偏锋。顶部呈斜平面。正面起刃，刃缘呈三角形。长 7.3、宽 3.5、厚 1.7 厘米。（图 7 - 13A：1；彩版一五四：1）

　　T101①：13，青黑色闪长玢岩，杂黑斑。梯形。直刃，正锋。顶部及两侧呈平面。双面起刃，刃缘呈梯形。刃缘磨光。长 5.9、宽 4.1、厚 1.8 厘米。（图 7 - 13A：2；彩版一五四：2）

　　T101①：26，青色泥质硅质岩。长方形。弧刃，偏锋。顶部为斜平面。长 5.2、宽 3.2、厚 0.8 厘米。（图 7 - 13A：3；彩版一五四：3）

　　T102①：1，灰褐色砂岩。梯形。偏锋，弧刃。一侧斜平，背面有凹坑。长 4.6、刃宽 2.9、厚 1 厘米。（图 7 - 13A：4；彩版一五四：4）

　　T102①：19，青色砂岩。梯形。直刃，偏锋。顶部及两侧呈平面。正面起刃，刃缘呈长方形。长 4.4、刃宽 3、厚 1.2 厘米。（图 7 - 13A：5；彩版一五四：5）

　　T102①：20，灰褐色凝灰岩。梯形。弧刃，偏锋。一侧磨平，其余面遍布打击疤痕。长 8.5、刃宽 3.6、厚 2.4 厘米。（图 7 - 13A：6；彩版一五四：6）

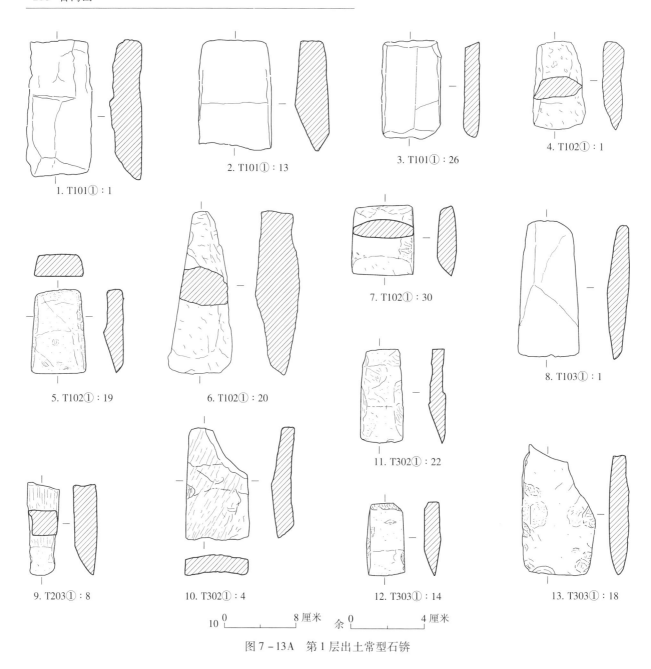

1. T101①：1　　2. T101①：13　　3. T101①：26　　4. T102①：1

5. T102①：19　　6. T102①：20　　7. T102①：30　　8. T103①：1

9. T203①：8　　10. T302①：4　　11. T302①：22　　12. T303①：14　　13. T303①：18

10 0 — 8厘米　　余 0 — 4厘米

图7－13A　第1层出土常型石锛

T102①：30，青色泥质硅质岩。方形。直刃，偏锋。正面圆弧，两侧呈平面。正面起刃，刃缘呈半圆形。长3.7、宽3.4、厚1厘米。（图7－13A：7；彩版一五四：7）

T103①：1，灰绿色晶屑熔结凝灰岩。梯形。直刃，偏锋。背面有凹坑。长7.2、刃宽3.2、厚1.2厘米。（图7－12A：8；彩版一五四：8）

T203①：8，灰绿色绿片岩。梯形。残损严重，仅残存一侧。直刃，偏锋。残长4.8、刃部残宽1.4厘米。（图7－13A：9；彩版一五五：1）

T302①：4，灰白色泥质硅质岩。长方形。顶部残，两侧为平面。正面起刃，刃缘呈长方形。长11.8、宽7.2、厚2.4厘米。（图7－13A：10；彩版一五五：2）

T302①：22，青色粉砂质硅质岩。长方形。直刃，偏锋。顶部为平面，略残，背部崩残严重。长5、宽2.3厘米。（图7－13A：11；彩版一五五：3）

T303①：14，青色凝灰岩。梯形。直刃，正锋。顶部及两侧呈平面。通体磨光。长3.8、刃宽2.1、厚1厘米。（图7－13A：12；彩版一五五：4）

T303①：18，黑色凝灰岩。长方形。刃部残缺。正面磨光。残长6.8、宽4、厚1厘米。（图7－13A：13；彩版一五五：5）

T304①：1，灰色晶屑熔结凝灰岩。长方形。直刃，偏锋。顶部及一侧为斜面。长8.5、宽4.2、厚2厘米。（图7－13B：1；彩版一五五：6）

T304①：16，灰色晶屑熔结凝灰岩。长方形。直刃，偏锋。顶部为斜面。正面起刃，刃缘呈半椭圆形。长8.4、宽4.4、厚2厘米。（图7－13B：2；彩版一五五：7）

T402①：8，青灰色泥质硅质岩。长方形。弧刃，偏锋。顶部呈斜面。正面起刃，刃缘呈半圆形。长5.5、宽3.4、厚1.9厘米。（图7－13B：3；彩版一五五：8）

采：8，土黄色粉砂质硅质岩。长方形。直刃。顶部及一侧圆弧，一侧呈平面。刃部崩残严重。通体遍布打击疤痕。长10.4、宽4.8、厚2.4厘米。（图7－13B：4；彩版一五六：1）

采：9，灰绿色绿片岩。长方形。顶部及两侧呈平面。刃部残缺。一侧近残缘处有一直径0.6厘米的圆形凹坑。长7.1、宽4.3、厚2.1厘米。（图7－13B：5；彩版一五六：2）

采：11，灰色泥质硅质岩。长方形。弧刃，偏锋。正面及两侧呈平面。正面起刃，刃缘呈三角形。长8.6、宽3.8、厚1.7厘米。（图7－13B：6；彩版一五六：3）

采：12，土黄色硅质岩。梯形。直刃，正锋。通体遍布打击疤痕。长8.9、刃宽5.4、厚2.1厘米。（图7－13B：7；彩版一五六：4）

采：14，灰色泥质硅质岩。顶部及一侧呈平面。刃部残缺。长10.6、宽5.5、厚1.9厘米。（图7－13B：8；彩版一五六：5）

采：15，灰白色花岗岩。梯形。弧刃，正锋。顶部斜平，一侧圆弧，一侧呈坡状。通体遍布打击疤痕。长12.4、刃宽6.6、厚2.8厘米。（图7－13B：9；彩版一五六：6）

采：24，灰黄色凝灰质粉砂岩。圆角长方形。直背。顶部呈平面，崩残严重。长15.2、宽9.2、厚5厘米。（图7－13B：10；彩版一五六：7）

采：25，灰黑色凝灰质粉砂岩。梯形。弧刃，偏锋。顶部崩残严重，一侧圆弧，一侧呈坡状。通体遍布打击疤痕。长10.4、刃宽7.4、厚5厘米。（图7－13B：11；彩版一五六：8）

（3）小型石锛

23件。

T101①：6，青灰色凝灰质粉砂岩。长方形。直背，直刃，正锋。长3.5、宽1.9、厚0.4厘米。（图7－14：1；彩版一五七：1）

T101①：9，青灰色泥岩。梯形。弧背，弧刃，正锋。两面起刃，刃缘呈长方形。正面及背面中间均有隆起，系用石镞改制而成。长3.6、宽1.7、厚0.4厘米。（图7－14：2；彩版一五七：2）

T101①：10，灰黄色硅质泥质岩。略呈方形。直背，直刃，正锋。长3.2、宽2.6、厚0.4厘米。（图7－14：3；彩版一五七：3）

T101①：20，灰色凝灰岩。直背，正面微弧，斜直刃。两面起刃，刃缘呈长方形。长2.5、宽

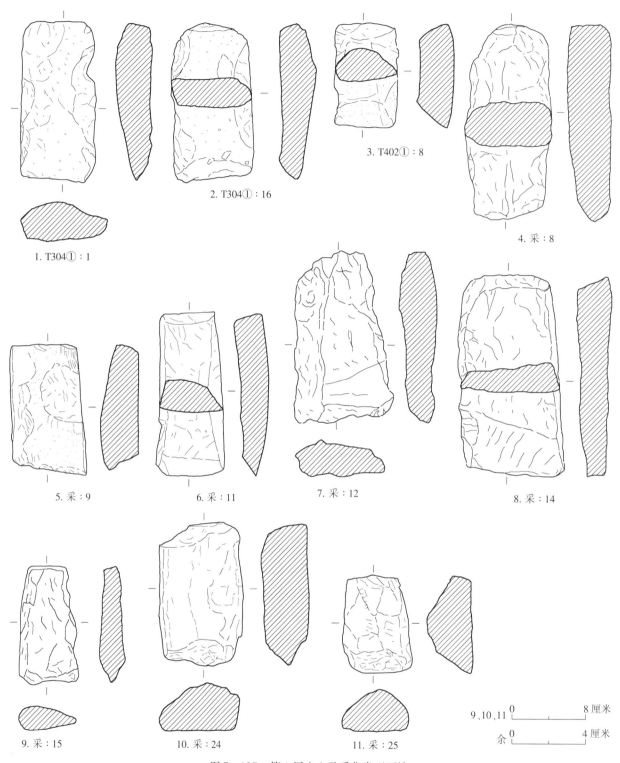

1. T304①：1

2. T304①：16

3. T402①：8

4. 采：8

5. 采：9

6. 采：11

7. 采：12

8. 采：14

9. 采：15

10. 采：24

11. 采：25

9、10、11 ⊢———————⊣ 0   8 厘米

余 ⊢————⊣ 0   4 厘米

图 7 - 13B　第 1 层出土及采集常型石锛

1.7、厚 0.4 厘米。（图 7 - 14：4；彩版一五七：4）

　　T102①：18，青色泥岩。方形。正面及背面皆直，直刃，偏锋。正面起刃，刃缘呈长方形。长 3.2、宽 2、厚 0.4 厘米。（图 7 - 14：5；彩版一五七：5）

　　T102①：27，紫红色凝灰岩。梯形。正面及背面皆直，直刃，正锋。两面起刃，刃缘呈长方

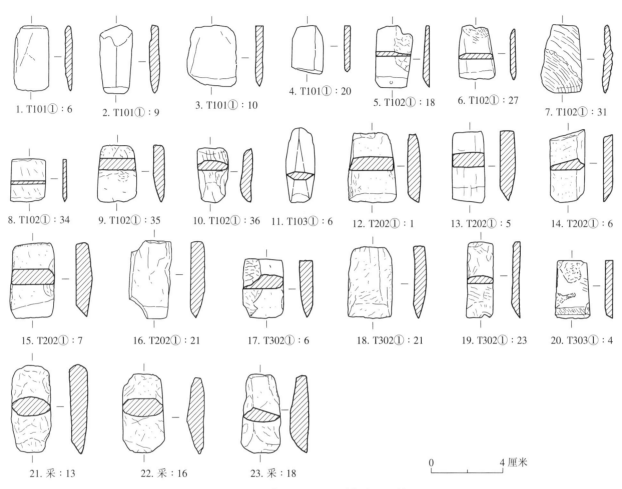

1. T101①：6　2. T101①：9　3. T101①：10　4. T101①：20　5. T102①：18　6. T102①：27　7. T102①：31

8. T102①：34　9. T102①：35　10. T102①：36　11. T103①：6　12. T202①：1　13. T202①：5　14. T202①：6

15. T202①：7　16. T202①：21　17. T302①：6　18. T302①：21　19. T302①：23　20. T303①：4

21. 采：13　22. 采：16　23. 采：18

0　　　　4 厘米

图 7 - 14　第 1 层出土及采集小型石锛

形。长 2.9、宽 2、厚 0.3 厘米。（图 7 - 14：6；彩版一五七：6）

T102①：31，白色钙泥质硅质岩。梯形。正面及背面皆弧，直刃，正锋。两面起刃，刃缘呈长方形。长 3.6、宽 2.2、厚 0.2 厘米。（图 7 - 14：7；彩版一五七：7）

T102①：34，紫红色凝灰质泥岩。方形。正面及背面皆直，直刃，正锋。长 2.2、宽 1.9、厚 0.2 厘米。（图 7 - 14：8；彩版一五七：8）

T102①：35，黑灰色砂岩。梯形。正面及背面皆直，直刃，正锋。两侧呈平面。长 3、宽 2.1、厚 0.6 厘米。（图 7 - 14：9；彩版一五七：9）

T102①：36，青色泥质硅质岩。梯形。直背，直刃，偏锋。正面圆弧。长 2.9、宽 1.7、厚 0.6 厘米。（图 7 - 14：10；彩版一五八：1）

T103①：6，青色泥岩。近椭圆形。刃缘呈梯形。正面及背面均有隆脊，系用石镞改制而成。长 3.9、宽 1.6、厚 0.4 厘米。（图 7 - 14：11；彩版一五八：2）

T202①：1，青灰色晶屑凝灰岩。梯形。弧背，直刃，偏锋。正面起刃，刃缘呈梯形。长 3.7、刃宽 2.6、厚 0.7 厘米。（图 7 - 14：12；彩版一五八：3）

T202①：5，灰黑色粉砂岩。长方形。直刃，偏锋。正面、背面、顶部及两侧皆加工平整，整体形制规整。正面起刃，刃缘呈长方形。长 3.7、宽 1.8、厚 0.8 厘米。（图 7 - 14：13；彩版一五八：4）

T202①：6，灰黑色斑点角岩。长方形。直背，直刃，偏锋。一侧圆弧，一侧弧凹。正面起刃，刃缘呈不规则形。长3.8、宽1.8、厚0.6厘米。（图7-14：14；彩版一五八：5）

T202①：7，灰绿色晶屑凝灰岩，杂黑斑。长方形。直刃，正锋。两面起刃，刃缘呈长方形。长3.9、宽2.5、厚0.9厘米。（图7-14：15；彩版一五八：6）

T202①：21，灰白色泥质硅质岩。长方形。直刃，偏锋。正面、背面、顶部及两侧均为平面。正面起刃，刃缘呈长方形。刃部残缺严重。长4.1、宽2.2、厚0.8厘米。（图7-14：16；彩版一五八：7）

T302①：6，灰色凝灰岩。长方形。顶部及一侧呈平面。长3.2、宽2.2、厚0.8厘米。（图7-14：17；彩版一五八：8）

T302①：21，黑色粉砂质硅质岩。略呈梯形。弧背，直刃，偏锋。顶部及一侧呈平面。正面起刃，刃缘呈梯形。长3.8、刃宽2.4、厚0.6厘米。（图7-14：18；彩版一五八：9）

T302①：23，黑色沉凝灰岩。长方形。直背，直刃，偏锋。长4、刃宽1.5、厚0.4厘米。（图7-14：19；彩版一五九：1）

T303①：4，黑色硅质泥质岩。梯形。直背，直刃，偏锋。长3、刃宽1.8、厚0.4厘米。（图7-14：20；彩版一五九：2）

采：13，灰色泥质硅质岩。长方形。弧背，弧刃。顶部及两侧圆弧。正面起刃，刃缘呈梯形。通体遍布打击疤痕。长4.6、宽2.2、厚1厘米。（图7-14：21；彩版一五九：3）

采：16，浅紫灰色凝灰岩。直背，弧刃。顶部及两侧呈平面。刃部崩残严重。通体遍布打击疤痕。长4.1、宽2.3、厚0.9厘米。（图7-14：22；彩版一五九：4）

采：18，灰白色泥质硅质岩。梯形。直背，直刃，偏锋。顶部呈平面。正面起刃，刃缘呈三角形。长4.2、刃宽2.2、厚0.9厘米。（图7-14：23；彩版一五九：5）

石刀

3件。

T402①：2，浅灰紫色凝灰岩。小型石刀。直刃，正锋。顶端一侧有一圆形凹坑，似钻孔未穿透。长2.3、宽2.1厘米。（图7-15：1；彩版一五九：6）

T402①：10，土黄色泥岩。小型石刀。刃部残。顶端中央有一圆形穿孔。长3.3、宽2厘米。（图7-15：2；彩版一五九：7）

采：33，青灰色硅质岩。直刃，正锋。顶部及一侧残，一侧齐平。两面磨光。残长5.2、残宽4.4厘米。（图7-15：3；彩版一五九：8）

石件

1件

T304①：17，无色透明石英/水晶。残，整体呈锥状。长6.2、宽2厘米。（图7-16；彩版一六〇：1）

石斧

3件。

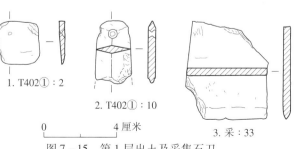

1. T402①：2

2. T402①：10

0　　　　　4厘米

3. 采：33

图7-15　第1层出土及采集石刀

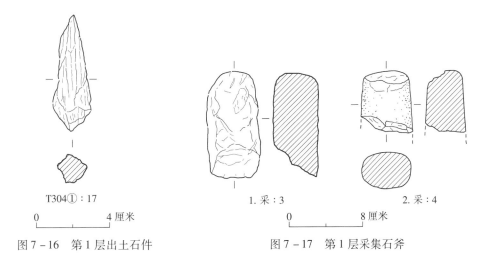

图 7 - 16　第 1 层出土石件　　　　　图 7 - 17　第 1 层采集石斧

采：3，灰黄色粉砂质硅质岩。长方形。直刃。顶部圆弧，两侧呈平面。刃部崩残严重。通体遍布打击疤痕。长 11.4、宽 5.9、厚 4.8 厘米。（图 7 - 17：1；彩版一六〇：2）

采：4，灰黄色带紫色闪长岩。仅存顶端。圆柱状。残长 6.4、宽 5.6、厚 4.4 厘米。（图 7 - 17：2；彩版一六〇：3）

石凿

9 件。

T102①：10，灰色长石细砂岩。平面呈梯形。弧刃，偏锋。顶端磨平，背面较平，正面圆弧，一侧呈平面。长 5.3、宽 2 厘米。（图 7 - 18：1；彩版一六〇：4）

T102①：14，青灰色泥岩。平面呈梯形。直刃，正锋。正面及背面皆直。通体打磨。长 3.2、宽 1.5 厘米。（图 7 - 18：2；彩版一六〇：5）

T102①：33，青色泥岩。平面呈长方形。直背，直刃，正锋。正面微弧。通体打磨，顶端打磨呈小平面。长 3.5、宽 1.2 厘米。（图 7 - 18：3；彩版一六〇：6）

T202①：2，灰色晶屑凝灰岩。长条形。直刃，偏锋。顶部及两侧呈平面。正面起刃，刃缘呈不规则形。长 7.4、宽 2.4、厚 1 厘米。（图 7 - 18：4；彩版一六一：1）

T203①：14，青灰色硅质岩。长条形。直背。正面起刃，刃缘为三角形。一面为加工粗糙的平面，通体遍布打击疤痕。长 12.8、宽 3 厘米。（图 7 - 18：5；彩版一六一：2）

T303①：8，白色泥质硅质岩。长条形。直刃，正锋。顶部、正面及两侧呈平面。正面起刃，刃缘呈梯形。刃部崩残较严重。长 5.1、宽 1.5、厚 1.2 厘米。（图 7 - 18：6；彩版一六一：3）

T303①：17，土黄色泥质硅质岩。长条形。直刃，偏锋。顶部崩残严重，正面及两侧呈平面。正面起刃，刃缘近正方形。长 8.6、宽 2.5、厚 2.2 厘米。（图 7 - 18：7；彩版一六一：4）

T303①：19，红褐色泥质硅质岩。长条形。顶部及刃部残缺，正面及两侧呈平面。残长 5.4、宽 2.2、厚 1.4 厘米。（图 7 - 18：8；彩版一六一：5）

采：5，土黄色粉砂岩。长条形。直刃，偏锋。正面及两侧呈平面。正面起刃，刃缘呈长方形。刃部崩残较严重。长 13.6、宽 2.8、厚 2 厘米。（图 7 - 18：9；彩版一六一：6）

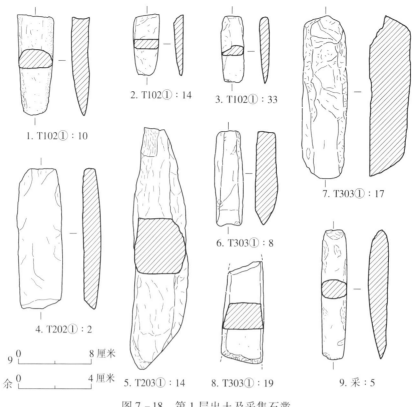

1. T102①：10
2. T102①：14
3. T102①：33
4. T202①：2
5. T203①：14
6. T303①：8
7. T303①：17
8. T303①：19
9. 采：5

9　0   8 厘米
余　0   4 厘米

图 7-18　第 1 层出土及采集石凿

石矛

3 件。

T303①：2，灰绿色泥岩。平面呈长条形。通体遍布打击疤痕。长 10.9、宽 2.6 厘米。（图 7-19；彩版一六二：1）

石球

1 件。

采：29，灰黄色泥岩。近椭圆状。长径约 10、短径约 8.8 厘米。（图 7-20；彩版一六二：2）

石环

1 件。

T203①：13，锈红色辉长岩。残。扁圆弧形。直径 6、环宽 2.6、孔径 1.5、厚 1.9 厘米。（图 7-21；彩版一六二：3）

石钺

1 件。

采：20，土黄灰色泥质硅质岩。一周皆残，边缘有一残断的圆形对钻穿孔，残长 6.1、宽 3.6、厚 0.8、孔径 2 厘米。（图 7-22；彩版一六二：4）

石饰件

2 件。

T202①：12，紫红色叶蜡石化沉凝灰岩。整体呈六棱柱状。顶部及一周六面磨光。下部残。残长 2.3、宽 1.6 厘米。（图 7-23：1；彩版一六二：5）

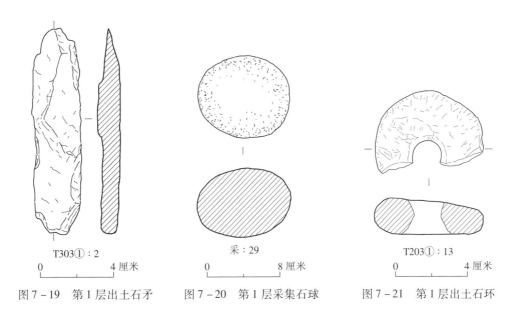

图 7 - 19　第1层出土石矛　　图 7 - 20　第1层采集石球　　图 7 - 21　第1层出土石环

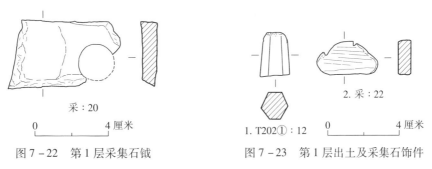

图 7 - 22　第1层采集石钺　　　图 7 - 23　第1层出土及采集石饰件

采：22，白色半透明滑石。平面略呈三角形。两面平整，一边齐平，另两边均有人为制造的凹槽。长 3.4、宽 1.7、厚 0.7 厘米。（图 7 - 23：2；彩版一六二：6）

石器残器（半成品）

56 件。

T101①：2，灰紫色沉凝灰岩。石镞半成品。平面近长方形。通体遍布打击疤痕。长 5.6、宽 2.5 厘米。（图 7 - 24A：1；彩版一六三：1）

T101①：3，灰绿色页岩。石锛半成品。平面近长方形。通体遍布打击疤痕。长 6.3、宽 2.7 厘米。（图 7 - 24A：2；彩版一六三：2）

T101①：5，青灰色泥岩。石锛半成品。平面近长方形。通体遍布打击疤痕。长 6.3、宽 2.8 厘米。（图 7 - 24A：3；彩版一六三：3）

T101①：21，青色泥岩。石镞半成品。平面近长方形。通体遍布打击疤痕。长 6.4、宽 2.4 厘米。（图 7 - 24A：4；彩版一六三：4）

T101①：33，灰色泥岩。石镞半成品。平面近长方形。通体遍布打击疤痕。长 6.6、宽 2.9 厘米。（图 7 - 24A：5；彩版一六三：5）

T102①：3，灰色泥岩。石镞半成品。底端磨平，通体遍布打击疤痕。长 8.5、宽 2.6 厘米。（图 7 - 24A：6；彩版一六三：6）

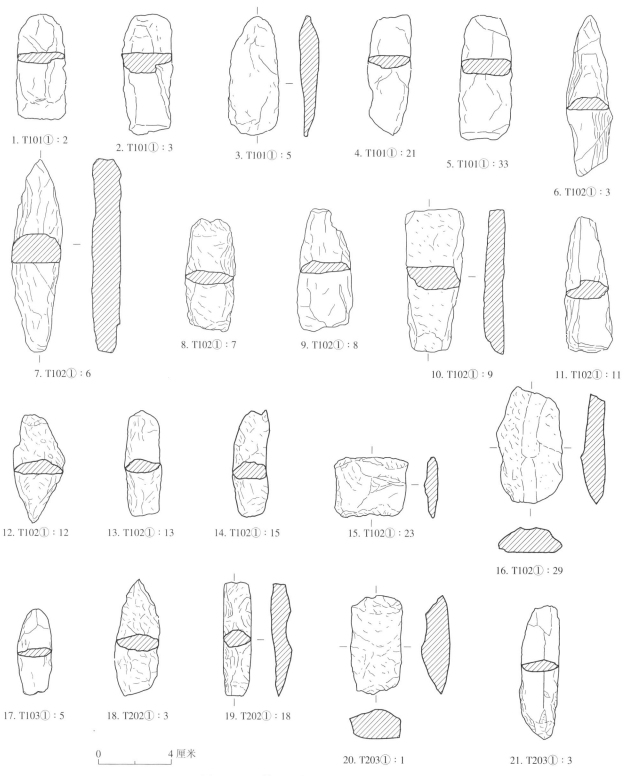

1. T101①：2　　2. T101①：3　　3. T101①：5　　4. T101①：21

5. T101①：33

6. T102①：3

7. T102①：6　　8. T102①：7　　9. T102①：8　　10. T102①：9　　11. T102①：11

12. T102①：12　　13. T102①：13　　14. T102①：15　　15. T102①：23

16. T102①：29

17. T103①：5　　18. T202①：3　　19. T202①：18　　20. T203①：1　　21. T203①：3

0　　　　　4厘米

图7-24A　第1层出土石器残器（半成品）

T102①：6，灰褐色泥岩。石镞半成品。底端磨平，通体遍布打击疤痕。长10.2、宽2.7厘米。（图7-24A：7；彩版一六三：7）

T102①：7，灰色泥岩。石锛半成品。平面呈长方形。通体遍布打击疤痕。长6、宽2.8厘米。（图7-24A：8；彩版一六三：8）

T102①：8，灰色凝灰岩。石镞半成品。平面呈梯形。一面打磨，另一面遍布打击疤痕。长6.5、宽3厘米。（图7-24A：9；彩版一六三：9）

T102①：9，灰绿色砂岩。石镞半成品。平面呈梯形。一面打磨，其余部分遍布打击疤痕。长7.6、宽3.2厘米。（图7-24A：10；彩版一六四：1）

T102①：11，青色泥岩。石镞半成品。底部磨平，通体遍布打击疤痕。长7.2、宽2.5厘米。（图7-24A：11；彩版一六四：2）

T102①：12，灰紫色沉凝灰岩。石镞半成品。底部磨平，通体遍布打击疤痕。长5.7、宽2.8厘米。（图7-24A：12；彩版一六四：3）

T102①：13，黑灰色凝灰岩。石镞半成品。平面呈长方形。顶端磨平呈斜面，通体遍布打击疤痕。长5.6、宽2厘米。（图7-24A：13；彩版一六四：4）

T102①：15，灰色硅质岩。石镞半成品。平面呈长方形。背面磨平，顶部遍布打击疤痕。长5.7、宽1.9厘米。（图7-24A：14；彩版一六四：5）

T102①：23，红褐色泥岩。石镞半成品。平面呈方形。直刃，崩残严重。长4.1、宽3.1、厚0.8厘米。（图7-24A：15；彩版一六四：6）

T102①：29，青色粉砂质硅质岩。石镞半成品。平面呈长方形。背面磨平，正面遍布打击疤痕。长5.8、宽3.5厘米。（图7-24A：16；彩版一六四：7）

T103①：5，紫红色凝灰岩。石镞半成品。平面近柳叶形。一面磨平，一面遍布打击疤痕。长4.6、宽1.9厘米。（图7-24A：17；彩版一六四：8）

T202①：3，灰紫色凝灰岩。石镞半成品。平面近柳叶形。通体遍布打击疤痕。长6.2、宽2.4厘米。（图7-24A：18；彩版一六四：9）

T202①：18，紫红色凝灰岩。石镞半成品。平面近长方形。通体遍布打击疤痕。长6、宽1.6厘米。（图7-24A：19；彩版一六五：1）

T203①：1，灰绿色细砂岩。石镞半成品。平面近长方形。通体遍布打击疤痕。长5.3、宽2.8厘米。（图7-24A：20；彩版一六五：2）

T203①：3，灰色泥岩。石镞半成品。平面近长方形。一面磨光，中间脊背隆起；另一面遍布打击疤痕。长7.1、宽2厘米。（图7-24A：21；彩版一六五：3）

T203①：5，灰色凝灰质粉砂岩。石镞半成品。平面近长方形。通体遍布打击疤痕。长3.7、宽2.1厘米。（图7-24B：1；彩版一六五：4）

T203①：15，灰色凝灰岩。石镞半成品。平面近长方形。通体遍布打击疤痕。长6.2、宽4.3厘米。（图7-24B：2；彩版一六五：5）

T204①：12，青色泥岩。石镞半成品。平面近柳叶形。通体遍布打击疤痕。长6.8、宽2.6厘米。（图7-24B：3；彩版一六五：6）

T302①：11，浅灰紫色凝灰质细砂粉砂岩。石镞半成品。弧背，直刃，正锋。器身一周有较多崩片。长8.6、宽4.5、厚2.4厘米。（图7-24B：4；彩版一六五：7）

T302①：16，青色泥岩。石镞半成品。平面柳叶形。通体遍布打击疤痕。长7.2、宽2.6厘米。（图7-24B：5；彩版一六五：8）

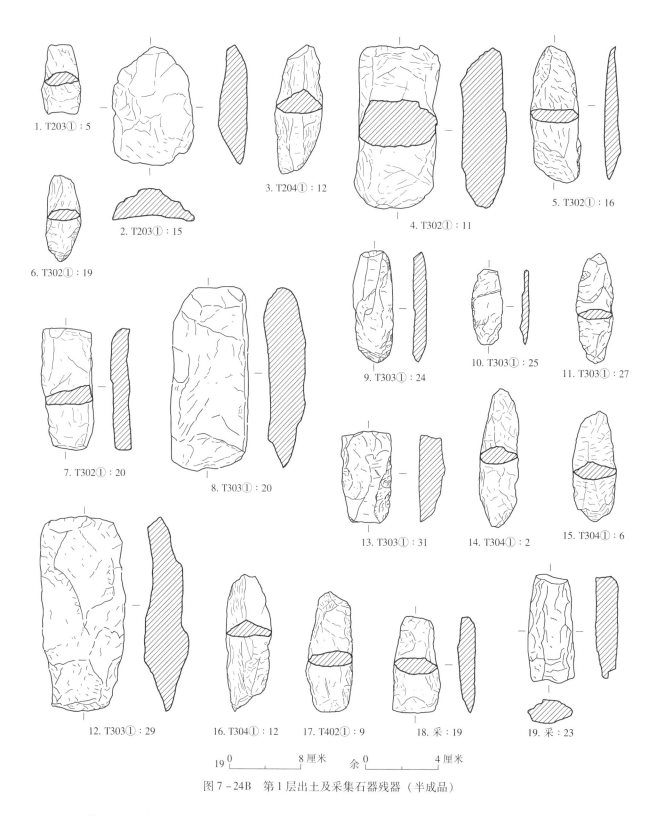

1. T203①：5
2. T203①：15
3. T204①：12
4. T302①：11
5. T302①：16
6. T302①：19
7. T302①：20
8. T303①：20
9. T303①：24
10. T303①：25
11. T303①：27
12. T303①：29
13. T303①：31
14. T304①：2
15. T304①：6
16. T304①：12
17. T402①：9
18. 采：19
19. 采：23

19 0 ____ 8厘米   余 0 ____ 4厘米

图7-24B 第1层出土及采集石器残器（半成品）

T302①：19，青色泥岩。石镞半成品。平面柳叶形。通体遍布打击疤痕。长4.6、宽1.9厘米。（图7-24B：6；彩版一六五：9）

T302①：20，灰白色泥质硅质岩。石锛半成品。平面近长方形。顶部及一侧加工成平面。通体遍布打击疤痕。长6.5、宽2.8厘米。（图7-24B：7；彩版一六六：1）

T303①：20，灰白色泥质硅质岩。石镞半成品。通体遍布打击疤痕。长 9.8、宽 4.3 厘米。（图 7-24B：8；彩版一六六：2）

T303①：24，灰黄色泥岩。直背。通体遍布打击疤痕。残长 6、残宽 2.1 厘米。（图 7-24B：9；彩版一六六：3）

T303①：25，灰色凝灰质粉砂岩。石镞半成品。平面呈柳叶形。通体遍布打击疤痕。长 4、宽 1.7 厘米。（图 7-24B：10；彩版一六六：4）

T303①：27，灰黑色泥岩。石镞半成品。平面呈柳叶形。通体遍布打击疤痕。长 5.8、宽 2 厘米。（图 7-24B：11；彩版一六六：5）

T303①：29，土黄色长石石英细砂岩。石镞半成品。平面呈长方形。通体遍布打击疤痕。长 10.3、宽 4.6 厘米。（图 7-24B：12；彩版一六六：6）

T303①：31，白色泥质硅质岩。石镞半成品。平面呈长方形。通体遍布打击疤痕。长 4.8、宽 2.7 厘米。（图 7-24B：13；彩版一六六：7）

T304①：2，青色泥岩。石镞半成品。平面呈柳叶形。通体遍布打击疤痕。长 7.4、宽 2.2 厘米。（图 7-24B：14；彩版一六六：8）

T304①：6，灰色泥岩。石镞半成品。平面呈柳叶形。通体遍布打击疤痕。长 5.8、宽 2.4 厘米。（图 7-24B：15；彩版一六六：9）

T304①：12，青色泥岩。石镞半成品。平面呈柳叶形。通体遍布打击疤痕。长 7.2、宽 2.5 厘米。（图 7-24B：16；彩版一六七：1）

T402①：9，紫红色凝灰质粉砂岩。石镞半成品。平面近长方形。通体遍布打击疤痕。长 6.4、宽 2.5 厘米。（图 7-24B：17；彩版一六七：2）

采：19，灰黄色粉砂岩。石镞半成品。平面呈梯形。通体遍布打击疤痕。长 5.1、宽 2.6 厘米。（图 7-24B：18；彩版一六七：3）

采：23，灰色晶屑熔结凝灰岩。石镞半成品。平面呈梯形。通体遍布打击疤痕。长 11.6、底宽 4.7 厘米。（图 7-24B：19；彩版一六七：4）

砺石

1 件。

采：21，土黄色晶屑熔结凝灰岩。平面呈长方形。两面平整，两侧及顶部为平面，底部呈斜面。残长 12.6、宽 7.6 厘米。（图 7-25；彩版一六八：1）

其他石器

2 件。

T303①：11，灰黄色晶屑凝灰岩。残，平面近长方形。顶部及底部为平面，正面一侧有一方形凸起，另一侧微高于台面。凸起高 0.9、长 2.8、残宽 2、厚 0.8 厘米。（图 7-26：1；彩版一六七：5）

T304①：15，土黄色粉砂岩。平面呈长方形。两面平整，两侧及顶部为斜面。残长 3.2、宽 1.9 厘米。（图 7-26：2；彩版一六七：6）

采：21

0　　　　　　　8厘米

图 7-25　第 1 层采集砺石

玉锛

1 件。

T101①：12，白色带红色叶蜡石，透光性较好。梯形。直刃，正锋。顶面斜平，两侧呈平面较平整。两面起刃。正面及背面中间，在刃部以上均有一条长直的凹槽。长 4.6、刃宽 3、厚 0.9 厘米。（图 7－27；彩版一六八：2）

玉钺

1 件。

T304①：18，青绿色叶蜡石，透光性较好。仅存顶部。中间厚两边薄，顶部平整，两侧圆弧，靠顶部中间有一对钻而成的圆孔，孔残。残长 3.1、残宽 5.9、厚 1 厘米，孔径 1 厘米。（图 7－28；彩版一六八：3）

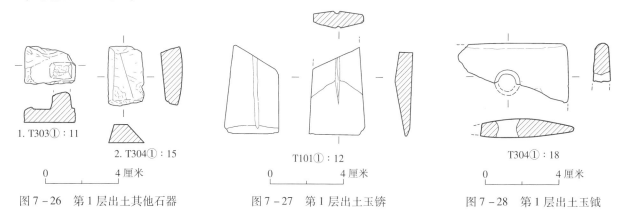

1. T303①：11
2. T304①：15
0　　　　4厘米

T101①：12
0　　　　4厘米

T304①：18
0　　　　4厘米

图 7－26　第 1 层出土其他石器　　　图 7－27　第 1 层出土玉锛　　　图 7－28　第 1 层出土玉钺

玉钻芯

3 件。

T102①：22，乳白色叶蜡石，透光性较好。方柱状，上部窄，底部宽。四面及底面呈平面。残长 4、底宽 1.4、上部宽 1 厘米。（图 7－29：1；彩版一六九：1）

采：34，青绿色叶蜡石，不透光。扁圆柱状。一端有圆形凹槽。长 2.1、宽 1 厘米。（图 7－29：2；彩版一六九：2）

采：35，白色叶蜡石，不透光。玉饰残件。扁圆柱状。残长 1.5、宽 0.9 厘米。（图 7－29：3；彩版一六九：3）

玉饰件

8 件。

T101①：23，乳白色叶蜡石，透光性较好。扁平状，平面近方形。近顶部中间有对钻而成的圆孔。长 1.8、宽 1.5 厘米。（图 7－30：1；彩版一六九：4）

T101①：25，青色叶蜡石，透光性较好。残，平面近梯形。顶部及两侧呈平面，背面一侧较高凸起。残长 3、宽 1.5、厚 0.4 厘米。（图 7－30：2；彩版一六九：5）

T102①：26，乳白色叶蜡石，透光性较好。扁平状，平面近方形。直背，两面有弧刃。长 2、宽 1.6 厘米。（图 7－30：3；彩版一七〇：1）

T202①：10，青绿色叶蜡石。平面呈不规则形，两面平整，一周皆残。残长 3.7、宽 1.4 厘

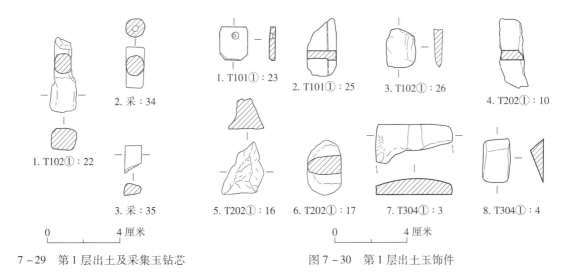

7-29　第1层出土及采集玉钻芯

图7-30　第1层出土玉饰件

米。（图7-30：4；彩版一七〇：2）

　　T202①：16，青绿色叶蜡石。平面呈不规则形。顶部加工平整。长2.6、宽2.4、厚1.8厘米。（图7-30：5；彩版一七〇：3）

　　T202①：17，青灰色叶蜡石。平面呈半椭圆形。顶部、底部皆平，一侧为平面，另一侧圆弧。长2.9、宽1.8、厚1厘米。（图7-30：6；彩版一七〇：4）

　　T304①：3，青绿色叶蜡石。仅存一端。平底，弧顶，一周平整。残长2、宽4.3、厚0.8厘米。（图7-30：7；彩版一七〇：5）

　　T304①：4，白色叶蜡石。平面呈长方形，纵截面呈三角形。平底，四面均呈平面。正面起刃。通体磨光。长2.3、宽1.5、最厚处0.6厘米。（图7-30：8；彩版一七〇：6）

第三节　骨器

簪

1件。

　　T302①：8，整体呈扁长方形。上宽下窄。外表光滑。两侧呈平面，上下两端残。残长6.6、宽1、厚0.4厘米。（图7-31；彩版一六八：4）

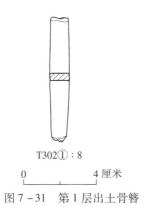

T302①：8

图7-31　第1层出土骨簪

第八章　地层出土陶器的分期

　　曹湾山遗址文化遗物的变化主要体现在陶器上。陶器的演变是在稳定中进行的，无论是器物的组合关系，还是具体的形制特征，从早到晚未发生十分明显的质变。但是通过分析细小而具体的变化，仍然可以观察到时序变化的逻辑过程。

第一节　陶器的演变

　　典型陶器器形在地层中的数量与变化如下。

鼎

　　鼎类标本在第 3 层、第 2 层均是数量占比最高的，但从第 3 层到第 2 层略有下降，口领部标本占第 3 层标本总数的 31.8% 、占第 2 层标本总数的 29.5% 。（图 8-1；附表 8-1）

　　口领部标本分二型五亚型（Aa 型、Ab 型、Ba 型、Bb 型、Bc 型），各亚型从早期到晚期均有。从第 3 层到第 2 层，A 型占比[1]由 20.4% 增至 45.2% ，其中 Aa 型由 14.8% 增至 22.2% ，Ab 型由 5.6% 增至 23.0% 。Ba 型占比由 64.8% 降至 35.7% ，下降明显。

　　鼎足标本分六型五亚型（Aa 型、Ab 型、Ac 型、Ba 型、Bb 型、C 型、D 型、E 型、F 型）。从第 3 层至第 2 层，Aa 型消失，新出现 Bb 型、E 型、F 型。

釜

　　从第 3 层到第 2 层，釜类标本占该层标本总数的百分比由 24.8% 降至 10.4% ，由第 2 位降至第 5 位。（图 8-2；附表 8-2）

　　相比第 3 层，第 2 层新出现 Ab 型、B 型Ⅱ式、D 型Ⅱ式、E 型共一型一亚型二式，C 型消失。D 型、F 型占比分别从 14.3% 和 9.5% 降至 10.1% 和 5.6% ，而新出现的 E 型占比达 20.2% 。

着黑/硬陶罐

　　着黑/硬陶罐类标本在第 3 层中只有 3 件，仅占该层标本总数的 1.8% ，而在第 2 层中数量达 157 件，占该层标本总数的 18.4% ，是曹湾山遗址陶器中数量占比变化最大的器类。（图 8-3；附表 8-3）

　　从第 3 层到第 2 层，新出现 A 型、Ba 型、Bb 型Ⅱ式、Ca 型、Cb 型、Cc 型、D 型、F 型共三型四亚型一式。新出现的 F 型占比 28% ，成为着黑/硬陶罐中最主要的类型。这种口部颇似陶钵的

---

[1]　占该层该器类标本总数的百分比，下同。

B	C	D		E			F	
		Da	Db	Ea	Eb	Ec		
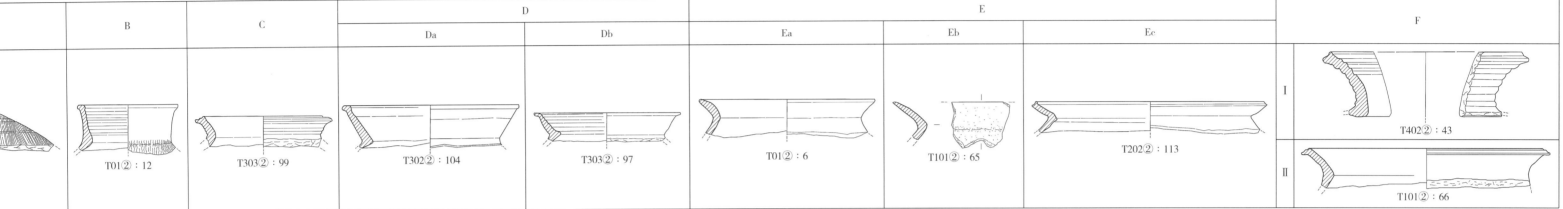								
T01②：12	T303②：99	T302②：104	T303②：97	T01②：6	T101②：65	T202②：113	I T402②：43	
T101②：66							II T101②：66	

图 8 - 4　地层出土瓮类标本型式统计图

A		B	C	D			E		F
Ab				Da	Db		Ea	Eb	
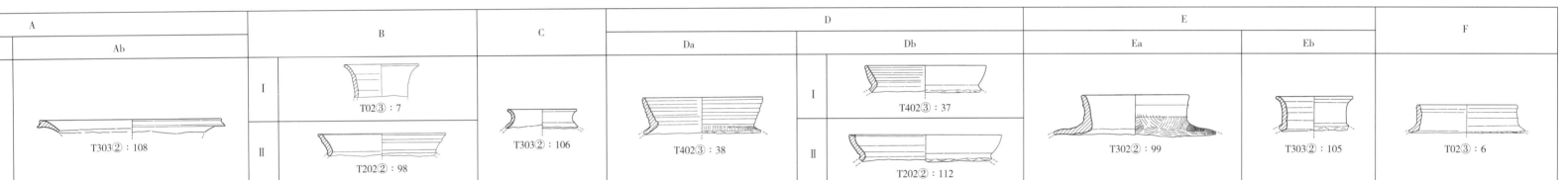		I T02③：7			I T402③：37				
T303②：108		II T202②：98	T303②：106	T402③：38	II T202②：112		T302②：99	T303②：105	T02③：6

图 8 - 5　地层出土壶类标本型式统计图

豆盘					豆柄	
B	C		D		A	B
	Ca	Cb	Da	Db		
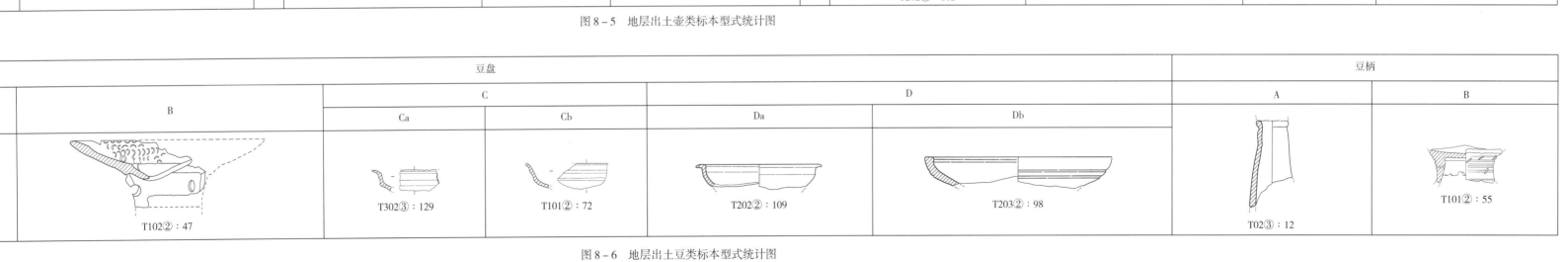						
T102②：47	T302③：129	T101②：72	T202②：109	T203②：98	T02③：12	T101②：55

图 8 - 6　地层出土豆类标本型式统计图

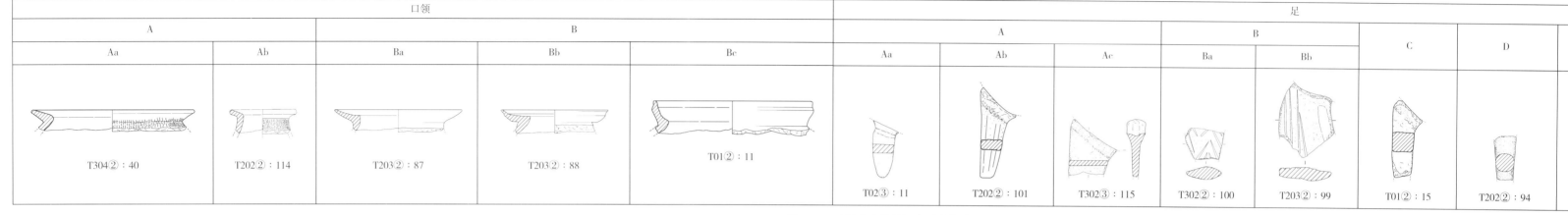

口领						足						
A		B				A			B		C	D
Aa	Ab	Ba	Bb	Bc		Aa	Ab	Ac	Ba	Bb		
T304②：40	T202②：114	T203②：87	T203②：88	T01②：11		T02③：11	T202②：101	T302③：115	T302②：100	T203②：99	T01②：15	T202②：94

图 8-1　地层出土鼎类标本型式统计图

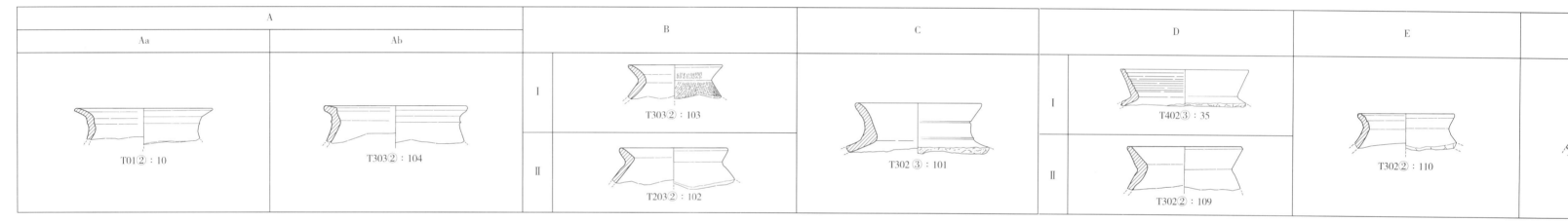

A		B	C	D	E
Aa	Ab				
T01②：10	T303②：104	I T303②：103 / II T203②：102	T302③：101	I T402③：35 / II T302②：109	T302②：110

图 8-2　地层出土釜类标本型式统计图

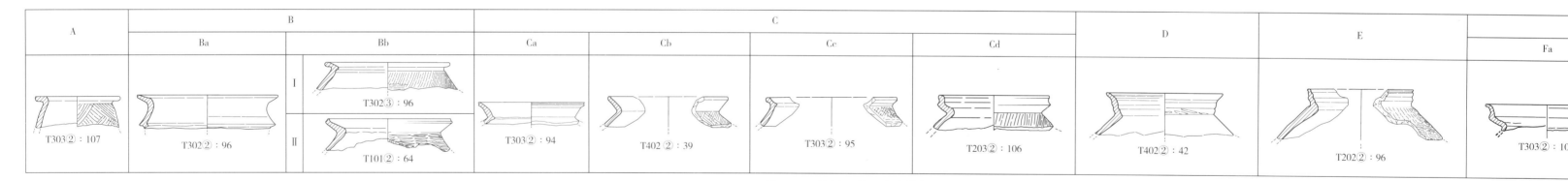

A	B		C					D	E	Fa
	Ba	Bb	Ca	Cb	Ce	Cd				
T303②：107	T302②：96	I T302③：96 / II T101②：64	T303②：94	T402②：39	T303②：95	T203②：106		T402②：42	T202②：96	T303②：10

图 8-3　地层出土着黑/硬陶罐类标本型式统计图

陶罐在第 2 层出土陶器中最为特殊，是硬陶取代夹砂陶成为该时段主要陶质的代表器物。

瓮

瓮类标本占第 3 层标本总数的 9.4%，占第 2 层标本总数的 10.7%，变化不大。（图 8 - 4；附表 8 - 4）

从第 3 层到第 2 层，新出现 B 型 Ⅱ 式、C 型、Ea 型、F 型 Ⅱ 式共一型一亚型二式，B 型 Ⅰ 式消失。A 型占比从 6.3% 升至 11.0%。E 型占比从 25.0% 升至 42.9%，取代 D 型成为瓮类标本最主要的类型。

壶

壶类标本占该层标本总数的百分比从第 3 层的 8.8% 升至第 2 层的 15.6%。（图 8 - 5；附表 8 - 5）

从第 3 层到第 2 层，新出现 B 型 Ⅱ 式、C 型、Db 型 Ⅱ 式、E 型共二型二式，B 型 Ⅰ 式、Da 型和 F 型消失。第 3 层中 Ab 型占比最高，达 33.3%，其余占比相对均衡。而第 2 层中，Aa 型和 B 型 Ⅱ 式成为主要型式，占比分别达 23.4% 和 27.8%，合计占到总数的一半以上。

豆

豆类标本占该层标本总数的百分比下降较为明显，豆盘标本由第 3 层的 10% 降至第 2 层的 5.3%。（图 8 - 6；附表 8 - 6）

从第 3 层到第 2 层，新出现 B 型、D 型豆盘，Ca 型豆盘消失；较粗的 B 型豆柄从第 3 层的 4 件升至与 A 型豆柄数量相当的 22 件。

第二节　陶器的分期

根据前述分析，着黑/硬陶罐，Ab 型、C 型、E 型、B 型 Ⅱ 式、D 型 Ⅱ 式釜，C 型、Ea 型、B 型 Ⅱ 式、F 型 Ⅱ 式瓮，B 型、C 型、E 型、F 型、Db 型 Ⅱ 式壶，B 型、D 型豆盘，成为具有分期意义的标型器。地层中的陶器可根据型式变化分为两期。

因除表土层外仅有两个地层，无需对地层单位进行归纳，在此仅总结两期的器形组合特征。

第一期　即第 3 层。以鼎、釜、豆、瓮、壶为主要器形组合，并有部分盆、泥质陶罐等。其中 Aa 型鼎足，C 型釜，B 型 Ⅰ 式瓮，F 型、Da 型、B 型 Ⅰ 式壶，Ca 型豆盘，是仅见于第 3 层的器类型式。

第二期　即第 2 层。以鼎、着黑/硬陶罐、壶、瓮、釜为主要器形组合，并有部分豆、盆、泥质陶罐等。E 型、F 型、Bb 型鼎足，E 型、Ab 型、B 型 Ⅱ 式、D 型 Ⅱ 式釜，A 型、D 型、F 型、Ba 型、Ca 型、Cb 型、Cc 型、Bb 型 Ⅱ 式着黑/硬陶罐，C 型、E 型、B 型 Ⅱ 式、Db 型 Ⅱ 式壶，C 型、Ea 型、B 型 Ⅱ 式、F 型 Ⅱ 式瓮，B 型、D 型豆盘，是仅见于第 2 层的型式器类。

此外，在第二期中，泥质陶罐新出现了 B 型、C 型、E 型、F 型；盆新出现了 C 型 Ⅱ 式。硬陶钵新出现了 B、C 二型。纺轮出现了 D 型、E 型、F 型、Ab 型、B 型 Ⅱ 式、C 型 Ⅱ 式三型一亚型二式。圈足新出现了 Ab 型。器底出现了内凹明显的 B 型底。器盖新出现了 Ba 型、Bb 型、Ca 型三亚型，Ab 型器盖消失不见。此外，还新出现了杯、盅、泥质陶的乳突状器足、陶拍、网坠等器形。

附表 8-1　各型式鼎类标本在第 2、3 层中的数量占比

器类	口颈 A-Aa	口颈 A-Ab	口颈 B-Ba	口颈 B-Bb	口颈 B-Bc	足 A-Aa	足 A-Ab	足 A-Ac	足 B-Ba	足 B-Bb	足 C	足 D	足 E	足 F	合计占该层标本总数百分比
第3层 标本数量	8	3	35	6	2	2	57	3	1	0	1	1	0	0	31.8
第3层 占该器类标本总数百分比	14.81	5.55	64.8	11.1	3.7	3.1	87.7	4.6	1.5	0.0	1.5	1.5	0.0	0.0	
第2层 标本数量	56	58	90	27	21	0	79	6	2	1	10	5	1	1	29.5
第2层 占该器类标本总数百分比	22.2	23.0	35.7	10.7	8.3	0.0	75.2	5.7	1.9	1.0	9.5	4.8	1.0	1.0	

附表 8-2　各型式釜类标本在第 2、3 层中的数量占比

型式	A-Aa	A-Ab	B-I	B-II	C	D-I	D-II	E	F	合计占该层标本总数百分比
分式	—	—			—			—	—	
第3层 标本数量	11	0	12	0	9	6	0	0	4	24.8
第3层 占该器类标本总数百分比	26.2	0.0	28.6	0.0	21.4	14.3	0.0	0.0	9.5	
第2层 标本数量	17	12	15	13	0	5	4	18	5	10.4
第2层 占该器类标本总数百分比	19.1	13.5	16.9	14.6	0.0	5.6	4.5	20.2	5.6	

附表 8-3　各型式着黑/硬陶类标本在第 2、3 层中的数量占比

分型	A	B-Ba	B-Bb-I	B-Bb-II	C-Ca	C-Cb	C-Cc	C-Cd	D	E	F-Fa	F-Fb	合计占该层标本总数百分比
分式	—	—	I	II	—	—	—	—	—	—	—	—	
第3层 标本数量	0	0	1	0	0	0	0	1	0	1	0	0	1.8
第3层 占该器类标本总数百分比	0.0	0.0	33.3	0.0	0.0	0.0	0.0	33.3	0.0	33.3	0.0	0.0	
第2层 标本数量	30	5	10	19	3	7	12	14	10	3	30	14	18.4
第2层 占该器类标本总数百分比	19.1	3.2	6.4	12.1	1.9	4.5	7.6	8.9	6.4	1.9	19.1	8.9	

注："—"表示未分式，下表同。

附表 8－4　各型式盆类标本在第 2、3 层中的数量占比

层	型式	A	B		C	D		E			F		合计占该层标本总数百分比
	式	—	I	II	—	Da	Db	Ea	Eb	Ec	I	II	
第3层	标本数量	1	2	0	0	2	6	0	2	2	1	0	
	占该器类标本总数百分比	6.3	12.5	0.0	0.0	12.5	37.5	0.0	12.5	12.5	6.3	0.0	9.4
第2层	标本数量	10	0	1	1	13	17	9	12	18	9	1	
	占该器类标本总数百分比	11.0	0.0	1.1	1.1	14.3	18.7	9.9	13.2	19.8	9.9	1.1	10.7

附表 8－5　各型式壶类标本在第 2、3 层中的数量占比

层	型式	A		B		C	D			E		F	合计占该层标本总数百分比
	式	Aa	Ab	I	II	—	Da	Db	II	Ea	Eb	—	
第3层	标本数量	3	5	2	0	0	2	2	0	0	0	1	
	占该器类标本总数百分比	20.0	33.3	13.3	0.0	0.0	13.3	13.3	0.0	0.0	0.0	6.7	8.8
第2层	标本数量	31	17	0	37	2	0	19	8	4	15	0	
	占该器类标本总数百分比	23.3	12.8	0.0	27.8	1.5	0.0	14.3	6.0	3.0	11.3	0.0	15.6

附表 8－6　各型式豆类标本在第 2、3 层中的数量占比

豆盘

器类	型式	A	B	C		D		合计占该层标本总数百分比
	式	—	—	Ca	Cb	Da	Db	
第3层	标本数量	9	0	4	4	0	0	
	占该器类标本总数百分比	52.9	0.0	23.5	23.5	0.0	0.0	10.0
第2层	标本数量	10	4	0	4	23	4	
	占该器类标本总数百分比	22.2	8.9	0.0	8.9	51.1	8.9	5.3

豆柄

器类	型式	A	B
第3层	标本数量	11	4
	占该器类标本总数百分比	73.3	26.7
第2层	标本数量	20	22
	占该器类标本总数百分比	47.6	52.4

第九章　相关问题讨论

　　1997 年，遂昌好川墓地被发现及发掘，其独特的文化面貌和极具地域特色的内涵特征引起了考古学界的广泛关注。好川墓地在 1997 年度"全国十大考古新发现"评选活动中获提名奖。2001 年，《好川墓地》考古报告正式出版，发掘者在书中提出了"好川文化"的命名，引发了学术界的深入讨论，尤其对其文化属性和年代的探讨最为热烈。2002 年，温州曹湾山（老鼠山）遗址的发掘确认了好川文化在瓯江下游的分布。2004 年，好川墓地平民墓区的发掘使人们对好川文化有了更加全面的认识。2018 年以来，浙江江山山崖尾遗址[1]、温州屿儿山遗址[2]、仙居下汤遗址、缙云陇东遗址[3]以及福建浦城龙头山遗址[4]的发现和发掘极大地丰富了好川文化的考古资料。其中江山山崖尾遗址的系列测年数据，弥补了好川墓地、温州曹湾山遗址缺乏科学测年数据的缺憾。

　　在此基础上，我们重新审视江西广丰社山头遗址的考古资料，发现社山头遗址一、二期遗存中的鼎、釜、鬶、豆、簋、杯等陶器具有明显的好川文化风格，尤其是二期遗存，好川文化因素占主导地位，应该将其纳入好川文化范畴进行讨论。

　　随着对好川文化的认识逐渐全面、系统和深入，独立命名"好川文化"成为考古学界的主流认识，对其分布范围、文化面貌、内涵特征、年代和发展阶段等基础问题已基本达成共识。

第一节　好川文化的分布范围

　　独特的器物群和一定的分布范围是考古学文化命名最核心的要素。《好川墓地》提出"好川文化"的命名，是基于好川墓地独特的文化内涵、鲜明的地域特色，以及对建德久山湖遗址、江山山崖尾遗址出土考古资料的分析判断。好川墓地突然被发现，其文化面貌多元复杂，对考古学界来说是陌生与新鲜的。在此情况下，"好川文化"的命名是大胆和具有前瞻性的，但也确实不够成熟。今天我们再来讨论这个问题显然要容易得多，或者说这已经不是问题了。

　　"目前，虽然缺乏与好川墓地相应的聚落遗址的考古资料，但建德久山湖遗址和江山山崖尾遗

---

[1] 仲召兵、裴佳欢：《好川文化进展与思考》，见浙江省博物馆编《东方博物（第七十六辑）》，中国书店，2020 年；浙江省文物考古研究所、江山市博物馆：《浙江江山山崖尾遗址好川文化墓地发掘简报》，未刊稿。

[2] 温州市文物保护考古所发掘资料。

[3] 浙江省文物考古研究所发掘资料。

[4] 付琳、黄运明、张晓坤、左昕昕、魏凯、杨军：《福建浦城龙头山遗址发现新石器时代、夏商周、秦汉三叠层》，《中国文物报》2021 年 12 月 24 日第 8 版。

址考古材料提供的信息表明，好川墓地类型文化遗存有一定的分布区域，仙霞岭南北两翼山地（包括建德、江山、遂昌等市、县）是目前所知的该文化分布的空间范围。"现在看来，《好川墓地》考古报告中对好川文化分布范围的划定远远小于其实际分布范围。

松阴溪是瓯江的源头之一，好川墓地位于松阴溪的源头。温州曹湾山遗址的发现将好川文化遗址的分布范围从瓯江上游扩展到瓯江下游。曹湾山遗址所临戍浦江是瓯江的支流，戍浦江流经曹湾山遗址后很快汇入瓯江，而温州屿儿山遗址就在曹湾山遗址上游 3000 米左右。缙云陇东遗址的发现与发掘则将好川文化的分布扩展到了瓯江源头的另一支流恶（好）溪上游。在瓯江上游的庆云、龙泉、云和等地，考古调查发现了不少好川文化时期的石镞、石锛等石器和具有好川文化阶段特征的陶器。综上所述，好川文化遗址遍布整个瓯江流域。

江山山崖尾遗址位于江山市峡口镇的江山港边，地处钱塘江上游、仙霞岭北麓。新近发现的福建蒲城龙头山遗址则位于闽江上游的南浦溪畔。

广丰社山头遗址位于江西省上饶市广丰区五都镇前山村罗家，坐落于信江的支流丰溪河畔。信江为鄱阳湖水系五大河流之一，发源于浙赣两省交界的怀玉山南的玉山水和武夷山北麓的丰溪。遗址位于山间盆地中相对独立的圆形台地上，面积 11000 平方米。发掘揭露面积 973 平方米，文化堆积厚达 3.5 米。刊布的发掘资料不多。遗迹有房址、灰坑、墓葬等。出土陶器有鬶、鼎、釜、豆、壶、罐、杯、簋、钵、纺轮等。

仙居下汤遗址位于灵江上游永安溪支流四鸟坑边高出周边农田不足 2 米的台地上，面积 20000 平方米左右。20 世纪 80 年代曾采集到陶鬶、截面呈方形的玉锥形器等。遗址于 2018 年正式发掘，清理好川文化时期灰坑 20 余个，地层及灰坑中出土的陶片以夹砂红褐陶和泥质灰陶为主，器形主要为鼎足、鼎口沿及豆、圈足盘等。鼎足以近圆柱形为显著特征，鼎口沿宽大内凹，豆把上施弦纹和镂孔，这些特征与其西邻的缙云陇东遗址相同。

好川文化陶器在仙居下汤遗址的发现，让我们有理由相信好川文化已经分布到永安溪上游仙居一带。仙居下汤缙云陇东尽管分属灵江和瓯江水系，但中间只隔了苍岭山脉，有苍岭古道沟通两地。

已发掘的浙江遂昌好川墓地、江山山崖尾遗址、温州曹湾山遗址、温州屿儿山遗址、缙云陇东遗址、仙居下汤遗址以及福建蒲城龙头山遗址、江西广丰社山头遗址等形成的文化圈显示，好川文化的分布范围是浙江西南部、福建北部和江西东北部以武夷山北麓为中心的瓯江、钱塘江、闽江和信江的源头地区。依据仙居下汤遗址考古资料，永安溪上游仙居一带也应纳入好川文化的分布范围。唯有整个瓯江流域都是好川文化的分布范围，瓯江是好川文化的母亲河。

第二节 好川文化遗址的聚落形态和等级

已发掘的七处好川文化遗址虽分散在浙闽赣三省，但在选址上有一个共同特点，即均分布于沿溪的平缓孤丘或岗顶上。受山体地形的局限，遗址面积普遍不大，一般在 10000 平方米左右（蒲城龙头山山体面积 40000 平方米），相对溪水面一般不足 30 米。温州曹湾山遗址和蒲城龙头山遗址地形环境尤为相似，龙头山遗址三面为南浦溪环绕，戍浦江则流经曹湾山遗址的东、南、西三面。以沿溪的孤丘岗地作为聚落选址,环境条件十分优越,兼得山水之利,既宜渔猎,还可避免洪水的冲击和猛兽的侵袭。邻水的山间谷地是好川文化先民栖息生活极佳的自然环境。

从七处好川文化遗址的聚落布局看,目前只有遂昌好川墓地是个例外,即只有墓地,没有发现相应的生产生活遗存区。尽管考古人员在好川墓地周边具备先民生活条件的丘陵岗地都进行了地面考古调查、剖面观察、遗物采集,却均未发现好川文化遗址的线索,更不要说有与好川墓地相适应的高等级遗址发现。但可以肯定,好川墓地对应的聚落遗址离墓地应该不会太远。

1. 遂昌好川墓地

共发掘好川文化墓葬100座,其中贵族墓区80座(部分遭破坏,原有墓葬当在100座上下)、平民墓区20座(岭头岗东北坡,只是部分揭露)。根据墓葬位置、墓坑面积大小、随葬品组合和数量,可将80座贵族墓葬分为五个等级。

甲等 墓坑平面近方形,墓坑长4、宽3米左右,面积11~14平方米,墓葬位置均在墓地中轴线附近。如M4、M60等,有棺椁葬具,随葬品包括陶器、玉器、石器、漆器等,种类齐全。需要注意的是,M4、M60两座大墓虽无石器随葬,但存在生产工具陶纺轮。此类随葬陶纺轮而无石器的墓葬,推测其墓主人为女性大致无误。也就是说,是否随葬石器与墓葬规模无必然联系,而与墓主人性别有关。

乙等 墓坑面积7~10平方米,平均8平方米。

丙等 墓坑面积5~7平方米,平均5.9平方米。

丁等 墓坑面积2.8~5平方米,平均3.9平方米。

戌等 墓坑面积平均1.9平方米。平民墓区墓葬多属此等。

2. 江山山崖尾遗址

已发掘600平方米,发掘区内好川文化墓地与生活堆积均分为南、北两区,相间分布。北区墓葬13座,多开口于商周层下,少数表土下开口。南区墓葬46座,绝大部分为表土下开口,直接打破生土。南区墓葬明显可以分为三组,各组内基本按东北—西南向成排分布。方向均略呈西北—东南向,大多在90°~130°。一般都有葬具,均平底。因骨骼均朽烂,难辨葬式和头向,从个别墓葬残存的骨骼来看,可能为二次葬。随葬品以陶器为主,玉石器不多,另有少量漆木器。南、北两区好川文化墓葬合计59座,加上早年被认作灰坑(T2H1)的一座墓葬,共计60座,实际墓葬数量当远不只此。59座墓葬均为竖穴土坑墓,以墓葬开口长宽比可划分为长方形与近方形两类,前者21座、后者37座(未计入被严重破坏的墓),前者的长宽比大于2,后者的长宽比多在1~1.6。

长方形墓葬 M30,竖穴土坑墓。墓室长1.55、宽0.96米,面积1.48平方米,随葬品9件。石镞4件,石钺、石锛各1件。陶器3件,分别为鬹、簋、罐。M55,竖穴土坑墓,墓口长1.5、宽0.68米,面积1.02平方米,随葬品7件。玉锥形器2件,放置在墓底的东北角。鉴于玉锥形器为头部饰品,该墓葬头向可能朝东。陶器5件,成堆摆放在墓底的西部,其中鬹、簋、纺轮各1件,豆2件。

近方形墓葬 M8,竖穴土坑墓,墓口长1.6、宽1.1米,长宽比为1.45,面积1.76平方米。葬具长 120、宽 94、深 31 厘米。随葬陶壶、陶鬶、玉锥形器和漆觚各 1 件。M33，竖穴土坑墓，墓口长 2.61、宽 2.07 米，长宽比为 1.26，面积 5.4 平方米。葬具长 207、宽 157 厘米。随葬品 18 件。陶豆 8 件，集中沿葬具西侧摆放。陶罐、陶杯、陶鬶、陶盉、漆器等集中放置在葬具南侧。

山崖尾墓地随葬陶器有鬶、杯、壶、盉、豆、盘、簋、罐等，鬶和豆出土率最高。仅 9 座墓葬随葬炊器。[1]

3. 福建浦城龙头山遗址

好川文化墓葬在山顶至南部山腰连续分布，以 M15、M61 和 M64 一排墓葬规格最高。

M15，墓上残存馒首状封土。墓口平面近正方形，长约 3.3、宽约 3.1 米，面积 10.23 平方米。出土随葬品 37 件，包括玉钺、玉锥形器、曲面玉片、玉管、玉珠、石钺、石锛、石镞、陶罐、陶豆、陶壶等。在墓底西南部发现一组河卵石子堆塑图像。

M61，西距 M15 约 1.2 米。墓口平面近正方形，长约 2.6、宽约 2.5 米，面积 6.5 平方米。出土随葬品 38 件，包括玉锛、玉锥形器、玉玦、玉环、玉珠、石锛、石镞、石矛、砺石、陶罐、陶豆、陶壶、陶盉、陶鬶和陶纺轮等。在墓底西侧偏北清理出一组石塑图像，与 M15 内的石塑图像拼砌方式相似，图案似动物。

M64，东距 M15 约 0.8 米，南部被 M60 打破。墓口长 2.7～2.8、宽 2.4 米，面积约 6.5 平方米。出土随葬品 16 件，包含玉钺、玉锥形器、玉珠、石锛、陶罐、陶壶、陶鬶和陶纺轮。在墓底见一组相对零散的小石子。

山腰发掘区所见本阶段墓葬的规模普遍偏小，以 M54 为代表。

M54，墓口长约 1.67、宽约 1.32 米，面积 2.2 平方米。出土随葬品 9 件，包括石镞、陶罐、陶豆、陶壶、陶鬶和陶纺轮。随葬品中不见玉器。

4. 江西广丰社山头遗址

遗址面积 11000 平方米，已发掘揭露 973 平方米，文化堆积厚达 3.5 米。刊布的发掘资料不多。遗迹有房子、灰坑、墓葬等。发掘出土的陶器有鬶、鼎、釜、豆、壶、罐、杯、簋、钵、纺轮等。发掘者将文化堆积大致分为三期：第一期年代距今 4500～4000 年，第二期年代距今 4000～3700 年，第三期年代距今约 3500 年。

发掘墓葬 68 座，其中已发表资料的有 16 座，多数为长方形竖穴土坑墓，部分近方形。已刊布墓坑长宽数据的有 3 座，墓坑面积均不足 1 平方米：M4，墓坑长 1.1、宽 0.6～0.7 米；M5，墓坑长 1.4、宽 0.6 米；M8，墓坑长 0.9、宽 0.6～0.7 米。随葬品 3～5 件，陶器主要有鬶、鼎、豆、壶、簋、杯等。[2]

5. 缙云陇东遗址

发现墓葬较少，仅清理 5 座。墓坑平面呈东西向长方形，面积不足 1 平方米。随葬品多陶器，

---

[1] 浙江省文物考古研究所、江山市博物馆：《浙江江山山崖尾遗址好川文化墓地发掘简报》，未刊稿。

[2] 江西省文物考古研究所、厦门大学人类学系、广丰县文物管理所：《江西广丰社山头遗址发掘》，《东南文化》1993 年第 4 期；江西省文物考古研究所、厦门大学历史系考古专业、广丰县文物管理所：《江西广丰社山头遗址第三次发掘》，《南方文物》1997 年第 1 期。

基本器形为豆、罐（釜）、杯、壶等。

6. 温州屿儿山遗址

该遗址位于温州市藤桥镇屿儿山顶部，地处瓯江南岸支流戍浦江流域，东北距曹湾山遗址仅3千米，发掘面积700平方米，清理好川文化墓葬16座和少量生活遗迹，墓葬区与生活区分区明显。墓葬均为东西向长方形土坑竖穴墓，墓坑长1.8～2.6、宽0.6～1米。随葬品1～5件不等，其中6座墓葬未见随葬品。陶器多破碎，难以修复。施工现场采集到两件截面呈方形的玉锥形器。

7. 温州曹湾山遗址

清理好川文化墓葬35座。随葬品多置于墓坑西半侧，因此推测大部分墓葬应以头西脚东、仰身直肢葬为主。墓坑全部为长方形，长2米左右，宽0.6米左右，面积多在1.5平方米以下。

M23出土柄形玉器，墓坑长2.82、宽0.75米，面积约2.1平方米，是35座墓葬中墓坑面积最大的，位置也最为中心。

M31随葬品最多，墓坑长2.61、宽0.8米，面积约2.1平方米。随葬陶釜2件，陶甑、陶罐、陶圈足盘各1件，石锛、石镞各1件，叶蜡石质玉锥形器1件。

M35出土闪玉质玉锥形器，墓坑长2.63、宽0.86米，面积约2.3平方米。

M39墓坑长2.58、宽0.6米，面积约1.5平方米。

好川文化各遗址中，考古资料发表最为充分的是遂昌好川墓地，其他遗址有些甚至还未发表发掘简报，目前能比较的只有墓葬资料。从墓地规模、布局结构、墓坑大小、随葬品组合及数量多寡、精美程度看，遂昌好川墓地无疑是等级最高的。其墓地规模大，存在贵族墓区、平民墓区明确区分的布局结构，且贵族墓区中依然存在差距悬殊的现象，高等级墓葬（甲等）墓坑方正深大，随葬品陶器、石器、玉器、漆器种类齐全，玉钺、嵌玉冠冕、权柄、玉锥形器、漆觚和陶鬶、陶豆、陶盉等陶酒器、祭器无不显示出墓主人的高贵、权威及其所代表阶层的统治地位。三祭坛状玉片成组出土，充分体现了其与良渚文化的密切联系。

福建浦城龙头山遗址好川文化墓葬也存在分区埋墓的布局结构和明确的等级差别，高等级墓葬在山顶，墓坑近方形，山腰部位的墓葬则普遍较小。随葬品差异明显，前者随葬陶鬶和玉锥形器等高端器物。

江山山崖尾遗址好川文化墓葬的情况同福建浦城龙头山遗址基本一致，墓葬存在分组现象。墓坑近方形的M33占据中心位置，随葬不同造型的陶豆8件、漆器2件，以及陶鬶、陶壶、陶杯、陶盉、带盖陶盘、三喙罐、圜底罐各1件，是已发掘好川文化墓葬中随葬品最多的一座。[1]

相较之下，福建浦城龙头山和江山山崖尾两处遗址的好川墓葬，墓地规模、等级虽然不如遂昌好川墓地，但比曹湾山遗址似乎要高一等级。温州屿儿山遗址的等级则显然较曹湾山遗址更低。缙云陇东遗址好川文化考古资料并不丰富，难以准确定位，但从其墓葬形制、随葬品种类数量及

─────────

[1] 仲召兵、裘佳欢：《好川文化进展与思考》，见浙江省博物馆编《东方博物（第七十六辑）》，中国书店，2020年。

精美程度看，应该与曹湾山大体同等级，或与屿儿山相当。

江西广丰社山头遗址墓葬资料发表不多，从已发表墓葬资料看墓坑不大，但其随葬陶鬶[1]，规格当不会太低。且从地理位置上看，山崖尾遗址距社山头遗址 40 千米，山崖尾遗址距浦城龙头山遗址 80 千米左右，龙头山遗址距社山头遗址也在 80 千米左右。据此，将社山头置于山崖尾、龙头山同一等级应该比较合适。

曹湾山遗址 35 座墓葬均为长方形竖穴土坑墓，无一座墓坑为方形，其反映的是聚落等级的差别抑或是区域的差异？还是年代的早晚关系？江山山崖尾遗址好川文化墓葬中均是方形墓坑墓葬打破长方形墓葬，无相反情况发现，是否反映了长方形墓葬的年代早于方形墓葬？

第三节　好川文化的内涵与曹湾山类型

仲召兵、裘佳欢在《好川文化进展与思考》一文中指出："尽管好川文化的空间外延还不明确，但根据目前的资料，可以将好川文化暂分为好川类型和曹湾山类型。好川类型以好川墓地、山崖尾遗址为代表，主要分布在仙霞岭南北两侧，陶器组合常见鬶、豆、罐、壶、盉、杯、矮圈足盘等，而鼎不见或少见，流行近方形墓坑。方形墓坑应该是闽江上游的文化传统，更早阶段的福建浦城下山尾遗址、武夷山吴齐墓地均流行方坑墓。曹湾山类型以温州曹湾山遗址为代表，主要分布在仙霞山脉以东地区，墓葬中陶器组合为釜、鼎、豆、罐、壶、盉等，条纹着黑陶、小型石锛、扁铤石镞构成曹湾山遗址最具特色的文化面貌。此处流行长条形墓坑，长条形墓坑可能为钱塘江以南地区的传统，桐庐小青龙、奉化何家遗址均可见到这种形制的良渚时期墓葬。比较这两个类型，玉器均以截面方形的玉锥形器和各种形状的曲面玉片为特色；石器均以宽矮的小石锛和石镞为大宗，石钺较少。不同的是，曹湾山类型缺少鬶、杯等水器，圈足盘、簋等器型也少见，而着黑陶的比例似乎远远高于好川类型，此外，截面近三角形的石锛也基本不见好川类型。"[2]

我们赞同将好川文化分为好川类型和曹湾山类型，在此对两种类型的文化面貌、内涵特征进一步分析讨论。

判别考古遗存是否能够独立命名为新的考古学文化，须看其是否在一定的分布范围内有相同类型的遗存，其中空间分布是基本的或者说是先决的条件。同理，在同一文化下面要区分出不同的类型，空间分布依然是必须首先关注的。好川墓地在瓯江上游，而曹湾山遗址地处瓯江下游，二者在地域上有各自独立的分布。如前所述，我们除了需要正视好川墓地和曹湾山遗址因聚落等级显著不同而呈现出的文化面貌差异外，还必须考虑空间位置不同而各自受到周边文化互动影响这一因素。有研究者指出，福建山区内陆和沿海地区的史前文化面貌存在着明显差异[3]。这种差异性在浙江同样存在。

好川文化方形墓坑葬俗的出现是个值得探究的问题。《好川墓地》报告中认为好川墓地的方

---

〔1〕 根据发表的两件出土陶鬶的线图和广丰博物馆陈列的陶鬶实物，如此完整的陶鬶出自地层的可能性不大，应是墓葬出土。

〔2〕 仲召兵、裘佳欢：《好川文化进展与思考》，见浙江省博物馆编《东方博物（第七十六辑）》，中国书店，2020 年。

〔3〕 林公务：《福建境内史前文化区系类型初论》，见于炳文主编《跂涉集——北京大学历史系考古专业七五届毕业生论文集》，北京图书馆出版社，1998 年。

形墓坑现象与花厅墓地高等级大墓类似，可能还受到龙山文化的影响，正如好川墓地出土的三喙罐是受大汶口文化晚期影响一样。有意思的是，在江山山崖尾遗址墓葬中出土了和好川墓地中造型完全一致的三喙罐（M33：12）。山东大汶口文化、龙山文化是如何影响千里之外的浙西南好川文化，又是通过怎样的传播方式、途径实现的呢？想来传播途径无外乎陆路和海路两种。有学者研究小麦是距今 5000 年前后通过海路传播到福建地区的[1]，海路应是比较现实可行的传播通道。但若真是如此，为何更近海的曹湾山遗址却没有这方面的线索呢？三喙罐此类特殊用途的陶器当是作为礼物交换或赠予得来的，受赠者或者说通过交换获得此类特殊礼物者，身份当是部族的首领，而与地理上的远近无直接关系。

根据现有考古资料，曹湾山类型的分布范围好像只局限于瓯江的下游地区，除曹湾山遗址外，屿儿山遗址也可明确归入曹湾山类型。

"方形墓坑应该是闽江上游的文化传统"，"长条形墓坑可能为钱塘江以南地区的本地传统"。这一观点尚需更多的考古资料支持，也有很多讨论的空间和必要。假设该观点成立，那么福建浦城龙头山遗址地处闽江上游，江山山崖尾遗址地处钱塘江上游，而遂昌好川墓地则位于瓯江源头，如何解释？山崖尾遗址好川文化方形墓葬叠压打破长方形墓葬而无相反情况的现象，只能明确该遗址的方形墓葬出现晚于长方形墓葬，这一现象背后的原因是值得认真思考和讨论的。但目前由于资料有限，就这一问题展开深入讨论还不成熟，聊备一说。

墓坑的方形、长方形是不同类型墓葬形制上的差异。墓葬头向则似乎存在曹湾山类型偏西向，好川类型东南向的情况。规模等级上，好川类型墓葬中高等级的大型墓葬数量较多，而曹湾山类型多为小型的平民墓。至于葬式、葬具、墓室结构等问题，因好川文化遗址墓葬多处于酸性红壤的埋藏环境中，保存情况不理想，难以进行系统比对和讨论。

好川、曹湾山两类型出土器物上的异同也十分明确。好川墓地基本为墓葬资料，而曹湾山遗址地层堆积出土陶片碎小，修复率极低，失去比较讨论的基础条件。

曹湾山遗址墓葬的随葬陶器组合以壶、罐、釜、鼎、甑、圈足盘、钵为主，另有少量豆、簋、盆、盉、杯、纺轮等。屿儿山好川文化墓葬随葬陶器主要有鼎、罐、釜、豆、圈足盘、钵和纺轮等。

好川墓地随葬陶器以鼎（三足盘）、簋、钵、豆、罐、杯、鬶、盉为主，并见有少量尊、釜、双鼻壶、三喙罐等。鼎（三足盘）多为泥质陶，夹砂陶鼎只在早期有少量发现；后期印纹硬陶圜底罐数量不少；陶豆数量占随葬陶器总数的一半以上，型式丰富，颇具特色。山崖尾遗址墓葬随葬陶器组合以鬶、杯、豆、罐、壶为主，另有少量釜、簋、盉、圈足盘、纺轮等。龙头山遗址墓葬出土陶器主要包括罐、豆、壶、鬶和纺轮等。

从各个遗址的出土陶器来看，好川文化遗址多数都见有釜（鼎）、罐、豆、圈足盘和纺轮，但各类型陶器比例或高或低有所差异。鬶、杯、盉这些在好川墓地、山崖尾等遗址常见且数量较多的器形在曹湾山、屿儿山遗址却未见或极少见（曹湾山有一件盉），尊、三喙罐、三足盘不见于曹

---

〔1〕 赵志军：《长江以南地区出土史前小米遗存的来源和传播路线》，见山东省水下考古研究中心编《海岱丝语——"一带一路"与山东研讨会论文集》，齐鲁书社，2020 年。

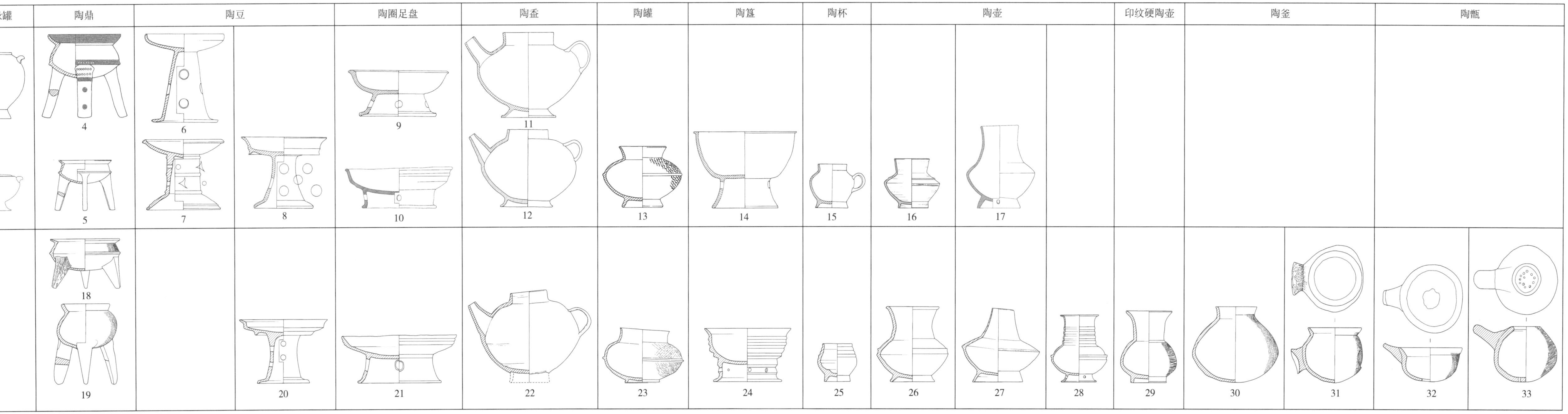

| 陶罐 | 陶鼎 | 陶豆 | 陶圈足盘 | 陶盉 | 陶罐 | 陶簋 | 陶杯 | 陶壶 | 印纹硬陶壶 | 陶釜 | 陶甑 |

图 9-1 好川类型与曹湾山类型典型陶器对比示意图

好川类型：1. 97SHM14：17 2. 97SHM14：8 3. 山崖尾M33：12 4. 97SHM2：4 5. 97SHM8：5 6. 97SHM20：7 7. 97SHM36：6 8. 97SHM63：14 9. 97SHM11：11 10. 山崖尾M20：2 11. 97SHM72：10 12. 山崖尾M48：3
13. 97SHM56：4 14. 97SHM60：16 15. 97SHM11：9 16. 04岭头岗M7：2 17. 山崖尾M20：1（16为岭头岗平民墓地资料，3、10、12、17为江山山崖尾资料，均未发表；其余为好川墓地已发表资料）
曹湾山类型：18. M33：6 19. M9：1 20. M14：4 21. M26：6 22. M10：1 23. M14：2 24. M15：2 25. M12：3 26. M26：5 27. M30：3 28. M34：3 29. M28：2 30. M13：1 31. M31：2 32. M33：5 33. M20：3

湾山遗址。曹湾山遗址常见的甗也不见于好川墓地和山崖尾遗址，外形如炭火锅炉的壶（如 M30∶3）目前仅见于曹湾山遗址。

石镞、石锛为好川文化遗址出土数量最多的石器，其中又以扁铤石镞和宽矮的小石锛最为多见。截面呈扇形的弧背石锛虽仅见于曹湾山遗址和屿儿山遗址，但这类石锛在福建昙石山文化中数量较多，于东南沿海地区新石器晚期遗址中也有普遍发现。这种现象除了与当地先民的生业形态、耕作方式有关，还必须考虑受到闽江下游昙石山文化影响的因素。

综上所述，好川文化两个类型的内涵特征概括如下：

好川类型　归入此类型的遂昌好川墓地、江山山崖尾、福建浦城龙头山遗址地处武夷山北麓，瓯江、钱塘江、闽江的源头地区，为好川文化中高级聚落。流行方形墓坑，墓向（头向）东南。随葬陶器基本组合为鼎（釜）、鬶、豆、罐、壶、盉、杯、圈足盘等，鬶、盉形态特征演变明确，序列清晰；豆数量多，型式丰富，最具特色（图 9-1）。常见石（玉）钺、石锛、石镞，不见截面呈扇形的弧背石锛。多见玉锥形器、曲面镶嵌玉片和漆觚。三台阶（祭坛）状玉片成组出土，显示出与良渚文化的密切关系。

曹湾山类型　以温州曹湾山遗址为代表，目前能确定属于该类型的两个遗址均在瓯江下游，确切的分布范围还不清楚。聚落等级低，墓葬规格小，流行长条形墓坑，墓向头西脚东。随葬陶器最明显的区别是没有鬶，多壶、釜、甑，杯、盉极少见，豆数量少且型式简单。漆觚、尊、三喙罐、三足盘完全不见于曹湾山遗址，外形如炭火锅炉的壶目前仅见于曹湾山遗址（见图 9-1）。篮纹着黑陶、小型石锛、扁铤石镞是曹湾山遗址最具特色的文化因素。石器中截面呈扇形的弧背石锛特色明显，曹湾山类型可能更多受到昙石山文化的影响。曲面玉片仅见 1 件。曹湾山 M23 出土的一组玉柄形器，从整体造型、玉片构成、镶嵌方法到具体玉片加工都与好川墓地 M1 出土的同类镶嵌玉片组十分相似，如出自同一工匠之手。

第四节　好川文化与曹湾山遗址年代

《好川墓地》考古报告出版后，关于好川文化的年代成为考古学界讨论最为热烈的问题之一。由于好川墓地本身缺乏科学测年数据，讨论均局限在类型学的比较上。曹湾山遗址的发掘同样缺乏理想的测年标本，依然没有获得科学测年数据。幸运的是，山崖尾遗址的发掘获得了比较系统的测年数据，为好川文化年代的深入讨论提供了基础条件，使得科学准确界定好川文化的年代成为可能。

山崖尾遗址的发掘获取了有效测年数据 44 份，填补了好川文化绝对年代研究的空白。墓葬填土中碳样的测年区间较分散，距今 5000~3900 年均有分布。仲召兵认同好川文化上限在距今 4500 年左右的说法。山崖尾 H20 和 T7Z45 分别打破 M33 和 M20，而这两座墓葬的年代均相当于好川墓地三期，因此根据 H20 和 T7245 的测年数据推断好川墓地三期年代不晚于距今 4200 年。根据山崖尾 M11、M15、M28、M29 四座墓葬填土中木炭的测年数据集中在距今 3900 年左右，仲召兵谨慎地认为好川文化年代的下限不早于距今 3900 年。

曹湾山遗址墓地二期年代应与好川墓地四期、山崖尾墓地二期年代相当或接近。结合曹湾山遗址和山崖尾遗址类型对比，以及山崖尾遗址墓葬测年，可将曹湾山遗址墓葬的绝对年代初步定为距今约4500~4200年。而墓葬又位于整个遗址的最下层，所以曹湾山遗址的年代上限不超过距今4500年。综合各种因素，曹湾山遗址年代下限可暂定在距今4000年前后。

曹湾山遗址的发现发掘以及好川文化曹湾山类型的确立，对于丰富充实好川文化面貌具有极其重要的价值。同时，作为浙南闽北通道上的一个重要节点，曹湾山类型既承袭了钱塘江以南地区的文化传统，又吸收了南部福建地区部分史前文化因素，为探讨新石器时代晚期浙江与福建两地的文化交流提供了一个窗口。诸如着黑陶和硬陶的起源与发展、好川文化与昙石山文化的关系等，都是探究两地史前交流的重要课题。此外，曹湾山遗址对于浙南新石器时代进入夏时代的发展过程也提供了重要的研究材料。希望将来的浙南大地上能有更多史前和夏商考古的遗址呈现于世，早日共同构建起浙南早期考古学文化的谱系与序列，勾勒出浙南先民的生活图景。

附录一　温州曹湾山遗址的植硅石分析

姚政权[1]　吴　妍[1]　王昌燧[1]　蔡钢铁[2]　王海明[3]

1. 中国科技大学科技史与科技考古系
2. 温州市文物保护考古所
3. 浙江省文物考古研究所

　　植硅石（phytolith）系指发育于某些高等植物中的含水非晶态二氧化硅。由于"每一类植硅石常常在各种分类水平上（属、族、亚科和科）代表特定植物类群的特征，并且在植硅石类型和它们的母源植物的自然分类亲缘关系之间有很好的对应性"[1]，因此，根据植硅石的形态特征，便可鉴定其母源植物的种类，并进而分析和诠释各种沉积环境下的植硅石记录。30多年来，作为植物考古学的一个研究领域，植硅石分析在考古学和地质学中皆得到了广泛的应用。其鉴别植物种属的效用，特别是一些重要农作物的种属，已一再为众多不同文化考古遗存的研究提供了丰富的、有价值的信息。植硅石分析是考古学家创见性地利用植物学和地质学方法来阐明、解释人类发展过程的成功例证。

（一）遗址背景

　　曹湾山遗址是新石器时代晚期至夏商时期的大型岗丘型聚落遗址，位于温州鹿城区上戍乡渡头村，海拔约61米，瓯江和蜿蜒曲折的戍浦江皆流经此处，属于以瓯江流域为主要分布区的"好川文化"类型（"好川文化"是继河姆渡、马家浜、良渚文化后的又一种新石器时代晚期文化类型，距今约4000年，受良渚文化的影响较明显，同时又有闽江流域昙石山文化因素）。丘顶是聚落的中心，丘腰、丘坡也均有遗存分布。遗址内涵丰厚，有史前连片的石构建筑遗存，条纹着黑陶、小型石锛、石镞构成曹湾山遗址最具特色的文化面貌，充分显示出以采集、狩猎为主要经济形态的文化特征。曹湾山遗址为浙南温州地区先秦文化发展序列和考古编年的建立提供了地层学依据，同时也为研究好川文化聚落布局特点以及社会结构等提供了丰富的资料。

（二）样品采集与处理

　　为了解曹湾山遗址的生态环境及农业生产情况，我们从该遗址的T202和T402两个探方中采集了两个剖面样品。采用经赵志军[2]先生修订的重液浮选法从样品中提取植硅石，植硅石提取

---

〔1〕　[美] 多洛雷斯·派潘诺著，姜钦华等译校：《植硅石分析——在考古学和地质学中的应用》，北京大学出版社，1994年。
〔2〕　Zhijun Zhao, Deborah M. Pearsall. Experiments for improving phytolith extraction from soils. *Journal of Archaeological Science*（1998）25：587-598.

物自然晾干后制成载玻片，在高倍显微镜下观察、鉴别，并作数量统计。为确保具有统计学意义，每一个样品随机统计约700粒植硅石（表1、表2）。

表1 曹湾山遗址 T202 植硅石类型统计

编号	形态类型											总计
	导管+棒形	扇形	方形	长方形	尖形	鞍形	哑铃形	网纹脊	弓形	十字形	双峰形	
T202 表土	266	304	40	44	19	28	—	28	12	—	—	741
T202②30cm	212	323	36	29	11	51	5	20	9		1	697
T202②40cm	289	272	34	39	14	57	9	28	6		—	748
T202②50cm	344	266	28	32	12	72	5	19	6		1	785
T202③60cm	323	232	34	26	11	34	5	29	4		4	702
T202③70cm	468	385	54	41	30	74	2	42	8		—	1104
T202③80cm	246	301	52	44	22	10	—	16	2		4	697
T202②③交界88cm	290	252	49	58	24	51	—	30	5		2	761

注：表中"—"表示随机统计的过程中未见此种形态，并不表示该样品中就没有这种形态的植硅石。表2同。

表2 曹湾山遗址 T402 植硅石类型统计

编号	形态类型											总计
	导管+棒形	扇形	方形	长方形	尖形	鞍形	哑铃形	网纹脊	弓形	十字形	双峰形	
T402 表土 50cm	221	322	28	36	20	51	5	32	14	—	—	729
T402②75cm	203	330	88	29	6	15	5	15	12		4	707
T402②85cm	82	416	9	76	21	56	5	19	10	1	5	700
T402②95cm	177	344	5	28	26	81	6	9	16	1	5	698
T402②③交界105cm	247	330	5	13	18	55	2	13	15	—	2	700
T402③115cm	227	254	32	32	22	54	9	8	1	—	6	645
T402③125cm	431	167	—	—	15	65	6	11	7		3	705
T402③135cm	379	131	10	19	10	59	15	4	2	2	1	632
T402③145cm	483	112	—		18	98	18	8	7		2	746
T402③155cm	514	232	16	26	38	126	25	9	5		1	992

（三）分析和讨论

两个剖面的样品中，植硅石含量丰富，可鉴定的形态有扇形、棒形、鞍形、哑铃形、尖形、方形、长方形以及发育于阔叶类木本的具网纹脊的块状及纺锤状、螺旋纹导管等（图1）。其中发育于禾本科植硅石形态的数量较多，发育于阔叶类木本的植硅石形态也占一定比例。（图2、3）

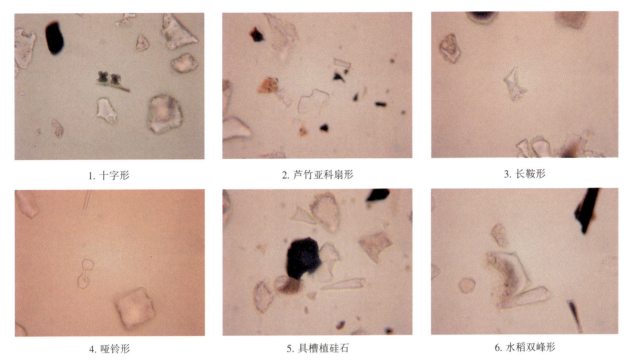

1. 十字形　　　　　　　2. 芦竹亚科扇形　　　　　　3. 长鞍形

4. 哑铃形　　　　　　　5. 具槽植硅石　　　　　　6. 水稻双峰形

图 1　曹湾山遗址主要可鉴定植硅石态类型

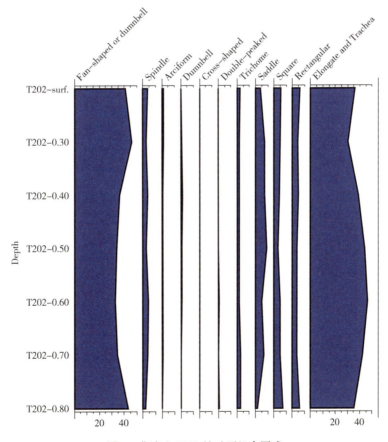

图 2　曹湾山 T202 植硅石组合图式

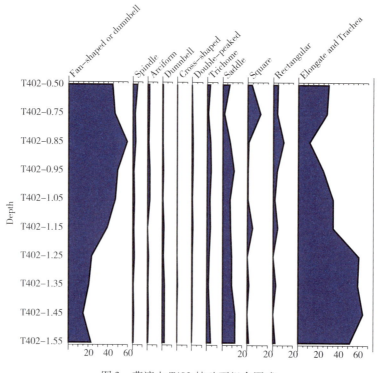

图3　曹湾山 T402 植硅石组合图式

1. 禾本科植硅石类型

禾本科植物种类繁多，又是植硅石的高产科，其植硅石分类（黍亚科、画眉草亚科、竹亚科、稻亚科、芦竹亚科）常可有效指示植被特征，进而反映有关遗址所处区域的气候特征。曹湾山遗址禾本科植硅石的具体分析如下：

（1）扇形植硅石

产于禾本科，在竹亚科、水稻亚科、芦苇中含量特别丰富。除以上几种植物有比较特征的扇形形态外，大部分扇形的形态无法识别其发育于哪种植物，但从整体分布来看，扇形多分布在暖湿的地区[1]在 T402 样品中，扇形植硅石含量为 15.0%～59.4%，T202 中为 33%～46.3%。其中有部分可以识别来源于竹亚科（具刺状突起）以及少量具有芦竹亚科的特征形态。

（2）禾本科短细胞植硅石

在两个剖面样品中均观察到了相当数量的鞍形（或竹节形，侧面观）。长鞍形是竹亚科的标志形态，一般有 1～2 个颗料纹饰。此外，相对于鞍形而言，样品中主要发育于黍亚科的哑铃形的数量要少得多，至于十字形，则仅在少数几个样品中统计到。

以上几种植硅石中，长鞍形所指示的竹亚科与高含量的扇形植硅石都反映了温暖湿润的气候特征；而指示冷干气候特征的齿形、帽形植硅石数量极少，几乎不见。

2. 阔叶类木本植硅石类型

在两个剖面的样品中，发育于阔叶类木本植物的植硅石形态——具网纹脊的块状及纺锤形和

---

〔1〕　王永吉、吕厚远：《植物硅酸体研究及应用》，海洋出版社，1993 年。

弓形[1]——较为常见，但相对百分含量较低。如果考虑到禾本科植硅石的高产性，那么这些表征阔叶类木本植物的植硅石类型则不应忽视。此外，在几个样品中还发现少量仅见于芭蕉科和海里康科的具槽植硅石[2]类型。这几种植硅石类型同样反映了温暖湿润的气候类型。

3. 其他植硅石类型

在两个剖面的样品中，导管形和棒形的含量非常之高，另外方形和长方形也有一定数量。然而，这几种植硅石形态植物分类学意义不明显，在各类高等植物中几乎都能见到，实际上不具备最起码的植物种属鉴别价值，也不具备特别的环境指示作用。

4. 发育于水稻颖壳的双峰形植硅石

Watanabe（1968）最早指出，水稻颖片表皮层中，长细胞植硅石的形状具有很高的鉴定特征。随后，我国学者张文绪[3]对水稻颖壳秤面双峰体的研究，也显示了这一结构在判别栽培和野生方面的巨大潜力。赵志军等[4]根据稻类植物颖片上峰状植硅石的几个形态参数，运用多元统计分析方法，为考古研究中将栽培稻从野生稻中鉴定出来，建立了一种新的方法。（图4）

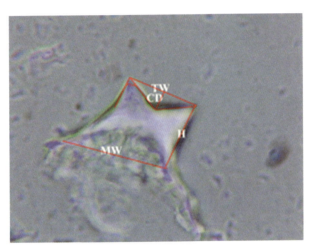

图4 水稻双峰判别式参数

判别式 I：

栽培稻的预测：$D1 = -19.027 - 0.129(TW) + 0.116(MW) + 0.676(H1) + 3.101(H2) + 0.921(CD) - 0.028H1^2 - 0.079H2^2 - 0.047CD^2$

野生稻的预测：$W1 = -14.124 - 0.085(TW) + 0.113(MW) + 0.7(H1) + 2.288(H2) + 1.338(CD) - 0.021H1^2 - 0.066H2^2 - 0.067CD^2$

如果 |D1| > |W1|，则认为该双峰植硅石来自栽培稻，否则来源不明。

---

[1] 王永吉、吕厚远：《植物硅酸体研究及应用》，海洋出版社，1993年。

[2] ［美］多洛雷斯·派潘诺著，姜钦华等译校：《植硅石分析——在考古学和地质学中的应用》，北京大学出版社，1994年。

[3] 王象坤、孙传清：《中国栽培稻起源与演化研究专集》，中国农业大学出版社，1996年。

[4] a. Deborah M. Pearsall, et al. Distinguishing rice (*Oryza sativa* Poaceae) from wild *Oryza* species through Phytolith analysis: Results of preliminary research. *Economic Botany* (1995) 49：183 – 196.

b. Zhijun Zhao, et al. Distinguishing rice (*Oryza sativa* Poaceae) from wild *Oryza* species through Phytolith analysis, II：Finalized method. *Economic Botany* (1998) 52：134 – 145.

判别式 II：

野生稻的预测：$W2 = -14.617 - 0.085(TW) + 0.113(MW) + 0.7(H1) + 2.288(H2) + 1.338(CD) - 0.021H1^2 - 0.066H2^2 - 0.067CD^2$

栽培稻的预测：$D2 = -18.334 - 0.129(TW) + 0.116(MW) + 0.676(H1) + 3.101(H2) + 0.921(CD) - 0.028H1^2 - 0.079H2^2 - 0.047CD^2$

如果 $|W2| > |D2|$，则认为该双峰植硅石来自野生稻，否则其来源不明。

在统计植硅石数量的过程中，我们发现，发育于水稻颖壳的双峰植硅石几乎是稳定地出现于各个样品之中，18 个样品中，有 14 个检出双峰形植硅石，这意味着此时稻谷已经进入浙东南先民的食谱。为了进一步判别这些水稻植硅石是否发育于栽培稻，我们对其中一部分（因为固定片上的植硅石不容易翻动到理想的测量位置）双峰颖壳植硅石进行了显微测量，然后将测量数据带入赵志军等构建的两组判别式计算，结果见表 3。

表 3　曹湾山遗址出土双峰植硅石形态参数及判别式计算结果

样品编号	参数								
	H1	H2	CD	TW	MW	D1	W1	W2	D2
T202②③交界88cm	20	20	7	20	40	19.917	19.739	19.246	20.61
T402②75cm	15	14	4	14	30	17.349	17.227	16.734	18.042
T402②75cm	16	15	4	19	31	17.438	17.335	16.845	18.131
T402③125cm	40	30	3	26	50	-10.071	-3.633	-4.126	-9.378
T202③80cm	23	22	1	20	38	14.397	13.124	12.631	15.09

从表 3 中的计算结果来看，这些双峰植硅石能够由公式 I 判别为栽培稻，而不能由公式 II 判别为野生稻，因此我们认为是来自于栽培稻。

(四) 结论

植硅石形态类型的鉴别和数量统计表明，曹湾山遗址占用期间，当时的气候较为温暖湿润，且气候在总体上波动也不大。发育于水稻颖壳的双峰形植硅石的存在，表明当时浙东南地区可能已经有了较为原始的农业生产，先民们在曹湾山山脚下的滩涂上种植水稻，并将收获的稻谷携入山上的居住区，以补充捕捞、采集和狩猎的不足。

(本文原以《温州老鼠山遗址的植硅石分析》为题刊于《农业考古》2005 年第 1 期，本次收录略有改动，"老鼠山"统一更名为"曹湾山"，地理信息未作改动)

附录二 温州藤桥镇曹湾山遗址出土玉石器岩性鉴定

姬 翔

浙江省文物考古研究所

曹湾山遗址（曾用名老鼠山遗址）位于温州市鹿城区藤桥镇渡头村，2002 年 11 月～2003 年 4 月由浙江省文物考古研究所主持发掘，发掘面积 558.25 平方米，发现了距今约 4000 年的好川文化聚落，清理好川文化墓葬 35 座，获得玉器、石器、陶器等文物 1000 多件。[1]

本文主要对曹湾山遗址出土的石器、玉器进行了岩性鉴定和成分检测，共鉴定标本 946 件，其中石器 905 件、玉器 41 件。这 944 件标本绝大多数是通过观察实物进行鉴定的，仅有 27 件在展样本（玉器 10 件、石器 17 件）通过比对照片进行鉴定和命名。石器以石锛、石镞为主，还有一部分可能为坯料或毛料。岩性鉴定主要是利用岩石学的方法，依靠肉眼和放大镜、小刀等工具，对石器的颜色、结构、构造、矿物组成、硬度等进行观察描述。此外对部分石器使用 Nikon SMZ745T 显微镜进行细部观察和拍照，以初步判断其岩石类型。由于石器经历长时间埋藏作用均发生不同程度的风化受沁，表面特征很多已经模糊不清，兼之主要依靠肉眼进行观察分析，囿于笔者水平有限，鉴定结果可能存在偏差，故而只是一个非常初步的鉴定报告。

一、石器岩性组成

石器多为地层出土（852 件），少量为采集品（29 件）和灰坑、墓葬出土（24 件）。岩性主要有泥质岩、硅质岩、粉砂岩、砂岩、斑点角岩、凝灰岩等。器形以石镞（495 件）、石锛（210 件）数量最多，另有少量石刀（28 件）、石矛（11 件）、石凿（11 件）、石斧（7 件）等。有为数不少残缺严重的石器残器（半成品，129 件）。其他的器形（14 件）不太常见，有石饰件（3 件）、石钺（1 件）、石楔（1 件）、石球（1 件）、石环（1 件）、石件（1 件）、石钻芯（1 件）、棒状卵石（1 件）、圆饼形卵石（1 件）、砺石（1 件）以及器形不明的其他石器（2 件）。石器器形、数量和出土单位见表 1。

（一）地层

地层出土石器共 852 件，以石镞（489 件）、石锛（177 件）和石器残器（半成品，125 件）为主，岩性主要有泥质岩、硅质岩、凝灰岩、斑点角岩等。总体岩性组成见表 2。

---

[1] 浙江省文物考古研究所：《浙江考古新纪元》，科学出版社，2009 年。

表1　石器器形、数量和出土单位

出土单位	石镞	石锛	石刀	石斧	石矛	石凿	石器残器（半成品）	其他	合计
地层	489	177	27	5	11	10	125	8	852
灰坑和墓葬	2	20	0	0	0	0	0	2	24
采集	4	13	1	2	0	1	4	4	29
合计	495	210	28	7	11	11	129	14	905

表2　地层出土石器总体岩性组成

岩性	数量	百分比
泥质岩	446	52.35
硅质岩	129	15.14
凝灰质粉砂岩	123	14.44
凝灰岩	63	7.39
粉砂岩	27	3.17
砂岩	17	2.00
斑点角岩	18	2.11
沉凝灰岩	15	1.76
玢岩	3	0.35
绿片岩	4	0.47
斑岩	2	0.23
闪长岩	1	0.12
辉绿岩	1	0.12
煌斑岩	1	0.12
辉长岩	1	0.12
石英	1	0.12
合计	852	100.00

1. 石镞

石镞共489件。岩性以泥质岩为主，数量360件，占73.62%；其次为凝灰质粉砂岩，有81件，占16.56%；凝灰岩25件，占5.11%；沉凝灰岩和粉砂岩各7件，各占1.43%。此外还有少量的斑点角岩、硅质岩、辉绿岩、绿片岩等。具体岩性组成见表3。选取部分样本描述如下。

（1）泥质岩

360件，以泥岩为主，还有少量粉砂质泥岩、硅质泥质岩等。（图1）

T101①：7，泥岩。灰绿色，泥状结构，硬度2~3。

T101①：9，泥岩。青灰色，泥状结构，硬度2左右。表面偶见白点，放大后观察，白点可能为磕碰所致。

T101①：18，凝灰质泥岩。暗灰紫色，凝灰泥状结构，硬度2~3。表面见有明显的打磨痕迹。

表3　石镞岩性组成

岩性	数量	百分比
泥质岩	360	73.62
凝灰质粉砂岩	81	16.56
凝灰岩	25	5.11
沉凝灰岩	7	1.43
粉砂岩	7	1.43
斑点角岩	6	1.23
硅质岩	1	0.20
辉绿岩	1	0.20
绿片岩	1	0.20
合计	489	100.00

T101②：22，粉砂质泥岩。紫红色，粉砂质泥状结构，不明显的层理构造。见有裂隙，被白色钙泥质充填。

T101①：38，纹层状硅质泥质岩。灰色，泥状结构，硬度2~3。纹层构造，灰色与黑色纹层交错。

T302③：67，泥岩/高岭土岩。灰白色，泥状结构，硬度2左右，比重略轻。

T402②：24，泥岩。棕灰色，泥状结构，硬度2左右。见有较多细小的云母碎屑。

（2）凝灰质粉砂岩

81件，多为紫色、灰紫色，少部分呈灰色、青灰色。（图2）

T202②：25，凝灰质粉砂岩。灰紫色，凝灰粉砂结构，不明显的层理构造。可见较多细小的白色长石晶屑。

T303②：29，凝灰质粉砂岩。浅灰紫色，凝灰粉砂结构。近刃部见有一团细砂状碎屑，不超过0.5毫米，主要由长石、石英等组成。

T402②：29，蚀变凝灰质粉砂岩。紫色，凝灰粉砂结构。见有少量长石碎屑，可能发生了绢云母化作用，溶蚀后在表面留下小凹坑。

（3）凝灰岩

25件。

T101②：15，凝灰岩。暗灰紫色，凝灰结构。表面见有较多白色细小的长石晶屑，棱角状。

T102②：5，凝灰岩。灰紫色，凝灰结构，主要由火山碎屑组成。表面见有白色长石晶屑，棱角状。

T302②：7，蚀变凝灰岩。浅灰绿色，凝灰结构。表面见有细小的棱角状白色长石晶屑和溶蚀孔洞。

（4）沉凝灰岩

7件，部分发生叶蜡石化。

T101②：14，沉凝灰岩。灰紫色，沉凝灰结构，硬度2~3。

T101①：7

T202②：25

T101①：9

T303②：29

T101①：18

T402②：29

图1　泥质岩石镞样本细部

图2　凝灰质粉砂岩石镞样本细部

T101①：30

T102②：16

图3　斑点角岩石镞样本细部

T203②：8，沉凝灰岩。浅灰紫色，主要由火山灰组成。表面见有零星灰绿色晶屑，可能是长石发生了绿泥石化作用。

T203②：32，叶蜡石化沉凝灰岩。紫红色，主要由火山灰组成，质地细腻。表面见有乳白色晶屑，可能是长石发生了叶蜡石化作用。

T402③：4，叶蜡石化沉凝灰岩。紫红色，质地细腻，硬度2～3。见有较多细小的白色晶屑，可能是长石发生了叶蜡石化作用。

（5）粉砂岩

7件，部分具有层理。

T202①：15，粉砂岩。青灰色，粉砂结构，硬度2左右，具有平行层理。

T202②：59，粉砂岩。灰黑色，粉砂结构，硬度2～3。

T302②：10，粉砂岩。棕灰色，粉砂结构，硬度2～3。

T303②：61，细砂粉砂岩。灰色，粉砂结构，主要由长石和岩屑组成。

（6）斑点角岩

6件。（图3）

T101①：30，斑点角岩/角岩化泥岩。灰黑色，灰底黑点，变余斑状变晶结构，黑点可能为堇青石。

T102②：16，斑点角岩。表面风化后呈灰黄色，黄底黑点，新鲜面灰黑色，变余斑状变晶结构，褐点可能为堇青石/红柱石。

T302②：61，斑点角岩。表面土黄色，黄底黑点，变余斑状变晶结构，风化后基体呈泥状，留下抗风化的黑点，可能是红柱石/堇青石。

（7）硅质岩

1件。

T103①：18，泥质硅质岩。土黄色，硬度3～4。见有较多黑色小斑点。

（8）辉绿岩

1件。

T203②：21，辉绿岩。青灰色，辉绿结构，硬度3左右。表面见有较多暗绿色鲕状物质，显微镜下观察判断可能为抛光面残留。

（9）绿片岩

1件。

T203①：16，绿片岩。灰绿色，细粒鳞片变晶结构。片状构造，隐约可见蜡状光泽到丝绢光泽，组分呈定向排列。

2. 石锛

石锛共177件。岩性以硅质岩为主，共91件，占总数的一半以上。岩性种类基本与石镞一致。总体岩性组成见表4。选取部分样本描述如下。

（1）硅质岩

91件，占石锛总量的54.41%，多为泥质硅质岩、粉砂质硅质岩，部分具有层理。

表 4 石锛岩性组成

岩性	数量	百分比
硅质岩	91	51.41
泥质岩	22	12.43
凝灰岩	15	8.47
粉砂岩	14	7.91
砂岩	11	6.21
凝灰质粉砂岩	10	5.65
斑点角岩	6	3.39
玢岩	2	1.13
沉凝灰岩	3	1.69
绿片岩	3	1.69
合计	177	100.00

T101①：1，泥质硅质岩。表面灰白色，新鲜面灰黑色，致密块状结构，硬度 6～7。

T101②：6，泥质硅质岩。土黄色，表面光滑，致密块状结构，可见贝壳状断口，可能为制作时产生，硬度 3 左右。

T204②：5，泥质硅质岩。表面土黄色，新鲜面灰黑色，风化后表面呈泥状，新鲜面硬度 5～6 左右。

T302③：29，泥质硅质岩。表面土黄色，未见新鲜面，具有层理构造，与石器主面平行。

T303②：4，泥质硅质岩。灰黑色，具有水平层理，近垂直于刃部，风化后留下深浅不一的平行凹槽。

T303②：9，粉砂质硅质岩。表面青灰色，新鲜面灰黑色，风化后表面呈细砂状。

T303②：33，泥质硅质岩。表面灰色，新鲜面灰黑色，风化后表面呈泥状，类似于泥质灰陶。

T402②：38，泥质硅质岩。表面灰色，新鲜面灰黄色，具有贝壳状断口，风化后表面呈泥状，新鲜面硬度 7 左右。

T402③：16，粉砂质硅质岩。表面灰黄色，新鲜面灰黑色，具有不明显的纹层。

（2）泥质岩

22 件，占总数的 12.43%，多为泥岩、硅质泥岩。

T101①：10，硅质泥质岩。表面灰黄色，新鲜面灰白色，泥状结构，硬度 2～3。一面隐约可见丝绢光泽，可能发生了绢云母化。

T101②：3，泥岩。青灰色，泥状结构，硬度 2～3。

T101②：35，泥岩。青灰色，泥状结构，硬度 2～3。表面见有一条笔直的黑色细纹贯穿，可能为原先的节理后期被炭泥质填充所致。

（3）凝灰岩

15 件，占总数的 7.86%。（图 4）

T102①：20，凝灰岩。表面灰色，新鲜面呈暗紫色，凝灰结构。见有较多白色长石晶屑，不超过 0.5 毫米。

T103①：1，晶屑熔结凝灰岩。表面灰绿色，新鲜面灰黑色，凝灰结构。见有较多白色长石晶屑。

T202②：26，晶屑凝灰岩。灰紫色，凝灰结构，主要由火山碎屑组成。见有较多大小不等的白色长石晶屑和少量长石晶屑，一般不超过 0.5 毫米。

T303②：1，凝灰岩。表面青灰色，新鲜面灰黑色，凝灰结构。可见较多细小的白色长石碎屑和少量石英晶屑。

T304①：1，晶屑熔结凝灰岩。表面灰色，新鲜面灰黑色。可见较多细小的长石晶屑，多在 1～2 毫米左右。

T304①：16，晶屑熔结凝灰岩。表面灰色，新鲜面灰黑色。可见较多细小的长石晶屑，多在 1～2 毫米左右，风化后表面有瘤状凸起。

（4）粉砂岩

14 件，部分为细砂粉砂岩。

T202①：5，粉砂岩。灰黑色，粉砂结构，平行层理构造，硬度 2～3。

T203②：46，细砂粉砂岩。青灰色，砂状结构，主要由长石、石英等组成。

T302②：82，细砂粉砂岩。灰黑色带绿色，粉砂结构，主要由长石、石英组成。

（5）砂岩

11 件，有长石细砂岩、长石石英细砂岩等。（图 5）

T101②：1，长石细砂岩。灰绿色，砂状结构。见有白色长石碎屑和白云母碎屑。

T102①：1，砂岩。灰绿色，砂状结构，硬度 2～3 左右。

T202②：10，细砂岩。青灰色，细砂结构，不明显的纹层构造，硬度 2～3。

T303①：29，长石石英细砂岩。表面土黄色，新鲜面灰白色，主要由长石、石英组成。

T303②：53，细砂岩。灰色，细砂结构，平行层理构造。层理与侧面斜切，风化后留下几条细脉和瘤状凸起，细脉可能为相对抗风化的硅质组分。

T402②：32，细砂岩。灰黄色，细砂结构。见有几条不规则的细脉。

（6）凝灰质粉砂岩

10 件，多为青灰色和灰紫色，青灰色的可能发生了一定程度的绿泥石化作用。（图 6）

T101①：6，凝灰质粉砂岩。青灰色，凝灰粉砂结构，不明显的层理，硬度 1～2。表面见有细小的白色小斑点，放大后观察疑似细小的长石晶屑。

T302③：14，角岩化凝灰质粉砂岩。灰色，见有细小的白色晶屑和白色鲕状斑点。原岩应为凝灰质粉砂岩，发生了一定程度的角岩化作用，但可能还没形成堇青石/红柱石等矿物。

T304②：26，凝灰质粉砂岩。表面青灰色，新鲜面浅灰紫色。见有较多细小的白色长石晶屑，偶见少量云母碎屑。

（7）斑点角岩

6 件。（图 7）

T202②：26

T302③：14

T304①：1

图4 凝灰岩石锛样本细部

T304②：26

图6 凝灰质粉砂岩石锛样本细部

T303①：29

图5 砂岩石锛样本细部

T202②：43

图7 斑点角岩石锛样本细部

T202②：43，斑点角岩。灰黑色，灰底黑点，细粒斑状变晶结构，黑点部分可能为角岩化后形成的董青石、红柱石等矿物。

T203②：51，斑点角岩。土黄色，黄底白点。风化后留下较多溶蚀孔洞。

（8）玢岩

2件，均为闪长玢岩，材质相似。（图8）

T202①：7

图 8　长玢岩石锛样本细部

T203②：37

图 9　沉凝灰岩石锛样本细部

T302②：34

T303②：90

图 10　绿片岩石锛样本细部

T202①：7，闪长玢岩。灰绿色，斑状结构，主要由角闪石和中长石组成。

（9）沉凝灰岩

3 件。（图 9）

T203②：37，沉凝灰岩。灰紫色，表面可能发生了叶蜡石化作用。表面见有明显的加工痕迹。

T302①：23，叶蜡石化沉凝灰岩。灰紫色带白色，具有不明显的层理，可能发生了绿泥石化或叶蜡石化作用。

（10）绿片岩

3 件。（图 10）

T302②：34，绿片岩。浅灰绿色，细粒鳞片变晶结构，片状构造。表面见有较多黑色斑点，隐约可见斑点呈定向排列。

T303②：90，绿片岩。灰绿色，细粒鳞片变晶结构，片状构造。主面可见组分呈定向排列。

3. 石刀

石刀共 27 件，其中 11 件为泥岩，另有少量硅质岩、凝灰质粉砂岩、斑点角岩等。总体岩性组成情况见表 5。选取部分样本描述如下。

表5　石刀岩性组成

岩性	数量	百分比
泥质岩	11	40.74
硅质岩	4	14.81
凝灰质粉砂岩	4	14.81
斑点角岩	3	11.11
斑岩	1	3.70
粉砂岩	1	3.70
凝灰岩	1	3.70
煌斑岩	1	3.70
玢岩	1	3.70
合计	27	100.00

（1）泥质岩

11件，占总数的40.74%，大部分为泥岩，少量为硅质泥质岩、粉砂质泥质岩。

T102②：41，泥岩。青灰色，泥状结构，硬度2左右。

T203②：30，硅质泥质岩。暗灰紫色，泥状结构，断口可见不明显的纹层，夹少量泥砾，淋失后留下形状不规则的孔洞。

T302②：66，硅质泥质岩。土黄色，泥状结构，具不明显的纹层构造。

T303②：65，粉砂质泥质岩。灰色，泥状结构，硬度2～3。

T402①：10，泥岩。土黄色，泥状结构，硬度2左右。

（2）硅质岩

4件，主要有泥质硅质岩、粉砂质硅质岩等。（图11）

T302②：55，细砂粉砂质硅质岩。灰黑色。表面见有少量石英晶屑，原岩可能为细砂粉砂岩，后遇热液发生了硅化作用，部分热液在表面冷却结晶，留下细小的石英晶体。

T302③：9，粉砂质硅质岩。表面土黄色，未见新鲜面，风化后具有粉砂结构。可见贝壳状断口，可能为制作过程中打击产生的疤痕。

T304②：1，泥质硅质岩。表面土黄色，新鲜面灰黑色，风化后表面呈粉砂状。

（3）凝灰质粉砂岩

4件。

T302②：51，凝灰质粉砂岩。浅紫色，凝灰粉砂结构。表面见有零星细小的白色长石碎屑。

（4）斑点角岩

3件。（图12）

T202②：69，斑点角岩。灰黑色，黑底白点，斑状变晶结构，具有页状层理。

T203②：50，斑点角岩。棕灰色，灰底黑点，细粒斑状变晶结构，硬度2～3左右。

（5）斑岩

1件。

T402③：13，斑岩。青灰色，斑状结构。可见较多斜长石晶屑，多已发生绿帘石化作用。

（6）粉砂岩

1件。

T102②：20，泥质粉砂岩。灰色，粉砂结构，硬度2~3左右。

（7）凝灰岩

1件。

T402①：2，凝灰岩。浅灰紫色，凝灰结构。见有较多细小的白色长石晶屑。

（8）煌斑岩

1件。（图13）

T302③：7，闪斜煌岩。土黄色，煌斑结构。见有较多细长的相互交错的斜长石晶屑，还有部分暗色矿物，可能为角闪石、辉石等。

（9）玢岩

1件。

T202②：81，黑色玢岩。斑状结构，主要由角闪石和中长石组成。

4. 石斧

石斧共5件。具体岩性组成见表6。选取部分样本描述如下。

（1）凝灰岩

3件，一般呈灰紫色，部分发生蚀变，呈灰绿色。

表6　石斧岩性组成

岩性	数量	百分比
凝灰岩	3	60.00
闪长岩	1	20.00
斑点角岩	1	20.00
合计	5	100.00

T202②：31，流纹质凝灰岩。灰黑色，凝灰结构，层状构造。由小于2毫米的火山碎屑物组成，见有细小的白色长石晶屑，层理不明显。

T202②：32，凝灰岩。灰色，凝灰结构。可见较多大小不等的白色长石碎屑。

T303①：1，凝灰岩。灰绿色，凝灰结构。见有较多细小的长石晶屑，可能发生了绿泥石化作用。

（2）闪长岩

1件。（图14）

T101②：49，闪长岩。灰绿色，斑状结构。表面见有较多细小白色细长的斜长石晶屑和暗色矿物，暗色矿物可能为角闪石。

（3）斑点角岩

1件。

T302②：55

图 11　硅质岩石刀样本细部

T203②：50

图 12　斑点角岩石刀样本细部

T302③：7

图 13　煌斑岩石刀样本细部

T101②：49

图 14　闪长岩石斧样本细部

T303②：64，斑点角岩。灰白色，斑状结构，主要由白色斜长石和角闪石组成，斜长石呈灰白色。表面见有少量较大的石英颗粒，烟灰色，他形粒状，最大 1 厘米左右。

5. 石凿

石凿共 10 件，其中 5 件为硅质岩，另有斑点角岩、泥质岩、砂岩等。具体岩性组成情见表 7。选取部分样本描述如下。

表 7　石凿岩性组成

岩性	数量	百分比
硅质岩	5	50.00
泥质岩	2	20.00
斑点角岩	1	10.00
凝灰岩	1	10.00
砂岩	1	10.00
合计	10	100.00

（1）硅质岩

5件，3件为泥质硅质岩。

T203①：14，硅质岩。青灰色，可见贝壳状断口，硬度2~3左右。风化后表面呈土黄色。

T303①：17，泥质硅质岩。表面土黄色，新鲜面灰黑色，可见贝壳状断口，新鲜面硬度6~7左右。

（2）泥质岩

2件。

T102①：14，泥岩。青灰色，泥状结构，硬度2左右。

（3）斑点角岩

1件。

T203②：75，斑点角岩。表面青色，新鲜面青灰色。新鲜面可见黑底白点，风化后表面留下较多淋失孔。

（4）凝灰岩

1件。

T202①：2，晶屑凝灰岩。表面灰色，新鲜面灰黑色。可见较多细小的长石晶屑，多在1~2毫米。

（5）砂岩

1件。

T102①：10，长石细砂岩。灰色，砂状结构，主要由长石、石英组成，硬度2左右。

6. 石矛

11件，以泥质岩（7件）为主，另有凝灰质粉砂岩3件和沉凝灰岩1件。具体岩性组成情况见表8。选取部分标本描述如下。

表8　石矛岩性组成

岩性	数量	百分比
泥质岩	7	63.64
凝灰质粉砂岩	3	27.27
沉凝灰岩	1	9.09
合计	11	100.00

（1）泥岩

7件。

T204①：3，泥岩。青灰色，泥状结构，硬度2左右。

T303②：43，泥岩。青灰色，泥状结构，具有不明显的层理，硬度2左右。

（2）凝灰质粉砂岩

3件。

T203②：84，凝灰质粉砂岩。灰绿色，粉砂结构，硬度 2~3 左右。见少量细小白色长石晶屑。

（3）沉凝灰岩

1 件。

T102②：9，叶蜡石化沉凝灰岩。紫红色。表面可见白色晶屑，可能发生了叶蜡石化作用。

7. 石器残器（半成品）

石器残器（半成品）共 125 件，岩性主要有泥质岩、硅质岩、凝灰质粉砂岩、凝灰岩等，还有少量斑点角岩、沉凝灰岩、粉砂岩。具体岩性组成情况见表 9。选取部分样本描述如下。

表 9 石器残器（半成品）岩性组成

岩性	数量	百分比
泥质岩	45	36.00
硅质岩	27	21.60
凝灰质粉砂岩	24	19.20
凝灰岩	17	13.60
砂岩	6	4.80
斑点角岩	1	0.80
沉凝灰岩	3	2.40
粉砂岩	2	1.60
合计	125	100.00

（1）泥质岩

45 件，约占总数的 1/3，主要有泥岩、粉砂质泥岩、硅质泥质岩等。（图 15）

T101①：3，页岩。灰绿色，泥状结构，硬度 2~3，纹层构造。

T101①：5，泥岩。青灰色，泥状结构，不明显的纹层构造，硬度 2 左右。

T101①：29，硅质泥质岩。灰色，泥状结构，硬度 2 左右，可见不明显的纹层构造。

T102①：3，泥岩。灰色，泥状结构，硬度 2 左右，具有层理。石器表面见几条细脉，可能为钙质。

T204②：1，硅质泥质岩。表面土黄色，新鲜面青灰色，泥状结构，硬度 2 左右。

T303①：24，泥岩。灰黄色，泥状结构，硬度 2 左右，具有不明显的纹层构造。

T402③：10，粉砂质泥岩。青灰色，泥状结构，硬度 2 左右。

（2）硅质岩

27 件，占总数的 21.60%，主要有泥质硅质岩、粉砂质硅质岩等。

T101①：14，泥质硅质岩。表面青灰色，新鲜面灰黑色，致密块状结构，新鲜面硬度 6~7。

T302③：8，硅质岩。灰黑色，块状结构，见有贝壳状断口，硬度 3 左右。

T303②：3，泥质硅质岩。表面青灰色，新鲜面灰黑色，新鲜面硬度 3~4。

T304②：8，泥质硅质岩。表面灰色，新鲜面灰黑色，具有不明显的纹层，风化后表面呈泥状。

T402①：4，粉砂质硅质岩。表面灰黄色，新鲜面灰黑色，致密块状结构，新鲜面硬度 4~5。

T402③：17，泥质硅质岩。表面灰黄色，新鲜面灰黑色，具有不明显的层状构造。

（3）凝灰质粉砂岩

24件。（图16）

T101①：36，凝灰质粉砂岩。暗灰紫色，凝灰粉砂结构。表面见有细小白点，可能为长石碎屑。

T203②：34，凝灰质粉砂岩。浅灰紫色，凝灰粉砂结构。可见少量细小的长石晶屑。

T302①：11，凝灰质细砂粉砂岩。浅灰紫色，凝灰粉砂结构。表面见有细小的白色长石晶屑和黑云母晶屑。局部见有细砂粉砂组分，主要由长石、石英组成。

（4）凝灰岩

17件。（图17）

T101①：15，晶屑玻屑凝灰岩。棕灰色，凝灰结构。可见较多细小的白点，可能为长石晶屑，放大后可看到石器上还有较多玻屑。

T101②：11，凝灰岩。青灰色，凝灰结构。表面见有白色长石晶屑，一般不超过0.5毫米，偶见1～2毫米。

T202①：3，凝灰岩。灰紫色，凝灰结构。表面可见有较多细小的白色长石晶屑。

（5）砂岩

6件，主要为细砂岩。

T101①：3

T101①：5

图15　泥岩石器残器（半成品）样本细部

T101①：36

T203②：34

图16　凝灰质粉砂岩石器残器（半成品）样本细部

T101①：15　　　　　　　　　　　　　　T101②：11

图 17　凝灰岩石器残器（半成品）样本细部

T102①：9，砂岩。灰绿色，砂状结构，硬度 2～3 左右。

T203①：1，细砂岩。灰绿色，砂状结构，主要由长石石英组成。

（6）斑点角岩

1 件。

T102②：46，斑点角岩。表面土黄色，新鲜面灰黑色，新鲜面可见黑底白点，风化后表面留下较多淋失孔。

（7）沉凝灰岩

3 件。

T101①：2，沉凝灰岩。灰紫色，沉火山碎屑结构，不明显的层理构造，硬度 2 左右。

T102①：12，沉凝灰岩。灰紫色，不明显的层理构造，灰绿色部分可能发生蚀变。

T102②：9，叶蜡石化沉凝灰岩。紫红色。表面可见白色晶屑，可能为发生了叶蜡石化作用。

（8）粉砂岩

2 件。（图 18）

T203②：41，泥质粉砂岩。棕灰色，粉砂结构，表面风化严重。

8. 其他

其他类石器共 8 件，器形及数量见表 10。选取部分样本描述如下。

表 10　其他石器器形及数量

器名	石饰件	石环	石件	石钻芯	石楔	其他石器
数量	2	1	1	1	1	2

（1）石饰件

2 件。

T202①：12，叶蜡石化沉凝灰岩。紫红色，质地细腻。表面见有白色透明的晶体，可能发生了叶蜡石化。

（2）石环

1 件。

T203②：41

图18 粉砂岩石器残器（半成品）样本细部

T01②：1

图19 霏细斑岩石楔样本细部

T303①：11

图20 凝灰岩石器样本细部

T203①：13，辉长岩。表面锈红色，新鲜面灰黑色。可见较多细长的斜长石晶屑。

（3）石件

1件。

T304①：17，石英/水晶。无色透明，玻璃光泽—油脂光泽，可能为破碎的石英晶体。

（4）石钻芯

1件。

T102②：28，细砂粉砂岩。土黄色，粉砂结构，硬度2~3左右。

（5）石楔

1件。（图19）

T01②：1，霏细斑岩。表面青灰色，新鲜面灰白色，斑状结构，基质为板条状绿色晶体，可能原来为长石，发生了黝帘石化作用。

（6）其他石器

2件，器形较完整，但性质不明确。（图20）

T303①：11，晶屑凝灰岩。表面灰黄色，新鲜面灰白色，凝灰结构，主要由火山灰组成。可见长石晶屑。

T304①：15，粉砂岩。表面土黄色，粉砂结构，硬度 2～3。

（二）灰坑和墓葬

灰坑和墓葬共出土石器 24 件，其中灰坑出土 2 件、墓葬出土 22 件。以石锛为主，具体器形及数量见表 11，岩性组成见表 12。

表 11　灰坑、墓葬出土石器器形及数量

器形	石锛	石镞	棒状卵石	圆饼状卵石	合计
数量	20	2	1	1	24

表 12　灰坑、墓葬出土石器岩性组成

岩性	数量	百分比
硅质岩	20	83.33
泥质岩	2	8.33
粉砂岩	1	4.17
花岗岩	1	4.17
合计	24	100.00

1. 石镞

石镞共 2 件，均为泥质岩。

M23：4，泥岩。灰色，泥状结构，硬度 2 左右。

M31：7，泥岩。青灰色，泥状结构，硬度 2 左右。

2. 石锛

石锛共 20 件，全部为硅质岩。选取部分样本描述如下。（图 21）

H1：1，泥质硅质岩。表面青灰色，致密块状结构，风化后表面呈泥状。

M20：4，泥质硅质岩。表面土黄色，新鲜面灰黑色，致密块状结构。

M24：2

图 21　硅质岩石锛样本细部

M24：2，硅质岩。灰白色，表面光洁，硬度6~7，致密块状结构，质地细腻，可能为次生硅质岩。

M40：2，泥质硅质岩。表面青灰色，风化后呈泥状，具有平行层理构造。

3. 其他石器

圆饼状卵石1件，花岗岩。

M26：7，花岗岩。肉红色，半自形粒状结构，主要由钾长石和石英组成。

棒状卵石1件，粉砂岩，可能为砺石。

M26：8，细砂粉砂岩。表面灰色，新鲜面灰黑色，粉砂状结构。

（三）采集品

采集品共29件，以石锛为主，具体器形及数量见表13，岩性组成情况见表14。

表13　采集石器器形及数量

器形	石镞	石锛	石斧	石钺	石刀	石凿	石饰件	石球	砺石	石器残器（半成品）	合计
数量	4	13	2	1	1	1	1	1	1	4	29

表14　采集石器岩性组成

岩性	数量	百分比
硅质岩	10	34.48
泥质岩	6	20.69
凝灰岩	4	13.79
粉砂岩	2	6.90
凝灰质粉砂岩	2	6.90
砂岩	1	3.45
闪长岩	1	3.45
花岗岩	1	3.45
滑石	1	3.45
绿片岩	1	3.45
合计	29	100.00

1. 石镞

4件，均为泥质岩。选取1件样本描述如下。

采：26，泥岩。青灰色，泥状结构，硬度2左右。

2. 石锛

13件，其中硅质岩（含泥质硅质岩、粉砂质硅质岩等）7件、凝灰岩2件、凝灰质粉砂岩2件、花岗岩1件、绿片岩1件。选取部分样本描述如下。

采：1

图 22　凝灰岩石锛样本细部

采：9

图 23　绿片岩石锛样本细部

（1）硅质岩

7件。

采：2，泥质硅质岩。表面灰色，新鲜面灰黑色，新鲜面硬度4~5。

采：8，粉砂质硅质岩。表面土黄色，新鲜面灰黑色，见有贝壳状断口。

采：12，硅质岩。表面土黄色，新鲜面灰黑色。风化后表面见有几条相互交错的细脉状凸起，可能为硅质热液填充入原先节理后形成。

（2）凝灰岩

2件。（图22）

采：1，凝灰岩。表面灰色，新鲜面灰黑色，凝灰结构。见有较多长石晶屑和少量石英碎屑。

采：16，凝灰岩。浅灰紫色，凝灰结构。可见较多细小的长石晶屑。

（3）凝灰质粉砂岩

2件。

采：24，凝灰质粉砂岩。表面灰黄色，新鲜面灰黑色，凝灰粉砂结构。一面见有少量石英砂砾，呈团状。

采：25，凝灰质粉砂岩。灰黑色，凝灰粉砂结构。见有少量白色长石晶屑和云母碎屑。

（4）花岗岩

1件。

采：15，花岗岩。灰白色，半自形粒状结构，主要由白色长石和石英组成，见有少量角闪石。

（5）绿片岩

1件。（图23）

采：9，绿片岩。灰绿色，细粒鳞片变晶结构。主面见有定向构造，与刃部垂直。

3. 石斧

共2件，一件为硅质岩，一件为闪长岩。

（1）硅质岩

采：3，粉砂质硅质岩。表面灰黄色，新鲜面灰黑色，硬度3~4。

（2）闪长岩

采：4，闪长岩。灰黄色带紫色，半自形粒状结构。可见黑色柱状角闪石和白色长石，部分长石可能发生了高岭土化。

4. 石钺

仅1件，残，为硅质岩。

采：20，泥质硅质岩。表面土黄色，新鲜面灰黑色，致密块状结构。

5. 石刀

1件，为硅质岩。

采：33，硅质岩。青灰色，边部见有青白色石英脉，硬度7左右，主体部分硬度4~5，可能是泥岩或粉砂岩发生了硅化作用。

6. 石凿

1件，残，为粉砂岩。

采：5，粉砂岩。土黄色，粉砂结构。

7. 石饰件

1件，为滑石。

采：22，滑石。白色，半透明，质地细腻，硬度1~2。

8. 石球

1件，为泥岩。

采：29，泥岩。黄灰色泥状结构。硬度2左右。

9. 砺石

1件，为凝灰岩。

采：21，晶屑熔结凝灰岩。表面土黄色，新鲜面灰黑色，凝灰结构。可见少量长石晶屑。

10. 石器残器（半成品）

4件，泥质岩、砂岩、粉砂岩、凝灰岩各1件。

（1）泥质岩

采：17，泥岩。表面土黄色，新鲜面青灰色，泥状结构，硬度2左右。

（2）砂岩

采：7，细砂岩。表面土黄色，新鲜面灰白色，主要由长石石英组成。

（3）粉砂岩

采：19，粉砂岩。表面灰黄色，新鲜面灰黑色。见有较多长石碎屑，或可定名长石粉砂岩。

（4）凝灰岩

采：23，晶屑熔结凝灰岩。表面灰色，新鲜面灰黑色，凝灰结构。新鲜面上见有少量长石晶屑。

二、玉器材质分析

玉器共41件，其中地层出土20件、墓葬出土19件、采集2件，材质主要为叶蜡石和透闪石，器形有锛、簪、锥形器、管、珠、钺、柄形器等。

（一）地层

地层出土的20件玉器中，有玉饰件14件、玉锛1件、玉管1件、玉簪1件、玉钺1件、玉琮芯1件、玉钻芯3件。材质以叶蜡石为主，有18件，另有两件为透闪石（玉簪1件、玉管1件）。（表15、16）

表15   地层出土玉器器形及数量

器形	玉饰件	玉锛	玉钺	玉簪	玉管	玉琮芯	玉钻芯	合计
数量	14	1	1	1	1	1	3	20

表16   地层出土玉器材质

材质	数量	百分比
叶蜡石	18	90.00
透闪石	2	10.00
合计	20	100.00

1. 玉饰件

16件。

T101①：25，叶蜡石。青色，致密块状，油脂光泽—蜡状光泽，硬度2左右。

T202①：10，叶蜡石。青绿色，蜡状光泽，表面疑似有擦痕/打磨痕迹。

T202①：16，叶蜡石。青绿色，质地细腻，致密块状，具有蜡状光泽。

T302②：13，叶蜡石。乳白色，蜡状光泽，质地细腻。

T302③：68，叶蜡石。青绿色，见有红色包裹体，可能为赤铁矿。

T304①：3，叶蜡石。青绿色，质地细腻，蜡状光泽。

T304①：4，叶蜡石。白色，表面光滑，质地细腻，具有蜡状光泽。

2. 玉锛

1件。

T101①：12，叶蜡石。白色带红色，质地细腻，蜡状光泽，红色部分可能含赤铁矿，硬度2左右。

3. 玉管

1件。

T101②：47，透闪石。淡青色，表面光洁，隐晶质结构。

4. 玉簪

1件。

T302②：4，透闪石。鸡骨白，有微弱的玻璃光。

5. 玉钺

1件。

T304①：18，叶蜡石。青绿色，质地细腻，蜡状光泽，硬度1~2。

6. 玉琮芯

1件。

T402③：2，叶蜡石。表面棕灰色，新鲜面青绿色带红色，红色部分可能含有赤铁矿，质地细腻，蜡状光泽。

7. 玉钻芯

1件。

T102①：22，叶蜡石。白色，质地细腻，具有蜡状光泽。

（二）墓葬

墓葬出土玉器共19件，材质以叶蜡石（6件）和透闪石（13件）为主，器形以玉锥形器居多。（表17、18）

表17　墓葬出土玉器器形及数量

器形	玉柄形器	玉锥形器	玉管	玉珠	合计
数量	10	7	1	1	19

表18　墓葬出土玉器材质

材质	数量	百分比
透闪石	13	68.42
叶蜡石	6	31.58
合计	19	100.00

1. 玉锥形器

7件。

M12：1，叶蜡石。黄绿色，质地细腻，蜡状光泽，偶见透明的包裹体。

M31：1，叶蜡石。黄绿色，质地细腻，蜡状光泽，硬度2左右。

M34：1，叶蜡石。黄绿色带红色，红色杂质较多，可能为赤铁矿。

M35：3，透闪石。鸡骨白，受沁严重，风化面呈粉笔状，结构疏松。

M36：5，叶蜡石。黄色，见有较多乳白色透明斑晶状包裹体，含有少量黑色杂质，可能为赤铁矿。

2. 玉管

1件。

M11：5，透闪石。灰白色，表面光洁，硬度6~7。可见较多透明的斑晶。

3. 玉珠

1 件。

M39：3，叶蜡石。黄绿色，质地细腻，具有蜡状光泽，硬度 2 左右。

（三）采集

采集玉器共 2 件，均为玉钻芯，材质均为叶蜡石。

采：34，叶蜡石。青绿色，质地较细腻。一端见有钻孔，为半成品。

采：35，叶蜡石。白色，质地细腻，蜡状光泽。

三、小结

曹湾山遗址出土玉石器共 946 件，整体的材质、岩性组成情况可见表 19、20 及附表清单。出土石器以石镞为主，共 495 件，占石器总数的 54.70%；其次为石锛，共 210 件，占石器总数的 23.20%；另有石器残器（半成品）129 件。上述三者合计 834 件，占石器总数的 92.15%。其他器形主要有石刀、石矛、石凿、石斧等。

表 19　曹湾山遗址出土石器岩性组成

材质		岩性	数量	百分比
岩石	沉积岩	泥质岩	454	50.17
		硅质岩	159	17.57
		粉砂岩	30	3.31
		砂岩	18	1.99
	火成岩	凝灰质粉砂岩	125	13.81
		凝灰岩	67	7.46
		沉凝灰岩	15	1.66
		玢岩	3	0.33
		闪长岩	2	0.22
		斑岩	2	0.22
		花岗岩	2	0.22
		辉绿岩	1	0.11
		煌斑岩	1	0.11
		辉长岩	1	0.11
	变质岩	斑点角岩	18	1.99
		绿片岩	5	0.55
矿物		石英	1	0.11
		滑石	1	0.11
合计			905	100.00

表 20　曹湾山遗址出土玉器材质

材质	数量	百分比
叶蜡石	26	63.41
透闪石	15	36.59
合计	41	100.00

　　石器材质方面，除两件为矿物（滑石、石英），其余 903 件均为岩石。需要说明的是，岩石与矿物是两个完全不同的概念。岩石"指天然产出的具有一定结构构造的矿物集合体，它构成地球上层部分'地壳和上地幔'，在地壳中具有一定的产状。主要由造岩矿物组成（少数由天然玻璃质或胶体或生物遗骸组成）"。矿物是"由地质作用所形成的天然单质或化合物。它们具有相对固定的化学组成，呈固态者还具有明确的内部结构；它们在一定的物理化学条件范围内稳定，是组成岩石和矿石的基本单元"。[1]

　　按三大岩类划分的话，岩石类型以沉积岩为主，共计 661 件，占石器总数的 72.04%；火成岩次之，共计 219 件，占石器总数的 24.20%；变质岩最少，只有 23 件，占石器总数的 2.54%。需要说明的是，火成岩中出现了较多的凝灰质粉砂岩、凝灰岩、沉凝灰岩，共计 207 件。此三种岩性在火成岩中同属火山碎屑岩类，其中凝灰质粉砂岩、沉凝灰岩（共计 140 件）属于向沉积岩过渡的火山碎屑岩，是由落入水盆中的火山碎屑物与正常沉积物同时堆积而形成的[2]，具有一些沉积岩的特征。如果将这 140 件火山碎屑岩算作具有沉积岩特性的岩石，那么沉积岩的数量就达到了 801 件，占石器总数的 88.51%，具有绝对数量优势。凝灰岩、沉凝灰岩、凝灰质粉砂岩三者的主要差别有两点，一是火山碎屑物的相对含量不同，一是成岩作用方式不同，仅凭肉眼鉴定并不能明确区分，因此在鉴定过程中可能存在少量此三者混淆的现象，但大类（火山碎屑岩类）不会错。

　　按以往认知，石器多以沉积岩为主，其中石镞多为泥岩、石锛多为硅质岩。曹湾山遗址也具有上述特点，石镞中泥质岩有 366 件，占石镞总数的 73.94%，石锛中硅质岩有 118 件，占石锛总数的 56.19%，反映了明显的选料特征。其他类型石器数量相对较少，不具备统计学意义。具备一定体量的火山碎屑岩的出现是曹湾山遗址出土石器的一个重要特征。这里的火山碎屑岩类，不管是向沉积岩过渡的凝灰质粉砂岩、沉凝灰岩，还是正常的火山碎屑岩类的凝灰岩，都有一个显著的特征，即组分颗粒特别细小，粒径一般不超过 0.5 毫米。火山碎屑岩在石器中出现，可能是先民获取石料时没有分清楚，将其当作泥岩、粉砂岩等取回；也可能是附近有此类石料，先民觉得可以利用便就近取材。

　　与石器相比，玉器数量相对较少，仅有 41 件，且材质相对单一，全部为叶蜡石或透闪石，其中叶蜡石约占 2/3、透闪石约占 1/3。透闪石玉器相对稀少，很可能是外部交流至此。为数不多的玉器中出现了较多的叶蜡石，这是曹湾山遗址出土玉器的一个重要特征。叶蜡石，化学成分 $Al_2[Si_4O_{10}](OH)_2$，通常呈片状、放射状或隐晶质致密块状集合体，灰白色，有时带黄、绿、褐、

〔1〕　地质矿产部《地质辞典》办公室：《地质辞典》，地质出版社，1986 年。
〔2〕　桑隆康、马昌前等：《岩石学（第二版）》，地质出版社，2012 年。

红等色，硬度 1～2。叶蜡石主要由酸性火山岩和凝灰岩经热液蚀变而成，在某些铝质变质岩中也有产出。我国浙江青田的青田石、福建寿山的寿山石，都是白垩纪流纹岩和凝灰岩经热液蚀变形成的[1]。在石器中出现了一定数量的叶蜡石化沉凝灰岩，很可能与这些叶蜡石是伴生的，当然这还需要进一步的工作来验证。如若是伴生的，那么曹湾山遗址出土的叶蜡石很可能是凝灰岩经热液蚀变形成的，属于火山热液型。

以往虽然在许多史前遗址中都发现有叶蜡石质的玉器，但一般都是以管、珠的形式出现，而曹湾山遗址出现了玉锛、玉钺、玉锥形器等相对较大的玉器，几件不明玉器也均为叶蜡石质。

曹湾山遗址的玉锛均出自地层，很可能并非玉锛，而是玉料。依据主要有以下几点：第一，叶蜡石质软，硬度在 1～2，加工成锛是无法作为实用器的。第二，墓葬出土的玉器中未见有叶蜡石质的玉锛，只见有硅质岩质的石锛，硅质岩与叶蜡石差异很大，肉眼可辨，先民不至于混淆，说明玉锛并没有作为明器或礼器使用。第三，几件玉锛（T101①：12、T102①：26、T302③：68）的形状并不十分规整，有的还有切割痕迹，应该是加工过程中形成的。

叶蜡石质玉器虽然数量并不多，只有 26 件，但除了成型的管、珠、锥形器等，还有部分玉饰件。因此推测曹湾山遗址是有叶蜡石加工业的，至少有小型作坊存在。

总体而言，关于曹湾山遗址出土玉石器有以下几点认识：

一是石器中出现了一定量的火山碎屑岩，玉器中出现了较多且大块的叶蜡石，反映了玉石器用料的地方特色。

二是叶蜡石质玉器和有加工痕迹玉料的出现，说明当地至少存在小型的叶蜡石加工作坊。考虑到叶蜡石加工相对容易，且出土此类玉器的体量较小，这种作坊很可能是小型家庭手工业作坊。

三是火山碎屑岩类、叶蜡石很可能是就近取材。考虑到成因上的关联性，二者产地很可能比较近，有可能是获取火山碎屑岩时顺便采集了叶蜡石，也有可能是在采集叶蜡石的过程中顺便获取了火山碎屑岩类的石料，以谁为主尚不得知，或兼而有之。

关于曹湾山遗址出土玉石器的确切产地，尚需开展进一步的工作方能判断。

---

[1] 地质矿产部《地质辞典》办公室：《地质辞典》，地质出版社，1986 年。

附表　曹湾山遗址出土玉石器鉴定清单

序号	编号	器名	岩性
1	H1：1	石锛	泥质硅质岩
2	H1：2	石锛	泥质硅质岩
3	M7：3	石锛	泥质硅质岩
4	M11：5	玉管	透闪石
5	M12：1	玉锥形器	叶蜡石
6	M13：2	石锛	泥质硅质岩
7	M20：4	石锛	泥质硅质岩
8	M22：2	石锛	泥质硅质岩
9	M23：1	石锛	泥质硅质岩
10	M23：3	玉柄形器（10件）	透闪石
11	M23：4	石镞	泥岩
12	M24：2	石锛	硅质岩
13	M25：3	石锛	泥质硅质岩
14	M26：7	圆饼状卵石	花岗岩
15	M26：8	棒状卵石	细砂粉砂岩
16	M28：3	石锛	泥质硅质岩
17	M29：2	石锛	泥质硅质岩
18	M30：2	石锛	泥质硅质岩
19	M31：1	玉锥形器	叶蜡石
20	M31：3	石锛	泥质硅质岩
21	M31：7	石镞	泥岩
22	M31：8	石锛	泥质硅质岩
23	M34：1	玉锥形器	叶蜡石
24	M34：4	石锛	泥质硅质岩
25	M35：3	玉锥形器	透闪石
26	M36：2	石锛	泥质硅质岩
27	M36：5	玉锥形器	叶蜡石
28	M37：4	玉锥形器	叶蜡石
29	M38：2	石锛	泥质硅质岩
30	M39：2	石锛	泥质硅质岩
31	M39：3	玉珠	叶蜡石
32	M40：2	石锛	泥质硅质岩
33	M41：3	石锛	泥质硅质岩
34	M41：2	玉锥形器	透闪石
35	T01②：1	石楔	霏细斑岩

序号	编号	器名	岩性
36	T02②：1	石镞	泥岩
37	T02②：2	石镞	泥岩
38	T02②：3	石刀	凝灰质粉砂岩
39	T101①：1	石锛	泥质硅质岩
40	T101①：2	石器残器（半成品）	沉凝灰岩
41	T101①：3	石器残器（半成品）	页岩
42	T101①：4	石镞	泥岩
43	T101①：5	石器残器（半成品）	泥岩
44	T101①：6	石锛	凝灰质粉砂岩
45	T101①：7	石镞	泥岩
46	T101①：8	石镞	泥岩
47	T101①：9	石锛	泥岩
48	T101①：10	石锛	硅质泥质岩
49	T101①：11	石镞	泥岩
50	T101①：12	玉锛	叶蜡石
51	T101①：13	石锛	闪长玢岩
52	T101①：14	石器残器（半成品）	泥质硅质岩
53	T101①：15	石器残器（半成品）	晶屑玻屑凝灰岩
54	T101①：16	石镞	泥岩
55	T101①：17	石镞	凝灰质粉砂岩
56	T101①：18	石镞	凝灰质泥岩
57	T101①：19	石镞	凝灰质粉砂岩
58	T101①：20	石锛	沉凝灰岩
59	T101①：21	石器残器（半成品）	泥岩
60	T101①：22	石镞	粉砂质泥岩
61	T101①：23	玉饰件	叶蜡石
62	T101①：24	石镞	凝灰质粉砂岩
63	T101①：25	玉饰件	叶蜡石
64	T101①：26	石锛	泥质硅质岩
65	T101①：27	石镞	泥岩
66	T101①：28	石器残器（半成品）	钙质泥岩
67	T101①：29	石器残器（半成品）	硅质泥质岩
68	T101①：30	石镞	斑点角岩
69	T101①：31	石镞	泥岩
70	T101①：32	石镞	泥岩
71	T101①：33	石器残器（半成品）	泥岩
72	T101①：34	石镞	粉砂质泥岩

续附表

序号	编号	器名	岩性
73	T101①：36	石器残器（半成品）	凝灰质粉砂岩
74	T101①：37	石镞	泥岩
75	T101①：38	石镞	纹层状硅质泥质岩
76	T101②：1	石锛	长石细砂岩
77	T101②：2	石锛	硅质岩
78	T101②：3	石锛	泥岩
79	T101②：4	石镞	泥岩
80	T101②：5	石锛	泥岩
81	T101②：6	石锛	泥质硅质岩
82	T101②：7	石锛	粉砂岩
83	T101②：8	石锛	凝灰岩
84	T101②：9	石镞	泥岩
85	T101②：10	石锛	泥质硅质岩
86	T101②：11	石器残器（半成品）	凝灰岩
87	T101②：12	石锛	泥质硅质岩
88	T101②：13	石器残器（半成品）	泥质硅质岩
89	T101②：14	石镞	沉凝灰岩
90	T101②：15	石镞	凝灰岩
91	T101②：16	石镞	泥岩
92	T101②：17	石镞	泥岩
93	T101②：19	石锛	钙泥质硅质岩
94	T101②：21	石镞	泥岩
95	T101②：22	石器残器（半成品）	凝灰质粉砂岩
96	T101②：23	石器残器（半成品）	泥岩
97	T101②：24	石镞	凝灰岩
98	T101②：25	石镞	凝灰质粉砂岩
99	T101②：26	石锛	凝灰岩
100	T101②：27	石镞	泥岩
101	T101②：28	石镞	泥岩
102	T101②：29	石镞	凝灰岩
103	T101②：30	石锛	钙泥质硅质岩
104	T101②：31	石镞	泥岩
105	T101②：32	石镞	泥岩
106	T101②：33	石器残器（半成品）	泥质硅质岩
107	T101②：34	石锛	硅质岩
108	T101②：35	石锛	泥岩
109	T101②：36	石镞	泥岩

序号	编号	器名	岩性
110	T101②：37	石镞	泥岩
111	T101②：38	石锛	硅质岩
112	T101②：39	石锛	粉砂质硅质岩
113	T101②：40	石锛	泥质硅质岩
114	T101②：41	石锛	钙泥质硅质岩
115	T101②：42	石镞	泥岩
116	T101②：43	石刀	凝灰质泥岩
117	T101②：44	石镞	泥岩
118	T101②：45	石锛	凝灰质粉砂岩
119	T101②：46	石镞	泥岩
120	T101②：47	玉管	透闪石
121	T101②：48	石锛	钙泥质硅质岩
122	T101②：49	石斧	闪长岩
123	T101②：50	石锛	钙泥质硅质岩
124	T101②：51	石镞	泥岩
125	T101②：52	石镞	泥岩
126	T101②：53	石锛	泥质硅质岩
127	T101②：54	石锛	泥岩
128	T102①：1	石锛	砂岩
129	T102①：2	石镞	泥岩
130	T102①：3	石器残器（半成品）	泥岩
131	T102①：4	石镞	泥岩
132	T102①：5	石镞	泥岩
133	T102①：6	石器残器（半成品）	泥岩
134	T102①：7	石器残器（半成品）	泥岩
135	T102①：8	石器残器（半成品）	凝灰岩
136	T102①：9	石器残器（半成品）	砂岩
137	T102①：10	石凿	长石细砂岩
138	T102①：11	石器残器（半成品）	泥岩
139	T102①：12	石器残器（半成品）	沉凝灰岩
140	T102①：13	石器残器（半成品）	凝灰岩
141	T102①：14	石凿	泥岩
142	T102①：15	石器残器（半成品）	硅质岩
143	T102①：17	石镞	泥岩
144	T102①：18	石锛	泥岩
145	T102①：19	石锛	砂岩
146	T102①：20	石锛	凝灰岩

续附表

序号	编号	器名	岩性
147	T102①：21	石镞	泥岩
148	T102①：22	玉钻芯	叶蜡石
149	T102①：23	石器残器（半成品）	泥岩
150	T102①：24	石镞	泥岩
151	T102①：25	石镞	泥岩
152	T102①：26	玉饰件	叶蜡石
153	T102①：27	石锛	凝灰岩
154	T102①：28	石镞	泥岩
155	T102①：29	石器残器（半成品）	粉砂质硅质岩
156	T102①：30	石锛	泥质硅质岩
157	T102①：31	石锛	钙泥质硅质岩
158	T102①：32	石镞	泥岩
159	T102①：33	石凿	泥岩
160	T102①：34	石锛	凝灰质泥岩
161	T102①：35	石锛	砂岩
162	T102①：36	石锛	泥质硅质岩
163	T102②：1	石镞	泥岩
164	T102②：2	石镞	泥岩
165	T102②：3	石锛	泥质硅质岩
166	T102②：4	石镞	泥岩
167	T102②：5	石镞	凝灰岩
168	T102②：6	石锛	泥质硅质岩
169	T102②：7	石镞	泥岩
170	T102②：8	石镞	泥岩
171	T102②：9	石矛	叶蜡石化沉凝灰岩
172	T102②：10	石镞	泥岩
173	T102②：11	石镞	泥岩
174	T102②：12	石镞	泥岩
175	T102②：13	石镞	泥岩
176	T102②：15	石刀	泥岩
177	T102②：16	石镞	斑点角岩
178	T102②：17	石镞	泥岩
179	T102②：18	石镞	泥岩
180	T102②：19	石镞	泥岩
181	T102②：20	石刀（穿孔）	泥质粉砂岩
182	T102②：21	石器残器（半成品）	粉砂岩
183	T102②：22	石镞	泥岩

序号	编号	器名	岩性
184	T102②：23	石器残器（半成品）	泥岩
185	T102②：24	石锛	泥岩
186	T102②：25	石镞	泥岩
187	T102②：26	石锛	钙泥质硅质岩
188	T102②：27	石镞	泥岩
189	T102②：28	石钻芯	细砂粉砂岩
190	T102②：29	石镞	泥岩
191	T102②：30	石镞	泥岩
192	T102②：31	石器残器（半成品）	凝灰岩
193	T102②：32	石镞	叶蜡石化沉凝灰岩
194	T102②：33	石锛	钙泥质硅质岩
195	T102②：34	石器残器（半成品）	泥岩
196	T102②：35	石镞	泥岩
197	T102②：36	石锛	粉砂质硅质岩
198	T102②：37	石锛	斑点角岩
199	T102②：38	石镞	泥岩
200	T102②：39	石镞	泥岩
201	T102②：40	石镞	泥岩
202	T102②：41	石刀（穿孔）	泥岩
203	T102②：42	石镞	泥岩
204	T102②：43	石镞	泥岩
205	T102②：44	石镞	粉砂质泥岩
206	T102②：45	石镞	泥岩
207	T102②：46	石器残器（半成品）	斑点角岩
208	T103①：1	石锛	晶屑熔结凝灰岩
209	T103①：2	石锛	钙泥质硅质岩
210	T103①：3	石镞	泥岩
211	T103①：4	石镞	泥岩
212	T103①：5	石器残器（半成品）	凝灰岩
213	T103①：6	石镞	泥岩
214	T103①：7	石镞	泥岩
215	T103①：8	石镞	泥岩
216	T103①：9	石镞	泥岩
217	T103①：10	石镞	泥岩
218	T103①：11	石镞	泥岩
219	T103①：12	石镞	凝灰质粉砂岩
220	T103①：13	石锛	泥质硅质岩

续附表

序号	编号	器名	岩性
221	T103①：14	石镞	泥岩
222	T103①：15	石锛	钙泥质硅质岩
223	T103①：16	石镞	泥岩
224	T103①：17	石镞	泥岩
225	T103①：18	石镞	泥质硅质岩
226	T103①：19	石镞	泥岩
227	T202①：1	石锛	晶屑凝灰岩
228	T202①：2	石凿	晶屑凝灰岩
229	T202①：3	石器残器（半成品）	凝灰岩
230	T202①：4	石镞	泥岩
231	T202①：5	石锛	粉砂岩
232	T202①：6	石锛	斑点角岩
233	T202①：7	石锛	闪长玢岩
234	T202①：8	石镞	泥岩
235	T202①：9	石器残器（半成品）	泥岩
236	T202①：10	玉饰件	叶蜡石
237	T202①：11	石器残器（半成品）	细砂岩
238	T202①：12	石饰件	叶蜡石化沉凝灰岩
239	T202①：13	石镞	泥岩
240	T202①：14	石镞	泥岩
241	T202①：15	石镞	粉砂岩
242	T202①：16	玉饰件	叶蜡石
243	T202①：17	玉饰件	叶蜡石
244	T202①：18	石器残器（半成品）	凝灰岩
245	T202①：19	石镞	泥岩
246	T202①：20	石镞	泥岩
247	T202①：21	石锛	泥质硅质岩
248	T202②：1	石镞	泥岩
249	T202②：2	石镞	凝灰岩
250	T202②：3	石镞	凝灰岩
251	T202②：4	石镞	泥岩
252	T202②：5	石镞	泥岩
253	T202②：6	石镞	泥岩
254	T202②：7	石镞	泥岩
255	T202②：8	石镞	泥岩
256	T202②：9	石锛	泥质硅质岩
257	T202②：10	石锛	细砂岩

序号	编号	器名	岩性
258	T202②：11	石锛	泥岩
259	T202②：12	石镞	泥岩
260	T202②：13	石镞	泥岩
261	T202②：14	石镞	泥岩
262	T202②：15	石镞	泥岩
263	T202②：16	石矛	泥岩
264	T202②：17	石镞	泥岩
265	T202②：18	石镞	泥岩
266	T202②：19	石镞	泥岩
267	T202②：20	石矛	凝灰质粉砂岩
268	T202②：21	石镞	凝灰质粉砂岩
269	T202②：22	石镞	凝灰质粉砂岩
270	T202②：23	石镞	泥岩
271	T202②：24	石镞	泥岩
272	T202②：25	石镞	凝灰质粉砂岩
273	T202②：26	石锛	晶屑凝灰岩
274	T202②：27	石锛	细砂岩
275	T202②：28	石锛	钙泥质硅质岩
276	T202②：29	石锛	泥质硅质岩
277	T202②：30	石锛	泥质硅质岩
278	T202②：31	石斧	流纹质凝灰岩
279	T202②：32	石斧	凝灰岩
280	T202②：33	石器残器（半成品）	细砂岩
281	T202②：34	石锛	泥岩
282	T202②：35	石刀	斑点角岩
283	T202②：36	石锛	泥岩
284	T202②：37	石镞	泥岩
285	T202②：38	石镞	泥岩
286	T202②：39	石镞	凝灰岩
287	T202②：40	石镞	泥岩
288	T202②：41	石镞	泥岩
289	T202②：42	石镞	硅质泥质岩
290	T202②：43	石锛	斑点角岩
291	T202②：44	石镞	斑点角岩
292	T202②：45	石镞	泥岩
293	T202②：46	石镞	凝灰岩
294	T202②：47	石镞	泥岩

续附表

序号	编号	器名	岩性
295	T202②：48	石镞	泥岩
296	T202②：49	石器残器（半成品）	凝灰岩
297	T202②：50	石锛	泥岩
298	T202②：51	石刀	凝灰质粉砂岩
299	T202②：52	石锛	钙泥质硅质岩
300	T202②：53	石镞	泥岩
301	T202②：54	石锛	泥质硅质岩
302	T202②：55	石镞	泥岩
303	T202②：56	石镞	泥岩
304	T202②：57	石镞	凝灰质粉砂岩
305	T202②：58	石锛	粉砂质硅质岩
306	T202②：59	石镞	粉砂岩
307	T202②：60	石镞	泥岩
308	T202②：61	石锛	钙泥质硅质岩
309	T202②：62	石镞	泥岩
310	T202②：63	石器残器（半成品）	泥岩
311	T202②：64	石锛	钙泥质硅质岩
312	T202②：66	石镞	凝灰岩
313	T202②：67	石镞	泥岩
314	T202②：68	石镞	凝灰质粉砂岩
315	T202②：69	石刀	斑点角岩
316	T202②：70	石镞	凝灰质粉砂岩
317	T202②：71	石镞	泥岩
318	T202②：72	石镞	泥岩
319	T202②：73	石镞	泥岩
320	T202②：74	石器残器（半成品）	细砂岩
321	T202②：75	石镞	泥岩
322	T202②：76	石锛	泥质硅质岩
323	T202②：77	石器残器（半成品）	硅质泥质岩
324	T202②：78	石镞	泥岩
325	T202②：79	石镞	泥岩
326	T202②：80	石镞	凝灰质粉砂岩
327	T202②：81	石刀	玢岩
328	T202②：82	石器残器（半成品）	泥质硅质岩
329	T202②：83	石镞	泥岩
330	T202②：84	石镞	粉砂岩
331	T202②：85	石镞	泥岩

序号	编号	器名	岩性
332	T203①：1	石器残器（半成品）	细砂岩
333	T203①：2	石镞	泥岩
334	T203①：3	石器残器（半成品）	泥岩
335	T203①：5	石器残器（半成品）	凝灰质粉砂岩
336	T203①：6	石器残器（半成品）	细砂岩
337	T203①：7	石镞	泥岩
338	T203①：8	石锛	绿片岩
339	T203①：9	石镞	泥岩
340	T203①：10	石镞	泥岩
341	T203①：11	石镞	泥岩
342	T203①：12	石镞	泥岩
343	T203①：13	石环	辉长岩
344	T203①：14	石凿	硅质岩
345	T203①：15	石器残器（半成品）	凝灰岩
346	T203①：16	石镞	绿片岩
347	T203①：17	石器残器（半成品）	凝灰质粉砂岩
348	T203①：18	石器残器（半成品）	凝灰岩
349	T203①：19	石镞	泥岩
350	T203①：20	石镞	泥岩
351	T203①：21	石镞	泥岩
352	T203②：2	石镞	泥岩
353	T203②：3	石锛	泥质硅质岩
354	T203②：4	石锛	泥质硅质岩
355	T203②：5	石镞	泥岩
356	T203②：6	石镞	凝灰岩
357	T203②：7	石刀（穿孔）	泥岩
358	T203②：8	石镞	沉凝灰岩
359	T203②：9	石锛	泥岩
360	T203②：10	石器残器（半成品）	泥岩
361	T203②：11	石镞	泥岩
362	T203②：13	石镞	泥岩
363	T203②：14	石镞	泥岩
364	T203②：15	石镞	泥岩
365	T203②：16	石镞	凝灰质粉砂岩
366	T203②：17	石镞	凝灰质粉砂岩
367	T203②：18	石镞	泥岩
368	T203②：19	石锛	泥岩

续附表

序号	编号	器名	岩性
369	T203②：20	石镞	泥岩
370	T203②：21	石镞	辉绿岩
371	T203②：22	石镞	凝灰质粉砂岩
372	T203②：23	石锛	粉砂岩
373	T203②：24	石镞	泥岩
374	T203②：25	石镞	泥岩
375	T203②：26	石锛	泥岩
376	T203②：27	石镞	泥岩
377	T203②：28	石镞	泥质粉砂岩
378	T203②：29	石锛	泥质硅质岩
379	T203②：30	石刀	硅质泥质岩
380	T203②：31	石器残器（半成品）	凝灰质粉砂岩
381	T203②：32	石镞	叶蜡石化沉凝灰岩
382	T203②：33	石镞	凝灰质粉砂岩
383	T203②：34	石器残器（半成品）	凝灰质粉砂岩
384	T203②：35	石器残器（半成品）	泥岩
385	T203②：36	石镞	泥岩
386	T203②：37	石锛	叶蜡石化沉凝灰岩
387	T203②：38	石镞	凝灰质粉砂岩
388	T203②：40	石器残器（半成品）	泥质硅质岩
389	T203②：41	石器残器（半成品）	泥质粉砂岩
390	T203②：42	石镞	泥岩
391	T203②：43	石器残器（半成品）	泥岩
392	T203②：44	石镞	泥岩
393	T203②：45	石器残器（半成品）	泥岩
394	T203②：46	石锛	细砂粉砂岩
395	T203②：47	玉饰件	叶蜡石
396	T203②：48	石锛	钙泥质硅质岩
397	T203②：49	石器残器（半成品）	凝灰岩
398	T203②：50	石刀	斑点角岩
399	T203②：51	石锛	斑点角岩
400	T203②：52	石锛	泥岩
401	T203②：53	石镞	泥岩
402	T203②：54	石镞	凝灰质粉砂岩
403	T203②：55	石器残器（半成品）	硅质泥质岩
404	T203②：57	石镞	泥岩
405	T203②：58	石镞	泥岩

序号	编号	器名	岩性
406	T203②：59	石镞	泥岩
407	T203②：60	石镞	泥岩
408	T203②：61	石锛	粉砂质硅质岩
409	T203②：62	石锛	泥质硅质岩
410	T203②：63	石器残器（半成品）	凝灰质粉砂岩
411	T203②：64	石镞	凝灰质粉砂岩
412	T203②：65	石镞	凝灰质粉砂岩
413	T203②：66	石镞	泥岩
414	T203②：67	石镞	泥岩
415	T203②：68	石镞	泥岩
416	T203②：69	石镞	泥岩
417	T203②：70	石镞	泥岩
418	T203②：71	石镞	泥岩
419	T203②：72	石镞	泥岩
420	T203②：73	石镞	泥岩
421	T203②：74	石器残器（半成品）	凝灰质粉砂岩
422	T203②：75	石凿	斑点角岩
423	T203②：76	石器残器（半成品）	钙泥质硅质岩
424	T203②：77	石镞	泥岩
425	T203②：78	石镞	泥岩
426	T203②：79	石器残器（半成品）	泥岩
427	T203②：80	石镞	泥岩
428	T203②：81	玉饰件	叶蜡石
429	T203②：82	石镞	泥岩
430	T203②：83	石镞	泥岩
431	T203②：84	石矛	凝灰质粉砂岩
432	T203②：85	石镞	凝灰质粉砂岩
433	T203②：86	石镞	泥岩
434	T204①：1	石镞	泥岩
435	T204①：2	石镞	泥岩
436	T204①：3	石矛	泥岩
437	T204①：4	石镞	凝灰岩
438	T204①：5	石矛	泥岩
439	T204①：6	石镞	泥岩
440	T204①：7	石镞	泥岩
441	T204①：8	石镞	泥岩
442	T204①：9	石镞	泥岩

续附表

序号	编号	器名	岩性
443	T204①：10	石锛	细砂粉砂岩
444	T204①：11	石镞	泥岩
445	T204①：12	石器残器（半成品）	泥岩
446	T204①：13	石镞	泥岩
447	T204①：14	石镞	泥岩
448	T204②：1	石器残器（半成品）	硅质泥质岩
449	T204②：2	石镞	凝灰质粉砂岩
450	T204②：3	石镞	凝灰质粉砂岩
451	T204②：4	石器残器（半成品）	泥岩
452	T204②：5	石锛	泥质硅质岩
453	T204③：1	石锛	泥质硅质岩
454	T302①：1	石器残器（半成品）	粉砂质硅质岩
455	T302①：2	石镞	凝灰岩
456	T302①：3	石镞	泥岩
457	T302①：4	石锛	泥质硅质岩
458	T302①：6	石锛	凝灰岩
459	T302①：7	石锛	泥质硅质岩
460	T302①：9	石镞	叶蜡石化沉凝灰岩
461	T302①：10	石镞	泥岩
462	T302①：11	石器残器（半成品）	凝灰质细砂粉砂岩
463	T302①：12	石镞	泥岩
464	T302①：13	石镞	泥岩
465	T302①：14	石镞	凝灰质粉砂岩
466	T302①：16	石器残器（半成品）	泥岩
467	T302①：17	石镞	泥岩
468	T302①：18	石镞	泥岩
469	T302①：19	石器残器（半成品）	泥岩
470	T302①：20	石器残器（半成品）	泥质硅质岩
471	T302①：21	石锛	粉砂质硅质岩
472	T302①：22	石锛	粉砂质硅质岩
473	T302①：23	石锛	叶蜡石化沉凝灰岩
474	T302②：1	石镞	斑点角岩
475	T302②：2	石镞	凝灰质粉砂岩
476	T302②：3	石镞	泥岩
477	T302②：4	玉簪	透闪石
478	T302②：5	石镞	泥岩
479	T302②：6	石镞	泥岩

序号	编号	器名	岩性
480	T302②：7	石镞	蚀变凝灰岩
481	T302②：8	石镞	凝灰质粉砂岩
482	T302②：9	石锛	泥质硅质岩
483	T302②：10	石镞	粉砂岩
484	T302②：11	石镞	泥岩
485	T302②：12	石镞	凝灰质粉砂岩
486	T302②：13	玉饰件	叶蜡石
487	T302②：14	石镞	泥岩
488	T302②：15	石镞	粉砂质泥岩
489	T302②：16	石锛	泥质硅质岩
490	T302②：17	石镞	凝灰岩
491	T302②：18	石镞	泥岩
492	T302②：20	石镞	泥岩
493	T302②：21	石锛	粉砂岩
494	T302②：22	石镞	泥岩
495	T302②：23	石镞	泥岩
496	T302②：24	石锛	粉砂岩
497	T302②：26	石镞	凝灰质粉砂岩
498	T302②：27	石镞	泥岩
499	T302②：28	石锛	粉砂质硅质岩
500	T302②：29	石镞	泥岩
501	T302②：30	石镞	凝灰质粉砂岩
502	T302②：31	石锛	泥质硅质岩
503	T302②：32	石锛	泥质硅质岩
504	T302②：33	石镞	泥岩
505	T302②：34	石锛	绿片岩
506	T302②：35	石器残器（半成品）	凝灰质粉砂岩
507	T302②：36	石锛	泥岩
508	T302②：37	石镞	泥岩
509	T302②：38	石镞	泥岩
510	T302②：39	石刀	泥质硅质岩
511	T302②：40	石镞	凝灰质粉砂岩
512	T302②：41	石锛	凝灰质粉砂岩
513	T302②：42	石镞	泥岩
514	T302②：43	石镞	泥岩
515	T302②：44	石器残器（半成品）	泥岩
516	T302②：45	石锛	凝灰质粉砂岩

续附表

序号	编号	器名	岩性
517	T302②：46	石锛	泥质硅质岩
518	T302②：47	石器残器（半成品）	晶屑熔结凝灰岩
519	T302②：48	石锛	泥岩
520	T302②：49	石器残器（半成品）	泥岩
521	T302②：50	石器残器（半成品）	凝灰质粉砂岩
522	T302②：51	石刀	凝灰质粉砂岩
523	T302②：52	石锛	凝灰岩
524	T302②：53	石镞	凝灰质粉砂岩
525	T302②：54	石器残器（半成品）	凝灰岩
526	T302②：55	石刀	细砂粉砂质硅质岩
527	T302②：56	石锛	泥质硅质岩
528	T302②：57	石镞	泥岩
529	T302②：58	石镞	泥岩
530	T302②：59	石镞	泥岩
531	T302②：60	石器残器（半成品）	凝灰质粉砂岩
532	T302②：61	石镞	斑点角岩
533	T302②：62	石镞	凝灰质粉砂岩
534	T302②：63	石镞	泥岩
535	T302②：64	石锛	粉砂岩
536	T302②：65	石锛	泥质硅质岩
537	T302②：66	石刀	硅质泥质岩
538	T302②：67	石锛	泥质硅质岩
539	T302②：68	石镞	凝灰岩
540	T302②：69	石镞	泥岩
541	T302②：70	石器残器（半成品）	泥岩
542	T302②：71	石镞	泥岩
543	T302②：72	石镞	泥岩
544	T302②：73	石锛	粉砂质硅质岩
545	T302②：74	石器残器（半成品）	泥质硅质岩
546	T302②：75	石器残器（半成品）	凝灰质粉砂岩
547	T302②：76	石镞	泥岩
548	T302②：78	石镞	泥岩
549	T302②：79	石锛	粉砂岩
550	T302②：80	石镞	凝灰质粉砂岩
551	T302②：81	石镞	凝灰质粉砂岩
552	T302②：82	石锛	细砂粉砂岩
553	T302②：84	石镞	泥岩

序号	编号	器名	岩性
554	T302②：85	石镞	泥岩
555	T302②：86	石镞	泥岩
556	T302②：87	石镞	泥岩
557	T302②：88	石镞	凝灰质粉砂岩
558	T302②：89	石镞	泥岩
559	T302②：90	残石镞（25件）	泥岩20件，凝灰岩5件
560	T302③：1	石镞	泥岩
561	T302③：2	石镞	凝灰质粉砂岩
562	T302③：3	石镞	凝灰质粉砂岩
563	T302③：4	石镞	凝灰质粉砂岩
564	T302③：5	石镞	凝灰质粉砂岩
565	T302③：6	石器残器（半成品）	泥质硅质岩
566	T302③：7	石刀	闪斜煌岩
567	T302③：8	石器残器（半成品）	硅质岩
568	T302③：9	石刀	粉砂质硅质岩
569	T302③：10	石镞	泥岩
570	T302③：11	石锛	泥质粉砂岩
571	T302③：12	石镞	凝灰质粉砂岩
572	T302③：13	石锛	钙泥质硅质岩
573	T302③：14	石锛	角岩化凝灰质粉砂岩
574	T302③：15	石锛	凝灰质粉砂岩
575	T302③：16	石器残器（半成品）	泥岩
576	T302③：19	石镞	凝灰质粉砂岩
577	T302③：20	石镞	泥岩
578	T302③：21	石锛	泥质硅质岩
579	T302③：23	石镞	泥岩
580	T302③：24	石镞	凝灰岩
581	T302③：25	石镞	泥岩
582	T302③：26	石镞	硅质泥质岩
583	T302③：27	石镞	泥岩
584	T302③：28	石镞	泥岩
585	T302③：29	石锛	泥质硅质岩
586	T302③：30	石镞	凝灰质粉砂岩
587	T302③：31	石锛	泥岩
588	T302③：32	石器残器（半成品）	泥质硅质岩
589	T302③：33	石镞	泥岩
590	T302③：34	石锛	泥质硅质岩

续附表

序号	编号	器名	岩性
591	T302③：35	石镞	泥岩
592	T302③：36	石器残器（半成品）	硅质泥质岩
593	T302③：37	石镞	泥岩
594	T302③：38	石镞	凝灰质粉砂岩
595	T302③：39	石镞	泥岩
596	T302③：40	石锛	凝灰质粉砂岩
597	T302③：41	石镞	泥岩
598	T302③：42	石器残器（半成品）	凝灰质粉砂岩
599	T302③：43	石镞	泥岩
600	T302③：44	石镞	凝灰质粉砂岩
601	T302③：45	石镞	泥岩
602	T302③：46	石锛	泥质硅质岩
603	T302③：47	石镞	泥岩
604	T302③：48	石镞	泥岩
605	T302③：49	石镞	泥岩
606	T302③：50	石镞	泥岩
607	T302③：51	石镞	泥岩
608	T302③：52	石镞	泥岩
609	T302③：53	石镞	硅质泥质岩
610	T302③：54	石镞	泥岩
611	T302③：55	石器残器（半成品）	泥岩
612	T302③：56	石器残器（半成品）	泥岩
613	T302③：57	石镞	凝灰质粉砂岩
614	T302③：58	石镞	泥岩
615	T302③：59	石镞	泥岩
616	T302③：60	石镞	凝灰质粉砂岩
617	T302③：61	石镞	凝灰岩
618	T302③：62	石镞	凝灰质粉砂岩
619	T302③：63	石镞	凝灰质粉砂岩
620	T302③：64	石镞	泥岩
621	T302③：65	石锛	泥质硅质岩
622	T302③：66	石镞	凝灰质粉砂岩
623	T302③：67	石镞	泥岩/高岭土岩
624	T302③：68	玉饰件	叶蜡石
625	T302③：69	石刀	泥岩
626	T302③：70	石镞	泥岩
627	T302③：71	石镞	凝灰质粉砂岩

序号	编号	器名	岩性
628	T302③：72	石锛	泥岩
629	T302③：73	石镞	泥岩
630	T302③：74	石镞	泥岩
631	T302③：75	石镞	凝灰质粉砂岩
632	T302③：76	石锛	细砂岩
633	T302③：77	石锛	泥质硅质岩
634	T302③：80	石锛	泥质硅质岩
635	T302③：81	石锛	泥质硅质岩
636	T302③：82	石镞	泥岩
637	T302③：84	石刀	凝灰质粉砂岩
638	T302③：85	石镞	凝灰质粉砂岩
639	T302③：130	玉饰件	叶蜡石
640	T303①：1	石斧	凝灰岩
641	T303①：2	石矛	泥岩/页岩
642	T303①：3	石镞	泥岩
643	T303①：4	石锛	硅质泥质岩
644	T303①：6	石镞	硅质泥质岩
645	T303①：7	石镞	凝灰岩
646	T303①：8	石凿	泥质硅质岩
647	T303①：9	石镞	泥岩
648	T303①：10	石镞	硅质泥质岩
649	T303①：11	其他石器	晶屑凝灰岩
650	T303①：12	石镞	泥岩
651	T303①：13	石镞	粉砂岩
652	T303①：14	石锛	凝灰岩
653	T303①：16	石镞	泥岩
654	T303①：17	石凿	泥质硅质岩
655	T303①：18	石锛	凝灰岩
656	T303①：19	石凿	泥质硅质岩
657	T303①：20	石器残器（半成品）	泥质硅质岩
658	T303①：21	石镞	泥岩
659	T303①：22	石镞	泥岩
660	T303①：23	石镞	泥岩
661	T303①：24	石器残器（半成品）	泥岩
662	T303①：25	石器残器（半成品）	凝灰质粉砂岩
663	T303①：26	石镞	泥岩
664	T303①：27	石器残器（半成品）	泥岩

续附表

序号	编号	器名	岩性
665	T303①：28	石镞	凝灰质粉砂岩
666	T303①：29	石器残器（半成品）	长石石英细砂岩
667	T303①：31	石器残器（半成品）	泥质硅质岩
668	T303②：1	石锛	凝灰岩
669	T303②：2	石锛	泥质硅质岩
670	T303②：3	石器残器（半成品）	泥质硅质岩
671	T303②：4	石锛	泥质硅质岩
672	T303②：5	石器残器（半成品）	泥岩
673	T303②：6	石镞	泥岩
674	T303②：7	石镞	泥岩
675	T303②：8	石镞	泥岩
676	T303②：9	石锛	粉砂质硅质岩
677	T303②：10	石镞	凝灰质粉砂岩
678	T303②：11	石镞	泥岩
679	T303②：12	石镞	凝灰质粉砂岩
680	T303②：14	石锛	泥质硅质岩
681	T303②：15	石矛	泥岩
682	T303②：16	石镞	粉砂质泥岩
683	T303②：17	石锛	泥质硅质岩
684	T303②：18	石镞	泥岩
685	T303②：19	石镞	泥岩
686	T303②：20	石镞	泥岩
687	T303②：21	石凿	硅质岩
688	T303②：22	石镞	泥岩
689	T303②：23	石镞	泥岩
690	T303②：24	石锛	凝灰质细砂粉砂岩
691	T303②：25	石镞	泥岩
692	T303②：26	石刀	泥岩
693	T303②：27	石镞	泥岩
694	T303②：28	石镞	沉凝灰岩
695	T303②：29	石镞	凝灰质粉砂岩
696	T303②：30	石镞	凝灰质粉砂岩
697	T303②：31	石锛	泥质硅质岩
698	T303②：32	石镞	凝灰质粉砂岩
699	T303②：33	石锛	泥质硅质岩
700	T303②：34	石镞	泥岩
701	T303②：35	石镞	泥岩

序号	编号	器名	岩性
702	T303②：36	石镞	泥岩
703	T303②：37	石镞	泥岩
704	T303②：38	石锛	凝灰质粉砂岩
705	T303②：39	石锛	凝灰岩
706	T303②：40	石镞	泥岩
707	T303②：41	石镞	凝灰质粉砂岩
708	T303②：42	石锛	泥质硅质岩
709	T303②：43	石矛	泥岩
710	T303②：44	石矛	泥岩
711	T303②：45	石镞	泥岩
712	T303②：47	石锛	凝灰岩
713	T303②：48	石镞	泥岩
714	T303②：49	石镞	泥岩
715	T303②：50	石镞	凝灰质粉砂岩
716	T303②：51	石镞	凝灰岩
717	T303②：52	石刀	斑点角岩
718	T303②：53	石锛	细砂岩
719	T303②：54	石锛	凝灰质粉砂岩
720	T303②：56	石锛	泥质硅质岩
721	T303②：57	石镞	斑点角岩
722	T303②：58	石镞	泥岩
723	T303②：59	石镞	凝灰质粉砂岩
724	T303②：60	石器残器（半成品）	凝灰质粉砂岩
725	T303②：61	石镞	细砂粉砂岩
726	T303②：62	石锛	斑点角岩
727	T303②：63	石镞	泥岩
728	T303②：64	石斧	斑点角岩
729	T303②：65	石刀	粉砂质泥岩
730	T303②：66	石矛	凝灰质粉砂岩
731	T303②：67	石器残器（半成品）	泥岩
732	T303②：68	石镞	泥岩
733	T303②：69	石镞	凝灰质粉砂岩
734	T303②：71	石锛	细砂粉砂岩
735	T303②：72	石镞	凝灰质粉砂岩
736	T303②：73	石器残器（半成品）	泥质硅质岩
737	T303②：74	石镞	泥岩
738	T303②：75	石镞	泥岩

续附表

序号	编号	器名	岩性
739	T303②：76	石锛	凝灰质粉砂岩
740	T303②：77	石锛	泥岩
741	T303②：78	石器残器（半成品）	凝灰质粉砂岩
742	T303②：80	石锛	凝灰质粉砂岩
743	T303②：81	石器残器（半成品）	凝灰质粉砂岩
744	T303②：83	石锛	泥岩
745	T303②：85	石锛	泥岩
746	T303②：86	石锛	泥岩
747	T303②：87	石锛	泥岩
748	T303②：88	石锛	凝灰质粉砂岩
749	T303②：89	石锛	凝灰质粉砂岩
750	T303②：90	石锛	绿片岩
751	T303②：113	石饰件	泥质硅质岩
752	T304①：1	石锛	晶屑熔结凝灰岩
753	T304①：2	石器残器（半成品）	泥岩
754	T304①：3	玉饰件	叶蜡石
755	T304①：4	玉饰件	叶蜡石
756	T304①：6	石器残器（半成品）	泥岩
757	T304①：7	石锛	凝灰质粉砂岩
758	T304①：8	石锛	泥岩
759	T304①：9	石锛	泥岩
760	T304①：10	石锛	泥岩
761	T304①：11	石锛	泥岩
762	T304①：12	石器残器（半成品）	泥岩
763	T304①：13	石器残器（半成品）	泥质硅质岩
764	T304①：14	石器残器（半成品）	泥质硅质岩
765	T304①：15	其他石器	粉砂岩
766	T304①：16	石锛	晶屑熔结凝灰岩
767	T304①：17	石件	石英
768	T304①：18	玉钺	叶蜡石
769	T304①：19	石锛	泥岩
770	T304①：20	石锛	泥岩
771	T304②：1	石刀	泥质硅质岩
772	T304②：2	石器残器（半成品）	凝灰岩
773	T304②：3	石锛	泥岩
774	T304②：4	石锛	硅质泥质岩
775	T304②：5	石器残器（半成品）	叶蜡石化沉凝灰岩

序号	编号	器名	岩性
776	T304②：6	石锛	粉砂质硅质岩
777	T304②：7	石锛	泥质硅质岩
778	T304②：8	石器残器（半成品）	泥质硅质岩
779	T304②：9	石器残器（半成品）	凝灰质粉砂岩
780	T304②：10	石镞	泥岩
781	T304②：11	石镞	泥岩
782	T304②：12	石镞	泥岩
783	T304②：13	石器残器（半成品）	凝灰质粉砂岩
784	T304②：14	石镞	凝灰质粉砂岩
785	T304②：15	石镞	凝灰质粉砂岩
786	T304②：16	石器残器（半成品）	凝灰岩
787	T304②：17	石镞	泥岩
788	T304②：18	石镞	泥岩
789	T304②：19	石镞	泥岩
790	T304②：20	石器残器（半成品）	泥质硅质岩
791	T304②：21	石镞	泥岩
792	T304②：22	石镞	泥岩
793	T304②：23	石镞	泥岩
794	T304②：24	石镞	硅质泥质岩
795	T304②：25	石镞	硅质泥质岩
796	T304②：26	石锛	凝灰质粉砂岩
797	T304②：27	石器残器（半成品）	凝灰岩
798	T304②：28	石锛	泥质硅质岩
799	T304②：29	石锛	泥质硅质岩
800	T304②：30	石器残器（半成品）	凝灰质粉砂岩
801	T304②：31	石镞	泥岩
802	T304②：32	石镞	凝灰质粉砂岩
803	T304②：33	石镞	泥岩
804	T304②：34	石镞	泥岩
805	T304②：35	石镞	泥岩
806	T304②：36	石镞	泥岩
807	T304②：37	石镞	硅质泥质岩
808	T304②：38	石镞	泥岩
809	T402①：1	石锛	泥质硅质岩
810	T402①：2	石刀	凝灰岩
811	T402①：3	石镞	凝灰质粉砂岩
812	T402①：4	石器残器（半成品）	粉砂质硅质岩

续附表

序号	编号	器名	岩性
813	T402①：5	石镞	泥岩
814	T402①：6	石镞	泥岩
815	T402①：7	石镞	硅质泥质岩
816	T402①：8	石锛	泥质硅质岩
817	T402①：9	石器残器（半成品）	凝灰质粉砂岩
818	T402①：10	石刀	泥岩
819	T402①：11	石镞	泥岩
820	T402②：1	石镞	泥岩
821	T402②：2	石镞	泥岩
822	T402②：3	石镞	硅质泥质岩
823	T402②：4	石镞	泥岩
824	T402②：5	石镞	泥岩
825	T402②：7	石镞	泥岩
826	T402②：8	石镞	泥岩
827	T402②：9	石镞	泥岩
828	T402②：11	石镞	凝灰质粉砂岩
829	T402②：12	石镞	泥岩
830	T402②：13	石镞	凝灰质粉砂岩
831	T402②：14	石镞	泥岩
832	T402②：15	石镞	粉砂质泥岩
833	T402②：16	石镞	泥岩
834	T402②：17	石镞	凝灰质粉砂岩
835	T402②：18	石镞	泥岩
836	T402②：19	石锛	细砂岩
837	T402②：20	石镞	泥岩
838	T402②：21	石镞	粉砂质泥岩
839	T402②：22	石镞	凝灰质粉砂岩
840	T402②：23	石锛	泥质硅质岩
841	T402②：24	石镞	泥岩
842	T402②：25	石镞	泥岩
843	T402②：26	石锛	泥质硅质岩
844	T402②：27	石锛	泥质硅质岩
845	T402②：28	石镞	泥岩
846	T402②：29	石镞	凝灰质粉砂岩
847	T402②：30	石器残器（半成品）	泥质硅质岩
848	T402②：31	石器残器（半成品）	泥岩
849	T402②：32	石锛	细砂岩

序号	编号	器名	岩性
850	T402②：33	石锛	泥质硅质岩
851	T402②：34	石锛	泥质硅质岩
852	T402②：35	石镞	凝灰质粉砂岩
853	T402②：36	石器残器（半成品）	泥质硅质岩
854	T402②：37	石锛	泥岩
855	T402②：38	石锛	泥质硅质岩
856	T402③：1	石镞	泥岩
857	T402③：2	玉钻芯	叶蜡石
858	T402③：3	石锛	凝灰质粉砂岩
859	T402③：4	石镞	叶蜡石化沉凝灰岩
860	T402③：5	石镞	泥岩
861	T402③：6	石锛	细砂粉砂岩
862	T402③：7	石镞	凝灰质粉砂岩
863	T402③：8	石镞	泥岩
864	T402③：9	石镞	泥岩
865	T402③：10	石器残器（半成品）	粉砂质泥岩
866	T402③：11	石镞	凝灰质粉砂岩
867	T402③：12	石镞	泥岩
868	T402③：13	石刀	斑岩
869	T402③：14	石器残器（半成品）	凝灰质粉砂岩
870	T402③：15	石镞	泥岩
871	T402③：16	石锛	粉砂质硅质岩
872	T402③：17	石器残器（半成品）	泥质硅质岩
873	T402③：18	石镞	泥岩
874	T402③：19	石器残器（半成品）	泥岩
875	T402③：20	石器残器（半成品）	凝灰质粉砂岩
876	T402③：21	石镞	泥岩
877	T402③：22	石镞	泥岩
878	T402③：23	石锛	泥岩
879	T402③：24	石镞	泥岩
880	T402③：25	石器残器（半成品）	粉砂质硅质岩
881	T402③：26	玉饰件	叶蜡石
882	T402③：27	石镞	泥岩
883	采：1	石锛	凝灰岩
884	采：2	石锛	泥质硅质岩
885	采：3	石斧	粉砂质硅质岩
886	采：4	石斧	闪长岩

续附表

序号	编号	器名	岩性
887	采：5	石凿	粉砂岩
888	采：7	石器残器（半成品）	细砂岩
889	采：8	石锛	粉砂质硅质岩
890	采：9	石锛	绿片岩
891	采：11	石锛	泥质硅质岩
892	采：12	石锛	硅质岩
893	采：13	石锛	泥质硅质岩
894	采：14	石锛	泥质硅质岩
895	采：15	石锛	花岗岩
896	采：16	石锛	凝灰岩
897	采：17	石器残器（半成品）	泥岩
898	采：18	石锛	泥质硅质岩
899	采：19	石器残器（半成品）	粉砂岩
900	采：20	石钺	泥质硅质岩
901	采：21	砺石	晶屑熔结凝灰岩
902	采：22	石饰件	滑石
903	采：23	石器残器（半成品）	晶屑熔结凝灰岩
904	采：24	石锛	凝灰质粉砂岩
905	采：25	石锛	凝灰质粉砂岩
906	采：26	石镞	泥岩
907	采：27	石镞	泥岩
908	采：28	石镞	泥岩
909	采：29	石球	泥岩
910	采：32	石镞	泥岩
911	采：33	石刀	硅质岩
912	采：34	玉钻芯	叶蜡石
913	采：35	玉钻芯	叶蜡石

后 记

　　1956 年，瑞安山前山遗址试掘开浙西南考古工作的先河。在夏鼐先生的关心下，浙江南部不同于良渚文化的另一种新石器文化逐渐引起考古界的关注。但由于种种原因，浙西南地区的考古工作仍然相对较少，该地区史前文化的面貌、内涵特征不甚清晰，文化谱系、发展序列亟待建立。

　　1997 年，遂昌好川墓地的发掘为探索浙西南地区史前文化洞开了明亮的窗户，给予了浙江考古工作者鼓舞和信心。

　　进入 21 世纪，浙江考古事业发展迎来新的契机。浙江省文物考古研究所根据事业发展需要，将史前考古研究室析分为史前考古一室和史前考古二室，工作区域范围大体以钱塘江为界。作为史前考古二室副主任（主持工作）的我，积极布局解决考古工作薄弱地区史前文化谱系和发展序列问题。面对工作范围广、考古任务重、专业力量少的客观现实，为调动大家主观能动性，我们尝试采取业务骨干分片负责的工作办法、机制，取得了明显成效。蒋乐平的跨湖桥、上山，孙国平的田螺山、井头山，正是在这种机制下取得的一个又一个突破。路途遥远交通不便的浙西南和温州地区是我的责任区域，推进这一地区史前考古工作的压力不言而喻。

　　2001 年，温州市瓯海区与鹿城区区划调整，老鼠山遗址所在区域由瓯海区调整为鹿城区管辖。2002 年 5 月，温州市文物保护考古所成立，为摸清不可移动文物资源家底，工作人员实地复核温州市文物保护单位老鼠山遗址，在上成乡渡头村村民金长兴宅前山坡发现了灰色文化层，零碎的夹炭陶片具有河姆渡文化晚期的文化特征，带队的蔡钢铁所长很兴奋地第一时间告知我这一发现。我和蔡所长曾于 1991 年杭甬高速公路上虞后头山考古工地一起野外发掘三个多月，成为志趣相投的老友，此时都有强烈意愿希望对该遗址进行抢救性考古发掘。经曹锦炎所长同意，我们按程序向国家文物局申报了发掘证照，并与温州市文物局联系落实了发掘经费等事宜。鉴于温州辖县区文物干部新人多，业务不熟悉且专业技能欠缺的实际情况，温州市文物局金福来局长提出了结合考古发掘办考古培训班的设想，在得到浙江省文物局支持同意后，由温州市文物局资助经费的老鼠山遗址发掘得以顺利实施，并成功举办了温州地区文物干部考古培训班。发掘领队为王海明，参加发掘人员为孙国平、渠开营、徐志清、余求红、蔡钢铁、梁岩华、黄培量、吕溯，参加培训人员为陈元友、徐俊、周圣玉、邱丽萍、张益欣、翁剑刚、郑计钊、韩当权。

　　自 2002 年 11 月至 2003 年 4 月曹湾山遗址（2013 年更名）发掘，到今天《曹湾山》考古发掘报告付梓出版，又是 20 年过去了，蹉跎人生，感慨万千。

　　曹湾山遗址发掘时，考古队对周边地区进行了史前遗址的专题调查，发现同在瓯江边的下龙山遗址文化面貌和曹湾山遗址相同，且面临破坏，有抢救性发掘的必要。可惜由于种种原因，下龙山遗址发掘设想终未能如愿。

曹湾山遗址发掘甫一结束，"非典"疫情突然来袭，因此当时只有技工渠开营独自一人在江心屿温州博物馆修复陶器。虽然条件艰苦，修复难度大，但是小渠加班加点工作，在极短的时间内完成了修复任务。当我再次见到小渠时，他长发过颈、胡须杂乱、面容清瘦，给我留下了极其深刻的印象。小渠的修复工作为报告的整理编写打下了基础，在此向小渠真诚道一声谢谢！

2005 年，我竞争上岗成为浙江省文物考古研究所分管基本建设考古工作的副所长，争取基本建设考古经费、协调解决基本建设考古工作中的矛盾和问题使我分身乏术，在极度忙碌中"虚度"了十四个春秋。

2020 年 7 月，退休的我终于回归本真，返聘整理积压的考古发掘资料。面对"曹湾山""小黄山""鲻山""名山后"……这一座座大山，先整理哪个也一时犯难。温州曹湾山考古遗址公园建设推进需要考古报告、考古研究成果支撑，温州博物馆工作人员也可借力协助，这是我们首先整理曹湾山遗址考古资料的基本考量。在省所领导的重视关心和温州博物馆的鼎力支持下，李扬、朱冠星全力相助，曹湾山遗址考古资料整理得以顺利展开。

面对这批陌生的资料，同为吉林大学考古专业硕士研究生的李扬、朱冠星很快进入角色，体现出过硬的专业素养。根据过往的专业工作经历，李扬主要负责 35 座墓葬资料的整理，朱冠星主要承担地层堆积及出土遗物的整理。为按时完成资料整理和报告编写，李扬、朱冠星夜以继日，付出了极大辛劳。

资料整理、报告编写始终在共同探讨、切磋、合作的氛围下进行，是个不断磨合的过程。《曹湾山》考古发掘报告是集体智慧的结晶。

报告执笔人为王海明（第一章、第三章第三节、第九章）、朱冠星（第二章、第三章第二节、第四章至第八章）、李扬（第三章第一节），王海明统稿把关。内容摘要由陈明辉（英文）、郑云飞（日文）翻译。

中国科技大学科技史与科技考古系姚政权等到发掘现场取样，对遗址的植硅石进行分析，并同意《温州曹湾山遗址的植硅石分析》一文作为本书附录；省所同事姬翔对遗址出土玉石器岩性做了系统鉴定，形成《温州藤桥镇曹湾山遗址出土玉石器岩性鉴定》研究成果作为本书附录，丰富了报告的内容。谨致谢意！

报告中所用野外照片由王海明、孙国平拍摄，器物照片由林城拍摄。技工刘福刚承担了几乎全部的器物绘图工作，山西省考古研究院技工刘泽鹏帮助描绘建筑遗迹图，温州博物馆沙隆帮助拓片。征得邓聪先生的同意，报告中采用了与省所进行合作课题时拍摄的部分显微照片和线图；经领队仲召兵同意，报告中使用了山崖尾遗址发掘未发表的线图。省所同事张依欣和省自然资源厅何足奇老师帮助完成了曹湾山遗址地形地貌图，一并致谢！

特别感谢浙江省文物局原局长鲍贤伦先生，不仅再次赐墨题写《曹湾山》书名，还为我后续将整理编写的《小黄山》《鲻山》《名山后》等考古报告也题写了书名。深感鲍局长的关心、厚爱，唯有不断努力工作才是最真诚的感谢！

还要特别感谢文物出版社为高质量按时完成报告出版任务所付出的努力。李扬也承担了报告用资料收集及照片遴选等大量的编务工作。谢谢你们！

如今距离野外发掘已过去了 20 年，失去的不仅是岁月，还有对遗址发掘的细节记忆。报告中存在的问题和错误在所难免，请多批评指正。

王海明

2022 年 8 月 10 日

Abstract

Around 1985, the Caowanshan site (originally named Laoshushan site) was discovered by the Ouhai District department of Cultural Relics in Wenzhou. From November 2002 to April 2003, the excavation covered an area of 558.25 square meters, with continuous stone structures of Haochuan culture found, 35 tombs of Haochuan culture excavated, and more than 1,000 pieces of artifacts such as stone, pottery, jade and bone objects and a large number of pottery specimens were obtained. This site is a settlement of the late Neolithic Haochuan culture.

The excavation of Caowanshan site greatly enriched the connotation of Haochuan culture and confirmed the distribution of Haochuan culture in the lower reaches of Oujiang River, which is of great significance to the construction of the cultural sequence genealogy of archaeology in southern Zhejiang. In 2013, the Caowanshan site was announced as the seventh batch of national cultural relics protection units.

The main contents of archaeological excavation report of *Caowanshan* are as follows:

The first chapter briefly introduces the geographical environment, climate and meteorology, historical evolution of Wenzhou where Caowanshan site is located and the name change of the site.

The second chapter briefly introduces the general situation of the site and excavation in 2002 – 2003, stratigraphic accumulation, relics.

The third chapter concretely introduces the tombs, ash pits and buildings. The content contains the distribution and layout of the whole cemetery, the detailed introduction of each tomb, such as the shape and burial customs, and the burial objects, etc. The 35 neolithic tombs were divided into periods, and the absolute age of the tombs was estimated at about 4500 – 4200 years ago.

The fourth chapter describes the general characteristics of the excavated artifacts and the classification standards of pottery types.

The fifth, sixth and seventh chapters, which are the most extensive parts of this report, are the text and pictures formed after a long time of sorting out the artifacts of Caowanshan site, such as tens of thousands of pottery shards and more than one thousand pieces of stone and jade artifacts excavated from the third and second stratums and collected from the first stratum.

The eighth chapter is about the classification of pottery unearthed in strata. Although there are only three strata, the pottery specimens have not undergone significant qualitative changes. However, careful analysis of small and specific changes can still observe the logical process of time sequences.

The ninth chapter is also the final chapter of this report, is a macro understanding and interpretation of the archaeological culture in which the site is located. According to the new archaeological findings, the distribution of the Haochuan culture is sketched more comprehensively. In southwest Zhejiang, north Fujian and northeast Jiangxi, that is the headwaters of Oujiang, Qiantangjiang, Minjiang and Xinjiang, centered on the northern foot of Wuyi Mountain and Xianxia Mountain, are the core areas of the distribution of Haochuan culture, and its influence is more extensive.

Through the comprehensive analysis and comparison of the Haochuan cemetery in Suichang, Shanyawei site in Jiangshan and Longtoushan site in Pucheng, the sites of Haochuan culture can be divided into three settlement grades: high, middle and low.

Through systematic arrangements of the archaeological data especially the tomb shape and combination of burial objects in the different sites. According to tomb's plane with nearly square or rectangular shape and whether or not buried with pottery *gui* tripod with bag-shaped legs, the Haochuan culture can be clearly divided into "Haochuan type" and "Caowanshan type".

The Phytastic Analysis of Caowanshan Site in Wenzhou and *The Lithology Identification of Jade and Stone Artifacts of Caowanshan in Tengqiao Town, Wenzhou* are appendix, which will help readers to have a more comprehensive and in-depth understanding of the means of livelihoods and the production of jade and stone artifacts.

"The origins and diffusion study of austronesian" is now brought into the major project "Archaeology of China", under this background, the publication of "*Caowanshan*", will be necessary and urgent in the key problems such as solving the sequence and space-time framework from the Neolithic Age and Bronze Age in the southeast coastal region, exploring the origin and change of the typical cultural factors. We hope this report can provide some reference and help to readers.

内容要約

　　曹湾山遺跡（旧名は老鼠山遺跡）は、1985 年前後、温州市瓯海区文物部門により発見され、2002 年 11 月から2003 年 4 月にかけて、558.25 平方メートルの発掘が行われた。発掘により、大規模的な好川文化石構造建築の跡が掲示され、また、好川文化墓の35 基が掘られ、石器、陶器、玉器、骨器など1000 点以上の遺物および大量の陶片が出土し、新石器時代末期の好川文化集落跡であることは確認された。

　　曹湾山遺跡の発掘は、好川文化の内包を大に豊富しただけではなく、また、好川文化が瓯江下流域に分布することを初めて確認し、浙江省南部における考古学文化序列系譜の構築に重要な意義を持つ。2013 年、曹湾山遺跡は第 7 回の全国重点文化財保護単位として国務院に認定された。

　　『曹湾山』という考古発掘報告書の内容は以下の通りである。

　　第一章では、曹湾山遺跡が位置する温州地区の地理環境、気候気象、歴史沿革及び遺跡名の変更などを簡約的に紹介する。

　　第二章では、遺跡の概況および2002—2003 年の発掘経緯、地層堆積、遺跡様相などを紹介する。

　　第三章では、墓、灰坑、建築跡などが紹介する。まず、墓地全相および配置構造など紹介し、そして、それぞれの墓葬の様子、形制、葬俗および副葬品の出土状況などを具体的に紹介する。35 基の新石器時代墓が3 期に分けられた。出土遺物型式により墓地の年代が今から約4500—4200 年前であることが推測された。

　　第四章は、地層堆積出土遺物の全体像および陶器の型式分類の基準を説明する。

　　第五、六、七章は、本報告書の最も重要な部分であり、第③層、第②層および第①層で収集された数万陶片と千点余りの石玉器などの遺物に対して心を込め長時間にわたって整理した図文結晶である。

　　第八章は、地層内から出土した陶器を分類帰納する。地層が3 層だけで、早期と晩期の陶器型式にも明瞭な差異がそれほど見えなかったが、丁寧に観察すると、些細な差から時間軸的変化がある程度見えた。

　　第九章は、本報告書の終章でもあり、遺跡の考古学文化属性をマクロに分析と解釈を行い、また、考古学の最近発見により、好川文化の分布地域も全面的な検討を行なう。その結果、浙江南西部、福建北部と江西北東部の武夷山北麓、仙霞嶺山地を中心とする瓯江、銭塘江、閩江と信江の流域は好川文化分布の核心区であり、その影響による地域はより広いことが分かった。

　浙江遂昌好川墓地、江山崖尾および福建浦城龍頭山などの諸遺跡における総合分析により、好川文化諸遺跡が高、中、低という3つの集落等級に分けられた。

　遺跡考古資料、墓葬形製と副葬器物の組合、特に墓穴の正方形か長方形かの平面形状および副葬品の陶器型式という2つの特徴から好川文化諸遺跡の内包的特徴を検討した結果、明らかに「好川型」と「曹湾山型」に区別された。

　《温州曹湾山遺跡のプラント・オパール分析》と《曹湾山玉器の同定リスト》は、付録に収録され、読者に曹湾山人の生業形態と玉器製作の関連状況を深く理解することに役立つことを望む。

　「南島語族の起源と拡散研究」が「考古中国」の重大プロジェクトに組み入れられた背景で、《曹湾山》の出版は、東南沿海地区における新石器時代から青銅時代にかけての考古学文化序列、地域の諸相、代表な文化要素の起源および伝播と変容などの重要な問題の探究に非常に必要で、またタイムリーである。本報告書が読者および学者の参考と助力になれば、大幸である。

彩版

1. 曹湾山遗址地貌（南向北）

2. 曹湾山遗址全景（南向北）

彩版一　曹湾山遗址全景

1. 曹湾山遗址地形地貌图（戍浦江截弯取直前）［来源：天地图·浙江　审图号：浙 S（2022）5 号］

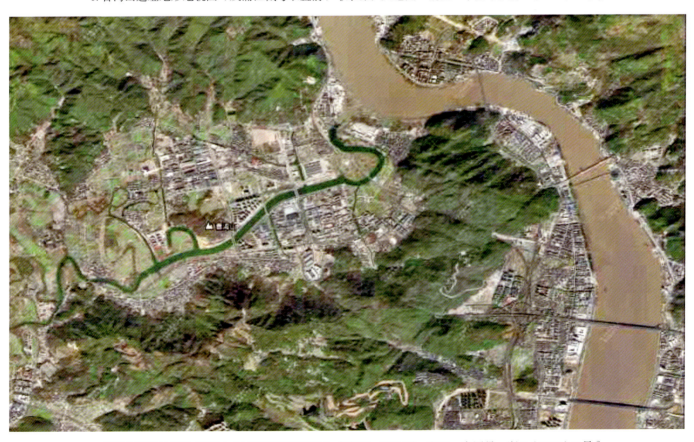

2. 曹湾山遗址地形地貌图（戍浦江截弯取直后）［来源：天地图·浙江　审图号：浙 S（2022）5 号］

彩版二　曹湾山遗址地形地貌图

彩版三　曹湾山遗址探孔土样

西向东

彩版四　曹湾山遗址墓葬全景

1. M3 与 M15（西北向东南）

2. M3 器物出土情形

3. M3 ： 3（C 型 II 式陶罐）

彩版五　M3 及其出土器物

1. M6 全景（东向西）

2. M6 器物出土情形

3. M6：1（Bb 型陶壶）

4. M6：2（陶纺轮）

彩版六　M6 及其出土器物

1. M7 全景（东向西）

2. M7：1（Ab 型Ⅲ式陶壶）

3. M7：3（弧背石锛）

4. M7 器物出土情形

彩版七　M7 及其出土器物

1. M8：1（Aa 型 I 式陶釜）

2. M9 全景（东向西）

3. M9：1（I 式陶鼎）

4. M9 器物出土情形

彩版八　M9 及 M8、M9 出土器物

1. M10 全景（东向西）

2. M10 器物出土情形

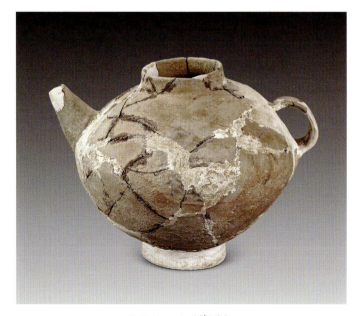

3. M10 ∶1（陶盉）

彩版九　M10 及其出土器物

1. M11 全景（东南向西北）

4. M11：2（Aa 型 II 式陶壶）

5. M11：4（A 型 II 式陶钵）

2. M11：3（陶纺轮）

3. M11：5（玉管）

6. M11：6（A 型 II 式陶罐）

彩版一〇　M11 及其出土器物

1. M12 全景（东向西）

2. M12 ∶ 1（B 型玉锥形器）

3. M12 ∶ 2（Aa 型 Ⅱ 式陶釜）

彩版一一　M12 及其出土器物

1. M13 与 M20（东向西）

2. M13 与 M20（西向东）

3. M13 ∶ 1（Aa 型 Ⅱ 式陶釜）

4. M13 ∶ 2（弧背石锛）

彩版一二　M13 及其出土器物

1. M14 全景（东向西）

2. M14 器物出土情形

彩版一三　M14

1. M14：4（陶豆）

2. M14：1（Bc 型陶壶）

3. M14：2（C 型 I 式陶罐）

彩版一四　M14 出土器物

1. M15 器物出土情形

2. M15：2（Ⅰ式陶簋）

3. M15：3（A型Ⅲ式陶钵）

彩版一五　M15 及其出土器物

1. M16 器物出土情形

2. M17 全景（西向东）

3. M17 器物出土情形

彩版一六　M16、M17

1. M16：1（Aa 型 I 式陶釜）

2. M17：2（Aa 型 I 式陶釜）

3. M20：1（II 式陶圈足盘）

彩版一七　M16、M17、M20 出土器物

1. M20：2（Ⅱ式陶鼎）　　　　　　　2. M20：3（Bb 型陶甑）

彩版一八　M20 出土器物

1. M21 全景（东向西）

3. M22 全景（西向东）

2. M21 器物出土情形

4. M22 ：2（常型石锛）

彩版一九　M21、M22 及 M22 出土器物

1. M21 ：1（Ba 型 Ⅱ 式陶壶）

2. M21 ：3（B 型陶钵）

3. M21 ：2（C 型 Ⅰ 式陶壶）

M23、M24 与 M26 全景（西向东）

1. M23 全景（东向西）

2. M23 器物出土情形

3. M23：1（弧背石锛）

4. M23：4（柳叶形石镞）

彩版二二　M23 及其出土器物

3-3 顶视

3-3 侧面

3-3 局部

3-1 正面

3-1 背面

M23 ：3（玉柄形器）

彩版二三　M23 出土器物

3-2 正面

3-5 正面

3-2 背面

3-5 背面

3-4 正面

3-6 正面

3-4 背面

3-6 背面

M23 ： 3（玉柄形器）

彩版二四　M23 出土器物

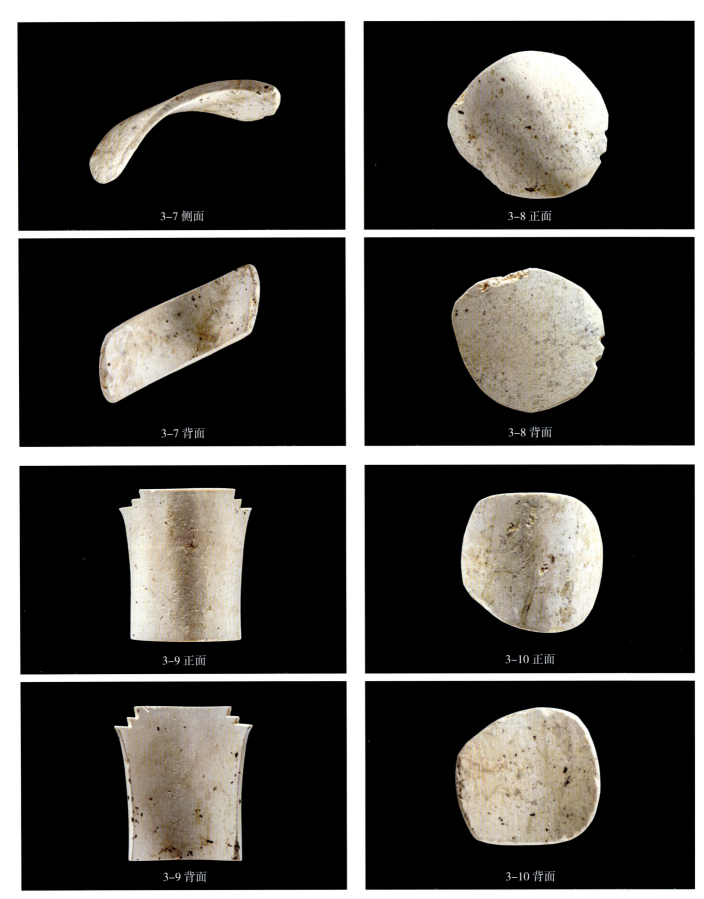

3-7 侧面　　　　　　　　　3-8 正面

3-7 背面　　　　　　　　　3-8 背面

3-9 正面　　　　　　　　　3-10 正面

3-9 背面　　　　　　　　　3-10 背面

M23 ： 3（玉柄形器）

彩版二五　M23 出土器物

1. M24 全景（东向西）

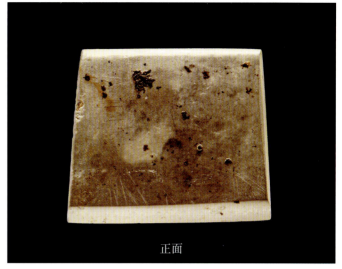

正面

背面

3. M24：2（常型石锛）

2. M24 器物出土情形

彩版二六　M24 及其出土器物

1. M25 全景（西向东）

2. M25 器物出土情形

3. M25 ：3（弧背石锛）

彩版二七　M25 及其出土器物

1. M26 全景（东向西）

3. M26 ：7（圆饼状卵石）

2. M26 器物出土情形

4. M26 ：8（棒状卵石）

彩版二八　M26 及其出土器物

1. M26：1（A 型 I 式陶罐）

3. M26：4（I 式陶鼎）

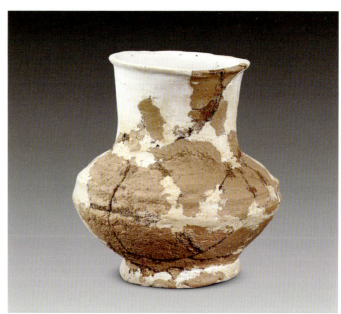

4. M26：5（Aa 型 I 式陶壶）

2. M26：3（A 型 I 式陶甑）

5. M26：6（I 式陶圈足盘）

彩版二九　M26 出土器物

1. M27 全景（西北向东南）

3. M27：1（Ba 型 I 式陶壶）

2. M27 器物出土情形

彩版三〇　M27 及其出土器物

1. M28 全景（东向西）

3. M28 ：2（C 型 Ⅱ 式陶壶）

2. M28 器物出土情形

4. M28 ：3（常型石锛）

彩版三一　M28 及其出土器物

1. M29 全景（西向东）

2. M29 器物出土情形

3. M29 ：2（常型石锛）

彩版三二　M29 及其出土器物

1. M30 全景（西北向东南）

3. M30：1（Ⅱ式陶盆）

4. M30：3（Ab 型Ⅱ式陶壶）

2. M30 器物出土情形

5. M30：2（常型石锛）

彩版三三　M30 及其出土器物

1. M31 全景（东向西）

2. M31 器物出土情形

3. M31 ∶7（柳叶形石镞）

4. M31 ∶8（常型石锛）

彩版三四　M31 及其出土器物

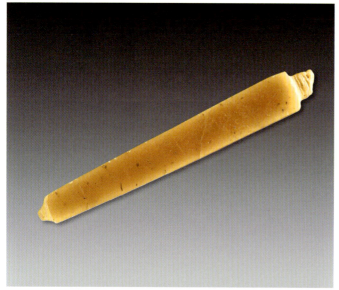

2. M31：2（B型陶釜）

1. M31：1（B型玉锥形器）

3. M31：5（B型陶罐）

彩版三五　M31 出土器物

M31：3（Ba 型 II 式陶甑）

彩版三六　M31 出土器物

1. M32 全景（东向西）

3. M33 全景（西向东）

2. M32 器物出土情形

4. M33 器物出土情形

1. M33：2（Aa 型Ⅲ式陶壶）

2. M33：3（弧背石锛）

3. M33：5（A 型Ⅱ式陶甑）

4. M33：4（Ⅱ式陶簋）

5. M33：6（Ⅳ式陶鼎）

彩版三八　M33 出土器物

1. M34 全景（东向西）

3. M35 全景（东向西）

2. M34 器物出土情形

4. M35 器物出土情形

1. M34 : 2（Aa 型Ⅲ式陶壶）

3. M34 : 1（B 型玉锥形器）

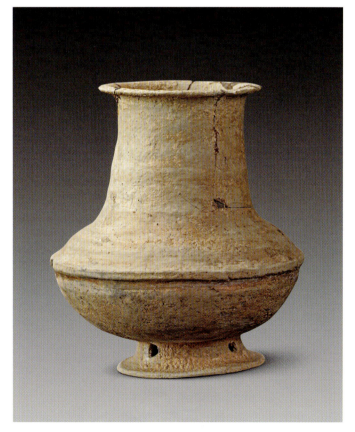

2. M34 : 3（Ba 型Ⅲ式陶壶）

4. M34 : 4（常型石锛）

彩版四〇　M34 出土器物

M35 : 1（Ab 型陶釜）

彩版四一　M35 出土器物

1. M35：2（Ⅲ式陶鼎）

2. M35：3（A型玉锥形器）

4. M35：5（Ⅲ式陶圈足盘）

3. M35：4（Ba型Ⅱ式陶甗）

彩版四二　M35 出土器物

1. M36 全景（东向西）

3. M37 全景（东向西）

2. M36 器物出土情形

4. M37 器物出土情形

彩版四三　M36、M37

1. M36 ：1（陶纺轮）

4. M36 ：3（陶豆）

2. M36 ：2（弧背石锛）

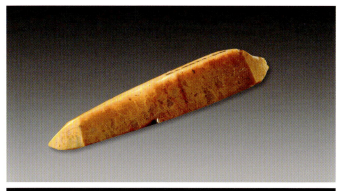

3. M36 ：5（B 型玉锥形器）

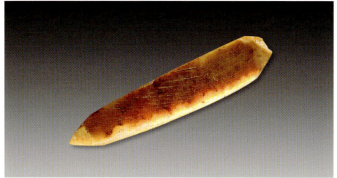

5. M36 ：4（B 型陶釜）

彩版四四　M36 出土器物

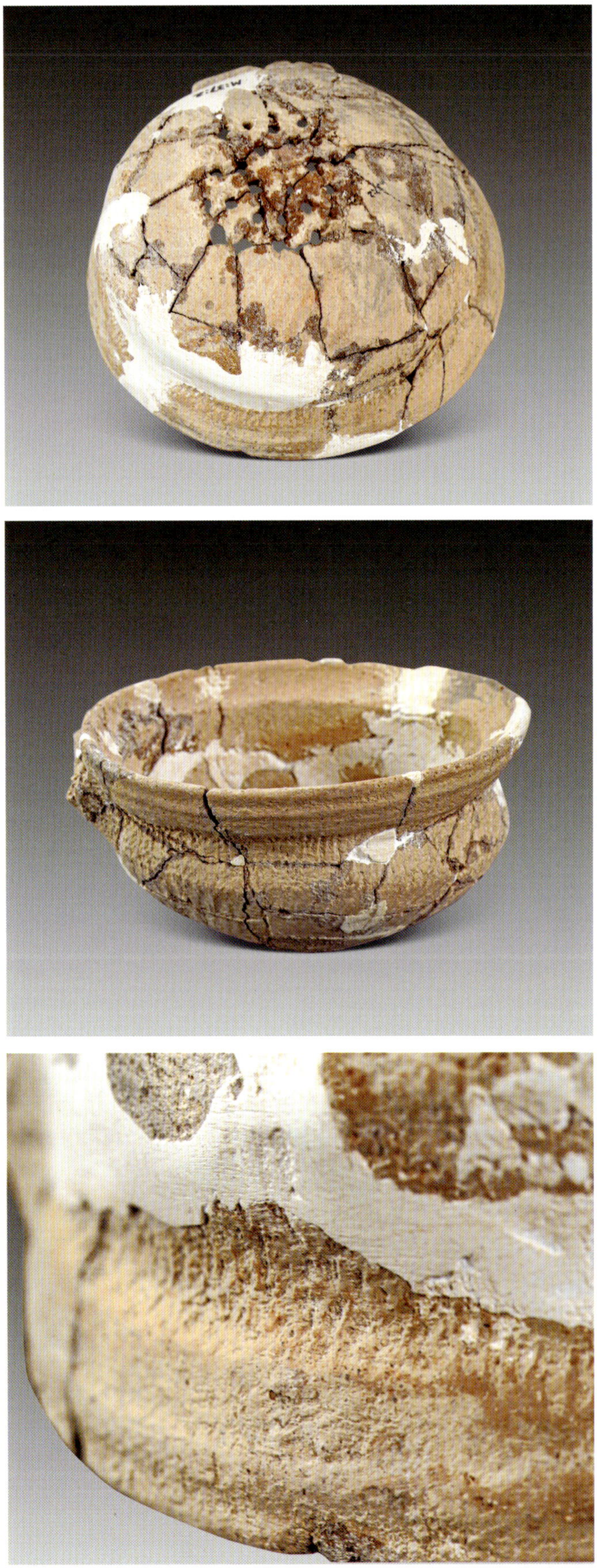

1. M37 ：2（Ba 型Ⅰ式陶甑）

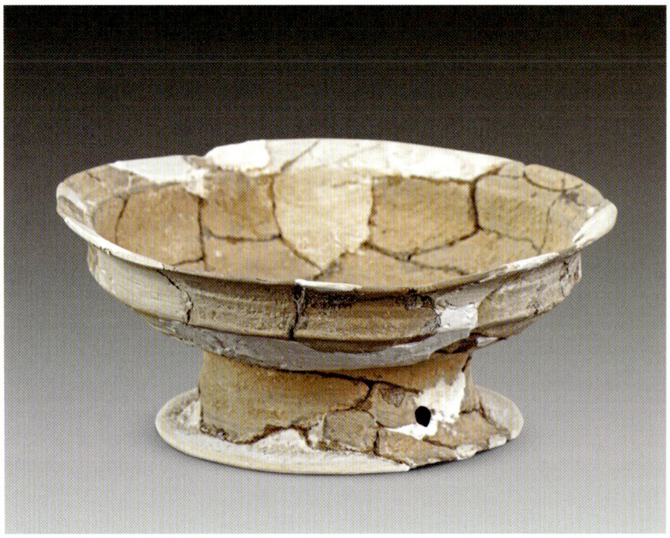

2. M37 ：3（Ⅰ式陶盆）

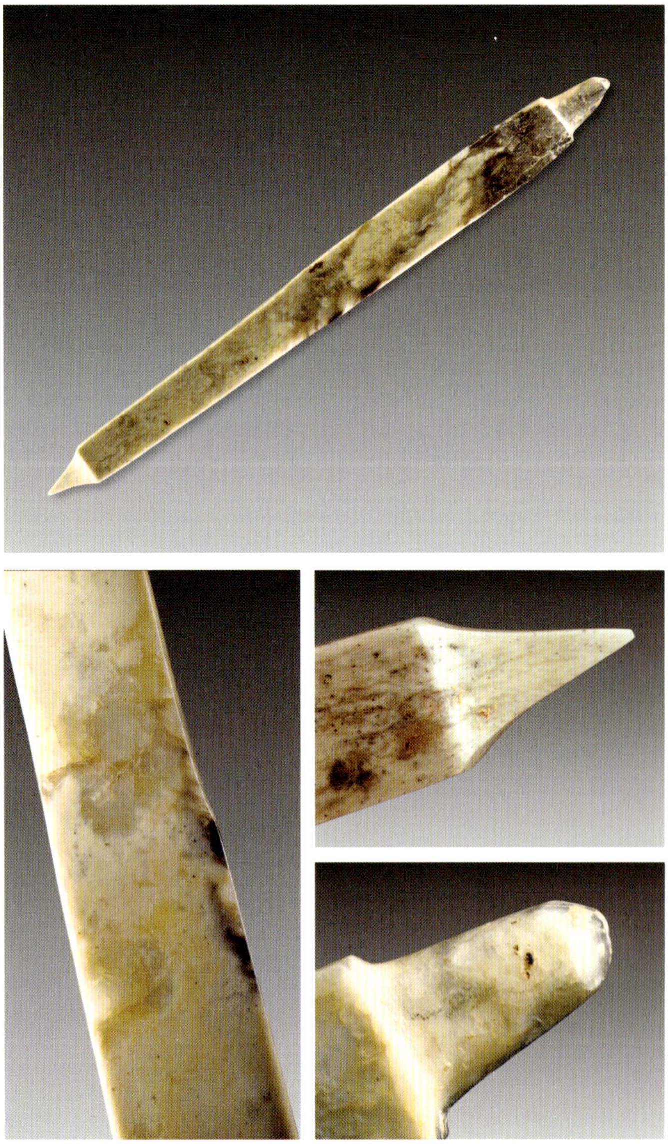

3. M37 ：4（B 型玉锥形器）

彩版四五　M37 出土器物

1. M38 全景（东向西）

2. M38 器物出土情形

3. M38：1（Ab 型 I 式陶壶）

4. M38：2（弧背石锛）

彩版四六　M38 及其出土器物

1. M39 全景（东南向西北）

2. M39 器物出土情形

3. M39：1（A 型 I 式陶钵）

4. M39：4（Ac 型陶壶）

5. M39：2（有段石锛）

6. M39：3（玉珠）

彩版四七　M39 及其出土器物

2. M40 器物出土情形

1. M40 全景（东向西）

3. M40：2（弧背石锛）

彩版四八　M40 及其出土器物

1. M41 全景（东南向西北）

3. M41 ：2（B 型玉锥形器）

2. M41 器物出土情形

4. M41 ：3（常型石锛）

1. Aa 型 I 式（M26：5）

2. Aa 型 II 式（M11：2）

3. Aa 型 III 式（M34：2）

4. Ab 型 I 式（M38：1）

5. Ab 型 II 式（M30：3）

6. Ab 型 III 式（M7：1）

7. Ac 型（M39：4）

彩版五〇　墓葬出土陶壶

1. Ba 型 I 式（M27：1）

2. Ba 型 II 式（M21：1）

3. Ba 型 III 式（M34：3）

4. Bb 型（M6：1）

5. Bc 型（M14：1）

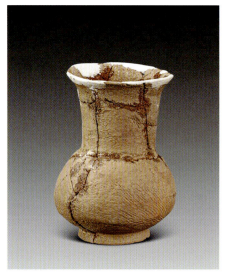

6. C 型 I 式（M21：2）

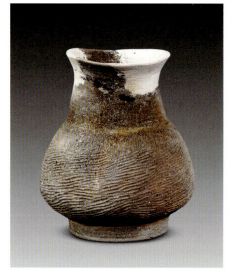

7. C 型 II 式（M28：2）

彩版五一　墓葬出土陶壶

1. A 型 I 式（M26：1）

2. A 型 II 式（M11：6）

3. B 型（M20：5）

4. B 型（M31：5）

5. C 型 I 式（M14：2）

6. C 型 II 式（M3：3）

彩版五二　墓葬出土陶罐

1. Ⅰ式（M26：6）

2. Ⅱ式（M20：1）

3. Ⅲ式（M35：5）

彩版五三　墓葬出土陶圈足盘

1. Ⅰ式（M9：1）

2. Ⅰ式（M26：4）

3. Ⅱ式（M20：2）

4. Ⅲ式（M35：2）

5. Ⅳ式（M33：6）

彩版五四　墓葬出土陶鼎

1. Aa 型 I 式（M17：2）

2. Aa 型 II 式（M13：1）

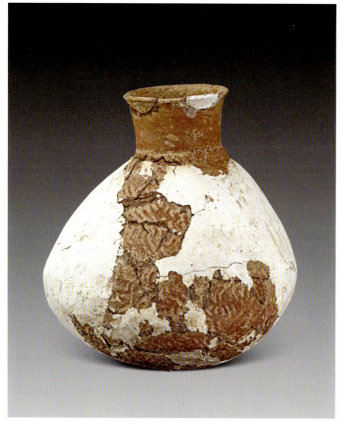

3. Ab 型（M35：1）

4. B 型（M31：2）

彩版五五　墓葬出土陶釜

1. A 型 I 式（M26：3）

2. A 型 II 式（M33：5）

3. Ba 型 I 式（M37：2）

4. Ba 型 II 式（M35：4）

5. Bb 型（M20：3）

彩版五六　墓葬出土陶甗

1. A 型 I 式陶钵（M39：1）

2. A 型 II 式陶钵（M11：4）

3. A 型 III 式陶钵（M15：3）

4. B 型陶钵（M21：3）

5. 陶豆（M14：4）

6. 陶豆（M36：3）

彩版五七　墓葬出土陶钵、陶豆

1. Ⅰ式陶盆（M37：3）

2. Ⅱ式陶盆（M30：1）

3. Ⅰ式陶簋（M15：2）

4. Ⅱ式陶簋（M33：4）

5. 陶盉（M10：1）

6. 陶纺轮（M6：2）

7. 陶纺轮（M11：3）

8. 陶纺轮（M36：1）

彩版五八　墓葬出土陶盆、陶簋、陶盉、陶纺轮

1. 有段石锛（M39：2）

2. 常型石锛（M22：2）

3. 常型石锛（M24：2）

4. 常型石锛（M28：3）

5. 常型石锛（M29：2）

6. 常型石锛（M30：2）

7. 常型石锛（M31：8）

8. 常型石锛（M34：4）

9. 常型石锛（M41：3）

彩版五九　墓葬出土石锛

1. 弧背石锛（M7：3）

2. 弧背石锛（M13：2）

3. 弧背石锛（M20：4）

4. 弧背石锛（M23：1）

5. 弧背石锛（M25：3）

6. 弧背石锛（M33：3）

彩版六〇　墓葬出土石锛

1. 弧背石锛（M36：2） 4. M23：4（石镞） 5. M31：7（石镞）

2. M38：2（弧背石锛） 6. M26：7（圆饼状卵石）

3. 弧背石锛（M40：2） 7. M26：8（棒状卵石）

彩版六一　墓葬出土石锛、石镞、圆饼状卵石、棒状卵石

1. A 型玉锥形器（M35 ∶ 3）

2. B 型玉锥形器（M12 ∶ 1）

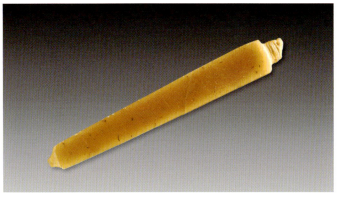

3. B 型玉锥形器（M31 ∶ 1）

4. B 型玉锥形器（M34 ∶ 1）

5. B 型玉锥形器（M36 ∶ 5）

6. B 型玉锥形器（M37 ∶ 4）

7. B 型玉锥形器（M41 ∶ 2）

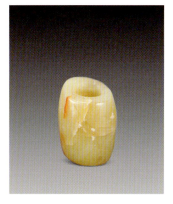

8. M39 ∶ 3（玉珠）

9. M11 ∶ 5（玉管）

彩版六二　墓葬出土玉锥形器、玉珠、玉管

1. T102 ③、T202 ③下建筑遗迹（西向东）

2. T102 ③下建筑平面（西南向东北）

彩版六三　第 3 层下建筑遗迹

1. T202③下建筑平面（东北向西南）

2. T102③、T202③下建筑遗迹（西向东）

彩版六四　第 3 层下建筑遗迹

彩版六五　T202 第 2 层出土红烧土块

1. T102③下 1 号石构柱础（东南向西北俯拍）　　　　　　2. T302③下 2 号石构柱础（南向北俯拍）

3. T302③下 2 号石构柱础拆解（南向北俯拍）

彩版六六　第 3 层下石构柱础

东南向西北俯拍

彩版六七　T302 西北角半成品石器堆

彩版六八　第 2 层出土赭衣陶

彩版六九　第 2 层出土陶器上的刻划符号

1. Aa 型（T302 ③：18）

3. Ab 型（T302 ③：90）

4. B 型 I 式（T302 ③：78）

2. Ab 型（T302 ③：22）

5. C 型 I 式（T302 ③：17）

彩版七〇　第 3 层出土陶纺轮

1. 三角形石镞（T302③：37）　　2. 三角形石镞（T302③：54）　　3. 三角形石镞（T402③：27）

4. 柳叶形石镞（T302③：2）　　5. 柳叶形石镞（T302③：5）　　6. 柳叶形石镞（T302③：10）

7. 柳叶形石镞（T302③：12）　　8. 柳叶形石镞（T302③：20）　　9. 柳叶形石镞（T302③：23）

彩版七一　第3层出土三角形石镞、柳叶形石镞

1. T302 ③：24

2. T302 ③：25

3. T302 ③：27

4. T302 ③：33

5. T302 ③：39

6. T302 ③：41

7. T302 ③：43

8. T302 ③：44

9. T302 ③：45

彩版七二　第 3 层出土柳叶形石镞

1. T302 ③：49

2. T302 ③：50

3. T302 ③：51

4. T302 ③：52

5. T302 ③：53

6. T302 ③：57

7. T302 ③：58

8. T302 ③：59

9. T302 ③：63

彩版七三　第 3 层出土柳叶形石镞

1. T302 ③：67

2. T302 ③：70

3. T302 ③：73

4. T302 ③：75

5. T302 ③：82

6. T402 ③：5

7. T402 ③：7

8. T402 ③：11

9. T402 ③：15

彩版七四　第 3 层出土柳叶形石镞

1. 柳叶形石镞（T402③：18）　　　　2. 柳叶形石镞（T402③：22）　　　　3. 桂叶形石镞（T302③：1）

4. 桂叶形石镞（T302③：3）　　　　5. 桂叶形石镞（T302③：4）　　　　6. 桂叶形石镞（T302③：15）

7. 桂叶形石镞（T302③：19）　　　　8. 桂叶形石镞（T302③：30）　　　　9. 桂叶形石镞（T302③：38）

彩版七五　第 3 层出土柳叶形石镞、桂叶形石镞

1. T302③：60 2. T302③：61 3. T302③：64

4. T302③：66 5. T302③：71 6. T302③：74

7. T402③：4 8. T402③：9 9. T402③：12

彩版七六　第 3 层出土桂叶形石镞

1. 桂叶形石镞（T402③：21）　　2. 菱形石镞（T302③：35）　　3. 菱形石镞（T302③：47）

4. 菱形石镞（T302③：62）　　5. 菱形石镞（T402③：1）　　6. 菱形石镞（T402③：24）

7. 多棱形石镞（T302③：26）　　8. 多棱形石镞（T302③：48）　　9. 多棱形石镞（T402③：8）

彩版七七　第 3 层出土桂叶形石镞、菱形石镞、多棱形石镞

1. 弧背石锛（T302③：13）

2. 弧背石锛（T302③：29）

3. 弧背石锛（T302③：34）

4. 弧背石锛（T302③：81）

5. 常型石锛（T302③：65）

6. 常型石锛（T302③：77）

彩版七八　第 3 层出土弧背石锛、常型石锛

1. T302 ③：21

2. T302 ③：76

3. T302 ③：80

4. T402 ③：6

5. T402 ③：16

彩版七九　第 3 层出土常型石锛

1. T302 ③：11　　　　　2. T302 ③：31　　　　　3. T302 ③：40

4. T302 ③：46　　　　　5. T302 ③：72　　　　　6. T402 ③：3

7. T402 ③：23

彩版八〇　第 3 层出土小型石锛

1. T302 ③ : 7

2. T302 ③ : 9

3. T302 ③ : 69

4. T302 ③ : 84

5. T402 ③ : 13

彩版八一　第 3 层出土石刀

1. T302 ③：6

2. T302 ③：8

3. T302 ③：16

4. T302 ③：32

5. T302 ③：36

6. T302 ③：55

7. T302 ③：56

8. T402 ③：14

9. T402 ③：19

彩版八二　第 3 层出土石器残器（半成品）

1. 石器残器（T402 ③：20）

4. 玉饰件（T302 ③：68）

2. 石器残器（T402 ③：25）

5. 玉饰件（T302 ③：130）

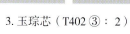

3. 玉琮芯（T402 ③：2）

6. 玉饰件（T402 ③：26）

彩版八三　第 3 层出土石器残器（半成品）、玉琮芯、玉饰件

1. Bb 型鼎足（T203②：99）

2. B 型豆盘（T102②：47）

3. 网坠（T402②：10）

4. 盅（T101②：73）

5. Ab 型Ⅱ式把手（T203②：93）

6. 支座（T202②：111）

彩版八四　第 2 层出土陶器

1. Aa 型（T202②：93）　　　2. B 型 I 式（T302②：83）　　　3. B 型 II 式（T203②：39）

4. B 型 II 式（T102②：14）　　　　　　　　　5. C 型 I 式（T302②：19）

6. D 型（T302②：25）　　　7. E 型（T01②：2）　　　8. F 型（T101②：20）

彩版八五　第 2 层出土陶纺轮

1. T101② : 51

2. T202② : 36

3. T203② : 44

4. T203② : 71

5. T302② : 85

6. T303② : 28

7. T303② : 29

8. T303② : 36

9. T303② : 41

彩版八六　第 2 层出土三角形石镞

1. 三角形石镞（T304②：10）

2. 三角形石镞（T402②：4）

3. 柳叶形石镞（T101②：4）

4. 柳叶形石镞（T101②：8）

5. 柳叶形石镞（T101②：9）

6. 柳叶形石镞（T101②：14）

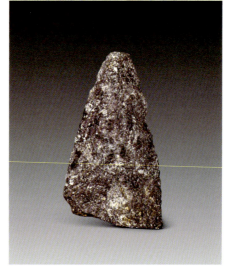

7. 柳叶形石镞（T101②：15）

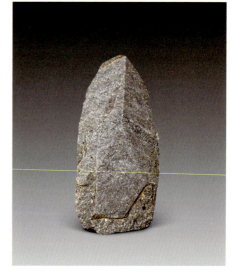

8. 柳叶形石镞（T101②：16）

彩版八七　第2层出土三角形石镞、柳叶形石镞

1. T101 ② : 17

2. T101 ② : 21

3. T101 ② : 24

4. T101 ② : 25

5. T101 ② : 27

6. T101 ② : 28

7. T101 ② : 29

8. T101 ② : 36

9. T101 ② : 37

彩版八八　第 2 层出土柳叶形石镞

1. T101 ② : 42

2. T101 ② : 44

3. T102 ② : 2

4. T102 ② : 4

5. T102 ② : 5

6. T102 ② : 7

7. T102 ② : 10

8. T102 ② : 16

9. T102 ② : 17

彩版八九　第 2 层出土柳叶形石镞

1. T102 ② ：18

2. T102 ② ：19

3. T102 ② ：25

4. T102 ② ：29

5. T102 ② ：32

6. T102 ② ：39

7. T102 ② ：42

8. T102 ② ：43

9. T102 ② ：44

彩版九〇　第 2 层出土柳叶形石镞

1. T102②：45

2. T202②：1

3. T202②：2

4. T202②：6

5. T202②：8

6. T202②：15

7. T202②：18

8. T202②：24

9. T202②：37

彩版九一　第 2 层出土柳叶形石镞

1. T202 ② ：38　　　　　　2. T202 ② ：45　　　　　　3. T202 ② ：47

4. T202 ② ：48　　　　　　5. T202 ② ：56　　　　　　6. T202 ② ：57

7. T202 ② ：67　　　　　　8. T202 ② ：68　　　　　　9. T202 ② ：70

彩版九二　第 2 层出土柳叶形石镞

1. T202 ② : 72

2. T202 ② : 73

3. T202 ② : 78

4. T202 ② : 84

5. T203 ② : 5

6. T203 ② : 11

7. T203 ② : 13

8. T203 ② : 14

9. T203 ② : 15

彩版九三　第 2 层出土柳叶形石镞

1. T203 ② : 25

2. T203 ② : 27

3. T203 ② : 28

4. T203 ② : 32

5. T203 ② : 33

6. T203 ② : 36

7. T203 ② : 38

8. T203 ② : 42

9. T203 ② : 53

彩版九四　第 2 层出土柳叶形石镞

1. T203②：54

2. T203②：57

3. T203②：58

4. T203②：59

5. T203②：65

6. T203②：68

7. T203②：69

8. T203②：70

9. T203②：73

彩版九五　第 2 层出土柳叶形石镞

1. T203 ② : 77   2. T203 ② : 80   3. T203 ② : 82

4. T203 ② : 83   5. T203 ② : 86   6. T302 ② : 1

7. T302 ② : 2   8. T302 ② : 3   9. T302 ② : 6

彩版九六　第 2 层出土柳叶形石镞

1. T302②：10

2. T302②：11

3. T302②：12

4. T302②：20

5. T302②：23

6. T302②：27

7. T302②：30

8. T302②：37

9. T302②：38

彩版九七　第2层出土柳叶形石镞

1. T302 ② : 53

2. T302 ② : 58

3. T302 ② : 59

4. T302 ② : 61

5. T302 ② : 63

6. T302 ② : 71

7. T302 ② : 81

8. T302 ② : 84

9. T302 ② : 86

彩版九八　第 2 层出土柳叶形石镞

1. T302 ② ：87

2. T302 ② ：89

3. T303 ② ：7

4. T303 ② ：10

5. T303 ② ：11

6. T303 ② ：12

7. T303 ② ：16

8. T303 ② ：18

9. T303 ② ：20

彩版九九　第 2 层出土柳叶形石镞

1. T303 ② : 32

2. T303 ② : 34

3. T303 ② : 35

4. T303 ② : 37

5. T303 ② : 45

6 . T303 ② : 48

7. T303 ② : 51

8. T303 ② : 58

9. T303 ② : 63

彩版一〇〇　第 2 层出土柳叶形石镞

1. T303②：68

2. T303②：72

3. T303②：75

4. T303②：76

5. T303②：80

6. T303②：85

7. T303②：86

8. T303②：88

9. T304②：3

彩版一〇一　第 2 层出土柳叶形石镞

1. T304 ② : 14

2. T304 ② : 15

3. T304 ② : 17

4. T304 ② : 18

5. T304 ② : 21

6. T304 ② : 22

7. T304 ② : 23

8. T304 ② : 37

9. T304 ② : 38

彩版一〇二　第 2 层出土柳叶形石镞

1. T402 ②：1

2. T402 ②：5

3. T402 ②：7

4. T402 ②：9

5. T402 ②：15

6. T402 ②：16

7. T402 ②：25

8. T402 ②：29

9. T402 ②：35

彩版一〇三　第 2 层出土柳叶形石镞

1. T101 ② : 31　　　　2. T101 ② : 52　　　　3. T102 ② : 11

4. T102 ② : 38　　　　5. T102 ② : 40　　　　6. T202 ② : 3

7. T202 ② : 14　　　　8. T202 ② : 40　　　　9. T202 ② : 53

彩版一〇四　第 2 层出土桂叶形石镞

1. T202②：59

2. T202②：71

3. T202②：75

4. T203②：8

5. T203②：21

6. T203②：24

7. T203②：60

8. T203②：66

9. T203②：67

彩版一〇五　第 2 层出土桂叶形石镞

1. T203②：72　　　　　　2. T203②：78　　　　　　3. T203②：85

4. T302②：14　　　　　　5. T302②：18　　　　　　6. T302②：40

7. T302②：42　　　　　　8. T302②：43　　　　　　9. T302②：62

彩版一〇六　第 2 层出土桂叶形石镞

1. T302 ②：68　　2. T302 ②：69　　3. T303 ②：8

4. T303 ②：61　　5. T303 ②：69　　6. T303 ②：74

7. T303 ②：77　　8. T304 ②：4　　9. T02 ②：1

彩版一〇七　第 2 层出土桂叶形石镞

1. T101 ② : 5

2. T101 ② : 32

3. T101 ② : 46

4. T102 ② : 1

5. T102 ② : 12

6. T102 ② : 13

7. T102 ② : 22

8. T202 ② : 4

9. T202 ② : 7

彩版一〇八　第 2 层出土菱形石镞

1. T202 ② ： 12

2. T202 ② ： 13

3. T202 ② ： 17

4. T202 ② ： 21

5. T202 ② ： 22

6. T202 ② ： 23

7. T202 ② ： 25

8. T202 ② ： 41

9. T202 ② ： 46

彩版一〇九　第 2 层出土菱形石镞

1. T202②：55

2. T202②：60

3. T202②：79

4. T202②：80

5. T202②：83

6. T203②：2

7. T203②：6

8. T203②：16

9. T203②：17

彩版一一〇　第 2 层出土菱形石镞

1. T203 ②：18

2. T302 ②：5

3. T302 ②：7

4. T302 ②：8

5. T302 ②：15

6. T302 ②：17

7. T302 ②：22

8. T302 ②：29

9. T302 ②：33

彩版一一一　第 2 层出土菱形石镞

1. T302 ② : 57

2. T302 ② : 72

3. T302 ② : 76

4. T302 ② : 78

5. T302 ② : 80

6. T302 ② : 88

7. T303 ② : 6

8. T303 ② : 19

9. T303 ② : 22

彩版一一二　第 2 层出土菱形石镞

1. T303 ② ： 23

2. T303 ② ： 25

3. T303 ② ： 27

4. T303 ② ： 30

5. T303 ② ： 40

6. T303 ② ： 49

7. T303 ② ： 57

8. T303 ② ： 59

9. T304 ② ： 12

彩版一一三　第 2 层出土菱形石镞

1. T304 ② : 19　　　　2. T304 ② : 33　　　　3. T304 ② : 34

4. T304 ② : 35　　　　5. T402 ② : 11　　　　6. T402 ② : 12

7. T402 ② : 13　　　　8. T402 ② : 14　　　　9. T402 ② : 17

彩版一一四　第 2 层出土菱形石镞

1. 菱形石镞（T402②：18）　　　　2. 菱形石镞（T402②：20）　　　　3. 菱形石镞（T402②：21）

4. 菱形石镞（T402②：22）　　　　5. 菱形石镞（T402②：28）　　　　6. 多棱形石镞（T102②：8）

7. 多棱形石镞（T102②：35）　　　　8. 多棱形石镞（T202②：19）

彩版一一五　第2层出土菱形石镞、多棱形石镞

1. T202 ② : 42

2. T202 ② : 44

3. T202 ② : 85

4. T203 ② : 20

5. T203 ② : 64

6. T402 ② : 2

7. T402 ② : 3

8. T402 ② : 24

彩版一一六　第 2 层出土多棱形石镞

T204 ② ：5

彩版一一七　第 2 层出土有段石锛

1. T101 ②：19

2. T202 ②：10

3. T203 ②：48

4. T302 ②：9

5. T302 ②：46

6. T302 ②：64

彩版一一八　第 2 层出土弧背石锛

1. T303 ② ： 56

2. T402 ② ： 33

3. T402 ② ： 34

4. T402 ② ： 38

彩版一一九　第 2 层出土弧背石锛

1. T101 ② : 1

2. T101 ② : 2

3. T101 ② : 6

4. T101 ② : 10

5. T101 ② : 26

6. T101 ② : 30

7. T101 ② : 34

8. T101 ② : 38

彩版一二〇　第 2 层出土常型石锛

1. T101②：41　　　　　2. T101②：50　　　　　3. T102②：6

4. T102②：26　　　　　5. T102②：33　　　　　6. T102②：36

7. T202②：9　　　　　8. T202②：28　　　　　9. T202②：30

彩版一二一　第 2 层出土常型石锛

1. T202②：33

2. T202②：35

3. T202②：43

4. T202②：52

5. T202②：61

6. T202②：76

7. T203②：23

8. T203②：29

9. T203②：37

彩版一二二　第 2 层出土常型石锛

1. T203②：46   2. T203②：51   3. T203②：61

4. T203②：62   5. T302②：21   6. T302②：28

7. T302②：32   8. T302②：34   9. T302②：41

彩版一二三　第 2 层出土常型石锛

1. T302②：52

2. T302②：65

3. T302②：73

4. T302②：79

5. T302②：82

6. T303②：1

7. T303②：9

8. T303②：14

9. T303②：42

彩版一二四　第 2 层出土常型石锛

1. T303②：62

2. T303②：90

3. T304②：6

4. T304②：26

5. T304②：28

6. T402②：19

7. T402②：23

8. T402②：32

彩版一二五　第 2 层出土常型石锛

1. T101 ② ： 3

2. T101 ② ： 7

3. T101 ② ： 35

4. T101 ② ： 39

5. T101 ② ： 40

6. T101 ② ： 45

7. T101 ② ： 48

8 . T101 ② ： 53

9. T101 ② ： 54

彩版一二六　第 2 层出土小型石锛

1. T102②：3

2. T102②：23

3. T102②：24

4. T102②：37

5. T202②：5

6. T202②：11

7. T202②：26

8. T202②：27

9. T202②：50

彩版一二七　第 2 层出土小型石锛

1. T202②：54

2. T202②：58

3. T202②：62

4. T202②：64

5. T203②：3

6. T203②：4

7. T203②：9

8. T203②：19

9. T203②：26

彩版一二八　第 2 层出土小型石锛

1. T203②：52

2. T302②：16

3. T302②：26

4. T302②：31

5. T302②：36

6. T302②：45

7. T302②：48

8. T302②：56

9. T302②：67

彩版一二九　第 2 层出土小型石锛

1. T303②：17

2. T303②：24

3. T303②：31

4. T303②：33

5. T303②：38

6. T303②：39

7. T303②：47

8. T303②：53

9. T303②：54

彩版一三〇　第 2 层出土小型石锛

1. T303②：71

2. T303②：83

3. T303②：87

4. T402②：26

5. T402②：27

6. T402②：37

彩版一三一　第 2 层出土小型石锛

1. T101 ② : 43

2. T102 ② : 15

3. T102 ② : 20

4. T102 ② : 41

5. T202 ② : 34

6. T202 ② : 51

彩版一三二　第 2 层出土石刀

1. T202②：69

2. T202②：81

3. T203②：7

4. T203②：30

5. T203②：50

6. T302②：39

7. T302②：51

8. T302②：55

彩版一三三　第 2 层出土石刀

1. T302②：66   2. T303②：26

3. T303②：52   4. T303②：65

5. T304②：1   6. T02②：3

彩版一三四　第2层出土石刀

1. T102②：9

2. T202②：16

3. T202②：20

6. T303②：43

4. T203②：84

5. T303②：15

7. T303②：66

彩版一三五　第 2 层出土石矛

1. 石凿（T203 ②：75）　　　　　　　　2. 石凿（T303 ②：21）

3. 石斧（T101 ②：49）　　　　　　　　4. 石斧（T202 ②：31）

5. 石斧（T202 ②：32）　　　　　　　　6. 石斧（T303 ②：64）

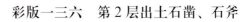

彩版一三六　第 2 层出土石凿、石斧

1. 石楔（T01②：1）   2. 石钻芯（T102②：28）   3. 石器残器（T101②：13）

4. 石器残器（T101②：22）   5. 石器残器（T101②：23）   6. 石器残器（T101②：33）

7. 石器残器（T102②：21）   8. 石器残器（T102②：31）   9. 石器残器（T102②：34）

彩版一三七　第 2 层出土石楔、石钻芯、石器残器（半成品）

1. T202 ② ： 49

2. T202 ② ： 63

3. T202 ② ： 74

4. T202 ② ： 77

5. T202 ② ： 82

6. T203 ② ： 10

7. T203 ② ： 31

8. T203 ② ： 34

9. T203 ② ： 35

彩版一三八　第 2 层出土石器残器（半成品）

1. T203 ② : 40　　　　　2. T203 ② : 41　　　　　3. T203 ② : 43

4. T203 ② : 45　　　　　5. T203 ② : 49　　　　　6. T203 ② : 55

7. T203 ② : 63　　　　　8. T203 ② : 74　　　　　9. T203 ② : 76

彩版一三九　第 2 层出土石器残器（半成品）

1. T203②：79　　　　　　2. T302②：35　　　　　　3. T302②：44

4. T302②：47　　　　　　5. T302②：49　　　　　　6. T302②：50

7. T302②：54　　　　　　8. T302②：60　　　　　　9. T302②：74

彩版一四〇　第2层出土石器残器（半成品）

1. T302 ② : 75

2. T303 ② : 3

3. T303 ② : 5

4. T303 ② : 60

5. T303 ② : 67

6. T303 ② : 73

7. T303 ② : 78

8. T303 ② : 81

9. T304 ② : 2

彩版一四一　第 2 层出土石器残器（半成品）

1. T304②：5　　　　　　　2. T304②：9　　　　　　　3. T304②：13

4. T304②：16　　　　　　5. T304②：27　　　　　　6. T304②：30

7. T402②：30　　　　　　8. T402②：31

彩版一四二　第 2 层出土石器残器（半成品）

1. 石饰件（T302②：113）   3. 玉簪（T302②：4）

2. 玉管（T101②：47）   4. 玉饰件（T203②：47）

5. 玉饰件（T203②：81）   6. 玉饰件（T302②：13）

彩版一四三　第 2 层出土石饰件、玉管、玉簪、玉饰件

3. 环（T303①：15）

1. 双鼻壶（采：30）

4. 网坠（T303①：5）

2. 碟（采：31）

5. 陶拍（采：10）

彩版一四四 第 1 层出土及采集陶器

1. A 型（T302①：15）

2. A 型（T304①：5）

3. B 型 I 式（采：6）

4. B 型 II 式（T102①：16）

5. B 型 II 式（T303①：30）

6. C 型 II 式（T202①：22）

7. E 型（T302①：5）

彩版一四五　第 1 层出土及采集陶纺轮

1. T101 ① : 18

2. T102 ① : 5

3. T102 ① : 24

4. T102 ① : 25

5. T103 ① : 18

6. T202 ① : 14

7. T202 ① : 15

8. T203 ① : 2

彩版一四六　第 1 层出土三角形石镞

1. T101 ①：7

2. T101 ①：8

3. T101 ①：24

4. T101 ①：38

5. T102 ①：2

6. T102 ①：4

7. T102 ①：17

8. T102 ①：28

9. T102 ①：32

彩版一四七　第1层出土柳叶形石镞

1. T103 ①：9

2. T103 ①：19

3. T202 ①：20

4. T204 ①：1

5. T204 ①：2

6. T204 ①：4

7. T204 ①：8

8. T303 ①：3

9. T303 ①：13

彩版一四八　第1层出土柳叶形石镞

1. 柳叶形石镞（T303①：23）　　　　2. 柳叶形石镞（T303①：28）　　　　3. 柳叶形石镞（T304①：7）

4. 柳叶形石镞（T304①：8）　　　　5. 柳叶形石镞（采：27）　　　　6. 柳叶形石镞（采：32）

7. 桂叶形石镞（T103①：8）　　　　8. 桂叶形石镞（T103①：14）　　　　9. 桂叶形石镞（T203①：20）

彩版一四九　第 1 层出土及采集柳叶形石镞、桂叶形石镞

1. 桂叶形石镞（T204①：6）　　　2. 桂叶形石镞（T204①：9）　　　3. 菱形石镞（T101①：34）

4. 菱形石镞（T102①：21）　　　5. 菱形石镞（T103①：3）　　　6. 菱形石镞（T202①：4）

7. 菱形石镞（T202①：13）　　　8. 菱形石镞（T202①：19）　　　9. 菱形石镞（T203①：7）

彩版一五〇　第1层出土桂叶形石镞、菱形石镞

1. T203 ①：10   2. T203 ①：21   3. T204 ①：7

4. T302 ①：2   5. T302 ①：3   6. T302 ①：10

7. T302 ①：13   8. T302 ①：18   9. T303 ①：6

彩版一五一　第1层出土菱形石镞

1. 菱形石镞（T303 ①：7）

2. 菱形石镞（T303 ①：12）

3. 菱形石镞（T303 ①：16）

4. 菱形石镞（T303 ①：21）

5. 菱形石镞（T402 ①：5）

6. 菱形石镞（T402 ①：7）

7. 菱形石镞（T402 ①：11）

8. 菱形石镞（采：28）

9. 多棱形石镞（T101 ①：16）

彩版一五二　第 1 层出土及采集菱形石镞、多棱形石镞

1. T103 ① : 2

2. T103 ① : 13

3. T103 ① : 15

4. T302 ① : 7

5. T402 ① : 1

彩版一五三　第 1 层出土弧背石锛

1. T101 ① : 1

2. T101 ① : 13

3. T101 ① : 26

4. T102 ① : 1

5. T102 ① : 19

6. T102 ① : 20

7. T102 ① : 30

8. T103 ① : 1

彩版一五四　第 1 层出土常型石锛

1. T203 ①：8

2. T302 ①：4

3. T302 ①：22

4. T303 ①：14

5. T303 ①：18

6. T304 ①：1

7. T304 ①：16

8. T402 ①：8

彩版一五五　第 1 层出土常型石锛

1.采：8

2.采：9

3.采：11

4.采：12

5.采：14

6.采：15

7.采：24

8.采：25

彩版一五六　第1层采集常型石锛

1. T101 ①：6　　　2. T101 ①：9　　　3. T101 ①：10

4. T101 ①：20　　　5. T102 ①：18　　　6. T102 ①：27

7. T102 ①：31　　　8. T102 ①：34　　　9. T102 ①：35

彩版一五七　第 1 层出土小型石锛

1. T102 ①：36

2. T103 ①：6

3. T202 ①：1

4. T202 ①：5

5. T202 ①：6

6. T202 ①：7

7. T202 ①：21

8. T302 ①：6

9. T302 ①：21

彩版一五八　第 1 层出土小型石锛

1. 小型石锛（T302①：23）　　2. 小型石锛（T303①：4）　　3. 小型石锛（采：13）

4. 小型石锛（采：16）　　5. 小型石锛（采：18）　　6. 石刀（T402①：2）

7. 石刀（T402①：10）　　8. 石刀（采：33）

彩版一五九　第1层出土及采集小型石锛、石刀

1. 石件（T304①：17）

2. 石斧（采：3）

3. 石斧（采：4）

4. 石凿（T102①：10）

5. 石凿（T102①：14）

6. 石凿（T102①：33）

彩版一六〇　第1层出土及采集石件、石斧、石凿

1. T202 ①：2

2. T203 ①：14

3. T303 ①：8

4. T303 ①：17

5. T303 ①：19

6. 采：5

彩版一六一　第 1 层出土及采集石凿

1. 石矛（T303①：2）

4. 石钺（采：20）

5. 石饰件（T202①：12）

2. 石球（采：29）

6. 石饰件（采：22）

3. 石环（T203①：13）

彩版一六二　第1层出土及采集石矛、石球、石环、石钺、石饰件

1. T101 ①：2   2. T101 ①：3   3. T101 ①：5

4. T101 ①：21   5. T101 ①：33   6. T102 ①：3

7. T102 ①：6   8. T102 ①：7   9. T102 ①：8

彩版一六三 第 1 层出土石器残器（半成品）

1. T102 ①：9

2. T102 ①：11

3. T102 ①：12

4. T102 ①：13

5. T102 ①：15

6. T102 ①：23

7. T102 ①：29

8. T103 ①：5

9. T202 ①：3

彩版一六四　第 1 层出土石器残器（半成品）

1. T202 ①：18

2. T203 ①：1

3. T203 ①：3

4. T203 ①：5

5. T203 ①：15

6. T204 ①：12

7. T302 ①：11

8. T302 ①：16

9. T302 ①：19

彩版一六五　第 1 层出土石器残器（半成品）

1. T302 ①：20

2. T303 ①：20

3. T303 ①：24

4. T303 ①：25

5. T303 ①：27

6. T303 ①：29

7. T303 ①：31

8. T304 ①：2

9. T304 ①：6

彩版一六六　第1层出土石器残器（半成品）

1. 石器残器（T304①：12）　　　　2. 石器残器（T402①：9）　　　　3. 石器残器（采：19）

4. 石器残器（采：23）

5. 其他石器（T303①：11）　　　　　　6. 其他石器（T304①：15）

彩版一六七　第1层出土及采集石器残器（半成品）、其他石器

1. 砺石（采：21）

2. 玉锛（T101 ① ：12）

3. 玉钺（T304 ① ：18）

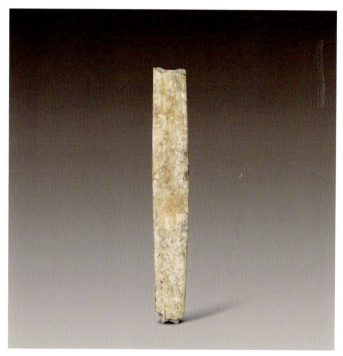

4. 骨簪（T302 ① ：8）

彩版一六八　第1层出土及采集砺石、玉锛、玉钺、骨簪

1. 玉钻芯（T102①：22）

3. 玉钻芯（采：35）

4. 玉饰件（T101①：23）

2. 玉钻芯（采：34）

5. 玉饰件（T101①：25）

彩版一六九　第1层出土及采集玉钻芯、玉饰件

1. T102 ①：26

2. T202 ①：10

3. T202 ①：16

4. T202 ①：17

5. T304 ①：3

6. T304 ①：4

彩版一七〇　第 1 层出土玉饰件